Eva Walter · Isolde Kurz und ihre Familie

Eva Walter

Isolde Kurz und ihre Familie

Biographie

Stieglitz Verlag
D-75415 Mühlacker
A-8952 Irdning/Steiermark

Schutzumschlag: Objekt Design Charly Diesner, Pforzheim
Titelbild: Isolde Kurz am Fenster ihres Hauses in Italien

ISBN 3-7987-0331-0

Druck: Karl Elser Druck GmbH, Mühlacker

Inhalt

PROLOG

Annäherungen

Ein galantes Abenteuer?

Am Abend des 24. Februar 1848 betritt eine junge, literaturbegeisterte Frau den Saal des Museums in Esslingen. Dort tanzen die Masken, es ist Faschingszeit. Sie trägt ein weißes Röckchen, rote, hohe Stiefelchen, ein rotes Jäckchen und ein rotes Barett – Rot, ihre Lieblingsfarbe. Suchend schweifen ihre lichten Augen über die Gäste und bleiben an einer schlanken, hochgewachsenen Männergestalt mit braunem Haar und braunem Bart hängen. Ist er's?

Gleich wird sie es erfahren: Er ist's, Hermann Kurz, der Dichter und Autor des Romans „Schillers Heimatjahre". Die kleine, rotgewandete Frau huscht von hinten an den Verehrten heran, steckt ihm ein knisterndes Papier zu und verschwindet in der Menge. Der Überraschte sieht noch die rote Feder ihres Baretts im Gewühl der Tanzenden wippen. Er faltet das rosa Papier auseinander und liest – ein Sonett, das ihn, den Dichter auffordert, mit „Laura" in den Schwarzwald zu ziehen. Laura, die von ihm erfundene Romangestalt.

Unter dieser Maske tanzt die junge Frau mit der wippenden Feder. Ein wunderschöner roter Samtmantel aus dem Besitz ihres Großonkels, der Malteserritter gewesen war, mußte dafür herhalten. Schnell war er zerschnitten, zum romantischen Kostüm mit Jäckchen und Barett geworden. Nur von nichts abhalten lassen! Schön sein um jeden Preis! Dem Dichter wenigstens einen Abend lang gefallen! Und sich dabei Soda ins Gesichtchen schmieren, damit es so ausbleiche wie die Wäsche unter der Hand der Dienstmagd. Vergeblich! Die Haut rötet sich, löst sich ab wie nach einem Sonnenbrand. Nur von nichts abhalten lassen! Und sie wird sich vom Sohn des Nachbarn begleiten lassen.

Der Roman „Schillers Heimatjahre“, 1843 nach langem Feilschen mit Verlegern endlich erschienen, trifft, wenngleich er kaum gekauft und zum Mißerfolg für den Autor wird, die Herzen des Publikums. Vor allem die Frauenwelt ist entzückt von der abenteuerlichen Liebesgeschichte um Heinrich Roller, Zigeuner-Tony und die Dame Laura. Verschlungen hat auch die junge Frau mit der Lauramaske diesen Roman in ihrer ländlichen Einsamkeit in Oberesslingen. Laura, von fürstlichem Geblüt, verabscheut Sitte und Konvention wie sie. Laura streift die Fesseln des Adels ab und zieht mit Zigeunern durch den Schwarzwald. Laura ist frei, hat sich befreit. Den Dichter, der ein solches Frauenschicksal ersinnt, muß das junge Freifräulein von Brunnow einfach kennenlernen. Ihr Herz schlägt höher, als sie von einer Freundin erfährt, Hermann Kurz halte sich gerade in Esslingen auf und werde den diesjährigen Maskenball besuchen.

Er reagiert sofort auf die Verse auf rosa Papier. An der wippenden Feder erkennt er seine „Laura“, eilt ihr nach und nimmt sie an der Hand: Für den Schwarzwald sei es noch zu kalt. Man könne sich aber dennoch in die Einsamkeit begeben. Vielleicht auf dieses Bänkchen im Winkel?

Die beiden sitzen und plaudern, ziehen sich nach einem vergeblichen Versuch, gemeinsam das Tanzbein zu schwingen, wieder auf ihr Bänkchen zurück. Maries Begleiter eilt eifersüchtig herbei. „Wo brennt's?“ fragt Laura-Marie den Nachbarssohn. „Bei dir!“ zischt er ihr wütend ins Ohr.

Marie von Brunnow und Hermann Kurz verstehen sich auf Anhieb. Sie entdecken Übereinstimmung: Ihr „feuriges Eintreten für die gemeinsamen Ideale“ entzückt ihn. Unzertrennlich sind sie an diesem Abend, in dieser Nacht. Er stellt sie seinen Freunden von der badischen Opposition vor. Beim Mitternachtsdiner trinken sie mit Champagner auf das „Wohl und Gelingen der heranbrausenden Revolution“.

Sie verabreden ein Treffen für den nächsten Tag bei gemeinsamen Freunden. Sprechen sie über die Zukunft, sprechen sie über die Revolution, sprechen sie von Liebe? Die junge, gebildete Frau zieht sich zurück, als sie merkt, daß Hermann anderweitig gebunden ist. Es bleiben die gemeinsamen Ideale. Darüber läßt sich reden, dafür läßt sich streiten!

Die Revolution in Württemberg schreitet voran. Die Wege von Marie von Brunnow und Hermann Kurz trennen sich: Hermann wird Redakteur bei der Oppositionszeitung „Der Beobachter", Marie pflegt ihren schwerkranken Vater zu Hause in Oberesslingen.

1. KAPITEL

Vom Freifräulein zur Bürgerin

Von altem Adel

Wie weit geht man zurück in einer Familiengeschichte? Wie weit holt man aus, muß man ausholen, um die familiären Bindungen und Traditionen zu begreifen? Bei Marie von Brunnow genügt wohl der Rückgriff auf zwei Generationen. Ihre mütterliche Linie ist württembergisch, während die Familie ihres Vaters aus Kurland stammt.

Maries Großvater Siegfried von Brunnow wanderte nach Deutschland aus, ließ sich in Sachsen-Meiningen nieder und zeugte drei Söhne. Sohn August Anton, 1781 geboren, wird auf die Kadettenanstalt nach Berlin geschickt. Als junger Leutnant kommt er nach Württemberg, wo ihn König Friedrich „seines alten Adels wegen" in die Garde einreiht.

Während des Rußland-Feldzuges erhält er von Napoleon persönlich den Auftrag, ein russisches Dörflein zu besetzen, und rettet den Popen vor der Gewalt seiner Soldaten. Er gerät in russische Gefangenschaft, wird mit seinem Diener nach Sibirien verschleppt. Beim Gefangenenaustausch werden die beiden vergessen, haben es aber gut getroffen: In nobler Gefangenschaft leben sie im Haus des Gouverneurs, dessen Tochter dem schönen jungen Offizier, den sie für einen Franzosen hält, die Gefangenschaft zu erleichtern sucht. Eine List macht eine Flucht möglich. Die junge Russin läßt sich von ihm malen und verschafft ihm einen Passierschein, um in der weit entfernten Stadt Farben zu kaufen: Ein Porträt in den schönsten Farben auf einem Goldgrund soll es werden – fast wie eine Ikone. In Begleitung seines Dieners entkommt er. Sie kehren, meist zu Fuß, nach Württemberg zurück. Dort erhält der junge Offizier eine Beförderung, Auszeichnungen aller Art, darunter einen hohen, geldtragenden Orden und später den Kammerherrenschlüssel.

Hoch dekoriert, überschüttet mit militärischen Ehren, gesegnet mit weltlichen Gütern – nun wird eine Familie gegründet! Der Fingerzeig „von oben" fällt auf Wilhelmine von Oetinger, die Nichte des Mannes, der am württembergischen Hof alle Fäden in den Händen hält: des Generaladjutanten Karl Ludwig Graf von Dillen.

Der Mann fürs Grobe

Karl Ludwig Immanuel Dillenius stammt aus einer altwürttembergischen Pfarrers- und Beamtenfamilie. Direkt vom Studium in Tübingen weg soll der württembergische Herrscher den Medizinstudenten geholt und mit sich nach Stuttgart genommen haben. Belegt ist dies nicht – Dillenius war nicht einmal in Tübingen immatrikuliert. Unvergleichlich ist jedoch sein rascher Aufstieg im Hof- und Militärdienst: Vom Bereiter im herzoglichen Marstall in Ludwigsburg (1798) wird er durch herzogliche Gunst Leutnant (1799), Stabsrittmeister, Reichsfreiherr (1801) und württembergischer Freiherr (1806).

Inzwischen hat er die lateinische Namensendung abgelegt und heißt modern Dillen. Am Hof ist er nun einer der wichtigsten Männer und kann seine Machtstellung weiter ausbauen. Er ist das ausführende Organ, das „Werkzeug der Despotenlaune" – der Mann fürs Grobe. Unaufhaltsam steigt er die Militärkarriere empor, und dies, obwohl der Herrscher ihn lieber im Hofdienst und militärisch nur bei den königlichen Garden verwendet. Wenn man das Porträt von der Hand des Hofmalers Johann Baptist Seele (1803) betrachtet, versteht man auch, warum: Solche schmucken Erscheinungen sind selten.

Freiherr Karl Ludwig von Dillen heiratet am 15. April 1806 eine elegante Schönheit: die vierundzwanzigjährige Luise Henriette, Waise und Tochter des Fürstlich Oettingen-Wallersteinischen Oberjägermeisters Freiherr Johann Siegmund Schott von Schottenstein. Das nächste Jahr sieht die beiden als Eltern: Friedrich wird der Sohn genannt. Der kunstliebende Dillen beauftragt Hofmaler Seele, den er bei Hofe nach Kräften unterstützt und bei dem er selbst Malunterricht nimmt, mit Porträts: Beeindruckend dasjenige des vierjährigen Knaben mit seiner großen weißen Dogge – ein Kind, das in hochherrschaftlicher Idylle aufwächst. Das im Jahr der Eheschließung entstandene Porträt der Mutter stellt eine schlanke, schöne Frau in der neuesten französischen Mode dar – im schlichten weißen Kleid aus edlem Stoff mit der Taille unter dem Busen, das dunkelbraune Haar um den Kopf geschlungen und in Locken gelegt. Das Porträt des Gatten und Ehemanns zeigt einen nicht unsympathischen Dreißigjährigen mit kurzem Grauhaar in seiner kleidsamen Uniform, mit Orden dekoriert.

Einmal nur hat er sich während einer militärischen Auseinandersetzung zu bewähren, beim Kampf gegen die Tiroler und Vorarlberger Aufständischen. Dillen steht an der Spitze der königlichen Garden und hat mehr polizeiliche als kämpferische Aufgaben. König Friedrich zeichnet ihn vor allen anderen aus, was bei den anderen, übergangenen Militärs böses Blut schafft. Dillen ist nicht beliebt!

Dies berichtet auch die Familienüberlieferung. Marie von Brunnow, die den berühmten Großonkel noch persönlich kennenlernt, berichtet vom „Zauber einer bezwingenden persönlichen Liebeswürdigkeit" und schwärmt von ihm wie ihre Mutter, die „in seinen glänzenden Zirkeln" aufgewachsen war. Er werde innerhalb der Familie „ebenso geliebt wie anderwärts gehaßt und gefürchtet".

Nach und nach hat der Generalleutnant alle Schlüsselpositionen des Hofes in seine Hand bekommen: Obersthofmeister, Generaloberintendant, Oberschloßhauptmann (1809). Er ist der verlängerte Arm des Herrschers und erfüllt ihm jeden Wunsch. Belohnt wird er mit einer Schenkung des Schloßguts Dätzingen, das im Besitz des Johanniterordens gewesen und im Zuge der Säkularisation enteignet worden war (1810), mit der erblichen Grafenwürde (1811) und schließlich mit einer zweiten Schenkung: Gut Rübgarten bei Tübingen (1815). Nach König Friedrichs Tod 1816 verhindert dessen Witwe Charlotte Mathilde Dillens Abstieg. Sie übergibt ihm die Leitung ihres noch immer ansehnlichen Hofstaats.

Über die direkte mütterliche Linie der Marie von Brunnow gibt es Tragisches und weniger Erfolgreiches zu berichten. Ihr Großvater, Oberstleutnant von Oetinger, heiratet 1789 die fünfzehnjährige Schwester des großen Dillen. Der Neunzehnjährige ist der Erbe zweier von seiner Mutter verwalteter Rittergüter, Hollach und Archshofen. Die Mutter weiß, warum sie den jungen Ehemann kurzhält, denn das junge Paar versteht es, zu leben und zu genießen. Die besten Künstler der Zeit werden mit Porträts der „pikanten, feurigen Erscheinung" von Christiane Friederike Henriette von Oetinger beauftragt. Hofbildhauer Dannecker meißelt eine Büste; Ludovike Simanowitz malt ein Porträt, das sich innerhalb der Familie vererbt.

Dem noch unmündigen Oberstleutnant fällt es aber nicht schwer, Kreditgeber zu finden. Nach dem Tod der Mutter steht die junge Familie mit zwei Kindern vor dem Ruin. Und keiner hilft, nicht einmal der einflußreiche Schwager. Maries Großvater sieht keinen Ausweg mehr und schreitet zum Letzten: Er bringt sich um. Den Urenkeln wird noch die Kugel gezeigt, durch die er sich den Tod gab: ein „düsteres Wahrzeichen in einer Familienschatulle", wie die Nachfahrin Isolde Kurz berichtet. Tief enttäuscht, einsam und verbittert, lebt Christiane Friederike Henriette von Oetinger von ihrer kleinen Pension, stickt Fahnen für die napoleonischen Regimenter und weigert sich, eine Unterstützung vom reichen Bruder anzunehmen, der ihr, als es darauf ankam, nicht geholfen hat. Nach ihrem Tod 1816 läßt er ihr auf dem Ludwigsburger Friedhof ein kostbares Grabmal aufstellen.

Zwei Kinder stammen aus dieser Ehe. Der Sohn wird Soldat, nimmt als junger Offizier am Rußlandfeldzug teil und stirbt während des Rückzugs der Großen Armee von Moskau in Weißrußland unter den Menschenmassen auf der Beresinabrücke. Die Tochter Friederike Wilhelmine wird beim Onkel erzogen. Auch sie muß sich den Wünschen des Mächtigen fügen. Sie darf ihre „Jugendneigung", Baron von Moltke, nicht heiraten, sondern wird 1815 mit dem gediegenen, ehrbaren, in geordneten Verhältnissen lebenden, vermögenden Freiherrn Anton August von Brunnow verheiratet. Die

Braut ist 13 Jahre jünger als der vierunddreißigjährige Bräutigam. Trotz Heiratsbefehl und Zwang verstehen sich die beiden und führen eine glückliche Ehe.

Unbefangener Freimut

Anton August von Brunnow wird nach Auflösung der königlichen Garde zur Infanterie versetzt. Er muß häufig die Garnison wechseln. Stationen sind Ulm und Ludwigsburg. Der Freiherr ist ein Original. Anders als Friederikes Onkel Dillen kommt er besser mit den unteren als mit den oberen Klassen zurecht. Als Oberst ist er bei seinen Untergebenen „im höchsten Grade beliebt". Die ihm Gleichgestellten schätzen ihn weniger, und bei seinen Vorgesetzten ist er nicht gut angeschrieben: Man verträgt an höherem Orte seinen „unbefangenen Freimut" nicht. Der außer Landes gebürtige, in Berlin erzogene Soldat nimmt selbst angesichts des Landesherrn kein Blatt vor den Mund. Er sagt, so überliefert die Familiengeschichte, „jedem, selbst dem despotischen Landesherrn, mit der gelassensten Miene die Wahrheit ins Gesicht". Hat der König das vertragen? Wer hält die schützende Hand über ihn?

Das „Enfant terrible" hat eines Tages genug vom Umherziehen, quittiert den Militärdienst, kauft ein Landgut in Oberesslingen und läßt sich mit seiner Familie dort nieder. Er betreibt – als Liebhaber, ohne allzuviel davon zu verstehen – Landwirtschaft und Gartenbau, drechselt, schreinert und bastelt in der eigenen Werkstatt. Das verbindet ihn mit dem Grafen Alexander von Württemberg, der gerne von seinem Seracher Schlößchen herüberkommt und seine Sachen zeigt – beide sind begeisterte Drechsler, der Dichtergraf und der ehemalige Soldat. Er ist ein richtiger „Schaffer" und paßt so recht zu seiner schwäbischen Umgebung, steht mit dem ersten Hahnenschrei auf und ist bis zum Nachtessen beschäftigt.

Seine „Hauptliebhaberei" gehört der Medizin. Wie glücklich ist er, wenn die Leute zu ihm kommen mit ihren Schmerzen! Er kann viel: Verbände anlegen und mit Heilkräutern umgehen. Die schweren Fälle schickt er zum Arzt –

und versorgt sie mit Fleischbrühe und Wein. Innerhalb der Familie vererbt sich seine „homöopathische Hausapotheke", ein Holzgestell mit „niedlichen verkorkten und etikettierten Fläschchen", an dem vor allem der Enkel Edgar seine Freude hat.

Miniaturporträts zeigen Friederike Wilhelmine von Brunnow sanft lächelnd. Die Enkelin Isolde Kurz, die nur die Erzählungen innerhalb der Familie und die beiden Bilderchen kennt, findet sie „vom zartesten Blondinenkolorit" und „pikant", was damals reizvoll bedeutete. Hat sie etwa des Onkels Schönheit geerbt?

In ihr offenbart sich ein normales Frauenschicksal der damaligen Zeit. Ein Wesen von typisch weiblichem Charakter – sanft, selbstlos, duldend – lebt nur für andere statt das eigene Leben. Obwohl sie durchaus talentiert ist! Ihre künstlerische Begabung erstreckt sich auf Pinsel, Nadel und Faden. Sie ist „eine geschickte Blumenmalerin" und eine kunstvolle Stickerin mit „überhaupt sehr viel Sinn und Handfertigkeit für jede Art von Nadelarbeit". Ihr kostbares Nadelbüchschen aus geschnitztem Elfenbein entzückt die Enkelin Isolde.

Das Leben schwer machen Friederike Wilhelmine von Brunnow eine Krankheit, die sie zu überspielen versucht, und anderes Herzeleid: Fünf ihrer Kinder sieht sie sterben, zum größten Kummer alle vier Söhne. Die jüngste Tochter Ottilie stirbt im Alter von 11 Jahren, „ein stilles, sanftes, ganz aufs Häusliche gerichtetes Kind" und das Gegenteil derjenigen, die überlebt: der am 6. August 1826 in Ulm geborenen Marie.

Im Dillenschen Dunstkreis aufgewachsen, hat Friederike Wilhelmine eine außergewöhnliche Bildung, die auch die Literatur umfaßt. Ihre Vorliebe für italienische Literatur gibt sie an die Tochter weiter, der sie zum 12. Geburtstag Dantes „Göttliche Komödie" schenkt.

Die Mutter sucht ihre Trauer um ihre Kinder mit Wohltätigkeit zu dämpfen. Sie näht für die Kinder des Dorfes Oberesslingen Hauben, Schürzen, Röcke, strickt ihnen Strümpfe. Gemeinsam mit der Tochter bastelt sie Puppen, um die Kinder an Weihnachten zu überraschen. Der unermüdliche Vater stellt Schulhefte her und drechselt

Federröhren. Diese Tradition wird im Hause auch nach dem Tod der Mutter beibehalten. Marie von Brunnow näht Kinderkleider – obwohl sie das Nähen haßt.

Friederike Wilhelmine stirbt am 3. September 1842 während eines Besuchs bei den Dillenschen Verwandten in Dätzingen im Alter von 48 Jahren. Sie wird an der Seite ihres Onkels Dillen, der kurz davor das Zeitliche gesegnet hatte, begraben. Marie ist 16 Jahre alt.

Weg mit Etikette und Konvention

Wie wird ein Freifräulein, das aus altem Adel stammt, zur glühenden Demokratin? Eine Wurzel scheint in der Erziehung zu liegen. Marie von Brunnow genießt von Kindesbeinen an alle Vorteile einer adligen Erziehung. An der Ausbildung der Töchter wird in diesem Haus nicht gespart. Umgeben von Dienern, umsorgt und unterrichtet von französischen und englischen Kindermädchen und Erzieherinnen, geht sie den üblichen Weg einer Tochter aus wohlhabendem adligem Hause. So wächst unter den Augen der sanften, kranken Mutter und dem geradlinigen, originellen Vater ein temperamentvolles, mit einer reichen poetischen Begabung ausgestattetes Kind heran.

Früh lernt sie die Schattenseiten des Lebens kennen. Das Sterben der vier Brüder, der jüngeren Schwester und schließlich auch der Mutter überschattet ihre Kindheit und Jugend. Der Tod bleibt dem sensiblen Mädchen ein naher, bedrohlicher Partner. Wann ist sie an der Reihe? Die Angst vor dem Sterben ist ihr jeden Tag gegenwärtig bis ins hohe Alter.

Im Kreis der Gleichaltrigen ist sie Außenseiterin. Eine Scheu vor anderen Kindern ist ihr eigen, so daß sie sich vor Kinderbesuch versteckt – nicht ohne vorher den Gästen ihre Spielsachen gereicht zu haben. Nur Spielen will sie mit ihnen nicht! Geschenke und vor allem Geld sind ihr ein Greuel. Ein Geldstück, für sie das „Allergemeinste und Beschimpfendste", ist der Haushälterin ein Erziehungsmittel. Mit einem

Silberstück kann man die Kleine aus der Küche bekommen, wenn sie im Weg ist. Nicht etwa, weil sie es haben will, sondern weil sie sich davor ekelt.

Hauslehrer vermitteln den Mädchen – die Schwester Ottilie wird lange Jahre auch beim Unterricht dabei gewesen sein – ein breites Wissen. Marie lernt Fremdsprachen, Latein, Philosophie und Geschichte. Vor allem die Beschäftigung mit Sprachen und Literatur fällt bei ihr auf fruchtbaren Boden. Bald entdeckt sie ihre eigene poetische Ader. Alles, was das junge Herz bewegt, fließt ein in Verse, die sie in Hefte schreibt. Dies wird ihr lebenslange Gewohnheit bleiben: ihr poetisches Tagebuch, ein Ventil für überschäumende Gefühle und trübe Gedanken – ihre Art, die Schwierigkeiten ihres Lebens zu meistern und alle Hürden zu überwinden.

Marie von Brunnow erwirbt sich ein „weites Gesichtsfeld" und eine „unendliche Begeisterung für alles Große und Schöne", wie ihre Tochter Isolde mit Stolz vermerkt. Ihre Vorliebe gilt der griechischen Antike und den Dichtungen Homers. Ihre „besseren Bildungsmöglichkeiten" und ihre intellektuellen Fähigkeiten zur Weiterbildung heben sie auch aus dem Kreis gebildeter adliger Mädchen heraus. Ihr Bildungshunger ist enorm, interessiert sie sich doch für die zeitgenössische Literatur ebenso wie für philosophische Fragen.

In mehrfacher Hinsicht gleicht sie ihrem Vater. Sie hat keinen Respekt vor Autoritäten und spricht immer und überall aus, was sie denkt. Äußerlichkeiten sind ihr gleichgültig. Sie hat keinen Sinn für die weibliche Kunst, sich zu schmücken. Handarbeiten sind ihr ein Greuel. Das Einfache, Natürliche ist ihr wesensgemäß, und sie fühlt, ganz Kind einer vorausgegangenen Epoche, „den Rousseauschen Drang nach Rückkehr zur allereinfachsten Natur" in sich. Etikette und Konvention lehnt sie ab – wie der Vater. Trotz aller Mühen gelingt es den Erzieherinnen nicht, ihr den Drang zur körperlichen Freiheit zu nehmen. Sobald sie sich unbeobachtet fühlt, wirft sie die einengende Kleidung ab und geht im leichten Sommerkleid umher. Bei einer Tante, wie Tochter Isolde schreibt, „der einzigen bürgerlichen Verwandten", fühlt sie sich am wohlsten. Hier muß sie weder auf ihre Haltung achten, wie die Gouvernante es fordert, noch auf den richtigen Sitz der Schuhe und Kleider. Denn beim „Tantele“ geht es einfach zu. Hier gibt es keine Erzieherin, die über ihr wacht, und keinen Diener, der hinter ihr hergehen muß. Väterliches Erbe sind die Emsigkeit und Beweglichkeit und wohl auch das vulkanische Temperament.

Zur Sensibilität und poetischen Ader gesellt sich eine starke Phantasiebegabung. Doch bei ihr gerät dabei auch die Wirklichkeit auf schiefe Bahnen. Sie dreht die tatsächliche Welt um: Ihre Tanzpartner wirken als verkleidete Besenstiele, während ihre wahren Liebhaber als Ritter im Schloßverließ schmachten – Gerümpel im Keller, das keiner im Hause Brunnow berühren darf. Eine Flucht vor dem wirklichen Leben? Eine Möglichkeit, mit den Anforderungen der adligen Welt, mit den steifen männlichen Standesgenossen zurechtzukommen? Die äußere Welt der Gegenstände hat keine Bedeutung, der wahre Wert liegt im Geistigen. Das Stoffliche ist nebensächlich, zu verachten und zu mißachten. Ein unverwechselbarer Charakterzug!

Freiheit, Gleichheit, Brüderlichkeit

Der junge Adel des Landes trifft sich auf dem Schlößchen Boihingen (heute Unterboihingen) bei der Familie von Thumb. Man reitet, dichtet und ist romantisch und liberal zugleich. Die Damen beschäftigen sich mit Hölderlins „Hyperion“ und Homer, die Herren schwärmen für Lenau und Heine. Politisieren ist ebenfalls beliebt, eine liberale Haltung ist „in“. Mitunter liebäugelt man „sogar mit der herannahenden Revolution“. In diesem illustren Kreis junger Adliger lernt Marie von Brunnow das „neue Evangelium“ kennen. Es fällt auf fruchtbaren Boden.

Warum gibt es Arm und Reich, Privilegierte und vom Schicksal weniger Begünstigte? Seit ihrer Kindheit beschäftigt sie diese Frage, ist sie erschüttert von der „ungleichen Verteilung der Glücksgüter“. Bettler beschenkt das Kind mit kostbaren Weinen aus dem väterlichen Keller, Strafgefangenen läßt sie beim Hofgang Äpfel und Birnen vor die Füße kollern – und der Aufseher schaut weg, bis diese sich bedient haben. An lange Schnüre, welche die Gefangenen aus den Fenstern herablassen, bindet sie Würste und Kuchen. Ihre Freigebigkeit ist schon als Kind sehr ausgeprägt und immer versteht sie dies als Möglichkeit, „Gedrückten beizustehen“ und empfindet dabei eine „rebellische Freude“. Die Tocher Isolde beschreibt dies als „angeborenen kommunistischen Zug“ und schon im Kindesalter aufkeimende „sozialistische Regungen“.

Nachdem ein Hauslehrer ihr eröffnet, aus welcher Familie sie stammt und sie mit den „Schandtaten“ ihres Onkels konfrontiert, trägt sie ein schlechtes Gewissen und eine schwere Schuld mit sich herum. Hat sie „am Volk“ nicht etwas wiedergutzumachen? Hat sie nicht die Aufgabe, für den Onkel zu büßen, sich für Arme und Entrechtete einzusetzen, zu sühnen, was er den Leuten angetan? Die Privilegien, die sie als Adlige genießt, erscheinen ihr immer mehr als Unrecht. Der Hauptanstoß für ihr politisches Engagement ist gegeben.

Nach dem Tod der Mutter ist die Siebzehnjährige ohne höhergestellte weibliche Aufsicht. Sie kann tun und lassen, was sie möchte, vom Vater wie sein Augenstern geliebt und verwöhnt. Sie trägt die bequemere Bauerntracht, wandert die langen Wege zum Schloß Boihingen ohne Begleitung, unbelästigt, bewundert vom Landvolk, nachgeahmt von ihren Freundinnen.

Nicht nur ihre persönliche Freiheit und Ungebundenheit finden Bewunderung. Manches Gedicht, das sie im Freundeskreis bekannt macht, wird gelobt. Ihr Klagegesang auf den Tod des Grafen Alexander von Württemberg wird weitergereicht bis in die höchsten Kreise und trägt ihr bei Hof „den Namen einer Sappho ein“. Glühendster Bewunderer aber ist der Vater, der glaubt, „daß es nichts Erhabeneres geben könne, als die Poesien seiner Tochter“. Die selbstkritische Marie jedoch läßt sich davon nicht beeindrucken. Die eigenen Verse gelten ihr ebenso wenig wie ihr dichterisches Talent. Sie schwelgt lieber „in den großen Werken der Dichtkunst“.

Mit der Poesie gibt sich die Rastlose aber nicht zufrieden. Der Sinn des Lebens tut sich ihr hier nicht auf. Die Frage nach dem „letzten Grund der Dinge“ beschäftigt die Suchende. Die christliche Religion bietet ihr keine Nahrung und wird „unter heftigem innerem Ringen“ verlassen. Sie nimmt sich die Philosophen vor, was ihre „brennende Gier“ nicht löscht. Erst die Ideale der Achtundvierziger Revolution lösen die innere Spannung. Ein Standpunkt, von dem aus die Welt betrachtet werden kann, ist gefunden und bleibt ihr lebenslang.

2. KAPITEL

Vom Kaufmannssohn zum Stiftler

Demokratische Tradition

„Es ist doch eigentlich recht schade“, sagt eines schönen Tages die kleine Isolde zu ihrem Vater, „daß unsere Mama nicht lieber einen Standesgenossen geheiratet hat, dann wäre ich jetzt auch eine Geborene.“ „Du bist schief gewickelt, liebes Kind,“ antwortet der Vater mit Nachdruck und einigem Stolz, „wenn du dir viel auf deine mütterlichen Ahnen einbildest, die als Raubritter auf ihren festen Burgen saßen und harmlose Wanderer plünderten. Da waren deine Ahnen väterlicherseits ganz andere Leute: regierende Bürgermeister und Senatoren einer kleinen Republik, die über Leben und Tod, über Krieg und Frieden zu entscheiden hatten.“

Seit Generationen ist die freie Reichsstadt Reutlingen Heimat der Familie Kurtz, die im 15. Jahrhundert aus Österreich einwanderte. Erst Hermann streicht während der Revolutionszeit das „t“ aus dem Familiennamen, das ihm zu altmodisch erscheint. Die Urkunden verzeichnen einen Hanns Kurtz, der 1483 mit einem Grundstück bei Kirchentellinsfurt belehnt wird und als freier Bauer dort lebt. Im 16. Jahrhundert begleitet ein Sebastian Kurtz Kaiser Karl V. als Fuggerscher Agent nach Italien. Seine Aufzeichnungen sind eine wichtige Geschichtsquelle für den Schmalkaldischen Krieg. Das Familienwappen wird Anfang des 17. Jahrhunderts verliehen: Ein goldener Löwe steht auf drei grünen Bergen und hält eine schwarze Hausmarke in den Pranken. Die Familie teilt sich in mehrere Linien. „Unseren Ast“ begründet im 17. Jahrhundert Michael Kurtz, seines Zeichens Glockengießer und Feuerspritzenhersteller. Er nennt gegen Ende des Jahrhunderts eine große Werkstatt in Reutlingen sein eigen. Kurtzens Feuerspritzen und Glocken verkaufen sich bis in die Schweiz.

Zum Glück gibt es in der Familie Kurtz Leute, die Geschichten erzählen können, die von den Vorfahren und deren Eigenheiten berichten, lustige und traurige Szenen schildern. Und zum Glück gibt es schließlich einen, dem diese Geschichten so eingehen, die handelnden Personen so lebendig werden, daß er sie dichterisch bearbeitet, aufschreibt und so der Nachwelt bis heute bewahrt. Die Figuren in den Familiengeschichten von Hermann Kurz wie „Eine reichsstädtische Glockengießerfamilie", „Wie der Großvater die Großmutter nahm" oder „Das Witwenstüblein" sind den Originalen von der Urgroßmutter bis zur Patin nachgebildet. Isolde berichtet, an welchen Stellen „der historische Zettel stark mit dichterischem Einschlag verwebt ist".

Die Tradition des Glockengusses bleibt bei Hermanns Großvater Johannes stehen. Mehrfach schildert Hermann den würdigen alten Herrn, der nicht nur Glockengießer und Feuerspritzenhersteller ist, sondern auch städtische Ämter innehat als Stadtrichter im reichsstädtischen Senat sowie als Spend- und Heiligenpfleger: „ein Greisenkopf mit langen silberweißen Haaren, das rotwangige Gesicht voll Freundlichkeit, sein ganzes Wesen ohne Arg und Falsch". Die Großmutter Maria Salome hat Hermann nicht mehr gekannt, sie lebt nur bis 1807.

Die meisten Geschichten stammen vom Großvater, der in den Arbeitspausen, wenn er von der Gartenarbeit ausruhen muß, sich mit dem Enkel ins Gras setzt und erzählt. Beides behält Hermann gleichermaßen in Erinnerung: das Erzählen und die Arbeit im Freien, die für ihn herrliche Mußestunden waren. Er schaut dem Großvater mit Leichtigkeit dessen gärtnerisches Wissen ab, beispielsweise über die Früchte und „die Bedingungen ihres Wachstums", und hilft mit Freude bei der Ernte. Er darf „nach Herzenslust mit Hand anlegen, Äpfel, Birnen, Nüsse schütteln oder sammeln, in den Heuhaufen springen, auf dem Garbenwagen fahren, Kartoffeln heraustun und Trauben nicht bloß schneiden, sondern auch treten."

Der „Herr Ehni" ist noch vom alten Schlag, während Hermanns Vater, Gottlieb David Kurtz, ein wenig erfolgreicher Kaufmann ist. Er steckt die Nase über die Heimatstadt und die Familientradition hinaus, schnuppert in der Schweiz die

Luft der Freiheit und schließt sich dem Reutlinger „Weltverbesserer“ Friedrich List an. Der Siebenundzwanzigjährige heiratet im Jahr 1810 eine Tübinger Buchdruckerstochter: die sanfte, gebildete und künstlerisch begabte Christiane Barbara Schramm. Nur zwei der sechs Kinder überleben die ersten Lebensjahre: der zweitgeborene Hermann und Ernst, das vierte Kind.

Der „Fortschritts- und Dissidentennatur“ des Vaters wird es recht eng in der freien Reichsstadt. In der Schillerschen Geisteswelt findet er Genugtuung und ist glücklich, wenn der begabte älteste Sohn Schillers Balladen rezitiert. Hinzu kommen berufliche Fehlschläge, die den größten Teil des Vermögens kosten. Er kränkelt und lebt kummervoll und ärmlich vor sich hin.

Reichsstadt-Republik

Geht das Demokratieverständnis von Hermann Kurz auf die republikanische Tradition seiner Vaterstadt zurück? Zumindest ein guter Teil seiner Aufsässigkeit gegen die württembergische Politik erklärt sich mit der Geschichte Reutlingens. Anfang des 19. Jahrhunderts wurde die Freie Reichsstadt im Rahmen der Mediatisierung dem Herzogtum und späteren Königreich Württemberg zugeschlagen. Aufgewachsen mit Geschichten, die dem gekränkten Selbstbewußtsein der einstigen Reichsstädter entsprangen und den schmerzlich empfundenen Verlust der Unabhängigkeit widerspiegelten, bleibt ihm „die Empfindungsweise von Mediatisierten“ – obgleich er diese harten Jahre nicht selbst erlebt hat.

In einer seiner schönsten Geschichten erzählt er, wie eng sich diese Reichsstadt-Nostalgie mit der Familienüberlieferung verband. Für ihn verknüpft sich dies alles mit der Person des Großvaters, dessen „Achtbarkeit“ sich auf die ganze Familie übertragen hatte. Das Ansehen des Großvaters mißt sich nicht am Reichtum (Familie Kurtz gehört nicht zu den reichsten der Stadt) und auch nicht an der Unbescholtenheit (einen untadeligen Ruf besitzen auch noch andere). Es ist nur ein kleines Etwas, was die Kurtzens von den anderen unterscheidet. Sie stehen, „bei aller bürgerlicher Gleichheit", wie Hermann betont, zwischen denen „vom Blute der letzten Reichsbürgermeister" weiter oben und den anderen, die der Familie „um einen leisen Grad" nachstehen.

Was zeichnet die Familie Kurtz aus? Hermann beschreibt es als ein Gefühl der Überlegenheit, das den Knaben beschleicht bei ganz alltäglichen Begegnungen: „Wenn ich den Namen des Großvaters an einer der älteren städtischen Feuerspritzen las, die er in seinen tätigen Jahren verfertigt hatte, so bildete ich mir darauf nicht weniger ein, als wenn ich mit ihm über die Straße gehend Zeuge war, wie er als ‚Herr Senator' begrüßt wurde und bescheiden dankend sein dreieckiges Hütlein zog."

Überzeugt ist er von der „reinsten Demokratie im Reiche", der reichsstädtischen Verfassung, nach der jährlich die Spitzen von Stadt und Zünften durch eine freie Wahl unter den städtischen Bürgern zu bestellen waren. Bürger der Reichsstadt konnte nur werden, wer einer Zunft angehörte. Stolz ist er darauf, daß „der höchste Würdenträger so gut wie jeder Mitbürger ein Handwerker oder mindestens Angehöriger einer Handwerkerfamilie" war. Die „kleineren oder größeren aristokratischen Passionen", nämlich die beschriebene Gefühlshierarchie, änderten daran nichts. Ein etwas kompliziertes Demokratieverständnis für heutige Begriffe!

Harte Schulzeit

Die Erfahrungen mit der harten Schulbank in der deutschen Schule schmecken Hermann nicht besonders gut. Er schildert die Schule als „eine Art Bärenzwinger", dessen Wärter „unbeweglich auf dem Katheder in der Ecke" thront und seine Schüler „zum Lesen der Bibelverse oder zum Hersagen der christlichen Sprüche und Lieder" abrichtet und mit Schlägen auf die Hände maßregelt. Das „zarte Kind" unter wilden Tieren! Aber er hält durch und kann sich behaupten.

Im Sommer 1821 tritt der Siebenjährige (ein Jahr später als seine Kameraden) in die Reutlinger Lateinschule ein. Bestimmt seine Begabung ihn nicht zum geistlichen Stand? Wo andere Kinder keine Reaktion zeigen oder vor Langeweile gähnen, merkt Hermann auf. Er berichtet: „Man hatte mich als Kind eines Sonntags dem Dienstmädchen in die Kirche mitgegeben, vermutlich um die unruhige Kleinigkeit auf eine Weile los zu werden. Dort aber hatte ich mir den feierlichen Ton und die wunderlichen Gebärden des Predigers so ins Gedächtnis geprägt, daß ich diesen, kaum nach Hause gebracht, zur Belustigung der Erwachsenen nachzuahmen begann. Der Beifall, den ich erhielt, und der sich nicht bloß auf Worte beschränkte, ermunterte mich zur Fortsetzung der begonnenen Laufbahn, worin mir denn auch aller Vorschub geleistet wurde. Sobald ich eine Predigt ankündigte, mußten alle im Zimmer vorrätigen Stühle in die Runde gestellt werden, die Anwesenden setzten sich und sangen ein Lied, darauf bestieg der kleine dreijährige Predigtamtskandidat einen in der Mitte stehenden Schemel und schnurrte die paar frommen Reimlein und Ermahnungen an unartige Kinder, die gelegentlich an ihm hängen geblieben waren, mit dem ernsthaftesten Gesichte herunter."

Der geborene Pfarrer! denken die entzückten Eltern. Begabten Kindern steht in Württemberg traditionell die geistliche Ausbildung offen, ohne daß die Eltern ein aufwendiges Studium bezahlen müssen. Dazu gehört, daß sie das Landexamen bestehen, eines der niederen Seminare wie Maulbronn besuchen und schließlich im Tübinger Stift aufgenommen werden. Viele Hochbegabte sind vor und nach Hermann Kurz diesen Weg gegangen – um schließlich doch etwas ganz anderes als Pfarrer zu werden. (Aber nicht alle werden Dichter: Kepler wird Astronom, Hegel und Schelling Philosophen, Graf Reinhardt Diplomat im Dienste Frankreichs.)

Auf der Lateinschule lernen die Buben „einen Grund in Sprachen, den weder Wind noch Regen ganz abtragen konnten", Griechisch, Hebräisch, Französisch und natürlich die Sprache der Römer, „die ersten Blicke in die Natur- und Menschengeschichte, dazu manches Trümmchen und Endchen Wissenschaft, wie es eben für unsere angehenden Fassungskräfte ab- und zugeschnitten werden mußte, ja sogar schon ein bißchen Algebra, das mir freilich nachher über so manchem anderen X wieder in die Brüche gegangen ist."

Sauer werden dem Knaben nicht die „sechs Gattungen

Deutsch", mit denen er groß wird (eine köstliche Schilderung: Reutlinger „Alt- und Urdeutsch", „Kerndeutsch" aus Luthers Bibel, Schillersches „höheres Deutsch", „Altdeutsch" aus den Volksbüchern, die in der Familie Schramm gedruckt werden, „leihbibliothekarisches Schmierdeutsch" und schließlich „Zeitungsdeutsch"), sondern: „Ja, wahrhaftig, ich kann's nicht hinunterschlucken, ich muß sie heute noch verfluchen, diese gottverlassenen, gottverhaßten lateinischen Disticha, die der Pfahl im sanftlebenden Fleische unserer Jugend waren!"

Über diese Klippen hinweg hilft ihm seine Tante Clara Margaretha Kenngott, nicht etwa, weil sie als Pfarrerswitwe des Lateinischen mächtig gewesen wäre, sondern weil sie ihn zu nehmen weiß. Ein rührendes Verhältnis hat Hermann Kurz zur Patentante, der älteren Schwester des Vaters, die schräg gegenüber dem Elternhaus lebt. „Frau Dote" hat keine eigenen Kinder, war in zweiter Ehe mit dem Betzinger Pfarrer Georg David Kenngott verheiratet und ist seit 1811 Witwe.

Hermann überliefert haarklein, wie er sich mit der Mutter streitet, bis sie in Tränen ausbricht, hinüberläuft zur Tante, dieser sein Leid klagt, Verständnis findet – und dann gescholten wird, daß er „zu seiner eigenen Verwunderung plötzlich wie ein bis an den Kopf in den Boden geschlagener Nagel vor ihr sitzt und zu ihr aufschaut." Und „alsbald mit der liebreichsten Art wieder herausgezogen" wird. Will er aufbegehren, so sagt sie ihm „im ruhigsten Tone von der Welt": „Wenn's dir bei mir nicht gefällt, so weißt du ja, wo der Zimmermann das Loch hinaus gemacht hat." So schrecklich ist es dann doch wieder nicht gemeint, denn ein „schalkhaftes Lächeln" begleitet diesen Satz und ein Trost: „Ich sage das bloß für den Fall, daß du hinaus willst; denn du weißt ja, wie lieb ich dich hab' und wie du mir immer willkommen bist; drum wird es gescheiter sein, du machst deine Verse heut bei mir, und bis morgen ist alles wieder im Gleis." Dann mühen sich die beiden ab, er mit seinen lateinischen Versen, und sie mit dem Strickstrumpf. Um die Wette.

Als Hermann im Sommer 1827 das Landexamen in Stuttgart besteht, hat er nicht nur in der Schule einiges erlebt. Der Tod hat in der Familie Kurtz seinen Tribut gefordert. Der

Junge hat nicht nur 1824 den verehrten Großvater sterben sehen, sondern zwei Jahre darauf auch noch den Vater, der im Alter von 43 Jahren der Schwindsucht erliegt. Außerdem sterben drei Geschwister: die Säuglinge Bertha (1815) und Maria Thekla (1819) und der zweijährige Bruder Rudolph (1825).

Nach dem Tod des Vaters teilt sich „Frau Dote“ die Erziehung von Hermann mit der Mutter. Im Haus der Mutter plagen ihn Alpträume, die er mit den „schauerlichen düstern Gängen und Winkeln“ des alten, großen Gebäudes in Verbindung bringt. Da geht er doch lieber ins „Witwenkämmerlein“ zur Tante in das Haus gegenüber. Diese wohnt „mit den Reliquien ihres früheren glücklichen Lebens“ – der alten Magd, einem Star und einem Kanarienvogel – in einem schmalen, abgeschlossenen Teil eines Hauses, wo es zu eng und auch zu heimelig ist „für ein unheimliches Schattenbild“.

Tagsüber und manchmal auch über Nacht bleibt Hermann bei der Tante. Er hat dort sogar ein eigenes Bett in der hinteren Kammer, „eine ungeheure zweischläfrige Himmelbettlade mit einem biblischen Deckengemälde“. Wenn die Mutter mit der Hausglocke den Jungen heimruft, so streckt „Frau Dote“ ihren Kopf aus dem Fenster und ruft hinüber: „Frau Schwägerin, er kommt heut nicht heim!“ „Und die Mutter zog sich dann beruhigt zurück, indem sie mich versorgt und aufgehoben wußte.“

„Unterm Rad“ in Maulbronn

Der nächste Lebensschritt nach dem Landexamen versetzt den fast Vierzehnjährigen im Oktober 1827 ins theologische Seminar in Maulbronn. Die Mutter unterstützt den Sohn finanziell mit eigenem Verdienst aus Malarbeiten. Sie koloriert Heiligenbilder und andere lithografierte Bildvorlagen, die bei seinem Vetter, dem Buchdrucker und Verleger Benjamin Gottlob Kurtz, verlegt werden. Der Verkauf des elterlichen Hauses läßt sich bald nicht mehr abwenden und erbringt 1100 Gulden. Im Februar 1829 ziehen die Mutter und Bruder Ernst aus.

Hermann tut sich schwer mit dem Einfügen in die strenge Ordnung des Seminars. Entspannung bieten das Dichten (1828: „Mein erstes Gedicht. An Sie" und 1829 weitere „Maulbronner Gedichte") und die Musik. Da gibt es verwandtschaftliche Bande zwischen Hermann Kurz und dem Musiker und Komponisten Friedrich Silcher. Silchers Frau Louise, geb. Enßlin, und Hermann haben einen gemeinsamen Onkel: den Ehinger Pfarrer Heinrich August Gottlieb Mohr, der mit Hermanns Tante Friederike Wilhelmine verheiratet ist.

Friedrich Silcher ist seit 1817 Kantor im Evangelischen Stift in Tübingen und hat somit auch die Oberaufsicht über den Musikunterricht an den „niederen" Seminaren wie Maulbronn. Unter Silchers Einfluß lernt Hermann, der bisher nur die Flöte spielt, den Kontrabaß und spielt diesen sehr gut im Orchester. Hermann komponiert auch während der Maulbronner Zeit.

Die Buben sind so unternehmungslustig wie gemeinhin die Vierzehnjährigen. Sie durchstöbern das einstige Kloster von den Kellern bis auf die Dächer, auf erlaubte und verbotene Weise. Auf einem Dachstuhl finden sie die Bibliothek ihrer Vorgänger, die sie heimlich verschlingen und vermehren. „Dr. Fausti Gemach" wird auf den nächtlichen Exkursionen erkundet, und man hält im Dunkeln Kohlköpfe für Totenschädel. Im Grunde spielt sich das Maulbronner Leben so ab wie auch spätere Literaten wie Hermann Hesse dies schildern: Die Sensiblen leiden, die Angepaßten setzen die Norm. Im Nachhinein hat Hermann die Stimmungen festgehalten in seinem Gedicht „Maulbronn".

Seit September 1829 ist die Schule in Maulbronn für Hermann erträglicher geworden. Ein neuer „Repetent" beginnt sein Wirken, Johann Gottfried Rau, Studienfreund von Eduard Mörike, „der freundlichste und treuherzigste, dem jemals die Aufsicht über junge Geister übergeben war". Er vermittelt seinen Schülern Weltliteratur. Nicht im Rahmen des regulären Unterrichts, sondern während der Freistunden. Man übersetzt englische, spanische, italienische, französische und griechische Gedichte. Eifrig dabei sind neben Hermann die Freunde Eduard Zeller und Ludwig Bilhuber. Hermann übersetzt auch englische Volkslieder (Thomas Moore), die von Silcher vertont und 1837 veröffentlicht werden. Der Grundstein ist gelegt: Übersetzungen der Freunde erscheinen im Frühjahr 1832 als Buch bei Hermanns Vetter in Reutlingen: „Ausgewählte Poesien von Lord Byron, Thomas Moore, Walter Scott und Andern in teutschen Uebertragungen". Leider wird das erste Druckwerk ein Flop: Nur ein Dutzend Exemplare werden verkauft. „So stehet es mit den Poesien!" schreibt ihm der Vetter, ein Satz, der sich Hermann einprägen wird.

Unerwartet stirbt Hermanns Mutter im Februar 1830. Hermann ist tief betroffen und trauert. Und dichtet. Über seine Mutter schreibt er später: „Die Mutter hatte alle Eigenschaften, dem Sohne nicht bloß die beste Führerin, sondern, in Ermangelung eines Vaters, auch der beste Führer gerade dann zu werden, wann die Führung am nötigsten ist, nämlich in dem Alter, in welchem er sie nachher zu Grabe geleiten mußte. Aber zur Leitung eines Knaben braucht es Hörner und Zähne irgendwelcher Art, und dergleichen besaß sie nicht, denn sie war die Milde und Sanftmut selbst. Ein aus den Knabenschuhen herauswachsender Witwensohn wird auch der stärksten Mutter von Zeit zu Zeit über den Kopf wachsen. Sie sieht in ihm des Vaters Ebenbild, durch eingewobene Züge des ihrigen gemildert; sie kann mit ihm schon manches beraten, was sie einst mit dem Vater beriet; und so wird er unvermerkt Teilhaber im Regiment über das Haus und die jüngeren Geschwister."

Die Sorge für die beiden Brüder übernimmt die „Frau Dote", die gerade 64 Jahre alt ist. Hermann hängt nun sein ganzes Herz an die Tante, die ihm tröstende und ermahnende Briefe schreibt.

Zarte Bande

Was wäre die Jugendzeit ohne die Liebe, ohne die Schwärmerei? Hermanns Blick fällt 1829 auf Luise Bilhuber, die Schwester des Freundes. Er schreibt in ihr Stammbuch:

„Wenn Zeit und Raum uns trennen,
Mein Kranz durch's Schicksal bricht,
So mag es freundlich nennen
Sein Wort ‚Vermißmeinnicht'."

Da blüht die Poesie, ebenso wie später bei den nächsten Amouren. Einige Zeilen aus den „Maulbronner Gedichten", veröffentlicht von Tochter Isolde:

„Wie schön, o süße Freundin, wenn im Schweben
Des Geistes wir auf einem Weg uns finden,
Wie in des edlen Schachtes tiefen Gründen
Sich grüßen zwei in Einer Ader Streben.

Schlug nicht dein Herz in einem süßen Beben,
Wenn ein verwandtes Wort uns konnt' entzünden
Zu eines Strahles seligem Verbinden,
Auf dem die Seelen sich zum Äther heben?

Da sind die Augen aus dem Buch geflogen,
Die Blicke sind in Einen Blick geflossen,
Zusammeneilend auf der Liebe Flügeln,

Zusammenschwimmend auf der Liebe Wogen,
Es ist, als wär' ein neuer Bund geschlossen,
Und diesen darf doch wohl ein Kuß besiegeln?"

Luise Bilhuber verlobt sich schließlich anderweitig und stirbt 1836 nach kurzer Ehe. Liebesgedichte, Enttäuschungen, Gedichte über enttäuschte Liebe – der poetische Reigen beginnt:

„Noch weiß ich einen schönen Augenblick,
Ob alles auch mich kränke,
Wenn ich an dich gedenke,
So fühl' ich Glück!
Gleich kurzem Strahl aus trüber Wolken Grunde
War mir's als eine flücht'ge Weile
Ein schönes liebes Haupt in Eile
Zum Gruß an meines sich gedrückt:
Warum so hoch beglückt,
Ach, warum starb ich nicht in jener Stunde?"

Das „blaue Genie"

Als Hermann mit 18 Jahren ins Evangelisch-theologische Stift in Tübingen eintritt, ist er ein ausgepräger Charakter. Paßt ein solch eigenwilliger junger Mann ins strenge Stiftsleben? Sein Maulbronner Abschlußzeugnis bescheinigt ihm neben guten Noten in Deutsch, Deklamation und Musik (Instrumente sehr gut!) eine Eigenständigkeit im Lernen, Denken und Handeln. Der junge Mann ist sehr von sich selbst überzeugt! Sein Verstand arbeitet auf Hochtouren. Selbständig will er lernen, selbst bestimmen, was er liest und was er lernt. Ist er da im Stift mit der strengen Ordnung am richtigen Platz?

Trotz aller zwängenden Not und strengem Reglement findet Hermann im Stift einen Freundeskreis Gleichgesinnter. Mit Rudolf Kausler, Ludwig Seeger, Gottlieb Finck und Adelbert Keller läßt sich's prächtig disputieren!

Hermanns Unbotmäßigkeiten halten an. Doch wiegen seine guten Leistungen die vielen Disziplinarverstöße auf. Er kann sich eben nicht anpassen, nicht einfügen. Ist das Stiftsreglement kleinlich oder sind es die Ausführenden? Nüchtern betrachtet, ist Hermanns Sündenregister lächerlich geringfügig. Er wird bestraft, weil er länger in der „Schlafkammer" bleibt als das „Gesetz" es vorschreibt. Kein Wunder, wenn er am Abend zuvor über Gebühr ausgeblieben ist und womöglich seinen Rausch ausschlafen muß! Natürlich schlägt ein lebenslustiger Student über die Stränge! Und wird gemahnt, weil er nicht rechtzeitig wieder auf seiner Stube ist. Aufsässig ist er schon von seiner äußerlichen Erscheinung her, trägt er doch einen dunkelblauen statt den vorgeschriebenen schwarzen Rock der Stiftler. Das „blaue Genie" wird er von den Kameraden genannt. „Etwas verschrobene Urtheilskraft" bescheinigt ihm ein Semesterzeugnis.

So abgeschnitten er als „Stiftler" vom übrigen Universitätsleben ist, so viel wiegen die spärlichen Kontakte. Beispielsweise zu Friedrich Silcher. Hermann beteiligt sich an der „Akademischen Liedertafel" des Stiftskantors, einem Studentenchor. Dieser fördert nicht nur das musikalische Talent des jungen Verwandten, sondern auch dessen dichterische

Fähigkeiten. Was der Student alles kann! Nicht nur Verse schmieden, die der berühmte Komponist zu Liedern macht! Er übersetzt ausländische Volkslieder, so daß sie genau zu den Melodien passen. Damit nicht genug: Der rührige Silcher bringt auch ausländische Melodien ohne Text herbei – Hermann macht die Texte auf diese Melodien. 24 Texte von Hermann Kurz nimmt Friedrich Silcher in seinen Liederheften auf, die im sangesfreudigen Württemberg schnell unter die Leute kommen.

Im Strom der Zeit

Und schon hat er es mit der Politik. Es greift eben alles auf den jungen Kopf über: die Polenbegeisterung und die Julirevolution 1830 in Frankreich, die er noch in Maulbronn erlebt. Die Freunde treten einer Burschenschaft, den „Patrioten" bei, die für ein vereintes deutsches Reich und gegen die Kleinstaaterei streiten, für Meinungs- und Pressefreiheit und gegen die Zensur. Er feiert mit den Freunden das Hambacher Fest 1832 und schreibt an Johann Gottfried Rau, den tollen Lehrer in Maulbronn: „Ich glaube jetzt nicht mehr an eine vernünftige Übereinkunft, sondern an die nächste Nähe einer Revolution."

Vom ersten Semester an besucht er die Vorlesungen Ludwig Uhlands, des berühmten Poeten und Gelehrten. Er ist ein aufmerksamer, fleißiger Student. Wie man das heute noch messen kann? Was er aufnimmt und mitschreibt aus der Vorlesung über die „Sagengeschichte der germanischen und romanischen Völker" dient später den Herausgebern von Uhlands „Schriften zur Geschichte der Dichtung und Sage" (Stuttgart, 1868) zur Rekonstruktion des nicht erhaltenen Manuskripts. Hermann besucht das Alternativ-Seminar Uhlands, das „Stylisticum". Dem berühmten Professor ist es ein Anliegen, die Jugend mit der Dichtkunst bekannt zu machen. Nicht mit der Literatur, sondern mit der Handwerkskunst, die er meisterlich beherrscht. Seine Gedichtsammlungen gehören zu den erfolgreichsten Büchern des 19. Jahrhunderts. Die Studenten dürfen die eigenen Verse anonym dem Professor vorlegen, der sie begutachtet und kritisiert. Hermann lernt durch diese Kritik sein poetisches Talent schätzen und ausbilden. Recht wacker hat er sich geschlagen im Kreis der Kommilitonen. Wie gut Uhlands Rotstift ihm getan hat, ist daraus ersichtlich, daß er die Gedichte 1836 mit Uhlands Verbesserungen drucken läßt.

Ludwig Uhland vereint in seiner Person den Dichter und den Politiker. Dieses Verschmelzen von Talent und Überzeugung, von Gefühl und Verstand fasziniert. Nicht nur den jungen Feuerkopf! Uhlands „Vaterländische Gedichte" (1817) drücken diese Synthese aus: Wie ein Dichter mahnend in die aktuelle Diskussion eingreifen kann. Verse wuchtigen Inhalts, die sich mit dem Monarchen und seiner Haltung gegenüber dem damaligen „Parlament" anlegen. Der Jurist streitet innerhalb der bürgerlich-liberalen Opposition gegen die Übergriffe des Monarchen auf althergebrachte Rechte der Landstände, gegen den Bruch der Verfassung durch den württembergischen König. Sechs Jahre lang bis 1826 vertritt er die Stadt Tübingen im Landtag. Dann hängt er die Politik an den Nagel und wird 1829 Professor für Sprache und Literatur in Tübingen.

Der dritte wichtige Mann und Mentor in Hermanns Studentenzeit ist David Friedrich Strauß. Im zweiten Semester hört er dessen Vorlesung über „Metaphysik" und in den folgenden Semestern „Platos Gastmahl" und „Geschichte der Philosophie". Der Philosoph und Theologe arbeitet gerade an seinem bedeutendsten Werk. „Das Leben Jesu", 1835 gedruckt, wird Furore machen und ihn seinen Lehrstuhl kosten. Die Evangelienberichte entlarvt er als Mythen und stellt sich damit in die Reihe der religionskritischen Geister Württembergs. Heiß diskutiert werden seine Thesen unter den Studenten, die alles mitbekommen: wie viele Druckbogen das Werk ergibt und die Höhe des Honorars.

Hermann hört nicht nur seine Vorlesungen mit Begeisterung, sondern freundet sich auch mit ihm an. Mit Verve stürzt er sich in die Philosophie. Doch dann merkt der Lehrer, daß der Schüler sich nicht auf dem richtigen Weg befindet. Und er wird ihn in den nächsten Jahren zum Schreiben drängen, wann immer er kann. „Dichten müssen Sie, beileibe nicht spekulieren!" wird er mahnen und: „Das wenigstens kann ich Ihnen sagen, wenn ich imstande wäre, wie Sie

Lebendiges zu schaffen, so ließe ich die Toten ihre Toten begraben."

Bei den Neuwahlen zum Landtag im Mai 1833 kandidiert Professor Uhland und wird gewählt. Weil er wegen dieses Landtagsmandats keinen Urlaub bekommt, bittet er um seine Entlassung, die gewährt wird. König Wilhelm fügt handschriftlich hinzu: „Sehr gerne Entlassung, da er als Professor ganz unnütz war." Die Studenten verabschieden ihn mit einem Fackelzug und einem Silberpokal mit Inschrift. Hermann verfaßt ein Sonett „An Uhland". Und rutscht in eine tiefe Krise.

Überschäumende Phantasie

Im Juni wird er wegen eines Konflikts mit Kameraden in den Karzer gesteckt. Im August macht er einen Selbstmordversuch mit Belladonna. Er überlebt und wird heim nach Reutlingen geschickt. Nach seiner Rückkehr Ende August wird er im Stift stärker überwacht. Man kümmert sich nun auch um seine psychische Verfassung. Aus Lebensfreude ist Lebensüberdruß geworden, nicht nur bei ihm. Unter den Stiftlern herrscht eine Abneigung gegen das Studieren, gegen alles Aktive. Ein anderer Stiftler erschießt sich.

Hermann reißt sich zusammen. Die überschäumende Phantasie sei schuld, bekennt er und verspricht der Stiftsleitung, „auch Mathematik zu treiben" – zur Mäßigung dieser Kräfte. In der Tat belegt er im Wintersemester dann auch eine Übung in Geometrie. Neues bietet sich im Sommersemester 1834 mit der Vorlesung über „Faust" beim damaligen „Repetenten" und späteren Professor für Ästhetik und deutsche Literatur, Friedrich Theodor Vischer. Der innerlich Zerrissene und Einzelgänger versteht sich allerdings mit dem jungen Lehrer nicht besonders gut. So kann sich seine innere Lage gar nicht verbessern. Es geht ihm nicht gut, und er ist unausstehlich. Im Mai 1834 brummt er vier Tage Karzer, weil er, wie die Stiftsleitung betont, ein „leichtsinniger und träger Mensch" sei, „dem es mit seinen Studien überall kein Ernst ist". Er kann sich nicht aufraffen, etwas zu tun. Er kommt aus seinem inneren Kreis nicht heraus, beginnt zu trinken und Schulden zu machen.

Als seine Patentante im August stirbt, fühlt er keine Verpflichtung mehr, sich anzupassen. Die mahnende Stimme, die Familienwärme ist dahin. „Es gab Stunden, wo ich mit niemand mehr zu reden verstand als mit ihr“, schreibt er ihr zum Gedächtnis, „sie wußte sich in ihr gutes Deutsch zu übersetzen, was ich zu ihr in schlechtem Latein redete, vielleicht eben weil die entferntesten Richtungen sich besser miteinander vertragen als mit den mittleren, dazwischen liegenden. Ja, sie verzieh mir, daß ich ihre liebste Hoffnung nicht erfüllte und alle jene Träume, die sie sich während meiner Knabenzeit ausgemalt hatte, zunichte zu machen begann. ‚Bleib du nur bei der Wahrheit‘, sagte sie, ‚und denke, was du jetzt nicht begreifst, das wolle dir Gott für jetzt nicht auferlegen. Es ist besser, du folgst deiner Überzeugung, als du redest und handelst wider sie. Sei aber auch nicht trotzig, sondern halte dein Herz offen, daß dich die Wahrheit allezeit finden kann.‘“

Er treibt es toll und steht nach der nächsten Karzerstrafe im Januar 1835 vor dem Ultimatum. Im Juni ist es soweit: Weil er sich unerlaubt vom Stift entfernt hat, den Grund nicht nennen will, wird er aus dem Stift entlassen und setzt sein Studium als „Stadtstudierender“ fort. Das Lernen und die Prüfungen werden ihm sauer, wie er an Freund Adelbert Keller bemerkt: „Ich werde, wenn die Stunde gekommen ist, aus diesem akademischen Wesen herausfahren, wie ein Schuß aus einer Schlüsselbüchse.“

Zaghafte Versuche

Nach der ersten theologischen Dienstprüfung im September 1835 findet er schließlich Unterschlupf bei seinem Onkel Mohr in Ehningen. Im November bekommt er dort die Stelle eines Vikars. Der äußere Druck ist gewichen, der innere verstärkt sich. „Eine schöpferische Natur muß ihren eigenen Gesetzen gehorchen“, schreibt die feinfühlige Tochter Isolde über diese schweren Monate im Leben ihres Vaters. Er ist zu aufrecht, zu „ritterlich“, um heucheln zu können. Er leidet unter dem Widerspruch zwischen seinem Amt und seiner Überzeugung.

Wo steht er als Theologe? So sehr hat er sich vom Glauben gelöst, daß er ihn nur noch als „symbolische Wahrheit" anerkennen kann. Da kann er doch nicht vor die Leute hinstehen und predigen! „Recht hübsch – blühend – man könnte sagen edel" findet der alte Vorstand des Predigerinstituts seine Sonntagspredigten, „ – fehlt leider nur das spezifische Christentum". In einem Brief an die Freunde Kausler und Weigle spottet er über sich selbst: „Jetzt habe ich zweimal gepredigt und nie hat die Kirche über eine halbe Stunde gedauert ... in der biblischen Geschichte stehe ich noch immer an den verschiedenen Apfelsorten, welche es im Paradies gegeben hat."

Es sind nicht nur theologische und ideologische Fragen, mit denen er sich auseinandersetzt. Er leidet dort draußen auf dem Land, er fühlt sich einsam, abgeschnitten von der Welt. Er klagt Freund Kausler: „Du hast keinen Begriff, wie begnügsam ich geworden bin, und wie fest ich mich in Apollos und Minervas Salons versetzt glauben würde, wenn ich wieder einmal von 1-2 [Uhr] mit Leuten sprechen könnte, welche doch die Prämissen, daß Goethe ein Herrgottsakerment sei und daß die Kunst auch nicht dumm sei und daß Poesie mehr sei als Gelegenheitsgedichte, unangefochten lassen und welche meine Gedichte vielleicht doch nicht ganz nach dem Honorar taxieren, das sie mir eintragen können."

Depressionen und Selbstmordgedanken quälen ihn. Der Lebenswille siegt, als er dem Onkel verkündet: „Lieber tot sein, als Vikar!" Freund Kausler wird berichtet: „Ich bin fest entschlossen, von diesem dürren Felsen hinabzuspringen in die beweglichen Gewässer der Übersetzungskünstler. St. Christopherus sei mit mir! Ja, mein Freund, ich werde über den Jordan gehen zu den Kindern Edom, Moab und Amalek; denn da ich das noch nicht geworden bin, wozu ich entschiedenes Talent habe, nämlich ein unabhängiger Mensch, so ist es eins, wo und wie ich mein Faß wälze, und wenn ich mich ärgern soll, so will ich mich hie und da großartig ärgern, nämlich im Theater. Vielleicht bring' ich doch so viel vor mich, um meinen Lieblingsgedanken auszuführen und ein paar Sommermonate in den Bergen an der Teck leben zu können. ... Jetzt kommen aber die Feiertage, und ich mag nicht vor der Schlacht desertieren. Bis dahin hoffe ich Antwort von Hallberger zu haben, und hoffentlich solche, die mich nach Stuttgart bringt. Dort bleib' ich über den Winter. Ein paar Novellen krabbeln mir auch im rechten Arm, und ich wäre selber begierig, wohin es mit diesem Rheumatismus käme."

Freund Kausler warnt den Feuerkopf vor allzu großem Optimismus: „Auf was hin gehst du denn jetzt nach Stuttgart? Die Novelle und die Gedichte, auf die ich mich recht freue, werden wohl nicht viel abwerfen." Und er fügt hinzu: „In deine dramatischen Pläne setze ich (ehrlich gesagt) von jeher einiges Mißtrauen: dein Fach scheint mir hauptsächlich die Novelle etc. zu sein, wie sie neuerdings ausgebildet worden ist als freier Platz für das Spiel des Humors – es däuchte mir oft, du habest dich gewaltsam in den Enthusiasmus für das Dramatische versetzt."

Hermann wagt den Sprung ins kalte Wasser und siedelt im Januar 1836 nach Stuttgart über: als freier Schriftsteller und Übersetzer.

3. KAPITEL

Ein unabhängiger Mensch

Der freie Schriftsteller

Unvorbereitet ist Hermann Kurz nicht. Seit November 1835 pflegt er den Kontakt zum Stuttgarter Buchhändler Rieger und verhandelt mit ihm über Projekte. Sein Debüt im Almanach der gebildeten Welt hat er schon hinter sich: Im Dezember 1835 ist seine Ballade „Weltgericht“ im „Morgenblatt für gebildete Stände“ gedruckt worden, einem täglich erscheinenden, maßgebenden Unterhaltungsblatt aus dem Hause Cotta. Ein erster Schritt, ein erster Erfolg. Wird er sich in der Literatenstadt behaupten können?

Verleger Hallberger interessiert sich für das junge Talent. Er übernimmt eine Übersetzung, die noch in Tübingen verfertigte Novelle von Cervantes, die unter dem Titel „Die vorgebliche Tante. Nachgelassene Studenten-Novelle von Cervantes“ 1836 ohne Nennung des Übersetzers erscheint. Und verlegt im selben Jahr den ersten Band „Gedichte“.

Anfang Mai 1836 erscheint die erste, in Ehningen geschriebene Novelle „Simplicissimus“ im „Morgenblatt für gebildete Stände“. Der Mitherausgeber Gustav Schwab bescheinigt ihm „entschiedenes Talent zu solchen Novellen“. Unverhofft ist dem Talentesucher wieder ein solches über den Weg gelaufen. Und er unterstützt Hermann nach Kräften. Der hat ganz nebenbei Grimmelshausen als Verfasser des „Simplizissimus“ entdeckt – eine literaturwissenschaftliche Sensation, aus der er jedoch keinen Nutzen zieht. Er arbeitet mit glücklicher Hand weiter an Novellen, die im „Morgenblatt für gebildete Stände“ erscheinen, und an Übersetzungen. Finanzielle Erfolge sind ihm jedoch nicht beschieden. Um „aus diesem Bettelwesen“ herauszukommen, bewirbt er sich im August 1836 um eine freie Redakteursstelle bei der Augsburger „Allgemeinen Zeitung“. Verleger: Cotta.

Johann Georg Freiherr Cotta von Cottendorf, der den blühenden Verlag seines Vaters weiterführt, gibt ihm den Job nicht. Es bleibt bei der freien Schriftstellerei. Die Konkurrenz ist groß. 249 Literaten sind amtlicherseits in Stuttgart registriert – bei 35 000 Einwohnern. Es gibt in Stuttgart 2057 Handwerker, 79 Kleinhändler, 269 Läden und Geschäfte, 26 Manufakturen und Fabriken, 5 Mühlen, 524 Wirtschaften, 28 Bierbrauereien, 49 Ärzte. Seit der Einführung der Schnellpresse (1810) haben Buchdruck und Buchhandel einen enormen Aufschwung erfahren. Die Zahl der Druckereien ist von vier (1800) auf 28 (1840) gestiegen. Ebenso viele Buchhandlungen gibt es in der Stadt. Stuttgarts Buchproduktion liegt nach Berlin an zweiter Stelle. Es erscheinen hier nicht nur Bücher, sondern auch Almanache, Journale, Anthologien und Zeitungen. Sollte da nicht etwas zu machen sein?

Hermann Kurz veröffentlicht Novellen im „Morgenblatt für gebildete Stände", die schließlich (1837) als „Genzianen. Ein Novellenstrauß" bei Verleger Erhard in Stuttgart erscheinen. Er vollendet einen Operntext von Mörike, „Die Regenbrüder", veröffentlicht seine literaturwissenschaftlichen Arbeiten in der Zeitschrift „Der Spiegel" und beginnt im Februar 1837 seinen ersten großen Roman.

Cotta beißt an! Und zahlt ihm im Juni 1837 einen Vorschuß auf „Schillers Heimatjahre" (26 Louisdor) und weiterhin monatlich Geld (ein halbes Jahr sechs Louisdor). Die ersehnte Freiheit! Die Schinderei hat ein Ende! Er begibt sich in ländliche Ruhe nach Buoch, wo Freund Kausler bei seinem Onkel Vikarsdienste versieht. Arbeit! Schnell ist das halbe Jahr um, im Frühjahr kann er Cotta stolz den ersten Teil des Romans vorlegen.

Roman-Abenteuer

Es ist die Lebensgeschichte des Heinrich Roller, Absolvent des Tübinger Stifts, dessen Schicksalsweg Herzog Carl Eugen durchkreuzt. Statt auf die geplante Pfarrersstelle setzt er ihn als Lehrer in der Hohen Carlsschule ein. Dort trifft er

Dannecker und Schiller, mit dem er Freundschaft schließt. Soweit der erste Teil! Hinzuzufügen ist, daß Hermann Kurz in diesem Roman nicht nur herrliche Schilderungen seiner Heimat bietet, sondern auch unvergleichliche Szenerien zaubert: Wie Heinrich Roller unversehens in die Verhaftung des Dichters Schubart hineingezogen wird und den großen Mann so herrlich porträtiert; wie es zugeht im Schillerschen Freundeskreis und in der Hohen Carlsschule; welche Umgangsformen im höfischen Kreis und in der Residenzstadt Stuttgart herrschen. Meisterhaft seine Schilderung der Heimatstadt Reutlingen und der nächtliche Gang über die Stadtmauer! Meisterhaft auch seine Sicht der Dinge, aus der Perspektive des Volkes gesehen, der Unterdrückten, die aber zugleich die Sicht des Herrschers miteinbezieht. Klar am Ende seine Aussage, die durch alles hindurchschimmert: Der Herzog „ist ein glänzendes Beispiel, daß es nicht gut ist, die Gewalt und die Verantwortlichkeit in die Hände Eines Mannes zu geben."

Cotta zögert. Hermann schreibt an Kausler im April 1838: „Gestern hab' ich eine Unterredung mit Cotta gehabt: die Sachen stehen sehr gut oder sehr schlecht – wie du willst. Er scheint bedeutendes Vertrauen zu dem Erfolg des Buches gefaßt zu haben, will aber den Druck nicht wagen, wenn ich nicht mein Manuskript einer Art von Zensur unterwerfen will. Dazu hab' ich mich nun sehr bereit erklärt ... und die Bruchstücke werden dem Staatssekretär Vellnagel d.h. mit andern Worten Seiner Majestät zu allerhöchst-eigenen Händen übergeben. Nach Cotta's Erklärung kann man entweder eine Apotheose [Verklärung] der gegenwärtigen Regierung oder aber eine Beleidigung der Dynastie drin finden. Ein Vernünftiger, wie unser eins, wird über beides lachen. Keller vermutete, die Sache werde mein Glück begründen, indem man darauf denken werde, mir den Mund zu stopfen. Ich halte den König für gebildet genug, mir anzumerken, daß ich sine ira et studio [ohne Zorn und Vorliebe, also unparteiisch, ein Zitat aus Tacitus ‚Annalen'] bin..."

Cotta übergibt mit Hermanns Einverständnis das Manuskript zur Prüfung an den württembergischen Hof. Am 6. Mai 1838 berichtet Hermann Adelbert Keller über den Stand der Dinge: Der „Geheime Legationsrath Herr von Lehr", der Bibliothekar des Königs, „hat mein Manuskript zu lesen bekommen, daher ich ihn persönlich sprach und, wie es mir schien, ganz gut von ihm wegkam." Wie schätzt er seine Aussichten ein? „Cotta, das seh' ich ganz deutlich, will mit mir nichts zu schaffen haben, bis der Roller für kurfähig erklärt ist."

Lehrs Gutachten vom 7. Mai 1838 bedeutet das Aus für den Roman. In der höflichen Diplomatensprache drückt er zwar die Zustimmung zum Druck aus, „wenn gleich zu bedauern ist, daß dadurch die Literatur um ein elendes Buch reicher würde". Herzog Karl Eugen käme in dem Roman zwar besser weg als in anderen Schriften über diese Zeit – der Herzog werde vom Dichter „in seiner Lichtseite" vorgeführt – doch bleibe die Frage offen, „ob aus Familien-Rücksichten nicht zu wünschen sey, daß was vergessen ist, auch vergessen bleibe".

Für Cotta ist dieses Eisen zu heiß. Er lehnt ab. König Wilhelm sieht Romane nicht gern, in denen seine Familie vorkommt. Das weiß man, daran hat man sich zu halten. Hermann schreibt an Rudolf Kausler am 10. Mai 1838: „Cotta hat den Roman nach langem Herumziehen aus Rücksichten auf den Hof abgelehnt: er las mir Lehrs Gutachten und Vellnagels Begleitungsschreiben stellenweise vor, worin meine Arbeit frei approbiert schien, als ich aber zu Herrn von Lehr ging und ihn geradezu um seine Meinung bat, eröffnete er mir: ‚Es werde einen sehr guten Eindruck machen, wenn die Publikation unterbleibe.' Er suchte mich sogar in politischer Hinsicht zu decouragieren, worauf ich ihm aber mit Manier gedient habe. In betreff der politischen Schwierigkeiten erklärte ich, daß ich die Rücksichten des Herrn v. Cotta vollkommen teile und als Mensch mir zumuten könne, die Familiengefühle des Königs zu schonen, daß aber meine Lage (die ich ihm offenherzig auseinandersetzte) mich nunmehr zwinge, das Buch, wie es liege, drucken zu lassen. Ich beklagte hierauf, daß ich jetzt in eine schiefe Stellung geschoben werde, daß das, was ich künstlerisch nur als Motive betrachtet, vom Publikum als Skandal und zu meinem Nachteil wie zu meinem Vorteil unrichtig werde aufgenommen werden. Er stimmte lebhaft bei, gab mir aber den Rat, da unter sotanen Umständen nichts andres übrig bleibe, das Werk in Gottes Namen vom Stapel laufen zu lassen; er wolle es über sich nehmen und dafür sorgen, daß ich wenigstens gegen den König in keine falsche Stellung komme. Und so kamen wir anscheinend recht gut auseinander."

Ist die Sache nun ausgestanden? Cotta bleibt bei seinem Nein, und Hermann ist wütend: „Ich muß gestehen, diese Wendung der Sachen kam mir sehr unerwartet; man sieht darauf doch wieder, was es um die teutsche Literatur für ein liederliches Ding ist. Der erste teutsche Buchhändler läßt sich abschrecken, wenn man ihm von Hof aus sagt, man wolle nichts gegen die Publikation eines Werkes einwenden, aber es seinem Ermessen anheimstellen."

Und dieser Schimpftirade fügt er hinzu, was ihm gerade auf den Tisch geflattert ist: „Soeben schreibt mir Cotta auf meine Anfrage, daß er gegen Mitteilung von Bruchstücken aus dem Roman im Morgenblatt nichts einzuwenden habe, und ich werde daher nächste Woche ein Kapitel geben."

Hermann versucht es bei anderen Verlegern. Er hat doch über ein Jahr daran gearbeitet, das kann doch nicht umsonst gewesen sein. „Nun muß jedenfalls ein Verleger geschafft werden", schreibt er dem Freund weiter. „Wegen der Masse und aus anderen Gründen ist mein alter Freund Hallberger der einzige. Dein Bruder ging gestern gleich zu ihm, er spielte den Zähen und gab geringe Hoffnungen. Doch bekommt er heute das Manuskript unter der Bedingung, Schwabs Votum einzuholen." Es lehnen ab: die Stuttgarter Hallberger, Metzler, Scheible; die auswärtigen Sauerländer (Frankfurt) und Brockhaus.

Über Wasser hält er sich mit der Mitarbeit an Lord Byrons sämtlichen Werken, einem zweiten Novellenband (der 1839 erscheint), einer dreibändigen Übersetzung „Ariost's rasender Roland". Er schreibt unter abenteuerlichen Bedingungen, mit Hunger im Bauch, in atemloser Hast. Er übersetzt im Winter 1838 bis zu 40 Oktaven Ariost am Tag, also die unvorstellbare Menge von 480 Versen italienischer Renaissance-Dichtung. Dabei liegt er im Bett, weil das Holz zum Einheizen fehlt, und „weil beim Liegen die Leere des Magens, die er nur mit einigen Stückchen Zucker beschwichtigen konnte, minder fühlbar war", so die Tochter Isolde. Die ersten beiden Bände erscheinen bei Verleger Hoffmann in Stuttgart, der Hermann zunächst sehr bedrängt, aber zuletzt, als die 1840 erscheinenden Bände sich nicht gut verkaufen, bremst und das vereinbarte Honorar nicht bezahlen will. Hermann besitzt nicht einmal einen schriftlichen Vertrag. Ein zweites Mal wird ihm das nicht passieren! Der dritte Band erscheint schließlich bei einem anderen Verlag, Dennig und Finck in Pforzheim (1841).

Für „Schillers Heimatjahre“ interessiert sich im Sommer 1840 der Tübinger Verleger Fues. Hermann bietet ihm den ersten Band an, zur Fortsetzung hat er gerade keine Zeit, weil er (bis Januar 1841) am Ariost arbeitet. Fues erklärt sich einverstanden, nimmt aber im April 1841 die briefliche Zusage wieder zurück. Hermann prozessiert; 1842 wird der Verleger zur Veröffentlichung des ersten Bandes und zur Honorarzahlung verurteilt. Gedruckt hat er ihn nicht.

Freunde und Kollegen unterstützen ihn. Im Juli 1840 ist Hermann mehrere Wochen zu Besuch bei Justinus Kerner in Weinsberg. Laut Tochter Isolde sollen eher Kerners Töchter Emma und Marie als der Dichter selbst der Grund dafür gewesen sein. Der junge Hermann Kurz gehört zum Dichterkreis um den Grafen Alexander von Württemberg, der im Schlößchen Serach bei Esslingen zusammentrifft. Ein Gemälde aus dieser Zeit zeigt die Dichterfreunde in Weinsberg bei Kerner, Hermann Kurz, deutlich jünger als die anderen (Graf Alexander, Karl Mayer, Nikolaus Lenau, Gustav Schwab, Ludwig Uhland und als Gast August Varnhagen von Ense) schleicht sich gewissenmaßen im Hintergrund die Treppe zum Kernerturm hinauf.

Tiefe Verehrung empfindet Hermann Kurz für Eduard Mörike, den damals noch verkannten Dichter, aus der sich eine Freundschaft entwickelt. Briefe gehen hin und her, Hermann besucht Mörike in Cleversulzbach, man diskutiert über Literatur, besingt den anderen in einem Gedicht. Weitere Nähe erträgt Mörike nicht, es gibt Reibereien, Streit. Die Freunde in Weinsberg versuchen zu schlichten, die beiden versöhnen sich, kommen aber weiterhin nicht klar miteinander, bis Mörike den Briefwechsel einschlafen läßt, was Hermann verbittert.

Von Mai 1841 bis Juli 1842 findet er bei seinem Bruder Ernst in Weilheim Unterschlupf. Er schreibt Rezensionen, literaturwissenschaftliche Aufsätze, eine Oper, die nie gedruckt wird, Übersetzungen und am Roman weiter, der im Herbst 1842 fertig wird.

Im Dezember 1842 darf Hermann Cotta erneut „Schillers Heimatjahre" vorlegen, den umgearbeiteten ersten Band und den großen Rest: Heinrich Rollers weitere Abenteuer mit der Hofdame Laura, den Zigeunern und dem Räuber Hannikel im Schwarzwald. Eine finstere Geschichte, packend, romantisch, realistisch. Das Württemberg des ausgehenden 18. Jahrhunderts bekommt man vor Augen geführt wie in einem Film, mit seinen Spannungen und Widersprüchen, seinen Licht- und Schattenseiten. Man leidet mit dem Schicksal Heinrich Rollers mit, am Mutwillen Lauras, durchwandert mit ihnen die weiten Wälder und Schluchten des Schwarzwalds und möchte mit ihnen im Mummelsee versinken. Nur der Schluß ist nicht gelungen, da sind sich die Literaturwissenschaftler einig. Weinen doch am Ende die einstigen Feinde Schiller und Roller um den toten Herzog, der ihnen das Leben so verwirrte! Hat's Hermann pressiert mit dem Schluß? Hat er die Lust am Fabulieren verloren oder hat er mit Gewalt alles zu einem guten Ende bringen wollen?

Verleger Cotta lehnt zum zweitenmal ab und drechselt einen charmanten Absagebrief an Hermann. „Daß die JG. Cottasche Buchhandlung diesen vortrefflichen Artikel (denn das ist er und Ihr Buch wird großes Glück machen, reißend gelesen werden) gleichwohl nicht annimmt, liegt einzig in der persönlichen Stellung ihres Eigentümers. Die Verleger werden sie um denselben schlagen. Ich hoffe, sie werden Ihnen auch das Honorar zahlen, das Ihr Werk verdient, das mit f [Gulden] 50 pro Bogen nicht zu teuer erkauft ist."

50 Gulden pro Bogen! Daran wagt Hermann nicht zu denken. Unterdessen steht er in weiteren Verhandlungen mit einem Interessenten: mit Friedrich Gottlob Franckh, der wegen Beteiligung an einer Verschwörung zu einer neunjährigen Haftstrafe auf dem Hohenasperg verurteilt war und durch eine Amnestie inzwischen freigekommen ist. Der Vertrag für „Schillers Heimatjahre" wird am 2. Januar 1843 unterzeichnet. Das Honorar beträgt 60 Louisdor, die der Verleger jedoch bis März schuldig bleibt.

Hermann hat nicht nur kein Verhandlungsgeschick, ihm fehlen auch die verbindlichen Umgangsformen, die ein

Hermann Kurz im 30. Lebensjahr

Schriftsteller braucht, um Verleger an sich zu binden. Hermann ist empfindlich und schroff, impulsiv und aufbrausend. Er hat keine Ellenbogen, um sich durchzuboxen, die Konkurrenten beiseite zu stoßen. Er kann sich nicht ducken, sich nicht unterordnen. Es fehlt dem weichen, äußerlich spröden Charakter das, was man „Weltklugheit" nennt. Johannes Scherr beschreibt ihn in jenen Jahren als „hochragende, hagere, schmalschulterige Gestalt, mit vorgeneigtem Kopfe etwas schlotterig einhergehend. Bleicher Gesichtsfarbe, blonden Haares und Bartes, eckigen Gebarens und zugeknöpfter Haltung, wie er war, hatte seine ganze Erscheinung für den flüchtigen Beobachter wenig Anziehendes. Bei genauerem Zusehen mußten die anmuthige Bildung seines Mundes, der treuherzige Blick ungewöhnlich glänzender Augen und ein über die ganze Physiognomie gebreiteter Hauch träumerischer Resignation den Beschauer gewinnen."

Er ist halt doch ein Stiftskopf, der vom wirklichen Leben keinen blassen Schimmer hat! Wie Heinrich Roller im Roman! Und überdies auch nicht ermessen kann, wie sehr man über den Tisch gezogen werden kann als freier Autor. Wenn er kein Geld hat, wird er stolz und schroff selbst gegen seine Freunde. Tochter Isolde formuliert milde: „Denn es ist freilich wahr, daß seine eigene Natur gleichfalls zur Verwirrung seines Schicksalsfadens beitrug – in welchem Dichter steckte nicht ein Stück Tasso?"

Tristan und Isolde

Ein gigantisches Übersetzungprojekt beschäftigt ihn von September 1843 bis Mai 1844. Mehr Mühe als anfangs gedacht macht ihm die Übertragung von Gottfried von Straßburgs mittelhochdeutschem Epos „Tristan und Isolde". Er schreibt einen eigenen, einfühlsamen Schluß, der ihm schließlich viel Lob einbringen wird. Im Frühsommer 1844 unternimmt er eine Reise durch Württemberg zu Freunden und Verwandten, bis er im August eine Anfrage von seinem Freund aus der Tübinger Zeit, Berthold Auerbach erhält, die Redaktion des „Deutschen Familienbuchs zur Belehrung und

Unterhaltung“ in Karlsruhe, C.F. Müller Verlag, zu übernehmen.

Darüber schreibt er, nach Stuttgart zurückgekehrt, an Adelbert Keller: „Endlich sitze ich, nachdem ich noch letzten Sonntag meines Bruders Hochzeitstag in Boll gefeiert, wieder hier und kann nicht bergen, daß ich herzlich froh darüber bin. Gott mag nun weiter helfen. Inzwischen hab' ich den Sonnenwirt aus dem grünen Täschchen, das er auf der ganzen Reise nicht verließ, gezogen und will ihn zunächst zu Ende schreiben, obgleich ich noch nicht weiß, wohin damit. Von Auerbach traf ich einen Brief vom 20. Juni mit dem bewußten Antrag, habe auch gleich geantwortet; er soll, wie ich heut' höre, noch in Baden sein. Nach Karlsruhe hab' ich aber gar keine Lust zu gehen.“

Er berichtet dem Freund über seinen Mißerfolg mit der letzten Übersetzung, die sich nicht verkauft: „Der Tristan hat bis jetzt nicht gezogen. Ich komme mir doch oft vor, wie ein recht unnützer Taugenichts. [...] Hierorts ist nichts von Wichtigkeit zu melden; es ist nun eben doch einmal eine Heimat für mich und ich habe auf der ganze Reise nirgends eine bessere gefunden.“

Das klingt traurig, resignativ, nach wenig Erfolgsaussichten. Wenige Tage später fügt er dem Brief hinzu: „Und nun, nachdem ich zu dieser Überzeugung gekommen war, muß ich heraus. Vorgestern Abend kam Antwort von Auerbach und gestern Abend ging mein Ultimatum ab. Es sei noch Zeit, schreibt er, eine Redaktion von Stuttgart aus aber ganz untunlich. Da ich nun dreißig Jahre auf dem Rücken habe und zu einem distressed poet [armen Poeten] keiner weiteren Studien bedarf, so habe ich mich entschlossen, zu gehen. Karlsruhe wird mein Untergang sein, aber vielleicht macht mir die Eisenbahn den Aufenthalt in Heidelberg möglich. Dort finde ich doch wissenschaftliche Interessen, die Bibliothek und Gervinus, der mir wohlwill. Ohne Zweifel werde ich in den nächsten Tage nach Baden und Karlsruhe gehen, um abzuschließen; ich warte nur noch auf einen Brief von Auerbach.“

Sind acht Jahre als freier Schriftsteller in Stuttgart genug? Acht harte Jahre voller Arbeit und Entbehrungen, voller Erfolge und Rückschläge. Wenn man nicht weiß, wovon man seine Miete bezahlen soll, ist man kein guter Schriftsteller, heißt es heute. Ist das wahr? Wahr ist vielmehr, daß Hermann Kurz sein Publikum noch nicht gefunden hat. Der ständige Wechsel von Verlegern bekommt seinem literarischen Ruf nicht, zumal er von Cotta laufend Steine in den Weg gelegt bekommt. Cotta, der Maßgebende. Hat der einmal abgelehnt, werden die anderen mißtrauisch.

Der Standpunkt, den der Dichter in „Schillers Heimatjahre" einnimmt, ist nicht ungefährlich, ist nicht unpolitisch. Die Geschichte wird aus mehreren Perspektiven erzählt. Modern! Die Herrschenden, der Herrscher als Despot aus der Sicht des Untergebenen, und aus sich selbst heraus mit seinen Vorzügen und Mißlaunigkeiten. Der Standpunkt ist klar: gegen die absolutistische Monarchie. Doch das ist längst nicht mehr die Frage der Zeit. Helden sind die Abenteurer, die Ausgestoßenen – Zigeuner Tony, Herzogsenkelin Laura, der weltfremde Vikar und Lehrer, der Dichterrebell Schiller. Macht sich Hermann Kurz zum Anwalt der Vagabunden, der Ausgestoßenen, der Zigeuner? Zumindest schafft er nicht geringe Sympathien.

Im Banne Badens

Im Herbst 1844 siedelt der einunddreißigjährige Schriftsteller nach Karlsruhe über und wird Redakteur eines kleinen Unterhaltungsblattes im Stil der Biedermeierzeit. Mit dem Heilbronner Ludwig Pfau teilt er das Redaktionbüro. Ende des Jahres 1845 ist seine bezahlte Arbeit wieder in Gefahr. Das „Familienbuch" wird eingestellt. Der Verlag, C. F. Müller, beschäftigt ihn zum Glück weiter als Herausgeber von Kinder- und Jugendschriften.

Es bleibt ihm Zeit genug zum Schreiben. Seine Erzählungen und Artikel werden weiterhin im „Morgenblatt für gebildete Stände" veröffentlicht. Ein zweiter Roman ist in Arbeit, der „Sonnenwirth", eine sozial-psychologische Studie über Friedrich Schwann, der unter die Räuber ging. Hermann folgt seinem Instinkt, seinen Neigungen und den Strömungen der Zeit. Er schreibt nicht nur wie bisher für Zeitschriften, sondern auch über aktuelle Ereignisse in Zeitungen. Im Sommer 1845 hat sich seine politische Position so gefestigt, daß er sie niederschreibt. „Die Fragen der Gegenwart und das freye Wort. Abstimmung eines Poeten in politischen Angelegenheiten" erscheint in Ulm bei Heerbrandt und Thämel.

Die Augen der politisch interessierten Zeitgenossen in ganz Deutschland sind auf das liberale Baden gerichtet. Bei Neuwahlen 1841 siegt die liberale Bewegung, die sich während der politischen Auseinandersetzungen der nächsten Jahre spaltet. Ausdruck der Spaltung wird die Sitzordnung des badischen Landtags 1843: links die Radikalen um die beiden Mannheimer Rechtsanwälte Friedrich Hecker und Gustav von Struve, in der Mitte die Gemäßigten um den Landtagspräsidenten Johann Baptist Bekk und den führenden Kopf der badischen Liberalen Johann Adam von Itzstein. Die Gegensätze der beiden Richtungen machen sich vor allem an ihrer Haltung zur Staatsform fest. Die Linken streiten für die Umformung des Staates in eine Republik, die Gemäßigten halten an der konstitutionellen Monarchie fest.

Im Dezember 1846 holt Großherzog Leopold von Baden aus zum Schlag gegen die Opposition. Er beruft den gemäßigten Liberalen Bekk zum Innenminister. Ein kluger Schachzug, um die Opposition zu schwächen! Die „Konstitutionellen" arbeiten mit der Regierung zusammen und kommen in immer größeren Gegensatz zu den Radikalen.

Wie die meisten politisch denkenden Zeitgenossen interessiert sich Hermann Kurz brennend für die Kammerverhandlungen des badischen Parlaments. Er sitzt an der Quelle und kann die spannenden Diskussionen vor Ort miterleben. Und schreibt an Rudolf Kausler: „Aber laß mir das badische Parlament ungekränkt, es ist ein Schauspiel, nicht bloß zwei Liebende, sondern auch solche Redner zu sehen. Wenn in Preußen was Tüchtiges geschieht, es ist doch von Baden ausgegangen."

Dem Metternichschen Spitzelsystem verdanken wir einen guten Überblick über die Presse in Südwestdeutschland vor 1848. Klemens Wenzel Fürst von Metternich errichtete nach dem „Frankfurter Wachensturm" 1833, als 50 patriotisch gesinnte Burschenschafter, unterstützt von polnischen Emigranten, versuchten, die Konstabler Wache und die Hauptwache in Frankfurt zu stürmen, ein europaweites Überwachungsnetz. Im Visier hatte er vor allem die Literatur und die Presse. In Mainz befand sich ein Informationsbüro, bei dem die Spitzelberichte eingingen. Die „Konfidenten" saßen zum Teil direkt an der Quelle, waren selbst Journalisten und Literaten, wie der gebürtige Mainzer Wilhelm Fischer Redakteur der „Badischen Zeitung". Das Mainzer Büro schrieb die Berichte ab, schickte die Pakete mindestens einmal in der Woche an den Leiter der österreichischen Vertretung beim Bundestag in Frankfurt, der sie durchlas und nach Wien weiterleitete. Dort befaßte sich das Zentral-Informations-Komitee unter Vorsitz von Metternich mit diesen Geheimberichten, die mit Nachrichten aus den diplomatischen Vertretungen ergänzt wurden. Metternich war über Stärke und Inhalte der oppositionellen Presse bis zur Auflösung des Dienstes im März 1848 stets am besten informiert.

Bekannt ist, daß Hermann Kurz Artikel über die Kammerverhandlungen schreibt. Wo sie veröffentlicht werden, weiß man nicht mit Sicherheit. Viele Möglichkeiten gibt es allerdings nicht. Da ist zunächst die „Landtagszeitung", die seit dem 1. Januar 1842 erscheint, ein liberales Parteiblatt mit Berichten über die Landtagsverhandlungen. Karl Mathy ist zunächst Redakteur, wird kurz darauf selbst Abgeordneter und Herausgeber des Blattes. Die „Landtagszeitung" ist ein voller Erfolg, der im Grunde Mathy zu verdanken ist. Er beherrscht die Kunst, aus langweiligen Reden spannende Artikel zu formulieren, wobei ihm die Redemanuskripte der Liberalen gute Dienste tun.

Die „Rundschau" ist ursprünglich als Weiterführung der Landtagszeitung für die landtagsfreie Zeit gedacht und erscheint vom Ende des Landtags 1846 bis zum Beginn des nächsten (Dezember 1847). Sie kommt wie die „Landtagszeitung“ in Karlsruhe heraus, wird von Mathy verlegt und redigiert. Inhaltlich macht dieses Wochenblatt innerhalb kürzester Zeit einen radikalen Wandel durch vom liberalen Kampfblatt zum konstitutionellen Parteiblatt (Frühjahr 1847). Man beschäftigt sich mit der badischen Innenpolitik und hat kaum Probleme mit der Zensur. Hermann Kurz arbeitet für dieses Wochenblatt und übernimmt sogar eine Zeitlang die Vertretung von Karl Mathy in der Redaktion (April 1847).

An der „Rundschau“ orientiert sich die liberale Opposition in Baden über die innerhalb der Kammerliberalen geführten Diskussion über die künftige politische Linie. Spaltungstendenzen sind seit dem letzten Landtag zu verzeichnen: Um Hecker und Struve gruppieren sich die Radikalen, deren Presseblätter die „Mannheimer Abendzeitung“ und die von Fickler herausgegebenen „Seeblätter“ in Konstanz sind. Mathy, Hecker, Struve und Fickler sind bis zur Spaltung der Bewegung befreundet.

Mit Beginn des Landtages im Dezember 1847 führt Mathy die Berichte über die Landtagsverhandlungen in der neugegründeten „Deutschen Zeitung“ weiter. Diese versteht sich als Organ der gemäßigten Liberalen und erscheint von Juli 1847 bis September 1848 in Heidelberg. Der Abgeordnete Bassermann aus Mannheim wird Verleger, Mathy, Mittermeier sowie die Heidelberger Professoren Gervinus und Häusser Herausgeber. Gervinus ist der verantwortliche Redakteur, der ebenso wie Häusser stark politisch engagiert ist. Die „Deutsche Zeitung“ ist nicht als badisches Oppositionsblatt konzipiert, sondern soll ein Forum für die gemäßigten Liberalen in ganz Deutschland sein. Informant Fischer meldet nach Mainz und Wien Ende September 1847: „Der badischen Regierung gereicht es, wie man uns versichert, zu nicht geringer Freude, daß in ihrem Lande ein Organ erscheint, an dem die gefeiertsten Männer in allen Fächern der Wissenschaft tätig sind, und man darf versichert sein, daß der ‚Deutschen Zeitung‘ niemals die geringsten Zensurschwierigkeiten werden bereitet werden, wenn nicht geradezu darauf gedrungen werden sollte. Die Zeitung ist das beste Oppositionsblatt, das jemals in Deutschland erschien, und muß als solches schon in der nächsten Zeit einen Einfluß ausüben, der weit über alle Berechnungen hinausgehen dürfte."

Hermann Kurz trifft den richtigen Ton und mit den richtigen Menschen zusammen. In kurzer Zeit hat er sich einen guten Namen als Journalist gemacht. Alexander von Soiron, ebenfalls ein wichtiger Liberaler, bietet ihm im Februar 1847 die Redaktion des „Mannheimer Journals" an, einer laut Soiron „liberalen Zeitschrift ohne radikalen Anstrich und ohne Apologie aller möglichen kirchlichen Bewegungen". Das muß er nämlich hinzusetzen, denn diese Tageszeitung gehört dem katholischen Bürgerhospital in Mannheim.

Das Traditionsblatt (gegründet 1789 und seit 1837 Tageszeitung) hängt sein Fähnchen nach dem Wind und sieht die Chance, die derzeitige liberale Tendenz zu einer Auflagensteigerung zu nutzen. Ausgerechnet Gustav von Struve bekommt (ab 1. Juli 1845) den Posten des Chefredakteurs, denn dieser Mann verspricht ein neues Profil für das Blatt! Die Konflikte mit der Zensur bleiben nicht aus. Schon nach einem Monat verlangt die badische Regierung die Entlassung Struves. Der Hospitalverband wagt dies nicht – Struve besitzt großen Rückhalt in der Bevölkerung. Daraufhin entzieht die Regierung dem Blatt das Insertionsprivileg und macht dies erst nach der Entlassung Struves rückgängig (9. Dezember 1846). Sein Nachfolger Obermüller vertritt einen gemäßigten Liberalismus. Obermüller tritt seine Stelle am 1. Januar 1847 an und arbeitet dort lediglich ein Jahr. Man scheint jedoch schon früher mit ihm unzufrieden gewesen zu sein, sonst hätte man nicht Hermann Kurz die Stelle angeboten. Sieht er seine Zukunft im Dienst der Politik? Kurz lehnt ab. Im Juni 1847 sieht man ihn jedoch wieder als „Reporter" in der Sitzung des großen Bürgerausschusses in Karlsruhe. Arbeitet er weiterhin für Mathy?

4. KAPITEL

Völkerfrühling

Dem Volke dienen

Ist es eine innere Stimme, die Hermann Kurz nach Württemberg zurücktreibt? Recherchen für seinen zweiten großen Roman, den „Sonnenwirth“, führen ihn nach Esslingen. Im Februar 1848 läßt er sich bei seinem Bruder Ernst nieder, der als Kanzleiassistent beim Gerichtshof in Esslingen arbeitet. Eine Rückkehr nach Karlsruhe ist wohl geplant, läßt er doch seine umfangreiche Bibliothek dort zurück.

Dann überschlagen sich die Ereignisse. Am 22. Februar hört man vom Aufstand der Opposition in Paris gegen die Regierung Guizot, am Abend des 23. Februars trinken Hermann Kurz und Marie von Brunnow auf das Wohl der heranbrausenden Revolution, am 24. Februar stürzen die Franzosen ihren König. Die Begeisterung dringt schnell über den Rhein. In den Wunsch nach Veränderung mischen sich Ängste vor einer französischen Invasion wie nach der Revolution von 1789. Nahezu von selbst verschmelzen sich innerhalb der deutschen Opposition liberale und nationale Ziele. Auf einer Volksversammlung in Mannheim am 27. Februar fordern Hecker und Struve Volksbewaffnung, Pressefreiheit und ein deutsches Nationalparlament. Das Signal für eine breite Bewegung!

Um der revolutionären Bewegung den Wind aus den Segeln zu nehmen, unternimmt König Wilhelm von Württemberg zwei Schritte: Am 1. März 1848 verfügt er die Freigabe der Presse und hat damit einer zentralen Forderung der Bewegung nach Pressefreiheit stattgegeben. Am 6. März entläßt er seinen wichtigsten Minister, den seit 1832 amtierenden Regierungschef Johannes Schlayer, und beruft den liberalen Spitzenmann und Führer der Opposition in der zweiten

Kammer, den Stuttgarter Rechtsanwalt Friedrich Römer. Zum „Märzministerium" gehören neben Römer als Justizminister und eigentlichem Regierungschef Gustav Duvernoy als Innenminister und Paul Pfizer als Kultusminister. In ihren Ämtern bleiben Johann Georg Graf von Sontheim als Kriegsminister und Joseph Ignaz Graf von Beroldingen als Minister des Auswärtigen.

Der große Tag

Während der aufregenden Märztage ist Hermann voll dabei. Aber so „kopfüber", wie Tochter Isolde es darstellt, ist er nicht in die „Wogen der Politik" gestürzt. Er ist, nicht zuletzt vor dem Hintergrund seiner Erfahrungen in Karlsruhe, ideologisch und moralisch gut vorbereitet.

In Württemberg nutzt man die neugewonnene Versammlungsfreiheit zu einer großen Volksversammlung am 26. März 1848 in Göppingen – nach dem Vorbild der Versammlung am 19. März in Offenburg, zu der 20 000 Menschen erschienen sind. Der Göppinger Abgeordnete Philipp Seefried lädt im „Beobachter" am 19. März im Namen der „seitherigen Opposition" in seine Heimatstadt ein zu einer öffentlichen Versammlung.

Tausende – die Veranstalter sprechen von 20 000 – sind nach Göppingen unterwegs. Mit von der Partie sind Ludwig Pfau, der inzwischen die satirische Zeitschrift „Eulenspiegel" ins Leben gerufen hat, und die ehemaligen Stiftler und Freunde Gottlieb Finck, Ludwig Seeger und Hermann Kurz. Was geschieht auf dieser Versammlung? Mehrere tausend Menschen haben sich vor dem Rathaus versammelt, von dessen Balkon herab die Reden gehalten werden. Die Sache wird so angegangen wie die Sitzung eines kleinen Vereins: Organisator Seefried spricht die Begrüßungsworte, dann „wählt" die Versammlung den vorgeschlagenen „Vorsitzenden" Wilhelm Murschel.

Den insgesamt zehn Rednern liegt eines am Herzen: die Volksbewegung auf eine tragfähige, organisatorische Basis zu stellen. Sie sehen den einzigen Weg in der Gründung eines „Vaterländischen Vereins". So stellt der erste Redner, Dr.

Johann Friedrich Rödinger, die Struktur einer solchen Organisation vor und verliest den „Aufruf zur Bildung vaterländischer Vereine". Mit dem politischen Programm macht anschließend Carl August Fetzer bekannt. Die Hauptaufgaben der Vereine liegen auf zwei Ebenen. Zum einen gehen sie aus dem Volk hervor und bilden eine politische Körperschaft. Zum anderen sollen sie durch Wissensvermittlung und durch Bereitstellung organisatorischer Mittel das Volk dazu befähigen, die alleinige Herrschaft auszuüben. Die „Vaterländischen Vereine" formen ein Organisationsnetz, das sich über das ganze Land erstreckt und sich für alle politischen Fragen zuständig fühlt. Eine Art Gegenregierung auf demokratischer Basis.

Als dritter Redner verliest der Redakteur des „Beobachters", Adolph Weisser, den Entwurf der Heidelberger Siebener-Kommission zur Frage der Nationalversammlung. Es geht um die Vorschläge der „Heidelberger Versammlung", die am 5. März 1848 auf Einladung von 51 Mitgliedern süddeutscher Landtage zusammengetreten war und die Nationalversammlung vorbereitete. Anschließend trägt Gottlob Tafel eine Adresse von Hermann Kurz vor. Seine Forderung nach Beendigung der Kabinettspolitik trifft auf Zustimmung ebenso wie das Statement, „Gerechtigkeit und Ehre" sollen die „Grundpfeiler des Völkerlebens sein". Ganz vorne, ganz oben, mischt Hermann Kurz mit. Was, das „blaue Genie" aus dem Stift, der erfolglose Dichter unter den Advokaten und Abgeordneten?

Vor allem der Deutsch-Katholik Johannes Scherr, der erst danach selbst einen „Gruß aus Schwaben" an die Aufständischen in Berlin und Wien richtet, ist erstaunt über Hermann Kurz. Er überliefert die vielzitierte Szene zwischen den Freunden auf dem Weg vom Bahnhof zum Rathaus: „Als wir vom Bahnhof durch das Menschengetümmel dem Platze vor dem Rathhause zuschritten, von dessen Balkon herab die Ansprachen gethan und die Schlußnahmen beantragt werden sollten, disputiert unterwegs Kurz mit dem ‚rothen Pfau', welcher schließlich gelassen das große Wort aussprach: ‚Das Gescheideste wäre halt doch, wenn wir ohne weiteres die Republik proklamirten!'. Wogegen Kurz ganz furibund: ‚Was? Du wilde Gans, wohin verfliegst du dich? Ihr Überstürzler werdet alles zu Grunde richten.' Der ‚rothe Pfau' war über diesen unerwarteten Ausbruch des ‚sanftlebenden Fleisches von Reutlingen' für einen Augenblick bis zur Sprachlosigkeit verblüfft. Dann brummte er: ‚Jetzt hört aber doch alles auf, wenn auch noch der Blaue den Staatsmann heraushängen will.' Der hinter ihm gehende Ostjäk tröstete ihn: ‚Ja weißt du, Pfaule, seit etlichen Tagen grassiren halt die Staatsmänner. Jedennoch die blaue Staatsmännischkeit kommt mir grün vor, sehr grün.' Wir lachten, der Blaue lächelte und nahm eine unendliche Prise."

Bedeutende Tage für Hermann Kurz! Sein „Vaterlandslied", geschrieben am 15. März, erscheint am darauffolgenden Montag, dem 27. März 1848, auf der ersten Seite des „Beobachters". Die Ausgabe der Zeitung wird auch am Abend zuvor auf der Göppinger Volksversammlung verteilt. Die beiden letzten Strophen lauten:

„Deine Seher, deine hellen,
Kannten wohl der Sterne Lauf:
Endlich steigt aus Sturm und Wellen
Jenes Friedenseiland auf,
Wo aus Dornen sich die Rose
Ungeknickt entfalten kann, -
Ja, und säuselnd bricht der große
Schöne Völkerfrühling an.

Endlich siegt der wahre Glaube,
Der die Menschheit menschlich macht.
Mit dem Ölblatt kommt die Taube,
Und der Rabe flieht zur Nacht.
Aller Völker bunt Gewimmel
Wie ein freier Volksverein,
Und der längst verlorne Himmel
Kehrt auf Erden wieder ein."

Das ist einmalig! Mit vollem Namen abgedruckt! Alle Freunde hat er überrundet. Pfaus Gedicht war am Tag zuvor ganz hinten auf der letzten Seite gelandet. Endlich in der Heimat anerkannt, endlich angekommen!

Nachzutragen wären noch weitere Reden auf der Göppinger Volksversammlung: Julius Haußmann spricht über die Abgeordnetenwahlen, Pfarrer Rapp aus Enslingen nimmt zur

Ablösung der Grundlasten Stellung, Sigmund Schott wirbt um Spenden für die Volkswehr, der Stuttgarter Importkaufmann Heinrich Müller verlangt die Abberufung des Kriegsministers von Sontheim, des Präsidenten des Geheimen Rats von Maucler und des Bundestagsgesandten von Blomberg. August Becher schließlich spricht über den neugewonnenen Glanz des deutschen Vaterlandes und trägt auf Verlangen der Versammlung das von Ludwig Pfau gedichtete „Lied von einem deutschen König" vor. Es geht auf den Barrikadenaufstand in Berlin vom 18. März 1848 zurück, bei dem 230 Aufständische erschossen wurden. Zum Abschluß läßt der Vorsitzende Murschel die Versammlung ihr Einverständnis zu dem Aufruf und den Vorschlägen erklären. Dabei ergreift Julius Haußmann noch einmal das Wort, der fürchtet, daß sich in den vaterländischen Vereinen eine „Aristokratie der Bürger" bilde: Jeder Verein müsse auf einer möglichst allgemeinen Grundlage aufgebaut werden, „alle Staatsbürger einer Gemeinde" müssen in den vaterländischen Vereinen zugelassen werden.

Der Stuttgarter Verein wird als Hauptverein an die Spitze der Organisation gestellt. Im Verlauf der nächsten Monate bilden sich etwa 50 Vereine, die sich dem Stuttgarter Hauptverein, der Spitze der Organisation, anschließen. Besonders rege ist derjenige aus Esslingen unter der Geschäftsführung von Carl Mayer.

Am Puls der Zeit

Im Gefühl, nun an der richtigen Stelle zu sein, tritt Hermann Kurz im April 1848 in die Redaktion des „Beobachters" ein, der am 1. April in größerem Format erscheint. Man braucht ihn dort als zweiten Redakteur nach Adolf Weisser. Die Oppositionszeitung ist als „Hochwächter" von den beiden führenden württembergischen Demokraten, den Rechtsanwälten Gottlob Tafel und Friedrich Rödinger (Hermanns Anwalt im Prozeß gegen den Tübinger Verleger Fues) im Zuge der Julirevolution 1830 gegründet worden. Streng wacht die Zensur über die Leitartikel und die Erörterung der Politik in diesem Blatt, das rasch an Popularität gewinnt. Bald werden die Redakteure steckbrieflich gesucht. Der „Hochwächter“ wird 1832 verboten – und wird als „Der Beobachter“ am nächsten Tag in einer anderen Druckerei gedruckt.

Metternichs Spitzel berichtet 1847: „Die württembergische Zeitungspresse ist, obgleich in Stuttgart der süddeutsche Buchhandel seinen Zentralpunkt hat, außerordentlich beschränkt, denn als eigentliche Zeitung ist nur der ‚Schwäbische Merkur‘, das halbamtliche Organ der württembergischen Regierung, anzusehen, während die ‚Ulmer Schnellpost‘ und die Ulmer ‚Chronik‘ sich nicht viel über das Lokale erheben und höchstens nur in betreff ihrer Mitteilungen aus Bayern und Baden Bedeutung haben. Die ‚Ulmer Schnellpost‘ will gern als Oppositionsblatt gelten, zeigt aber oft darin sehr wenig Takt. Das beste Volksblatt, das vielleicht Deutschland besitzt, ist der Stuttgarter ‚Beobachter‘, das Hauptorgan der gesamten liberalen Partei Württembergs. Er wird mit großem Geschick redigiert und beschäftigt sich nur mit den Angelegenheiten Württembergs, aber in so gründlicher, scharf oppositioneller Weise, daß die Regierung sich veranlaßt findet, einen besonderen Kämpfer, die neu zu begründende ‚Süddeutsche Zeitung‘, dem ‚Beobachter‘ entgegenzustellen.“

Ein solches Projekt wird jedoch nicht verwirklicht. Der „Beobachter“ bündelt also die demokratische Opposition in Württemberg und wird 1848 zentrales Organ der demokratisch-republikanischen Bewegung. Das Oppositionsblatt ist seit der Aufhebung der Zensur gefragt wie noch nie. Endlich kann man sich über alles, was vor sich geht, uneingeschränkt informieren. Innerhalb eines Monats von März bis April 1848 steigt die Auflage von 3 000 um mehr als ein Drittel. Zensurfreie Berichterstattung!

Der Chefredakteur des „Beobachters“, Adolf Weisser, hat den selben Bildungsweg wie Hermann Kurz durchlaufen: Seminar in Maulbronn, Tübinger Stift, kurze Vikarszeit, freies Schriftstellertum in Stuttgart, Journalismus. Ein höchst verdächtiges Subjekt in den Augen der Herrschenden, die seine „sehr aufreizende Sprache für die Armen und gegen die

Besitzenden" fürchten. Er sei imstande, so heißt es amtlicherseits, „Unzufriedenheit unter den arbeitenden Classen mit den bestehenden socialen Einrichtungen zu erregen".

Es tut sich was

Die Regierung Römer löst am 27. März 1848 den Landtag auf, der im Mai 1848, nach der Wahl der Abgeordneten für die Frankfurter Nationalversammlung im April, nach dem alten Stimmrecht von 1819 gewählt wird. Dies ist ein Zensuswahlrecht: Nur die steuerzahlenden Bürger einer Gemeinde, die innerhalb dieser Kommune steuerpflichtigen Grund und Boden besitzen oder ein Gewerbe betreiben, haben das Wahlrecht. Oder anders formuliert: Nur wer die ordentliche, direkte Staatssteuer entrichtet (dies kann Grund-, Gefäll-, Häuser- oder Gewerbesteuer sein), darf bei der Bestellung der Wahlmännergremien mitwirken.

Der steuerzahlende Gemeindebürger wählt seinen Abgeordneten nicht direkt, sondern lediglich den aufgestellten Wahlmann. Erst das Kollegium der Wahlmänner bestimmt den Abgeordneten. Beim Verstehen des alten württembergischen Wahlrechts sind nicht nur die Nachgeborenen überfordert. Auch diejenigen, die es damals vor Ort umsetzen mußten, die Gemeindevorstände, hatten mit den komplizierten Vorschriften ihre Mühe. Man hilft sich, so gut man kann: Oft wählen halt alle Bürger der Gemeinde ihre Wahlmänner – eine sichere Kontrolle gibt es in der Regel nicht.

Wie läuft eine Wahl ab? Der Ortsvorstand stellt eine Liste derjenigen Bürger zusammen, die im Ort als Wahlmänner zur Verfügung stehen. Hier gelten sechs Bedingungen: die Volljährigkeit mit 25 Jahren, das Bekenntnis zum christlichen Glauben, die strafrechtliche Unbescholtenheit, die Solidität der häuslich-ökonomischen Verhältnisse, die rechtliche Selbständigkeit und das männliche Geschlecht. Diese Liste erhält das jeweilige Oberamt, das den Termin für die sogenannte Urwahl festlegt. Der Wahlakt geschieht unter der Aufsicht des Schultheißen. Bei dieser Wahl kann jedoch nur ein Drittel des Wahlmännerkollegiums gewählt werden. Die anderen beiden Drittel stehen bereits fest: Es sind die

Höchstbesteuerten des Ortes. Jeder steuerzahlende Bürger kann also nur ein Drittel der Wahlmänner überhaupt wählen und hat so viele Stimmen, wie Mandate zu vergeben sind. Die Zahlen: In der Regel kommt auf sieben Bürger ein Wahlmann; pro Bezirk sind es dann 300 bis 800 Wahlmänner. Das Heer der 200 000 bis 250 000 Urwähler bestimmt also rund 35 000 Wahlmänner.

Einige Wochen nach der Urwahl wählen die Wahlmänner die Abgeordneten. Der Termin wird vom Innenminister festgesetzt. Der Oberamtmann regelt die Prozedur und legt die Reihenfolge der Stimmabgabe fest. Die Wahlmänner müssen im Oberamt schriftlich ihre Stimme abgeben – aber nur 400 dürfen dies pro Tag. Eine Wahlkommission zählt dann die abgegebenen Stimmen aus, stellt die Urkunde für den siegreichen Bewerber aus und übergibt diese dem Ständischen Ausschuß.

So sieht die Konstruktion des württembergischen Wahlrechts aus. Daß hier erheblicher Raum bleibt für Manipulationen, liegt auf der Hand. Daß hier keine demokratischen Wahlen vorliegen, ebenso. Dennoch ist erstaunlich, daß immerhin 13–14 % der Bevölkerung wahlberechtigt sind. Dies liegt an der Sozialstruktur des Landes. Jeder steuerzahlende Gemeindebürger darf ja wählen. Im Land des bäuerlichen und handwerklichen Kleinbesitzes heißt das, daß die ländlichen Kleineigner dominieren: bei den Höchstbesteuerten im Wahlmännerkollegium und bei den Zugewählten. Die Reichen stehen zwar an den vorderen Stellen, aber der handwerkliche Mittel- und Kleinbesitz stellt die Mehrheit der Wahlmänner. Wir finden also hier keine Dominanz des Geld- oder Vermögensadels, wie man vielleicht vermutet hätte. Allerdings gibt es ein großes Gefälle unter den Wahlmännern. In Heidenheim zahlt der am niedrigsten eingestufte Steuerbürger 15 Gulden Jahresabgaben, der reichste, der Fabrikant, 203 Gulden.

Die Maiwahlen 1848 verschaffen der „Märzregierung" eine knappe, aber entscheidende Mehrheit. Der Landtag beginnt am 20. September 1848 mit seinen Beratungen und wird erst am 11. August 1849 geschlossen. Reformen werden beschlossen – Versammlungsfreiheit, Volksbewaffung, Aufhebung des Zehnten. Die Antifeudalgesetze regeln das Verhältnis zwischen den Bauern und ihren adligen Grundherren und lösen die unbefriedigenden Regelungen nach der Abschaffung der Leibeigenschaft 1817 ab.

Die rote Republikanerin

Als die Revolution ausbricht, sieht man Marie von Brunnow als „feurigen Apostel“. Sie ist begeistert, engagiert sich, setzt sich ein – unkonventionell, rebellisch, mit männlichen Maßen. Endlich hat sie Mittel und Wege gefunden, ihre „Schuld“ am Volk abzuarbeiten! Sie besucht Volksversammlungen, verteilt Manifeste und Wahlzettel, unterstützt die Propaganda finanziell, schreibt Gedichte und hält Reden. Um sie herum bildet sich ein Kreis gleichgesinnter Jugend. Das gehört sich nicht für eine Adlige und gleich gar nicht für eine Frau! Was sagt der Papa dazu?

Der alte Freiherr liebt sein Töchterchen über alles und läßt sie gewähren. Er nimmt keine Stellung und mischt sich nicht in ihre Angelegenheiten. Es ist ihm sogar lieber, wenn sie mit den Bürgerlichen geht als mit den Adligen. Er kennt seine Pappenheimer und weiß, wie man als junger Kavalier mit jungen Mädchen umspringt. Denen ist nicht zu trauen. Und er erlaubt der Tochter den Umgang mit Studenten, die ihre Ferien in Oberesslingen verbringen. Marie bleibt halbe Nächte lang in Gesellschaft ihrer bürgerlichen Verehrer aus, träumt mit ihnen von „Volksbeglückung und Menschheitsverbrüderung“ im Ruderboot auf dem Neckar.

Respekt und Verehrung bringen Marie alle entgegen, mit denen sie zu tun hat. Den Schritt in die Reihen der „Volkskämpfer“ nehmen ihr die Standesgenossen nicht übel. Mit vielen bleibt sie ihr Leben lang freundschaftlich verbunden. Sie kann sogar in Stuttgart die demokratischen Versammlungen besuchen, bei einer befreundeten, zu Hofkreisen gehörenden Familie wohnen. Diese schickt einen Diener zur Begleitung mit, und über Maries Agitationsversuche wird gelächelt. Sie bearbeitet ihn unterwegs und nimmt ihn in die Versammlung mit.

In den Reihen der Kampfgenossen wird sie überaus geschätzt. Eines Abends bringt der Liederkranz des Esslinger Volksvereins ihr als Dank für ihre „Werbearbeit" ein Ständchen. Marie tritt in den Garten hinaus und hält eine Ansprache – während der Vater hinter einem Baum vor Rührung weint.

Der Auftritt

Berühmt-berüchtigt über den Esslinger Freundeskreis hinaus wird das „Fräulein Brunnow" am Jahresende 1848. Öffentlich in Wort und Schrift tritt sie für die Freiheit ein, wie in der „Esslinger Schnellpost" zu lesen ist. Ein Skandal, diese Verse gegen „Glaubensformeln" und „starres Dogma", diese Warnungen vor einem Rückfall in „des Aberglaubens finstre Nacht" nach dem Sieg der Freiheit über die Macht der Fürsten: „Beigt [!] der Tiare nimmermehr das Knie." Frech und unbekümmert spricht sie auf der Feier der deutschkatholischen Gemeinde Esslingens anläßlich der Verabschiedung der Grundrechte durch die Frankfurter Nationalversammlung die Schlußverse:

„Dem neuen Wein gebühren neue Schläuche,
Der neue Geist erfordert neues Licht.
Drum fort nun die veralteten Gebräuche,
Wo die Vernunft in Flammenworten spricht.

Es gilt den Kern zu lösen von den Schalen
Vom todten Worte zu befreien den Geist.
Dann wird er sonnen sich an jenen Strahlen
Der Weltenseele, die das All durchkreist!"

Dieses 13 Strophen lange Gedicht ist nicht nur eines der wenigen Dokumente für das politische Engagement von Frauen während der Revolution, sondern auch für ihr Auftreten innerhalb der deutschkatholischen Bewegung. Seit 1844 machen diese Dissidenten von sich reden. 1845 bilden sich in Ulm, Stuttgart und Esslingen deutsch-katholische Gemeinden, die nicht hierarchisch wie in der Amtskirche, sondern ähnlich wie die bürgerlichen Vereine mit Vorstand und Vorsitzenden organisiert sind. Aus der Kritik an kirchlichen

Dogmen entstanden, propagieren die Deutschkatholiken ein vernunftgeleitetes, sozial engagiertes Christentum: Der Mensch ist ihnen Maßstab religiöser Überzeugung. Tätige Nächstenliebe wird als Gottesdienst verstanden, soziale Gleichheit, Freiheit und Volkssouveränität gehören zu ihren Forderungen. Der Freiheitskämpfer Robert Blum ist ein Deutschkatholik.

Im Gegensatz zu anderen freiheitlichen Bestrebungen dieser Jahre bezieht die deutschkatholische Bewegung die Gleichheit der Geschlechter mit ein und fordert die „Erlösung des weiblichen Geschlechts aus den jetzigen unwürdigen und oft tödtlichen Verhältnissen". Der einstige Priester und Hauptbegründer Johannes Ronge schreibt über das Thema ein 1849 erscheinendes Buch. Viele Frauen der bürgerlichen Frauenbewegung stehen mit dem Deutschkatholizismus in Verbindung: die Schriftstellerin Malwida von Meysenbug, die Mainzer Revolutionärin Kathinka Zitz und die Begründerin der deutschen Frauenbewegung, Louise Otto-Peters, die enge Kontakte mit Ronge und Blum unterhält.

In Württemberg haben sich protestantische Intellektuelle und Theologen, liberale katholische Laien und Kleriker der Bewegung angeschlossen, aber auch Handwerker, Kaufleute, Arbeiter, Buchhändler, Verleger, Schriftsetzer. Eine Spur führt zum Verleger des „Beobachters" Wachendorf, der mit dem deutschkatholischen Prediger Heribert Rau die Zeitschrift „Stimmen der Zeit" herausbringt.

Was hat Marie von Brunnow mit der deutschkatholischen Gemeinde zu tun? Es gibt keinerlei Hinweise auf ihre Mitgliedschaft. In der Esslinger Gemeinde sind vor allem Fabrikarbeiter zu finden. Die aktiven Männer wie der Vorsitzende, der Handschuhfabrikant Adam Mangold, sind nach dem Februar 1846 wieder ausgetreten, weil ihm als Deutschkatholik das Landtagswahlrecht entzogen worden war. Die Gemeinde muß sich nun Religionsgemeinschaft nennen; ihre geselligen Abende, die so anziehend gewesen waren, dürfen nicht mehr öffentlich sein; unvereinbar ist nun die Zugehörigkeit zur evangelischen oder katholischen Kirche.

Ist die Feierstunde der Gemeinde für Marie von Brunnow nur ein willkommenes Forum, vor dem sie öffentlich glänzen kann? Dem widerspricht ihre Bescheidenheit, während man es ihrem Temperament wohl zutraut. Kaum vorstellbar ist, daß die stark antireligiöse junge Frau Mitglied eine religiösen Gemeinschaft ist. Oder ist ihre heftige Abgrenzung gegenüber dem kirchlichen Dogma ein Zeichen für ihr Suchen nach dem Sinn des Lebens? In ihrem Gedicht scheint sie ohne Zweifel ihren Standpunkt gefunden zu haben: frei, gleich, selbstbestimmt. Die Stellung der Frau in der Gesellschaft ist ihr allerdings kein Problem. Tritt sie für das Frauenwahlrecht ein? Was hält sie von den Barrikadenkämpferinnen und Freischärlerinnen?

Das Rote Album

Witz, Humor, Selbstironie sind diesem Kreis der „Achtundvierziger" eigen. Ganz eigentümlicher Ausdruck dieses Galgenhumors ist das „Rothe Album", das „Bürgerin Brunnow" während eines häuslichen Festes 1849 von den Esslinger Jugendfreunden als „ein Angebinde der Demokratie" überreicht wird. Dieses ganz rote „Gedenkbuch einer Demokratin" hat Maries Jugendfreund Adolf Bacmeister mit roter Tinte auf rötliches Papier gezeichnet und geschrieben. Unter dem „ersten Freiheitsbaum Deutschlands", an dem Gehenkte baumeln – Pfarrer, Bischof, Soldaten, Könige, auch verschiedene Frauen und ein Wickelkind – tanzen die Revolutionäre. Unschwer zu erkennen, wer die Hüpfende in der Mitte ist – Bürgerin Brunnow. Doch es kommt noch ärger. Bissige Karikaturen zeigen die „rote Marie", wie sie 1848 nach der Zeitungslektüre seufzt, 1849 sich empört und 1850 als Freischärlerin zu den Waffen greift. „Gefahren einer rothen Republikanerin" zeigt die Flüchtende im roten Gewand, die von riesenhaften Truthähnen verfolgt wird. Da liegen Kronen der Könige und Kaiser, Tiara und Szepter zum Ausverkauf – „Nur noch ganz kleiner Vorrath!"

Ist Adolf Bacmeister derjenige gewesen, mit dem sie auf dem Neckar ruderte? Er stammt aus Esslingen, ist Student und ein Jahr jünger als Marie, flieht im März 1848 aus dem Tübinger Stift und schließt sich den Freischärlern Georg Herweghs an, was er auf dem Hohenasperg abbüßt. Im „Rothen Album", das nach der Haft entsteht, hält er auf 85

Seiten auf eigentümliche Weise die Stimmung jener Zeit fest. Er muß Marie von Brunnow gut gekannt und tief in ihr Herz geblickt haben. Läßt er im Gewimmel der letzten Schlacht der mit dem Säbel sichelnden Marie nicht einen bärtigen, hochgewachsenen Mann voranschreiten, der starke Ähnlichkeit mit Hermann Kurz hat? Am Boden vor dem Kämpfenden – die Revolutionäre mit Sensen, Mistgabeln und Lanzen bewaffnet, rote Schärpen umgelegt, gegenüber einem flüchtenden Heer, das dominiert wird vom kronentragenden König, der sein Szepter als Waffe schwingt – liegen mit Krone und Bischofsmütze, Kreuz und Szepter die Insignien der Macht. Der Sieg ist nahe:

„Das ist der Tag des Herrn
O! Läg er nicht mehr fern."

Die Heldin findet sich in einem Roman „Die Königin und der Ipsergeselle" als Hauptperson wieder, während sie in der Tragödie „Der Tyrann" als freiheitsliebende Prinzessin Billburalia an der Seite des geliebten Handwerksburschen auf der Barrikade ihr Leben läßt.

Gekonnt imitiert der Autor Menschen aus Maries Verehrerkreisen, in verschiedener Handschrift und mit grausigen Schreibfehlern, versteht sich. „Weil das Freilein es gewollen hapent, daß ich in den Alpus schreiben soll, so will ich es eben dun" seufzt ein Proletarier und dichtet:

„I ka' keine Versle mache,
I verstand et selle Sache,
Drum ruf i mit wildem Blick:
Hurra hoch die Rebolik."

Der Pennäler, „Uldimus in der 2ten Glaß" bekommt gerade zwei Zeilen hin:

„Hecker, Struwe, Ziz und Blum,
Kommt und bringt die Breißen um!"

Ohne Spott und Hohn kommen selbst die Parteigenossen nicht davon. Aufs Korn nimmt Bacmeister jenen Tübinger Referendar, der vom Balkon der Aula herab zur Volksversammlung spricht: „Aus jedem Tropfen Blute Robert Blums muß ein Märtyrer für die Freiheit entstehen. Ich bin ein solcher Tropf. Seid ihr auch solche Tropfen?" Des Wortspiels mit dem schwäbischen Begriff für Dummkopf nicht gewahr, erwidert der Chor der Bürger und Studenten: ‚Ja!'"

Spaltung

Im Juli 1848 stellt sich heraus, daß die Gegensätze zwischen Liberalen und Demokraten sich nicht in einer einzigen Organisation bündeln lassen. Der Stuttgarter Hauptverein spaltet sich, danach brechen auch die anderen Vereine auseinander. Zentraler Streitpunkt ist die Regierungsform: konstitutionelle Monarchie oder Republik? Die Liberalen arbeiten weiter unter dem bisherigen Namen als „Vaterländischer Verein". Die Demokraten entfalten ihre örtlichen Aktivitäten in „Volksvereinen", die ein zentrales Gremium, der Landesausschuß, koordiniert.

Die Sitzungen des Landesausschusses der Volksvereine finden meist einmal im Monat statt. Die laufenden Geschäfte besorgt ein engerer Ausschuß, dem auch Vorstand und Schriftführer (der zugleich Chefredakteur des „Beobachters" ist) angehören. Der Landesausschuß ist das führende Organ der Volksvereine und hat Funktionen nach innen und nach außen. Hier laufen die Fäden zusammen, von hier aus gehen die Anregungen ins Land hinaus: Man fordert auf zu Versammlungen, Petitionen und Adressen, zu Geldsammlungen, organisiert die Verteilung von Broschüren (z. B. die „Ansprache an das protestantische Volk Württembergs" von Pfarrer Süskind, des Münsinger Landtagsabgeordneten, von der 10 000 Exemplare verteilt werden) und Schulungsabende und ruft zu neuen Vereinsgründungen auf. Der Landesausschuß veröffentlicht darüber hinaus im eigenen Namen Erklärungen, Petitionen und andere Kundgebungen.

Die Redaktion des „Beobachters" steht zunächst dem „Vaterländischen Verein" nahe und veröffentlicht alle Beschlüsse und Erklärungen dieser parteiähnlichen Gruppierung. Als sich die „Volksvereine" abspalten, wird der „Beobachter" deren Vereinszeitung, veröffentlicht die Vereinsnachrichten der Volksvereine und richtet dafür eine eigene Rubrik „Hochwächter der Volksvereine" ein. In der Person des Chefredakteurs liegen die guten Verbindungen zu den Volksvereinen begründet: Er ist außerdem Pressesprecher der Volksvereine und bei den Sitzungen des Landesausschusses dabei. Weisser (und später Kurz) schreibt ausführliche Berichte über die Sitzungen des Landesausschusses und spart auch die dort strittigen Fragen nicht aus. Die Oppositionszeitung publiziert nicht nur die Berichte der Leitung, sondern auch die Nachrichten der Provinzialvereine.

Der „Beobachter" wird jedoch nicht zum Parteiblatt im heutigen Sinne, daß er lediglich ein Mitteilungblatt der Volksvereine gewesen sei. Allerdings ist er auch nie eine unabhängige Tageszeitung gewesen, denn aus der politischen Meinung macht man keinen Hehl. Außerdem wird zwischen Information und Kommentar nicht so getrennt wie in einer unabhängigen Tageszeitung heute. Lediglich die Berichte der Korrespondenten weisen über das Vereinsleben hinaus, die allgemeinen politischen Inhalts sind.

Der „Beobachter" ist kein Blatt der Radikalen. Hermann Kurz hat in dieser Frage nicht die Fronten gewechselt. Ihm fällt die publizistische Aufgabe zu, landesweit eine politische Öffentlichkeit herzustellen, indem er Grundsatzerklärungen der demokratischen Gruppierungen, Reden, Verlautbarungen veröffentlicht, über die Nationalversammlung in der Frankfurter Paulskirche berichtet und die dort diskutierten Probleme erörtert. Von Hermann Kurz stammen die sorgfältigen und ausführlichen Berichte über den württembergischen Landtag, die „Kammerberichte". Seine Frau überliefert, er habe auch die Leitartikel geschrieben sowie große Teile des von ihm eingeführten Feuilletons. Artikel von Kollegen habe er aus eigener Tasche bezahlt.

Die Reutlinger Pfingstversammlung

Das größte Ereignis in der Geschichte der württembergischen Volksvereine ist die Generalversammlung am 27. und 28. Mai 1849 in Reutlingen: eine Abgeordnetenversammlung am Sonntag und eine öffentliche Volksversammlung am

Montag. Hier sind nicht nur Abordnungen der Volksvereine präsent, sondern auch Bürgerwehren und Gemeinde-Kollegien. Man tagt in der Spitalkirche unter dem Präsidium des Vorsitzenden des Landesausschusses Becher.

Wo steht die demokratische Bewegung? In der Paulskirche sind von Juli bis Oktober 1848 die Grundrechte beraten und im Dezember 1848 verkündet worden. Nach hartem Ringen mit dem württembergischen König werden am 17. Januar 1849 die Grundrechte im Lande gültig. König Wilhelm muß am 25. April 1849 der Verfassung zustimmen. Damit ist Württemberg „von allen deutschen Staaten der getreueste Gefolgsmann der Paulskirche".

Im März 1849 enden die Verfassungsberatungen der Nationalversammlung mit einer Gewaltenteilung zwischen Reichstag und Erbkaisertum (mit einer knappen Mehrheit von 267:263 Stimmen). Die Wahl des preußischen Königs zum Erbkaiser lehnt Friedrich Wilhelm IV. ab. In der Nationalversammlung haben nach dem Austreten der erbkaiserlichen Partei am 20. bis 26. Mai die Linken die Mehrheit erhalten. Heinrich von Gagern tritt als Reichsminister zurück, der Reichsverweser Erzherzog Johann beruft das konservativ-großdeutsch gesinnte Reichsministerium Grävell-Detmold. Auf Antrag Welckers spricht die Nationalversammlung diesem Minsterium mit 191 zu 12 Stimmen ihr Mißtrauen aus.

Über diese Ereignisse wird auf der Reutlinger Pfingstversammlung diskutiert. Das Ziel der Volksvereine ist die Durchführung der Reichsverfassung – mit der Nationalversammlung gegen Preußen. Das Reichsministerium stehe mit dem „Reichsfeinde" Preußen im Bunde, sagen die Abgeordneten. Die Württemberger Volksvereine fordern deshalb die Nationalversammlung auf, mit der Hilfe der „Reichsländer" einen Krieg gegen Preußen zu führen. Die eigene württembergische Regierung wird aufgefordert zur Volksbewaffnung, zur „tatkräftigen Durchführung des reichsgesetzlich bereits bestehenden Bündnisses mit allen Reichsländern", zu denen sie auch Baden und die Rheinpfalz zählen, in denen gerade der Aufstand tobt, und zur Rückberufung der „Truppen aus ihrer Angriffsstellung an der badischen Grenze".

Die Situation in Baden hat sich mittlerweile dramatisch zugespitzt: Im Herbst 1848 bildeten die neugegründeten

Volksvereine in vielen Orten eine Gegenregierung zur amtlichen Obrigkeit. Auf dem Landeskongreß der Delegierten aller Volksvereine in Offenburg am 12. und 13. Mai 1849 fassen die rund 40 000 Anwesenden eine Reihe folgenreicher Beschlüsse. Sie fordern den Rücktritt der Regierung, die Auflösung des Landtags und die Schaffung einer Übergangsregierung aus dem Landesausschuß der Volksvereine bis zur Durchführung von demokratischen Neuwahlen. Gleichzeitig meutern Soldaten in mehreren Garnisonen.

Aufstand in Württemberg?

Die Beschlüsse der Reutlinger Pfingstversammlung werden der Regierung von einer Deputation überbracht. Jeder Oberamtsbezirk wählt einen Vertreter in die Deputation, die so lange in Stuttgart ausharren soll, bis die Regierung antwortet. Bemerkenswert ist, daß sich der sonst die politischen Angelegenheiten bestimmende Landesausschuß hinter diese Deputation zurückzieht, die überdies außerordentliche Befugnisse erhält. Die Volksvereine sehen als letzten Ausweg, falls die Regierung Römer sich weigert, die Beschlüsse umzusetzen, nur den bewaffneten Aufstand.

Die Demokraten sind hierfür gerüstet. Am Vormittag des Pfingstmontags findet eine geheime Sitzung der Volksvereine zum Thema „Volksbewaffnung und Landesverteidigung“ statt. Der Landesausschuß und vor allem Carl Mayer haben im Vorfeld die Bezirke aufgerufen, je einen Vertrauensmann zu entsenden. Carl Mayer leitet die Versammlung, unterstützt von Julius Haußmann und einem Fachmann in militärischen Fragen: Adolph Becher, Bruder des Vorsitzenden des Landesausschusses und ehemaliger Offzier. An diesem Pfingstmontag wird die Erhebung des Landes bis ins Detail organisiert. Feuersignale auf den Höhen sollen das Zeichen zum Aufstand geben. Weiter beschließen die Männer: Beschlagnahme der öffentlichen Kassen und aller Dampfschiffe in Friedrichshafen, Besetzung der Gewehrfabrik in Oberndorf und anderes mehr. Die Demokraten haben nicht nur die Durchsetzung der Beschlüsse der Reutlinger Versammlung im Sinn, sondern auch den „Umsturz der bestehenden Staatseinrichtung". Ein Wehrausschuß, anschließend an jenem Pfingstmontag von der Generalversammlung genehmigt, soll die Leitung der bewaffneten Macht übernehmen und tätig werden, wenn die Sendung der Deputation nach Stuttgart erfolglos bleiben sollte.

Am 29. Mai kommt es in Stuttgart zur ersten Begegnung zwischen Regierungschef Römer und der Deputation: Römer bedauert, auf ihre Wünsche nicht eingehen zu können und verweist sie an die Kammer. Diese entscheidet mit 60 gegen 18 Stimmen gegen die Hilfe für Baden und Rheinbayern – gegen den wichtigsten Teil der Forderungen. Die Deputation tritt wieder zusammen. Haußmann und Weisser sind für einen Aufruf zur Volksbewaffnung, Becher plädiert für einen Aufschub dieser „Kriegserklärung" gegen Kammer und Regierung. Becher setzt sich durch: Die Deputation begnügt sich damit, in einem Aufruf das Ergebnis ihrer Bemühungen bekanntzugeben. Der Aufstand ist vom Tisch.

In dieser Auseinandersetzung formen sich drei Gruppierungen innerhalb der Volksvereine. Nur vier Männer sind zum Aufstand entschlossen: Haußmann, Pfau, Weisser und Mayer. Becher und die Mehrzahl der Abgeordneten wollen nur gemeinsam mit der Regierung bzw. mit der Nationalversammlung vorgehen. Schließlich gibt es noch den gemäßigten Flügel im Landtag.

Gewalt ohne Gegengewalt

Am 30. Mai 1849 beschließt der Rest der Nationalversammlung, den Sitz nach Stuttgart zu verlegen. Die erste Sitzung des „Stuttgarter Rumpfparlaments" findet am 6. Juni 1849 im Sitzungssaal der Kammer statt. Das Märzministerium verbietet weitere Zusammenkünfte. Zum dennoch anberaumten Termin am 18. Juni wird der Sitzungssaal im Fritzschen Reithaus in der Kasernenstraße (heute Leuschnerstraße) verschlossen. Die erschienenen Abgeordneten werden mit Gewalt daran gehindert, ihn zu betreten. Diesem Affront folgt keine bewaffnete Erhebung. Der Landesausschuß der Volksvereine schweigt.

Schnell haben die führenden Köpfe der Demokraten die

Zeichen der Zeit erfaßt. Redakteur Weisser flieht im Juni 1849 wegen drohender Verhaftung in die Schweiz. Hermann Kurz übernimmt seinen Posten und in der Organisation ähnliche Funktionen wie sein Vorgänger. Er wird in den Wahlausschuß der Volkspartei für die Landtagswahl gewählt (Anfang Juli), wird Mitglied im Landesausschuß der Volksvereine (15. Juli) und schließlich Schriftführer (21. Juli).

Mayer, Pfau, Haußmann und Becher fliehen. Ihnen drohen Anklagen wegen Hochverrats, vor allem wegen der geheimen Wehrversammlung während der Reutlinger Pfingstversammlung 1849.

Die Volksvereine bekennen sich auch nach der Auflösung des Stuttgarter Rumpfparlaments zur Nationalversammlung. Dem Landesausschuß droht ein Verbot, das von der Regierung nur aus taktischen Erwägungen zurückgehalten wird. Der Druck der Restauration nötigt die Demokraten, das politische Schwergewicht von der Organisation im Land in das verfassungsmäßig garantierte Parlament zu verlegen, das seine Mitglieder durch Immunität schützt. Dieser Schritt ist nicht unumstritten und wird vor allem von den Emigranten Mayer und Pfau aufs heftigste bekämpft. Ist der parlamentarische Weg überhaupt der richtige? Verrät man damit nicht vielmehr die Ideale der Revolution und arbeitet mit den liberalen Verrätern zusammen?

Nach der Auflösung der Nationalversammlung übernehmen die funktionslos gewordenen Abgeordneten die Führung in der württembergischen Demokratie. Sie füllen die Lücke, die durch die Flucht der alten Führung entstanden ist. Sie schaffen am 9. Juli 1849 auf einer Wahlversammlung in Göppingen einen „Wahlausschuß der Volkspartei“ als neue Organisationsform und Dachorganisation für alle Wahlausschüsse. So gelingt es den Demokraten, bei den Wahlen zu den drei verfassungsrevidierenden Landesversammlungen die stärkste Partei zu werden.

Die „Volkspartei“ entwickelt sich nach der Auflösung des Stuttgarter Rumpfparlaments zu einer politischen Institution. Die demokratischen Abgeordneten der ehemaligen Nationalversammlung und des württembergischen Landtag treten nun – sofern sie weiterhin politisch tätig bleiben – als Mitglieder der Volkspartei auf. Von den Landtagsabgeordneten fehlt nur der in die Schweiz geflohene Vorsitzende des Landesausschusses Becher. Der „Wahlausschuß der Volkspartei" entwickelt sich zum engsten Führungskreis der württembergischen Demokraten. Er setzt sich aus Abgeordneten zusammen. Mit dabei ist auch Hermann Kurz, der Redakteur des „Beobachters".

Die Organisation der Volksvereine zerfällt. Ihr Landesausschuß wird im Juli 1849 zum letztenmal gewählt. Das Verbot der Volksvereine am 1. Februar 1852 trifft nur noch zehn. Warum? Es liegt nicht nur am Druck der Reaktion, sondern auch am mangelnden Verständnis der Abgeordneten für das Wesen dieser demokratischen Vereine. Fraktion und Volksverein sind im Grund genommen Konkurrenten. Sie beruhen auf zwei unterschiedlichen Prinzipien der Willensbildung. In den Vereinen, vor allem in deren Volksversammlungen, drückt sich die Form der direkten Demokratie aus, während die Fraktion eine Institution der indirekten, repräsentativen Demokratie darstellt. Für den Parlamentarier spielt sich die Demokratie als politische Gesinnung also lediglich im parlamentarischen Rahmen ab. Die Volksvereine aber sind mehr: ein Zusammenschluß des politisch geeinigten Volkes, seiner Gesamtheit. Einer politischen Aktivität des Volkes stehen die Abgeordneten mit ihrem eingeschränkten Demokratieverständnis fremd gegenüber. Die Politik der demokratischen Abgeordneten, die sich nach der Revolution zur Volkspartei zusammenschließen, weist die Tendenz auf, die einzelnen Vereine in den Dienst der Fraktion zu stellen und die Organe des Volkes in Organe der Partei umzuwandeln. Mit anderen Worten: Die Gesamtorganisation der Vereine soll ausgeschaltet werden.

Die Demokratin und der Redakteur

Mächtig muß Marie von Brunnow sich zusammennehmen nach der Begegnung mit dem verehrten Dichter, der ihr auch persönlich so sympathisch ist. Noch wochenlang geht sie wie im Traum umher. War dieser Abend ein Traum oder Wirklichkeit? Wie um sich zu versichern, daß der Dichter keine Phantasiegestalt ist, freundet sie sich mit seinen Neffen an und lädt die Kinder von Ernst Kurz in den freiherrlichen Garten ein. Sie verschlingt jedes Wort, jede Zeile, die Hermann Kurz im „Beobachter" schreibt. Wieviel bedeutender erscheint ihr nun die Arbeit des politischen Redakteurs als die des einfachen Dichters ohne politischen Anspruch! Der „unmittelbare praktische Dienst der Freiheit und des Menschentums" gilt der jungen Demokratin mehr als „der Umweg über das künstlerische Schaffen".

Marie, die zwanglose, unkonventionelle, tut sich Zwang an. Sie bremst die lodernde, aber nicht erwiderte Neigung zu ihrem Dichter mit Gewalt. Nach schwerer, mehrjähriger Krankheit stirbt ihr Vater, der 69 Jahre alte Oberst von Brunnow, am 20. Januar 1850. Hat die Dreiundzwanzigjährige nun einen Vormund? Offensichtlich entscheidet sie über ihre Finanzen und den Aufenthalt ihrer eigenen kleinen Person selbst. Das zusammengeschmolzene väterliche Vermögen dient nicht nur zur eigenen Versorgung. Sie unterstützt die „Propaganda" und „politische Flüchtlinge, die durch die Reaktion brotlos" werden.

Im Frühjahr nach dem Tod des Vaters unternimmt sie eine Reise ins Elsaß und in die Schweiz, nicht ohne sich von Hermann Kurz zu verabschieden. Hat sie auch hier wieder einen Hintergedanken? Sie trifft den vielbeschäftigten politischen Redakteur noch einmal in Stuttgart, der „sie freundschaftlich ruhig an den Eilwagen" begleitet und über etwaige Gefühle nicht redet. Ist es nicht eine Ungeheuerlichkeit, daß sich eine Dreiundzwanzigjährige ohne Begleitung auf Reisen begibt? Muß er diesen brodelnden Vulkan nicht beschützen, im Zaum halten, unter Kontrolle bringen? Nichts dergleichen aus seinem Mund. Er verabschiedet sich, „ohne ein Wort zu sprechen, das wie eine Aufforderung zum Bleiben" klingt.

In ihr kocht und brodelt es. Warum kann er nicht mir gehören? Warum will er mich nicht? Schließlich siegt die Vernunft: Sie tötet ihre Liebe zu ihm, aber nicht ihre Begeisterung für den bedeutenden Mann. War da je etwas anderes gewesen? Ach ja, ein Traum.

Die Reise lenkt sie ab. Sie fährt so billig wie es irgend geht, um mit wenig Geld möglichst weit zu kommen. In der

Eisenbahn steigt sie in die vierte Klasse, auf dem Schiff ins Zwischendeck. Im Elsaß und in der Schweiz trifft sie auf alte Bekannte, deutsche Emigranten, politisch Verfolgte, die sie mit Mitteln aus ihrem Erbe nach der Niederschlagung der Revolution unterstützt hat. In Zürich lernt sie den Heilbronner Ludwig Pfau kennen, der ihr lebenslang ein treuer Freund bleiben wird.

Als sei nichts gewesen, lebt Marie von Brunnow nach ihrer Rückkehr wieder im väterlichen Anwesen in Oberesslingen. Die Unkonventionelle unternimmt noch einen gewagten Schritt: Sie holt den unehelichen Sohn des Vaters – er wollte verheimlichen, was sich nicht vertuschen ließ – zu sich. Die Mutter ist eine Magd des Hauses Brunnow. Zusammen mit Josephine, der Hauswirtschafterin, haust sie nun einsam, „die Leere des Tages durch Briefwechsel mit den abwesenden Freunden und mit eifrigem Anteil an den öffentlichen Dingen ausfüllend".

Verteidigung der Revolution

Nach anderthalb Jahren Märzministerium schwenkt König Wilhelm um. Er entläßt das Kabinett Römer und setzt wieder ihm genehme Beamte ein. Im Oktober 1849 beruft er das Kabinett Schlayer, das im Juli 1850 vom Kabinett Linden abgelöst wird. Linden, der bis 1864 amtiert, hebt am 6. November 1850 das allgemeine Wahlrecht vom 1. Juli 1849 auf. Die Neuwahlen zum Landtag am 24./25. April 1851 finden wieder nach dem alten Zensuswahlrecht von 1819 statt. Kurioserweise ergeben diese Wahlen eine Mehrheit für die Parteien der Revolutionszeit (die Liberal-Konstitutionellen, auch „Blaue" oder „Römerpartei" genannt, erringen 35-40 Mandate, die Demokraten, die „Roten", 20 Mandate). Zum erstenmal hat die Regierung keine Mehrheit mehr in der Kammer, trotz ihrer gleichbleibenden Anhänger (11 Deputierte der Ritterschaft, vier evangelische Prälaten, zwei katholische Würdenträger, sechs hohe Staatsbeamte, zehn Schultheißen und Orts- bzw. Bezirksbedienstete).

Die Pressezensur bleibt zwar aufgehoben, wird aber de facto durch ein Ende 1849 erlassenes Gesetz, die „Pressordonanz“, wieder eingeführt. Das erste gedruckte Blatt jeder Nummer einer Zeitung muß dem Oberamtmann, im Fall des „Beobachters“ der Stuttgarter Stadtdirektion, vorgelegt werden. Dieser entscheidet alleine über die Beschlagnahmung der jeweiligen Ausgabe und darf eigenmächtig die Stadtpolizei losschicken.

1850 werden 20 Ausgaben des „Beobachters“ beschlagnahmt. Der verantwortliche Redakteur Hermann Kurz protestiert und reicht Anfang März bei der Landesversammlung eine Eingabe wegen zunehmender Beschlagnahmungen des „Beobachters“ ein. Das nützt nichts!

Im September 1850 sieht man Marie von Brunnow unter den Zuschauern im Esslinger Schwurgericht: „Ich wohnte der Verhandlung bei und mit Bewunderung hing mein Blick an dem schönen Mann, der stolz und entschlossen in die Menge blickte,“ schreibt sie in ihren Memoiren. Hermann Kurz ist angeklagt wegen „Beleidigung der Ehre der Königlichen Staatsregierung“. In einem Artikel vom 10. Februar 1850 „An die Wähler im Lande“, der nicht einmal von Kurz selbst stammt, sondern nach seinen eigenen Angaben eingesandt wurde, und dessen Verfasser auch während des Prozesses anonym bleibt, geht es um den Vorwurf an die Regierung, sie halte sich nicht an das Grundgesetz – aber jeder Bauer müsse dies tun: „Mit Gewalt nehmen und schenken (‚oktroyieren‘), und dieß tun ‚Herren‘. Daher das moderne, allgemein verbreitete Sprichwort: ‚Ein Mann, ein Wort‘ oder – ‚ein Herr‘.“ Das ist ein ironisches Wortspiel mit dem Sprichwort: „Ein Mann, ein Wort, oder ein Hundsfott.“ (Hundsfott ist eine altertümliche Bezeichnung für Schurke.)

Skandal! Beschimpfung der Regierung! Der verantwortliche Redakteur Hermann Kurz wird zu acht Wochen Festungshaft, 25 Gulden Strafe und zum Tragen der Prozeßkosten verurteilt. Im „Beobachter“ ist zu lesen: „So liegt denn nun der Fall vor, daß die demokratische Presse wegen eines Schimpfwortes, das sie gegen die Regierung nicht gebraucht hat, verurteilt ist.“ Die streitbare Marie überreicht ihm vor aller Augen einen Blumenstrauß und beschimpft den Staatsanwalt, einst ein Mitstreiter, als Verräter. Gegen eine Kaution von 200 Gulden, gestellt von Verteidiger Gottlob Tafel, wird eine befristete Haftverschonung gewährt. Anfang Oktober 1850 tritt er seine Haftstrafe auf dem Hohenasperg an und kehrt Mitte Dezember wieder zurück. Briefliche Kontakte zwischen dem auf dem Hohenasperg Inhaftierten und der „Bürgerin Brunnow" dauern an.

Liegt er in Ketten, der Mann der Feder? Im Gegenteil: Er genießt nicht nur die „volle Festungsfreiheit", sondern kann auch unbehindert seine Redaktionstätigkeit fortführen. Ein Soldat, ihm „zur Bedienung" gegeben, bringt die Artikel auf die Post. Täglich treffen Artikel direkt aus der Festung in Stuttgart ein!

Unterdessen läuft schon die zweite Anklage gegen Hermann Kurz „wegen Ehrenkränkung vermittelst der Presse" (August 1850). Sie bezieht sich auf zwei beschlagnahmte Ausgaben vom 31. Juli 1850 und vom 2. August 1850. Nachdem seit Dezember 1850 die Konzessionspflicht wieder eingeführt ist, wird es langsam brenzlig für einen politischen Redakteur im Dienste des Volkes. Das Gesetz scheint maßgeschneidert für Hermann Kurz: Er darf innerhalb von drei Jahren nicht mehr als eine Strafe wegen eines „Pressevergehens" erhalten, sonst verliert er seine Konzession. Jede Beschlagnahme ist also eine unmittelbare Bedrohung der Existenz.

Es geht alles weiter wie bisher. 1851 werden 16 Ausgaben des „Beobachters" beschlagnahmt, davon sechs gerichtlich bestätigt und die Blätter endgültig einbehalten. Hermann Kurz ist inzwischen alleinverantwortlicher Redakteur, da der geflüchtete Adolf Weisser aufgrund der neuen Pressegesetze nicht mehr unterzeichnen darf.

Am 30. April 1851 beginnt der zweite Zensurprozeß gegen Hermann Kurz. Vom „Königlichen Kriminalamt" wird er wegen „erschwerter Ehrenkränkung vermittelst der Presse" zu drei Wochen Festungshaft verurteilt, einer Geldbuße von 30 Gulden und zum Ersatz der Kosten des Verfahrens und des Strafvollzugs. Das Urteil wird am 12. Juli 1851 rechtskräftig; Hermann Kurz tritt seine Haftstrafe an. Sein Name wird aus dem Impressum des „Beobachters" getilgt. Diesmal gelten schärfere Haftbedingungen. Hermann Kurz kann die Redaktion nicht weiterführen. Doch er trifft auf alte Bekannte aus der Studentenzeit, mit denen er Tarock spielt: Vikar Speyer aus Uhlbach (sechs Wochen Haft wegen „Ehrenkränkung und Widersetzlichkeit") und den Kollegen Büchler aus

Gmünd (drei Wochen wegen „Ehrenkränkung durch die Presse"). Er ist in guter Gesellschaft. Am 5. August 1851 wird Hermann Kurz im „Beobachter" wieder als Redakteur genannt und in diesem Sommer sehen wir ihn auf Freiersfüßen.

Alte Liebe – neue Liebe?

Im Frühjahr 1851, drei Jahre nach dem ersten Kennenlernen, arrangiert eine Freundin eine erneute Begegnung zwischen Marie von Brunnow und Hermann Kurz. Sie treffen sich in einem „Wirtsgarten bei Esslingen". Marie staunt: Hermann hat sich verändert: Er wollte sie wiedersehen, hat seine Verlobung gelöst, um frei zu sein für „seine Laura", gesteht ihr seine Liebe. Marie stutzt: Woher der Sinneswandel? Und meint, seit jenem Maskenball sei doch nun „eine zu lange Zeit verflossen". Ihre Abwehr krönt die Feststellung, „der erste Zauber" sei wohl nun verflogen. Ist der Vulkan erloschen, das Temperament einer Vernunft gewichen?

Mit andauernder Zärtlichkeit bemüht sich Hermann um seine Marie. So manchen Abend verbringt er bei ihr in Oberesslingen. Da schmilzt ihr Herz erneut. Und eines Abends, „als er ihr einmal von den Opfern und Gefahren sprach, die eine Frau an seiner Seite erwarteten, flog sie ihm jauchzend an den Hals, und unter Blumen und Leuchtkäfern wurde der Bund fürs Leben geschlossen." So erzählt Isolde, die Tochter. Gehört das Gedicht „An Maja", geschrieben am 26. Juni 1851, an diese Stelle?

„Ich liebe dich! Ich kann's ja nicht verhehlen,
Dies wundersüße Ungemach;
Das Kind kann's auf der Straße dir erzählen,
Der Vogel weiß es auf dem Dach.

Und du! in deinen Augen kann ich lesen
Ein Feuer ohne Qualm und Rauch;
Ob du mir hold, ob du mir kühl gewesen,
Ich wußt' es längst, du liebst mich auch.

Verhüllt vor unsern Blicken liegt das Leben,
Wie sollt' es heut' so helle sein!
Ich kann dir nichts als nur mich selber geben,
Ich kann nicht anders, ich bin dein!

Was kannst denn du dafür! in deinen Gleisen
Sollst du mich still ergeben sehn.
Denn ich bin dein! Du kannst mich kommen heißen,
Dein – und du kannst mich heißen gehn."

Marie und Hermann werden am 20. November 1851 in der Dorfkirche in Oberesslingen getraut und leben zunächst in Hermanns Junggesellenwohnung in Stuttgart, bis die getreue Josephine die neue Wohnung in der Sophienstraße eingerichtet hat. Am ersten Abend im eigenen Heim ertönt dort eine Serenade: Der Esslinger Liederkranz gibt ein Lied zum besten, das Hermann Kurz getextet hat: „Der Himmel lacht und heitre Lüfte spielen".

Die Gunst der Frauen

Warum tritt Hermann Kurz erst so spät, mit 38 Jahren, in den Stand der Ehe? Interessiert er sich nicht für das andere Geschlecht? Im Gegenteil: Eine ganze Menge von Mädchen und Frauen spielen in seinem Leben eine Rolle. Tochter Isolde stöhnt beim Schreiben seiner Biographie: „Es haben sich nachmals so viele gemeldet, daß es mir nicht möglich gewesen ist, eine chronologische Ordnung in diese Ansprüche zu bringen."

Bekannt ist eine Verlobung im Oktober 1845 mit einer Base von Edmund Bilhuber, Lina Eugenie in Bruchsal. Ist dies „der dümmste von allen Poetenstreichen", wie er später zugibt? Immer nur verliebt, verlobt, versprochen? Die junge Ehefrau Marie glaubt das nicht und bohrt. Sie trägt ihm doch nichts nach! Hat er nicht doch irgendwo einen unehelichen Sprößling? Sie erzöge ihn gerne! Nein, wehrt er mit einem Lächeln ab, damit könne er nicht dienen.

Seine Frauenbeziehungen scheitern an immer dem einen, wesentlichen Punkt: Der Dichter ist den Schwiegervätern zu wenig seriös, die „wohlerzogenen Töchter" heiraten einen anderen. Und trauern lebenslang ihrem „glänzenden Dichter" nach.

5. KAPITEL

Die violette Republik

Die Liebe und der Alltag

Die ersten Ehejahre der Familie Kurz sind sehr glücklich. Marie und Hermann teilen die gleichen Ideale und verstehen sich prächtig. Der Redakteur ist von seiner Arbeit ausgefüllt, der er gerade während der Reaktionsszeit große Bedeutung zumißt. Er ist Chefredakteur der einzigen Oppositionszeitung im Königreich Württemberg. Das ist eine Leistung! Unermüdlich wird recherchiert, geschrieben, gekämpft: gegen Wahlmanipulationen, und vor allem gegen die Zensur. Er schreibt im „Beobachter" vom 12. August 1854: „Die Preßverhältnisse in Württemberg sind so unleidlich, daß es kaum noch möglich ist, die politische Situation anders als mit den Worten der anerkannt konservativen Journale zu zeichnen. Sobald wir den unleugbarsten Tatsachen der Gegenwart unsern eigenen Ausdruck leihen, haben wir polizeiliche Konfiskation selbst dann zu fürchten, wenn wir uns der Reflektion über jene Tatsachen enthalten."

Im Gegensatz zu vielen Achtundvierzigern bleiben Hermann und Marie bei der Stange. Und Marie bewundert in Hermann den Redakteur noch mehr als den Dichter. Sie erwirbt dadurch auch für sich selbst ein gestärktes Selbstbewußtsein: An der Seite eines Mannes gehen zu dürfen, der mit solchen politischen Aufgaben betraut ist! Beide sind voller Zuversicht über den Sieg der Vernunft und der Demokratie.

Der kleine Prinz

Edgar, der „Erstling einer aus tiefer Neigung geschlossenen Ehe", kommt am 16. Januar 1853 in Stuttgart auf die

Welt. Der glückliche Vater – er ist 39 Jahre alt – tut im „Beobachter“ seine Freude kund. Alle Welt soll es wissen! „Goldene Lettern“ wie Tochter Isolde überliefert, sind es natürlich nicht gewesen, sondern eine einfache Geburtsanzeige, die am 18. Januar 1853 in dieser Zeitung erscheint. Eine Wonne, dieses Kind! So ganz jung ist ja auch die Mutter nicht mehr: Im Alter von 27 Jahren bekommt sie ihr erstes Kind – und vergißt die Welt um sich herum. Sie blüht auf im neuen Glück und verwöhnt ihren Erstgeborenen über alle Maßen. Darüber gerät wohl nicht nur die Politik ins Hintertreffen, sondern auch der frischgebackene Vater, der dies aber gerne in Kauf nimmt.

Dem zarten, feinen, jungen Erdenbürger könnte ein Windhauch schaden. Es kommt nicht nur ein Lüftchen, sondern ein gefährlicher Angriff. Schon in seinem ersten Lebensjahr wird er durch eine „Hirnentzündung“ ernsthaft gefährdet. Dem unermüdlichen Einsatz der Eltern verdankt er sein Leben. Edgar darf nicht sterben wie die Brüder der Mutter, die Geschwister des Vaters! Sie kämpfen, sie halten durch. Was ihm zurückbleibt, ist eine Schwächlichkeit und Anfälligkeit, die während seiner Kindheit fortdauert.

Im Zentrum der Mutterliebe steht Edgar, das „fürstlich feine Kind“, der Liebling der Mutter, die ihn „überängstlich“ bewacht. In die mütterliche Fürsorge mischt sich aber auch ein Quentchen Aberglaube, der angesichts des aufgeklärten Geistes der Familie schon ein wenig wunderlich anmutet. Da geht es um ein kleines, blaues Äderchen, das sich zwischen den Augenbrauen hinzieht und auf der weißen Haut deutlich hervortritt. „Kirchhofblümchen“ nennt man es im Volksmund. Edgar ein Todgeweihter? Das darf nicht sein, das kann nicht sein. Mit aller Kraft wirft sich das mütterliche Temperament dem vermeintlichen Schicksal entgegen.

Was hat sie da für einen Schatz geboren! Hätte sie sich träumen lassen, daß das Leben so herrlich wird an der Seite des geliebten Dichters, daß ihrer Verbindung ein so hübsches Kerlchen entspießt? Auch später noch hebt sich der feine Edgar aus dem Kreis der nachkommenden kräftigen Geschwister heraus. Seine Schönheit wird ihm bleiben und vor allem im Umgang mit dem weiblichen Geschlecht allerhand Probleme bereiten.

Die entzückte junge Mutter putzt ihren Liebling mit den Überresten ihres Elternhauses heraus, die in einer Kleidertruhe aufbewahrt werden: mit kostbaren Stoffen und Spitzen der Großmutter. Behandelt sie ihn wie eine Puppe? Oder hätten diese Herrlichkeit nicht dem „kleinen Prinzen“, sondern eher der nachgeborenen Tochter Isolde zugestanden? Die Mutter umhüllt den zarten Sohn aber auch mit Nützlichem: mit Wollschals und warmem Mantel. Dies paßt dem verwöhnten Knaben mit zunehmendem Alter immer weniger. Er wehrt sich, lehnt sich „gegen das mütterliche Verweichlichungssystem“ auf, wirft die Wollsachen von sich und spurtet ohne den wärmenden Schal hinaus in die Kälte. Nicht zu seinem Schaden, wie sich herausstellt, denn er erwirbt sich mit der Zeit durch diese Abhärtung eine starke Konstitution.

Kurzens vor Gericht

Ein Artikel von Hermann Kurz, am Geburtstag des Erstgeborenen (16. Januar 1853) im „Beobachter“ erschienen, veranlaßt wieder einmal die Beschlagnahmung der ganzen Ausgabe. Berichtet wird über Manipulationen und Beeinträchtigungen der Wähler durch „amtliche Autoritäten, Landjäger und Gendarmen“ während der Abstimmung zur Landesversammlung. Eine Anklage erfolgt am 8. September. Der Prozeß wegen „Beleidigung der Staatsregierung“ vor dem Esslinger Schwurgericht beginnt am 4. Oktober und ist der dritte Zensurprozeß gegen Hermann Kurz. Jetzt geht es ums Ganze. Wenn er jetzt verurteilt wird, muß er den Redakteursberuf an den Nagel hängen. Der frischgebackene Vater muß um die Zukunft bangen, nicht nur um die seine, auch für Frau und Kinder. Seine Frau ist zum zweiten Mal schwanger. Die Freunde beraten und schicken den Besten vor. Rechtskonsulent August Becher übernimmt die Verteidigung und erreicht am 6. Oktober einen Freispruch.

Nun ist die hochschwangere Marie Kurz an der Reihe. Im Herbst 1853 sieht man sie vor dem Schöffengericht in Stuttgart. Die Streitbare ist angeklagt wegen eines Gedichts auf den inhaftierten Revolutionär Gottfried Kinkel. Es sollte in einer kleinen demokratischen Zeitung in Dresden veröffentlicht werden. Der Redakteur wird verhaftet, das bislang unveröffentlichte Gedicht wird von der Polizei in der Redaktion gefunden. Wer ist der Autor? Die ängstliche Frau des Redakteurs verrät alles – obwohl sie von Marie mehrfach finanziell unterstützt worden war. Hermann ist wütend: Seine Frau als Angeklagte? Wegen eines ungedruckten Gedichts? Das sind scharfe Hunde in Sachsen. Aber die Württemberger werden's schon richten. Sonst wandern wir aus!

Wieder ist Freund August Becher der Verteidiger. Marie, umringt von einer ganzen Schar befreundeter Advokaten, hat die Rolle ihres Lebens. Märtyrerin für die Sache des Volkes! Stolz und aufrecht beantwortet sie die vorsichtigen Fragen des Richters, dem nichts an einer Verurteilung liegt. Und Marie hat alles vergessen, was Freund Becher ihr einschärfte! Ja, sagt sie, sie habe das Gedicht geschrieben. So ist meine Meinung! Jetzt und immerdar! Die Freunde bangen um die Hochschwangere. Doch dem Richter imponiert die temperamentvolle Frau. Ist sie nicht eine begnadete Dichterin? Er spricht sie frei und flüstert ihr zu: „Ich muß Ihnen mein Kompliment machen: Das Gedicht ist gut.“ Einige Wochen danach kommt Isolde auf die Welt.

Das Wunschkind

Elf Monate nach Edgar, am 21. Dezember 1853, wird Isolde geboren. Diese berichtet: „Es ist mir oft erzählt worden, daß ich wie im Märchen durch den glühenden Wunsch der Eltern nach einer Tochter dem Schicksal abgerungen worden sei und daß ich schon vor der Geburt mit Geschlecht, Namen und persönlichen Zügen in ihrer Phantasie gelebt hätte.“ Das sind Voraussetzungen! Da haben literaturbegeisterte Eltern nicht ein dichterisches Produkt in die Welt gesetzt, nein – ein überaus lebendiges Wesen mit der Kraft ihrer Phantasie. Der leidenschaftliche Wunsch nach einer Tochter macht nicht nur das romantische Geschwister-Duo komplett, sondern erfüllt auch die Vorstellungen der Eltern. Muß sie erfüllen! Selbst in den kleinsten Charakterzügen.

Die Eltern nennen die erste und einzige Tochter Isolde. Vor allem die Mutter macht sich für diesen außergewöhnlichen Namen stark, in Anlehnung an das große Übersetzungswerk des Vaters, Gottfried von Straßburgs „Tristan und Isolde", das 1844 erschienen war. Der realistischere Vater, der die gesellschaftlichen Auswirkungen dieser Namensgebung besser einschätzen kann als die Mutter – der Name weist der Trägerin einen Außenseiterstatus zu unter den Luisen und Amalien der damaligen Zeit – setzt „Clara Maria" hinzu, „für den Fall, daß die Romantik sich späterhin mit der Wirklichkeit nicht vertrüge".

Isolde schreit sich durchs Leben, Tag und Nacht. Sie möchte auch beachtet sein, nicht nur Edgar! Kümmert euch um mich, ich bin ein wirkliches Wesen, kein Kind der Phantasie! Isolde ist als Kleinkind gesund und rund, „ein lachendes kleines Stück Gesundheit", während der „große Bruder" neben ihr zart und kränklich bleibt.

Rückzug von der Politik

Im November 1854 übergibt Hermann Kurz die Redaktion des »Beobachters« seinem bisherigen engen Mitarbeiter Karl Friedrich Schnitzer. Seit einem Jahr fühlt er sich immer unwohler im politischen Geschäft. Seit Isoldes Geburt? Seit der Anklage gegen seine Frau? So sehr Marie ihren Dichtergatten verehrt, so wenig läßt sie sich in ihre politische Meinung dreinreden. Hier gilt sein Wort nichts. In Fragen der Politik und des Zeitgeschehens haben die beiden zwar grundsätzlich die gleiche Einstellung, doch steht die Mutter, wie Isolde dezent formuliert, „immer ein paar Schritte weiter links als er". Da stimmt sie doch eher mit Ludwig Pfau überein und dem alten Freund Adolf Bacmeister, den die Revolution sogar zu Georg Herweghs Freischärlern geführt hat. Die „violette Republik" nennen die Freunde die Ehe der beiden, „um sowohl die freiheitliche Verfassung des neuen Hausstandes als die merkwürdige Mischung der ultraradikalen ‚blutroten' Gesinnung der Gattin mit der gemäßigten ‚blauen' des Mannes zu bezeichnen".

Die Mutter ist zunächst begeistert von den Rücktrittsabsichten ihres Mannes. Dann hat sie ja endlich einen Dichter im Hause! Sie schreibt an Marie Caspart: „Hermann ist gegenwärtig noch über Hals und Kopf in Redaktionsübergabewiderwärtigkeiten verwickelt. Die Sache ist ihm so entleidet, daß er sogar seine Unterschrift zurückziehen will. Schnitzer wird wahrscheinlich jetzt Redakteur. Ich bin recht froh, wenn die Geschichte beendet ist, denn Hermann muß sich so viel erzürnen, daß er den ganzen Tag als brüllender Löwe herumwandelt. Du kannst nicht glauben, wie glücklich ich über diesen Berufswechsel bin, als Poet lebt er zuerst für mich, denn ich bin es, die zuerst sein Schaffen zu sehen bekommt."

Kann sie damit zufrieden sein, daß er der Politik den Rücken kehrt? Hinter dem Schritt Hermanns steht mehr als nur das Unbehagen, das der Mitstreiter im „Völkerfrühling", Johannes Scherr, überliefert. Dieser schreibt in seinen Erinnerungen über Hermann Kurz: „Die Sache ist, Politik war und blieb dem Träumer von Poeten im Grunde allzeit etwas Äußerliches, etwas bloß Anempfundenes, etwas Unsympathisches. Hat er mir ja mitten im Wirbel des großen Sturmjahres einmal seufzend gestanden, der ganze Zeitungskram ekelte ihn an, und er fühlte sich recht glücklich, wenn er sich aus der ‚heulenden Wüste' der Tagesfragen für etliche Stunden in die stille Oase der Beschäftigung mit irgendeinem literarischen Problem zurückziehen könnte. Natürlich hat er dessenungeachtet den schimmernden Märztraum von 1848 mit ganzer Seele mitgeträumt. Zeugnis dessen sein ‚Vaterlandslied', welches edle Gedicht das ganze Vertrauen, die ganze Hoffnung, den ganzen Jubel und Überschwang jener wunderbaren Märztage gerade so seelenvoll offenbart."

So hart dieses Urteil klingt, so sehr offenbart sich hier eine Parallele in den Empfindungen von Hermann Kurz und Ludwig Uhland, dem die Politik im Grunde genommen genauso zuwider war. Deutlich wird auch, daß Hermann Kurz kein Berufspolitiker ist und dessen Härte nicht besitzt. Die Achtundvierziger streiten für Ideale, für die Verwirklichung philosophischer und ethischer Ideen, nicht um die Macht. Das Scheitern der Bewegung verletzt sie tief.

Wunden schlagen auch die nachrevolutionären Streitigkeiten unter den einstigen Kampfgenossen. So ist auch der

Rücktritt von Hermann Kurz aus dem politischen Tagesjournalismus in den Auseinandersetzungen jener Jahre innerhalb der Volkspartei begründet. Im „Beobachter“ vom 2. Januar 1855 erklärt Sigmund Schott den Rücktrittsgrund des Chefredakteurs: „Seit bald sieben Jahren dauert in Württemberg, wie überhaupt in Deutschland, das Zerwürfnis zwischen den Männern, welche bis dahin eine ziemlich geschlossene Partei gebildet hatten und seither in zwei nicht nur gesonderte, sondern selbst feindliche Gruppen zerfallen sind: Altliberale dort, Demokraten hier.“

Für Hermann Kurz ist das Vaterland Süddeutschland. Als Anhänger der Trias-Idee, die eine Vereinigung der Kleinstaaten und Sonderbündnisse mit Preußen und Österreich anstrebt, steht er mittlerweile ziemlich alleine im Kreis seiner politischen Freunde. Die Mehrheit ist für die „Kleindeutsche Lösung“ unter preußischer Vorherrschaft. Von Preußen erhofft sich Hermann Kurz nach wie vor nichts. Seine Vorstellungen über die nationale Frage legt er zum Abschluß seiner Redaktionstätigkeit in einer Artikelserie dar.

Die Auseinandersetzungen mit den politischen Freunden zermürben. Dem äußeren Druck standhalten kann er weiterhin, doch wenn ihn die Freunde im Stich lassen, kann er nicht mehr weiter. Er braucht die Zustimmung in seiner Nähe. Ohne sie kann er nicht arbeiten. Er braucht das Gefühl, daß sich sein Einsatz lohnt. Lob erhält er von seinem Nachfolger Schnitzer im „Beobachter“ vom 2. Januar 1855: „Infolge der deutschen Katastrophe im Sommer 1849 trat Hermann Kurz ein, dessen ebenso scharfe als geistvolle Zeichnung der bisherigen deutschen und europäischen Politik noch lange im Gedächtnis unserer Leser bleiben wird.“

Wer von den einstigen Mitstreitern und von den Nachgeborenen begreift, was Hermann Kurz in diesen Jahren alles geleistet hat? Erst im Nachruf fast zwanzig Jahre später findet der Freund Carl Mayer dafür die richtigen Worte:

„Es war die Zeit nach uns'rer Niederlage,
Gefängnis, Tod, Exil der Unsern Teil.
Nur Fahnenflücht'ge sah man alle Tage;
Die Treue schwieg; Gesinnung wurde feil,
Feig ward das Volk und wagte keine Klage.

In solchen Zeiten sind die Männer rar,
Die frei und offen sich zu dem bekennen,
Was gestern noch die Ford'rung aller war.
Und nichts ist üblicher, als sich zu trennen,
Vorwürfe formend, von der Unglücksschar.

Nicht so die Art des schwäbischen Poeten!
Nie trat er auf dem lauten Markt hervor,
So lang der Freiheit Zeichen günstig wehten.
Not erst, die and're beugt, hob ihn empor
Und nur in Lücken trieb sie ihn zu treten.
Er sah nur Eins: die Fahne war verwaist,
Geschlagen die Partei, und ihre Presse
Braucht' einen Mann von Mut. Da zagt sein Geist
Nicht vor dem Werkmannsdienst in ruß'ger Esse,
Dem keine Muße einen Dank verheißt.

Er hat den Freisinn Schwabens frisch erhalten
In Druck und Not zu festem Widerstand,
Die Jugend frage um nur bei den Alten,
Was dieses Dichters Rat und Spruch im Land,
In Häusern und in Hütten damals galten.
Ja, wenn aus dieses alten Landes Herd,
Das, oft geknechtet, Knechtschaft nie ertragen,
In ferner Zeit noch eine Flamme fährt
Zur Reinigung der Welt, so soll man sagen:
Auch er hat einst die heil'ge miternährt!"

Resignation und Selbstbestimmung

Hermann Kurz' Rückzug von der Politik fällt mit einer resignativen Zeitstimmung zusammen. Die kämpferischen Zeiten sind vergangen, oppositionelle Bewegungen werden verfolgt, die Volksvereine sind verboten. Resignation hat sich überall ausgebreitet. Für Politik interessiert man sich nicht mehr. Der Landtag hat nicht mehr viel Spannendes zu bieten.

Währenddessen nimmt die Industrie einen rasanten Aufschwung. Die Zahl der Fabriken wächst zwischen 1852 und 1861 um 11 %, die Anzahl der Beschäftigten in den Fabriken um fast 20 % – während der Zuwachs an Maschinen bei

373 % liegt. Die Industrialisierung wird staatlicherseits gefördert mit der 1848 gegründeten Zentralstelle für Gewerbe und Handel, die seit 1855 vom tatkräftigen Ferdinand von Steinbeis geleitet wird. Ist es da ein Wunder, wenn sich der Bürger von der Politik abwendet und sich für die neuesten Errungenschaften der Technik interessiert? Der Landtag hat seinen gesellschaftlichen Einfluß verloren, den ihm der Vormärz und die Revolution gebracht hatten. Umbrüche in der Ökonomie und die staatliche Repression verschärfen den Rückzug aus der politischen Öffentlichkeit. Man interessiert sich nun für das eigene Weiterkommen und zieht sich ins Private zurück.

Hermann Kurz besinnt sich und sattelt um auf die freie Schriftstellerei. Immer noch wartet der „Sonnenwirth" auf seine Vollendung. Hoffnung gibt die Begegnung mit dem Frankfurter Verleger Meidinger im November 1853, der von seinen Werken begeistert ist und gerne alles verlegen will. Frohen Mutes macht Hermann sich an die Arbeit. Bei Meidinger kommt nicht nur der imposante sozialkritische Roman „Der Sonnenwirth. Schwäbische Volksgeschichte aus dem vorigen Jahrhundert" (1855) heraus, sondern auch noch „Der Weihnachtsfund. Ein Seelenbild aus dem schwäbischen Volksleben" (1856).

Kinderparadies

Dem zarten und kränklichen Edgar zuliebe geht es im Frühsommer 1855 auf Reisen. Mit Sack und Pack, Hausrat und Josephine reist die Familie Kurz nach Liebenzell in den Schwarzwald, der guten Luft wegen. Unterwegs machen die Reisenden Station bei Hermanns Onkel und Tante Mohr im Pfarrhaus in Ehningen. In Liebenzell beziehen sie eine Wohnung im Haus des Stadtpfarrers Buttersack, einem Freund des Vaters. Allen geht es prächtig: Der Vater kann in der guten Schwarzwaldluft besser arbeiten, Edgar erholt sich. Doch Anfang August müssen sie sich sputen: Alfred kündigt sich an. Zwei Tage nach der Rückkehr aus der Sommerfrische, am 4. August 1855, wird Hermann Alfred geboren.

Edgar ist zweieinhalb Jahre alt (Isolde anderthalb), als Bruder Alfred auf die Welt kommt. Das überaus kräftige Kind macht den Eltern während der ersten Lebensmonate keine Mühe. Alfred beschäftigt sich mit Trinken und Schlafen. Sonst interessiert ihn noch nichts. Zunächst, wohlgemerkt. Die junge Familie Kurz mit ihren drei Kindern lebt in Stuttgart in einer Gartenwohnung in der Sophienstraße Nr. 5.

Auch um Alfred rankt sich ein familiärer Mythos, denn er wird neun Monate nach der Vollendung des zweiten Romans von Hermann Kurz, des „Sonnenwirts", geboren. Die humorvollen Freunde der Familie nennen ihn folgerichtig den „Sonnenwirtle". Hat der Name eine symbolische Bedeutung? Es scheint, so meint später die Schwester, „als hätte das dämonische Charakterbild auf ihn abgefärbt". Der kerngesunde Junge zeigt nämlich Züge, die so gar nicht in eine in der Geisteswelt schwebende Dichterfamilie passen: „eine unbändige physische Kraft mit elementarer Wildheit gepaart", die nicht nur die Familie in Bann hält.

Inzwischen ist der „Wettlauf zu Zweien" zwischen Edgar und Isolde in vollem Gange, der ihr Verhältnis entscheidend prägt und beeinflußt. Bruder und Schwester leben eine gemeinsame Kinderwelt, zu der die Erwachsenen keinen Zutritt haben. So soll es sein! Isolde schildert diese Kinderidylle: „Wir saßen einander im Kinderwägelchen gegenüber und teilten uns zuweilen unter Schreien und Strampeln, noch öfter aber in Eintracht und Freudigkeit die ersten Eindrücke vom Leben mit. Wir liebten uns zärtlich, erzählten uns unaufhörliche Geschichten und besaßen eine Welt ganz für uns, zu der die Großen keine Türe hatten."

Die sprachlich hochbegabte Isolde eignet sich bereits im ersten Lebensjahr das Sprechen an, der 11 Monate ältere, wohl in seiner Entwicklung durch seine Kränklichkeit etwas behinderte Bruder Edgar lernt das Sprechen von ihr. Geschickt nutzt die Mutter den Wettstreit unter ihren beiden Ältesten. Sie ist ehrgeizig: Ihre Kinder sollen die ersten sein, andere Mütter müssen sie um die beiden beneiden! Ihr obliegen Erziehung und Unterricht der Kinder ganz in eigener Verantwortung. Der Vater mischt sich nicht in diese Dinge.

Marie Kurz beginnt mit dem Unterricht ihrer Kinder in einem heute unvorstellbaren Alter. So lernen Isolde (3) und Edgar (4) zusammen lesen und schreiben. Damit tut sich die Mutter auch selbst einen Gefallen, denn sie hat die Mühe des Lehrens nur einmal. Man muß sich die Szenerie so vorstellen: Die Kinder sitzen an einem kleinen Tisch mit Papier und Schreibzeug, neben sich die Mutter. Auf dem Schrank wartet, deutlich den schmachtenden Kinderaugen sichtbar, die Belohnung: kleine bunte Schächtelchen in vielerlei Größen bis zum Liliputformat zum Ineinanderstecken. Wer sich in der Lernstunde – jedem Kind widmete sich die Mutter etwa 30 Minuten – besonders auszeichnet, erhält als Lohn eine solche Schachtel.

Welch eine Freude muß dieses Lernen für die Kinder gewesen sein, nicht nur wegen der winkenden Belohnung! Denn der gesamte Unterricht ist kindgerecht, lustig, phantasievoll. Die Mutter nutzt die kindliche Phantasie auf äußerst kluge Art, um auf die Schreibfehler aufmerksam zu machen. So erhalten die ungelenken Buchstaben lustige Namen, die sich von ihrem Aussehen herleiten: „Knieschlotterer", „Dickbäuche" oder „Kropfige".

Die literaturbegeisterte Mutter stellt als erste größere Schreibaufgabe das Uhlandsche Gedicht „Vom Wirte wundermild". Die Kinder müssen es nicht nur schreiben, sondern auch auswendig hersagen. Mühe hat damit weder Isolde noch Edgar. Die vier- und fünfjährigen Kinder lernen Homers Ilias und Schillersche Balladen kennen, die ihnen Zeit ihres Lebens unvergeßlich bleiben.

Der Mutter gelingt, was damals wie heute selten versucht wird: Das Lernen als „Spiel unter Spielen" zu begreifen. Edgar und Isolde lernen leicht und schnell: Lesen, Rechtschreibung, das Einmaleins, die Mythologie, die Anfänge der Geschichte. Kinderspiele und Unterricht fließen ineinander, als die Geschwister die Welt der Antike kennenlernen, die ihre Mutter so liebt. Sie spielen die griechischen Götter- und Heldensagen in selbst gebastelten Rüstungen nach.

Der Nachahmungstrieb ist stark. Ein Schriftsteller, ein Kreativer in der Familie genügt nicht! So gehen Edgar und Isolde jeden Morgen an die Arbeit. Sie zeichnen in ein großes Rechnungsbuch das selbst erfundene Märchen vom Schnuffeltier und Buffeltier, „ein Gewirr kühnschweifender Striche, in denen sich mit einigem guten Willen etwa das Horn des Buffeltiers oder die lange Schnauze der Schnuffeltiers erkennen ließ". Anregend sind auch die Stiche in Vaters Studierzimmer. Er arbeitet gerade am Text für Weissers „Bilderatlas zur Weltgeschichte". Da gibt es allerhand zu sehen, abzuzeichnen, nachzuzeichnen. Überaus fertig in dieser Kunst zeigt sich das Töchterlein. Wird sie die künstlerische Richtung einschlagen? Die ehrgeizige Mutter beobachtet genau.

Ein festes und doch zartes, unsichtbares Band verbindet die beiden Geschwister. Jeder sieht im anderen „das Maß der Dinge", entwickelt sich parallel und im harmonischen Wettstreit. Sind sie sich gleich? Isolde scheint um einiges voraus zu sein, während Edgar als der Erstgeborene nicht nur wegen seines Geschlechts, sondern auch wegen seiner zarten Konstitution vorgezogen wird. Die gutmütige Isolde sieht das gelassen und betrachtet den merkwürdigen Bruder mit dem „gemessenen Wesen", der von den Erwachsenen mit so viel Rücksicht behandelt wird, mit „tiefer Ehrfurcht".

In ihrer gemeinsamen Kinderwelt gibt es keinen Dritten. Die beiden halten fest zusammen und leben in der ihnen eigenen Welt. Sie essen von einem gemeinsamen Teller, schlafen in einem Bettchen und schmieden bis zum Einschlafen zusammen Verse, die keinen Sinn ergeben und aus der Freude am dichterischen Erfinden entstehen. Verse, die sich laut Isolde nur durch die „Leichtigkeit des Reims" auszeichnen.

Isolde und Edgar bleiben nach der Ankunft des zweiten Bruders eine geschwisterliche Einheit, mit welcher der kleinere Bruder zu kämpfen hat und in die er nicht eindringen kann. Dies verträgt sich jedoch nicht mit seinem Temperament. Dieses vor Gesundheit strotzende „Prachtstück der Natur" wird zum Tier, wenn er gereizt wird. Und die Schwelle, an der dies geschieht, ist nicht sehr hoch. Er fühlt sich den älteren Geschwistern geistig unterlegen. Isolde meint im Rückblick: „Ich weiß nicht mehr, ob mit Recht oder mit Unrecht." So kann es durchaus auch so gewesen sein, daß die „frühreifen" Geschwister Edgar und Isolde den dicken Alfred verspotten, weil „seine geistige Entwicklung" sehr langsam vor sich geht. Er fühlt sich minder begabt und zurückgesetzt. Das reizt seinen Zorn. Dann beginnen Alfreds treuherzige Augen zu rollen. Und er schlägt zurück. „Wie ein wilder Stier“ geht er „bald auf das eine, bald auf das andere los.“

Schlechte Zeiten für zarte Gemüter! Es kommt so weit, daß Isolde den Bruder Alfred „nur als ein gefährliches Naturereignis“ betrachtet, während der ältere Bruder Edgar in heftige Kämpfe mit ihm um das Vorrecht innerhalb der Familie verstrickt ist. Mit den Jahren entwickelt sich daraus ein Familiendrama, von dem noch die Rede sein wird.

Im Schoß der Familie

Hermann Kurz widmet sich wieder der eigenen, selbstbestimmten Arbeit. Doch nun beginnen die Konflikte. Die junge Familie bietet dem Dichter nicht mehr ausschließlich Freude und Ablenkung. Weil er den ganzen Tag zu Hause ist, bekommt er mehr vom Familienleben mit als ihm lieb ist, lieb sein kann. Er möchte seine Ruhe! Er möchte in Ruhe in dichterische Stimmung kommen, er möchte Stille um sich herum, um arbeiten zu können. Ein Grundbedürfnis! Und die überschwengliche Marie geht darauf ein und schirmt ihn ab.

Ein freier Schriftsteller braucht mehr Ruhe im Hause um sich herum als ein Redakteur, der zur Arbeit in die Redaktion geht. Drei kleine Kinder! Ein neuer Mieter im oberen Stockwerk, obendrein Klavierspieler. Oben Herumgehacke auf dem Klavier, untalentiert womöglich, nebenan Kindergeschrei. Als die Familie eine neue, erschwingliche Wohnung in der Militärstraße gefunden hat, scheint es besser. Doch dann wird das Nachbarhaus abgebrochen. Unerträgliche Zustände für einen Kreativen, der die Stille zum Denken, zum Schreiben braucht. Ruhe findet das „schaffende Dichterhirn“ in der nächsten Wohnung, im „Königsbad“ zwischen Stuttgart und Berg. Das Haus, das mit einer befreundeten Familie in „ähnlichen Glücksumständen“ geteilt wird, liegt idyllisch in einem parkähnlichen Garten mit steilen Hängen. Am Haus fließt der Nesenbach vorbei. Es ist ein ehemals königliches Anwesen mit großen, hohen Zimmern. Mitbesitzer ist der Verleger Cotta.

Wie sieht es aus in der Wohnung der Dichterfamilie? Was die Kurzens aus Maries Erbe nicht unbedingt benötigen, haben sie zu Geld gemacht. Willkommen im armseligen Dichterhaushalt! Den „Resten einer einst kostbaren Einrichtung, teils im Stil des Empire, teils in dem der Biedermeierzeit", „den alten Oberesslinger Herrlichkeiten" geht es von anderer Seite an den Kragen. Die schweren Möbelstücke werden nicht nur von Mietwohnung zu Mietwohnung transportiert, sondern müssen es auch erleben, daß die Kinder ihre Kräfte an ihnen messen. Isolde beschreibt ganz herrlich, wie es bei ihnen daheim zuging: „Wenn der Geist der Tollheit über uns kam, sprangen wird von den eingelegten Tischen auf den Flügel, daß es hoch aufrauschte, und wieder vom Klavier in die damastenen Polster des Diwans hinab; nach Bildern und Gipsbüsten schossen wir mit der Armbrust."

Die Mutter läßt die Kinder unbeschränkt toben, weil sie der Meinung ist, „daß man den kindlichen Zerstörungstrieb austoben lassen müsse, um ihn unschädlich zu machen". Zudem legt sie auf solch Äußerlichkeiten wie die Erhaltung eines wertvollen Möbelstücks aus dem Empire nicht den geringsten Wert. Zum Glück sind alle diese „aristokratische Erbstücke" solide und robust, so daß sie dem kindlichen Ansturm standhalten.

6. KAPITEL

Dichterlos

Stolze Armut

Wie sehr schwärmt Marie Kurz für ihren Dichter, den geliebten Mann! Als hätte sie ihr Leben lang darauf gewartet, die Sorgen und Nöte mit ihm zu teilen. Sie opfert sich, sie duldet, sie spornt an, sie tröstet. Ihr Mut wächst mit den Anforderungen, ihre Kämpfernatur ist herausgefordert. Sie preist ihr Schicksal, daß sie an der Seite des „genialsten Mannes“ leben darf, „aus dessen reichem Geist ich ewig schöpfen kann, ohne ihn auszuschöpfen, der mich selbst emporhebt, von dem ich das Licht empfange wie der Planet von der Sonne. Was sind alle Nahrungssorgen im Vergleich zu diesem Bewußtsein? Ich würde nicht gegen das glänzendste Los einer anderen meine stolze Armut tauschen.“

Diese Sätze schreibt sie während der schwersten Zeit ihrer Ehe an eine Tante ihres Mannes. Das ist eben Dichterlos, daß man wenig Geld hat, das gehört zum Leben. Warum sollte man den Mut sinken lassen aus solch profanen Gründen? Wir stehen zusammen, dann schaffen wir's! Nie schwankt ihr Glaube an den Erfolg, die Hoffnung, Hermanns Schriftstellerei anerkannt zu sehen. Ihre Begeisterung hilft ihm, die schwersten Zeiten durchzustehen.

Marie Kurz schafft das Kunststück, im geliebten Menschen völlig aufzugehen, ihn anzubeten und gleichzeitig eine eigenständige Persönlichkeit zu bleiben. Ist dies schwer an der Seite dieses Mannes? Ist er dominant, beherrschend? Nein, im Gegenteil. Die Tochter zeichnet ihn, mehr unbewußt und zwischen den Zeilen, als einen toleranten, verständnisvollen Partner, der die Menschen um sich herum machen läßt, was sie wollen. Er habe auf das Wesen der Mutter keinen Einfluß gehabt oder sie bevormundet. Über das

Verhältnis der Eltern schreibt sie: „Sie liebte ihn mit einer Liebe, die Anbetung und Gottesdienst war. Sie stützte den Ringenden und ersetzte dem Unverstandenen die gläubige Gemeinde. Diese tragende Kraft mußte für den um dreizehn Jahre älteren Mann von unschätzbarem Werte sein. Ich habe mich oft gefragt, wie es wohl gegangen wäre mit einer biederen schwäbischen Hausfrau bürgerlichen Schlages, die ihm wohl seine Wirtschaft peinlich genau geführt, ihm aber dafür mit Lebenssorgen in den Ohren gelegen hätte. Meine Mutter hielt die irdischen Nöte von vornherein für unzertrennlich vom Dichterlos und war stolz darauf, sie mit ihm zu teilen."

Sie unterstützt den Dichter mit allen Kräften. Dies ist eine schwere Aufgabe, denn Hermann zieht sich enttäuscht von der Welt zurück. Der Schritt aus der Redaktionsstube heraus ist mehr als eine Rückbesinnung auf die Aufgabe als Dichter. Er wird schweigsam, wortkarg und zieht sich auch vor der Familie zurück.

Die erste Krise

1856 stirbt der rührige Verleger und Hermann Kurz, der alles auf diese Karte gesetzt hat, steht wieder einmal vor dem Nichts. Nach der Vollendung einer Novelle, „Die beiden Tubus", knickt der erste „schwere Nervenanfall" den starken Baum. Wieder einmal hat er sich überarbeitet und weiß nicht mehr, woher und wohin. Der Stuttgarter Verleger Franckh springt in die Bresche und nimmt die „Erzählungen", die in drei Bänden erscheinen (1858, 1859, 1861). Es stellt sich heraus, daß auch der zweite Roman („Sonnenwirt") kein Erfolg geworden ist.

Die Not der Familie wächst, ebenso des Vaters Niedergeschlagenheit. Die Mutter schreibt an eine Freundin: „Die Tage verlaufen trübselig, und verständ ich nicht die Kunst, meine Fantasie zu berauschen, so würde die harte Wirklichkeit mich manchmal hart darniederwerfen. Ich muß sehen, wie sich Hermann abquält. Trotz der geisttödtensten Hetze kann er nicht so viel erringen, um nur die Noth uns vom Leibe zu halten. Alle buchhändlerischen Verbindungen, die er dazu knüpfen geht, kommen nicht zu Stande. Und die Abende sind sehr traurig. Da sitzt er trübe vor sich hin brütend, zerfallen mit dem Leben, ohne Freude, ohne Anregung, ohne Sporn. Und an diesem verfehlten geknickten Dichterleben bin ich schuld. Wäre ich ihm nicht in den Lebensweg getreten, wie ganz anders, wie sorgenfrei stände er da, wie hätte er die Schwingen entfalten können und welch kühnen Flug hätten sie vielleicht genommen. Meine Liebe, mein Enthusiasmus mußte ihm zum Fluch werden. Er ist gebrochen – lebenssatt."

Über diese schwere Zeit schreibt Tochter Isolde: „Seine Schöpferkraft, die, solange er noch durchzudringen hoffte, auch in den schlimmsten Drangsalen immer neue Blüten getrieben hatte, begann angesichts der völligen Hoffnungslosigkeit zu versagen. Er wußte jetzt, die Masse der Leser war für seine Kunst nicht reif, und wie er es auch angriffe, er würde ihren Geschmack niemals treffen." Ein hartes Urteil über die Zeitgenossen, ein hartes Urteil über sich selbst als Dichter. Wie kann man da noch kreativ sein, neue Ideen entwickeln, frische Kräfte schöpfen? Als Vater hat er ja noch mehr Verantwortung als früher. Mit Schreiben? Eine andere Möglichkeit scheint es für ihn nicht mehr zu geben, „denn seine politische Vergangenheit verschloß ihm die Möglichkeit einer Anstellung im Staatsdienst".

Die letzten Wertgegenstände aus Maries Erbe werden verkauft, so das Brunnowsche Familiensilber und der kostbare Samowar. Ein Tropfen auf den heißen Stein!

Erwin, „ein zarter, goldhaariger Knabe", vermehrt am 13. April 1857 die Kinderschar. Edgar ist vier, Isolde ist drei, Alfred ist anderthalb. Erwin scheint nicht das Temperament seiner älteren Geschwister zu besitzen. Aus ihren Kämpfen und Auseinandersetzungen hält er sich heraus. An ihren Spielen ist er aber wohl beteiligt, wenn auch manchmal ungern. Von ihm ist in Isoldes Memoiren am wenigsten die Rede.

Idyll in Oberesslingen

Im Frühjahr 1859 ist wieder einmal ein Umzug angesagt. Das „Königsbad" wird verkauft. Retter in der Not ist der alte Freund Franz Hopf, Expfarrer und Landtagsabgeordneter, der in Oberesslingen ein Haus besitzt. In der kleinen Mansardenwohnung kommt die inzwischen sechsköpfige Familie unter. Oberesslingen, Maries Kinder- und Jugendland, wie herrlich! Das Hopfsche Haus liegt nur wenige Schritte vom einstigen Brunnowschen Anwesen entfernt. Marie Kurz ist glücklich, wieder in der alten Heimat zu sein. Hier kennt sie jeden Weg und jeden Steg, vor allem aber die Leute. Des Vaters reizbares Nervensystem kommt in der ländlichen Stille zur Ruhe. Der Umgang mit Freund Hopf, der als Redakteur des „Beobachters" Hermanns alte Tätigkeit fortführt, tut ihm gut. Jeden Abend fährt Franz Hopf von Stuttgart heim nach Oberesslingen.

Was für ein Haus ist das! Isolde kommt es vor, als sei während der Jahre in Oberesslingen immerzu Sommer gewesen. Das Haus liegt nämlich innerhalb einer großen Obstwiese mit Hühnern und Pfauen. In diesem, von einer hohen Mauer umgebenen Garten, dem „Paradies unserer Kindheit", dürfen die Kinder nach Herzenslust toben. „Kinderfreund" Hopf teilt ihnen Rabatten zu, die sie selbst bepflanzen und hegen und pflegen dürfen. Im Garten gehen sie den beiden Töchtern des Hauses zur Hand, sind aber eher im Wege als nützlich.

Weit entfernt vom Lärm, den die Kinderschar veranstaltet, arbeitet der Vater. Sein Studierzimmer ist geräumig und „zum Glück vom Lärm des Haushalts abgesondert".

Der Aufenthalt in der ländlichen Einsamkeit auf dem Dorf ist allerdings nur vorübergehend gemeint, bis die Familie eine neue Wohnung in Stuttgart findet. Doch mit der am 18. Mai 1860 um einen weiteren Sprößling (Garibaldi, genannt Balde) gewachsenen Kinderschar und den schlechten finanziellen Verhältnissen hat man keine Aussicht auf eine passende Wohnung in der Residenzstadt. Hermann Kurz quält sich mit Selbstvorwürfen. Die Not in der Familie ist groß. Nur die Mutter, ganz dem Temperament gemäß, hält die Fahne hoch und läßt den Mut nicht sinken.

Der Vater schränkt sich ein, wo er kann, und spart am Essen. Seine Hauptmahlzeit besteht aus einem Teller schwarzer Brotsuppe, seiner „spartanischen Suppe“, und einem Butterbrot mit Kräuterkäse. Statt Wein trinkt er mit Wasser vermischten Essig. Als der Tabak ausgeht, raucht er getrocknete Erdbeerblätter. Isolde hält diese karge Lebensweise für den Grund seiner „wachsenden Nervosität“ und fortdauernden Kränklichkeit. Mehr essen? Kann er schließlich gar nicht mehr, „seine Verdauungsorgane“ bleiben geschwächt. „Die nächste Folge war eine Unruhe und Reizbarkeit, die mit physischer und seelischer Gedrücktheit abwechselten und auch seinem geistigen Schaffen, das so lange den Verfolgungen des Schicksals siegreich widerstanden hatte, die Spur der Ermüdung aufdrückte. Sehr mit Unrecht nannte man diesen Zustand sein Nervenleiden: eine Riesenanlage begann endlich nach heroischem Kampf dem Druck des Lebens zu erliegen.“

Der Vater hält sich von den Kindern fern. Sie stören ihn mit ihrem Lärm und ihrer Unruhe. Er möchte sie mit seiner Schwermut nicht belasten, er möchte sie nicht in Not sehen. Den Eltern gelingt das Kunststück, die materielle Not von den Kindern abzuhalten. Sie merken nicht, wie dürftig es im Hause Kurz zugeht. Sie haben immer genug zu essen und lassen es sich, mit Ausnahme Edgars, gut schmecken. „Uns Kindern blieb gleichwohl das Gefühl der Not ferne, und wäre nicht ab und zu meiner Mutter ein verzweifeltes Wort entfahren, das von meinen sechsjährigen Ohren aufgefangen wurde und mir des Nachts in Gestalt schrecklicher Träume wiederkehrte, so hätte ich an jene Zustände schwerlich eine persönliche Erinnerung.“

Und später wird der siebenjährige Alfred auf die neugierige Frage eines Kirchheimers „He du, seid ihr reich?“ antworten: „Nein, da täten wir uns schämen.“

Auf der Insel

Die Ritterspiele der Kurzschen hinter der Gartenmauer in Oberesslingen erregen die Aufmerksamkeit der Dorfbewohner. Marie ist nicht mehr die junge Baronesse, die alles kann und darf. Die Oberesslinger schütteln die Köpfe. Konflikte mit der Umwelt drehen sich vor allem um die Religionszugehörigkeit. Lassen sich diese Dinge heute noch ermessen? Die Kurzschen Kinder (und die Eltern) besuchen keine Kirche, nehmen an keinem Gottesdienst teil. Im Garten in Oberesslingen ist ein Steinaltar aufgebaut, der allerlei Fragen offen läßt. Was treiben die Kurzschen hinter der Gartenmauer? Götzendienst? Man kann sich das Gerede im Dorf und unter den Kinder gut vorstellen. Was sind das für wilde, ungezogene „Heidenkinder"? Aus harmlosen Kinderspielen wird plötzlich Ernst, als die Dorfjugend zum Angriff schreitet. Steine fliegen über die Mauer, die Kinder wehren sich tapfer. Nur Josephines Eingreifen verhindert Schlimmeres.

Die Kinder wachsen zunächst ohne Kontakte zu Gleichaltrigen auf, als bewohnten sie eine einsame Insel. Abstand wird nicht nur vom Dorf gehalten, sondern auch vor fremden Besuchern. Die Eltern zögern, die Kinder den berühmten Gästen des Vaters wie beispielsweise Paul Heyse vorzuführen. Sie wissen, warum. Denn die Kleinen nehmen kein Blatt vor den Mund. So meint Balde, dem der „norddeutsche Akzent des Gastes" fremd ist, ganz offen, „dieser könne nicht sprechen". Ein abschätziges Urteil aus Kindermund über einen dichtenden Freund!

Die Idylle währt nicht lange, doch lange genug, um den Kindern unvergeßliche Eindrücke zu hinterlassen. Beispiele sind Edgars Gedicht „Oberesslingen" und Isoldes „Aus der Kindheit".

Der Schweigsame

Isolde schildert ihren Vater nicht ohne Bitterkeit als fern und unnahbar. Die Kinder verehren ihren Vater „wie ein höheres Wesen". Sie müssen sich vor ihm zusammennehmen – der einzige Zwang, der ihnen auferlegt wird. Der Vater lebt zurückgezogen in seinem Arbeitszimmer im oberen Stockwerk, das die Kinder tagsüber nicht betreten dürfen. Am Abend werden sie dann einzeln hereingerufen, um „gute Nacht zu sagen, während er langsam seine Pfeife rauchte".

Wenn er dazu aufgelegt ist, kann der Vater aber eine ganz zauberhafte Atmosphäre schaffen. Dann kommt er abends ins Schlafzimmer der Kinder mit seiner Flöte. Er singt ihnen Lieder vor auf seine ganz eigene Art. Mit gedämpfter Stimme rezitiert er die Texte und fügt mit der Flöte anschließend die Melodie „in den schmeichelndsten Nachtigallentönen" dazu. Die Kinder sind selig, vor allem wenn er die „holdselige Weise" des „auf Mozarts Namen getauften Schlummerliedchens" vorträgt: „Schlafe, mein Kindchen, schlaf ein". Isolde erinnert sich mit über fünfzig Jahren gerne an diese Stimmungen und genießt noch oft die alten Empfindungen beim Einschlafen, „jenen unbeschreiblich süßen Frieden der nächtlichen Kinderstube, wenn das Nachtlicht prasselnd auszugehen beginnt und mit dem Gefühl der treuen Hut und sicheren Geborgenheit die tiefe Ruhe sich herniedersenkt."

Im Gegensatz zur temperamentvollen Mutter, die mit ihren Urteilen sehr schnell ist, läßt er den Kindern ihre Entwicklung, sieht sie eher im Werden und Wachsen. Seine Haltung zu den Kindern ist geprägt von Toleranz und Verständnis – wenngleich er nicht viel mit der Erziehung zu tun hat und sie nur wohlwollend aus der Ferne betrachtet. Er liebt seine Kinder zärtlich, trägt sie nächtelang umher während ihrer ersten Lebensmonate. Was ihn im Zusammenhang mit seinen Kindern beschäftigt, sind deren Zukunftsaussichten. Dabei spielen die eigenen Erfahrungen mit der Politik, die um sich greifende Resignation und die Restaurationspolitik nach der fehlgeschlagenen Revolution eine große Rolle. Er formuliert dies 1855 in einem Gedicht „Kagegagabw" für seinen Sohn. Es muß Alfred gewesen sein, denn Edgar ist damals zwei Jahre alt und kann sprechen:

„Mein Knabe plaudert immerfort,
Doch man versteht kein einzig Wort.
Es klingt nicht welsch, es klingt nicht deutsch:
Doch halt! – ich hab's: – es ist rothäut'sch!
Ganz deutlich: Kagegagabw!"

Der Knabe „spricht" also die Indianersprache und träumt vom „Friedenshäuptling", was für den dichtenden Vater Anlaß ist, über die aktuelle politische Situation zu sinnieren und ein düsteres Bild von Kriegsgefahr und Friedenskonferenzen zu malen:

„Wie das noch endet, wie es bricht?
So oder so – ich weiß es nicht.
Nur will mir's scheinen: klein und groß
Haben nicht recht ihr Pensum los,
Und darum müssen wir alle nun
Fein unterm Zuchtstab Buße tun."

Nur der eigene Tod bietet die Lösung, und dies nur für den Gestorbenen. Dennoch bleibt Hoffnung für künftige Generationen:

„Ein jung Geschlecht wird freudig handeln,
In einem hellern Lichte wandeln.
Dann wird von selbstgeschaffnen Ruten
Nicht mehr das Volk verdüstert bluten.
Ein Recht wird gelten, stark und lind,
Dem alle gern zu Willen sind,
Und wird die Völker ohne Leiden
Auf grüner Au des Friedens weiden.
Dann wirst auch du beim Lebensmahl,
In sichrer Geistessonne Strahl,
Mein Liebling, deiner Kraft dich freuen,
Der Väter Stückwerk froh erneuen.
Doch, daß euch Hoffahrt nicht beschleicht
Im Glücke, werdet ihr vielleicht
Für das Geschlecht, das ihr begraben,
Manch alte Schuld zu zahlen haben,
Die wir, von Schulden eurer Ahnen
Gedrängt, umsonst uns ließen mahnen.
Indessen träum' im stillen Port
Den Traum des Friedenshäuptlings fort,
Am Mutter- und am Vaterherzen
Verträume dieser Zeiten Schmerzen,
Und plaudre selig immerzu,
Mein kleiner Kagegagabw!"

Einen inneren Kontakt findet er nicht mehr zu seinen Sprößlingen. Dies ist bitter für die Kinder, weil sie aus Erzählungen wissen, wie gut sich der Kinderfreund in jungen Jahren mit dem „jungen Völkchen" verstanden hat. Zeugnis dafür sind die beiden Märchen für Marie Caspart, der Nichte von Rudolf Kausler: „Das Märchen vom Waldfegerlein" und „Das Märchen vom Gassenfegerlein". Es sind lange Gedichte, entzückende Märchen, einfühlsam geschrieben und mit viel Gefühl für die Kinderwelt, voller witziger Einfälle, die das Leben eines kleinen Mädchens aufs Korn nehmen. Mit „Waldfegerlein" ist eine Nachtigall gemeint – und eigentlich die kleine Marie. Da steht er noch mit den Kindern auf derselben Stufe – gegen die Eltern.

Ein weiteres Beispiel dafür ist das Verhältnis zu seinem kleinen Vetter während der Vikarsmonate in Ehningen, das sogleich unterbunden wird. Er schrieb darüber damals an Kausler: „Wenn er nur einen Tag bei uns ist, hüten sie mich wie den Rattenfänger von Hameln, daß ich ihm keine Märchen erzähle, ‚er habe ohnehin eine so starke Phantasie': neulich sagt' ich, das sei gerade, wie wenn man einem die frische Luft verbiete, weil er so eine gute Lunge habe: da sahen sie mich an!"

Mit dem Alter kommt der Ernst, und der über vierzigjährige Vater kann sich in die Kinderwelt nicht mehr einfühlen.

Die Harmonie der Dinge

Isolde ist Vaters Lieblingskind und ihm wohl am ähnlichsten, wie ihre weitere Entwicklung zeigen wird. Sie ist mehr „als bloß ein heißgeliebtes Kind, er glänzte auf, wenn ich nur ins Zimmer trat, denn in der einzigen Tochter sah seine abgöttische Zärtlichkeit die Harmonie der Dinge selbst, den Beginn der Ordnung im Chaos". Er hat einen ganz eigenen Umgangston mit seiner Tochter, spricht mit ihr nicht „wie der Vater mit seinem Kinde, sondern wie ein Ritter mit der Dame seines Herzens". Die Tochter ist geschmeichelt, aber auch behindert. Sie hätte lieber einen offenen und strengen Vater gehabt, einen, mit dem sie über ihren Kummer reden kann und der ihr heraushilft. Warum bezieht er sie nicht mehr ein in seine Gefühlswelt, in die Welt seiner Dichtung, seiner Schriftstellerei? Isolde kann „geistig nicht so viel von ihm empfangen", „wie es für beide Teile wohltuend gewesen wäre". Sie hat doch die intellektuellen Fähigkeiten, sie ist ihm doch geistig gewachsen! Doch er kann sich nicht mitteilen, aus „angeborener Zurückhaltung" und einer „mimosenhaften Zartheit seiner Seele". Er will es auch nicht, weil er sich scheut, ihr Richtschnur zu sein, als Autorität zu wirken. Um keinen Preis möchte er ihrer „inneren Entwicklung" vorgreifen. Isolde ist jedoch schlauer als er. Sie kann sich so sehr einfühlen, daß sie seine Ansichten ahnt, ohne daß er sie ausspricht. Ist das nicht gegenseitig? Denn auch sie wagt es nicht, sich ihm zu öffnen.

Der Vater schätzt die Tochter schließlich auch im Alltag und kommt mit ihr besser zurecht als mit der heftigen Mutter, die überdies keine Zeit für ihn hat. Sie erfüllt mit den Jahren eine Pufferfunktion zwischen den Eltern. Die langen Spaziergänge von Vater und Tochter beginnen, als Isolde neun Jahre alt ist. Die Wanderungen am Rand der Schwäbischen Alb geraten unversehens zu Lehrstunden. Der Vater erzählt die Sagen der Gegend und bemüht sich um das Weltbild der Tochter. Ein Beispiel: Eines Abends erblicken sie eine ganze Reihe von Höhenfeuern entlang des Albtraufs vom Hohenstaufen bis zum Hohenzollern. Es ist der fünfzigste Jahrestag der Leipziger Völkerschlacht, des Sieges der Koalitionsarmeen über Napoleon (16.-19. Oktober 1813). Isoldes Wissen über die Napoleonische Zeit beschränkt sich auf die Geschichten der Brunnowschen Familie. Der Vater klärt sie auf und bietet ihr ein patriotisches Geschichtsbild. „Der völlig veränderte historische Standpunkt, auf den ich plötzlich gestellt wurde, blieb mir mit Feuerschrift in die Seele geschrieben", erzählt sie später. Wie wohl tut ihr ein ernstes Wort des Vaters!

Die Glückliche

Marie Kurz geht ganz auf in der Mutterschaft. Die fünf Kinder, die sie im Alter zwischen 27 und 34 Jahren geboren hat, sind ihr ein und alles. Gerne nimmt sie nicht nur das Los einer Dichtergattin in Kauf mit der materiellen Not und allem, was dazu gehört. Sie findet sich ohne Probleme in ihrer großen Kinderschar zurecht und fühlt sich ihnen stark verbunden.

Die Erziehung der Kinder bleibt ganz in der Hand der Mutter. Die Freunde und der Vater spotten – er halte es eben eher mit dem Mutterrecht. Überdies hat Hermann gar keine Zeit für den Unterricht der Kinder. Ganz im Gegensatz zu Marie, die sich ausschließlich mit ihren Sprößlingen beschäftigt, „eifrig bestrebt", diese „nach ihrem Sinn zu modeln". Daß dies bei dieser gebildeten und engagierten Frau nach gewissen Grundsätzen geschieht, versteht sich.

Die mütterliche Erziehung schwankt zwischen zwei Polen: dem ungebundenen, antiautoritären und dem Ehrgeiz, in den Kindern die eigenen Wünsche zu verwirklichen. So möchte sie im Grunde nicht in die Entwicklung der Kinder erziehend eingreifen, sondern nur als gutes Beispiel wirken. Dies gilt Isolde als großer Fehler, was die Erziehung ihrer Brüder betrifft. Die Zügellosigkeit der Söhne führt sie auf das Unvermögen der Mutter zurück, deren Wildheit zu bändigen.

Marie Kurz möchte ihren Kindern Leid ersparen. Daß sie dadurch nur neues Leiden schafft, ist ihr nicht klar. Sie möchte nicht, daß ihre Kinder unter denselben Druck geraten wie sie in ihrer Kindheit. Dies läßt sich vor allem an zwei Punkten feststellen.

Zum einen verschweigt sie das Wissen vom Sterben und Tod. Das erklärt sich aus ihrer eigenen tragischen Familiengeschichte. Zum Schweigen über diesen Gegenstand verpflichtet sind auch die Dienstboten. Der Tod läßt sich jedoch nur bis zu einem gewissen Alter verheimlichen. Die Entdeckung des Todes als allgemeines Schicksal ist für Isolde im Alter von sieben Jahren neu und überwältigend.

Der zweite und vielleicht wichtigere Punkt ist die Erziehung ohne herkömmliche Religion. Weil die Mutter sich in ihrer Jugend in einem schmerzlichen Prozeß von der Religion losriß, erzieht sie ihre Kinder ohne den christlichen Glauben. Sie möchte den Kindern die selbst erlittenen Qualen ersparen. Statt mit christlichen Legenden macht sie ihre Kinder mit der antiken Mythologie bekannt, die für Isolde eine Art Religionsersatz wird. Die Kinder wachsen im Württemberg des 19. Jahrhunderts auf, ohne die religiösen Vorstellungen der Zeitgenossen zu kennen. Kann das gut gehen?

Die Kinder haben unbeschränkte Freiheit und genießen eine für die damalige Zeit außergewöhnliche, fast antiautoritäre Erziehung. Sie toben durch Zimmer und Garten, turnen auf den wertvollen Möbelstücken des Brunnowschen Familienerbes herum und müssen sogar wegen ihrer Wildheit von fremden Besuchern ferngehalten werden, damit diese nicht erschrecken und einen schlechten Eindruck bekommen. Die Kinder wachsen also einerseits sehr frei und ungebunden auf, andererseits aber auch wieder eingeengt, denn sie haben keinerlei Kontakte mit der Welt außerhalb ihrer Familie und ihres Hauses.

Den Unterricht der Kinder unterhält die Mutter weiterhin, auch wenn sie an ihre Grenzen stößt. Weil ihr das Rechnen „nicht allzu geläufig" ist, muß ein Lehrer her. Dies hat jedoch bald ein Ende: Er kann mit dem lebhaften Alfred nicht umgehen und wird schnell wieder entlassen. Zum Nachteil von Isolde, die beim Bruchrechnen stehenbleibt. Alle anderen Fächer unterrichtet die Mutter selber. Da sie die Anfangsgründe der lateinischen Sprache beherrscht, gehört auch dies zum Unterrichtsstoff. Doch haben die Kinder bald ihre Kenntnisse erreicht, so daß sie nun alle gemeinsam lernen und sich weiterentwickeln.

Trotz aller Unaufmerksamkeiten und Ablenkungen – der Unterricht erfolgt oft, während die Mutter mit Nähen und Flicken beschäftigt ist – machen vor allem die beiden Älteren große Fortschritte. Isolde bemerkt neidisch, daß Edgar spielend lernt: „Man kann es kaum lernen nennen." Er hat eine rasche Auffassungsgabe und ein gutes Gedächtnis. Zum Neid auf den Bruder hat Isolde zunächst nur einen Grund. Wiewohl ihr auch „die Dinge von selber" zufallen, kann sie sich nicht alles merken: Das Gelernte fällt „ebenso leicht wieder von mir ab". Die „glückliche Saugekraft" der überaus Sprachbegabten kann allerdings „das mir Zukommende, mir Verwandte schnell erfassen, das Nichtverwandte, Nichtgemäße ablehnen". Ebenso wie der ältere Bruder.

Starke Schultern

Die Last des Alltags im Hause Kurz trägt Marie nicht allein. Dazu ist sie weder in der Lage noch ausgebildet. Sie legt keinen Wert auf Äußerlichkeiten, auf Ordnung und Sauberkeit. Das kann sie sich auch leisten, denn innerhalb der Familie gibt es jemanden, der dafür sorgt: Josephine Peterler, genannt Fina, der gute Geist des Hauses. Die Gärtnerstochter – ihr Vater arbeitete auf den gräflich Fuggerschen Gütern an der bayrischen Grenze – tritt 1826 im Alter von zwanzig Jahren in den Dienst der Familie von Brunnow. Sie wird zunächst Wärterin der neugeborenen Marie, dann ihr Kindermädchen und schließlich Haushälterin. Josephine erwirbt sich die Stellung einer Vertrauten und fühlt sich ihr Leben lang für Marie verantwortlich. Sie bleibt in ihrer Stellung nach dem Tod des Vaters und wird von Marie mit in die Ehe gebracht. Wie hätte Marie ohne Josephine leben können?

Josephine ist ein ganz eigener Charakter, wie geschaffen für einen Dichterhaushalt: taktvoll, geschickt, aufgeweckt und rege. In ihrer Jugend träumt sie davon, Schauspielerin zu werden – weil sie einige wenige mitreißende Theaterstücke gesehen hat, die ihr „im Kopf brausten wie junger Wein". Eine Gärtnerstochter kann nicht zur Bühne gehen, weil sie sich keine Ausbildung leisten kann. Ihr bleibt die Liebe zu klassischen Dramen, die sie gerne liest – und die für eine Dienstbotin ungewöhnliche Sprechweise. Isolde schildert Josephines Art so: „Nicht als ob ihr Reden etwas Gespreiztes gehabt hätte, nur klang alles, was sie sagte, so gebildet, daß ein Fremder es schwer mit ihrer Aschenbrödelbeschäftigung in Einklang bringen konnte."

Zum Heil der Familie bleibt sie unverheiratet und weiß auch, warum: „Die meines Standes sind, die fühle ich geistig unter mir, und die Gebildeten, die mir gefallen, nehmen mich doch nicht, wenn sie mir auch hofieren; also bleibe ich ledig." Mit diesen einfachen Worten überrascht sie nicht nur Maries Mutter.

Von Garnison zu Garnison begleitet Josephine ihre Herrschaft. Sie kümmert sich um die Kinder und betrauert ihren frühen Tod, pflegt die leidende Mutter, arbeitet in der Küche und im Garten, zieht Hühner und Ziegen. Was die Gute alles kann! Als der alte Freiherr stirbt, bietet ihr die Dillensche Familie eine Stellung als Verwalterin in Dätzingen an. Natürlich nimmt sie sie nicht an! Sie kann ihre Marie, die nun alleinstehende „Baronesse" doch nicht verlassen! Und steht ihr treu zur Seite – auch ohne Lohn in Zeiten, wo dieser das Geld ausgeht.

Für Marie ist Josephine viel mehr als eine Dienstbotin, ersetzt sie ihr doch Mutter und Vater zugleich. Josephine sorgt nicht nur für das Lebensnotwendige, sondern nimmt auch an der geistigen Entwicklung Maries teil. Gemeinsame Lektüre, gemeinsames Lernen – Josephine paukt mit Marie lateinische Vokabeln, Deklinationen und Konjugationen –, gemeinsame politische Ideale.

Josephine ist in der Familie Kurz ebenso rege wie zuvor in der Familie Brunnow. Sie betreut die Kinder und besorgt den Haushalt. Unbezahlt in schlechten Zeiten! Sie verwendet sogar ihr Erspartes „zur Ausbesserung häuslicher Schäden und zu Geschenken für die Kinder". Welch ein Glück, daß es Josephine gibt! In einem Gedicht an die in hohem Alter verstorbene Dienerin hält Marie Kurz ihre Dankbarkeit fest:

„Dein Name prangt auf keinem Marmorstein
Und keinen Lohn gab es für solche Treue,
Doch grub ich ihn in meinem Herzen ein,
Und Dankestränen geben ihm die Weihe.
Die Erde, welche solche Herzen trug,
Ist für die Besten auch noch gut genug,
Denn herrlich wirkt wie höchste Geistesblüte
Solch opferfreudig, sonnenwarm Gemüte."

Für die Kinder ist Josephine wie eine Großmutter. Sie liebt die Geschichten aus der Familie von Brunnow, besitzt sie doch eine Schatzkiste, in der sie Erinnerungen an die

Familie aufbewahrt. Jedes einzelne Stück erzählt eine Geschichte. Wenn Edgar und Isolde ihr im Weg sind, setzt sie die Kinder einfach in ihre Kommode zwischen diese Herrlichkeiten. Vor Staunen bleiben die Kinder still und begutachten diese Seltsamkeiten aus einer anderen Welt. Vom Großvater Brunnow stammen verkleinerte Nachbildungen seiner Ordenssterne und Ordenskreuze, die auf einem Bändchen aufgereiht sind. Passen dazu nicht Josephines Geschichten seiner Abenteuer in Rußland und anderswo? Des Großvaters selbstgekochte Seifen hat sie aufbewahrt und seine Schnitzereien und Drechseleien. Von Großmutter Brunnows „kunstgeübten weißen Fingern" erzählen die Nadelbüchse aus Elfenbein, die Stickereien, die gemalten Blumen. Armbänder und Ringe aus Haaren riechen nach vergangenen Zeiten ebenso wie eine Schachtel mit bunten Bändern aus Rokoko und Empire. Josephine erzählt, und ihre Augen werden naß: „Mit diesem Spitzentüchlein hatte sie einst der toten Ottilie, um die sie ewig trauerte, das Gesichtchen zugedeckt, in jener angefangenen Straminarbeit war noch das letzte Geschenk erhalten, womit das kranke Kind seine Pflegerin hatte erfreuen wollen."

Familienhelferinnen

Mit steigender Kinderzahl muß es mehr helfende Hände geben. Da ist die Rede vom Kindermädchen Christine in Oberesslingen, den „Feenhänden" unsichtbarer Geberinnen von Mädchenkleidung für Isolde, von zahlreichen Helferinnen aus der Nachbarschaft in Oberesslingen. Als einstige Baronesse ist man halt fein heraus, zumal die Eltern wohltätig gewesen waren! Das vergißt man nicht auf dem Dorf.

Die Helferinnen rücken an, wenn die Kinder krank sind, helfen in der Weihnachtszeit beim Backen und Dockeln und kümmern sich bei der großen Monatswäsche um die Kinder. Zerrissene Strümpfe können – welch Glück! – an Freundinnen geschickt werden, die sie umgehend geflickt wieder zurückexpedieren.

Ein festes Band hat auch die Politik geknüpft, denn die aktivste, „Tante Berta", die bei jedem Umzug der Familie dabei ist, gehört zu den Achtundvierzigern. Ihr gehört der Kramladen an der unteren Dorfstraße in Oberesslingen. Isolde schildert diese originelle Frau: „Jedem Bauern, der sich eine Zigarre kaufte, legte sie seine Bürgerpflicht, freisinnig zu wählen und den ‚Beobachter' zu lesen, ans Herz." Tante Berta ist eine geschickte „Agentin der Volkspartei" und Verteilerin von „demokratischen Wahlzetteln", „die Hilfe von Bedrängten, der Trost der Klagenden, ein Feuerbrand gegen alle Tyrannen, eine flatternde Fahne der Freiheit".

Ein Freund

Die Veränderung tritt in Gestalt eines Schriftstellerkollegens ins Leben. Paul Heyse, gebürtiger Berliner, aus gebildeter und wohlhabender Familie (sein Vater ist Sprachforscher und seine Mutter die Tochter des Hofjuweliers Salomon), hat sich nach dem Studium der klassischen und romanischen Philologie, Promotion und Italienaufenhalt 1854 in München niedergelassen. Eine glückliche Hand scheint über seinem Lebensweg zu liegen: Auf die Fürsprache seines Gönners Emanuel Geibel ist er von König Max II. mit einem Ehrengehalt von 1500 Gulden im Jahr ausgestattet worden. Er heiratet Margarete Kugler, die Tochter des Berliner Kunstgeschichtsprofessors Franz Kugler, und ruft in seinem gastlichen Haus einen literarischen Kreis ins Leben, der bald Zentrum des deutschen literarischen Lebens wird. Mit der Novelle „L'Arrabbiata", erschienen 1855, verschafft er sich literarischen Durchbruch.

Dieser junge Mann besucht den Dichter zum ersten Mal im Juli 1858 in Stuttgart. Paul Heyse verfaßt daraufhin eine wohlwollende Besprechung von Hermanns „Erzählungen" (1. Band) im „Literaturblatt zum deutschen Kunstblatt". Hermann schreibt dem „verehrten Freund" sogleich nach München: „Sie haben sich in diesem Aufsatze mit so liebreicher und einlebender Theilnahme in mein ‚Dasein und Sosein' versetzt, daß ich nur meinen schönsten Dank aussprechen kann." Der Einsiedler kann wieder reden, wieder schreiben.

Paul Heyse wird ein treuer Freund und hilft ihm wieder hoch. Er nimmt durch seine jugendfrische Art „den Bann des Verkanntseins von der Seele des Einsamen“ und gibt ihm Ratschläge, wie er seine literarischen Erzeugnisse besser vermarkten kann. Dies haben der Vater und vor allem die Familie bitter nötig. Wie sich schon während der ersten acht Jahren seines Daseins als freier Autor gezeigt hat, besitzt Hermann Kurz keine große Kenntnis des „Welt- und Geschäftswesens“. Unsicher im Umgang mit Verlegern, ist ihm die Verlagswelt „lebenslang ein schlüpfriger Boden, auf dem er sich unsicher bewegte“.

Die Tochter zählt auf, was ihrer Meinung nach daran Schuld hat: die „Poetennatur“ des Vaters, „gewiß aber in nicht minderem Grade Stammeseigentümlichkeit“ und seine „Seminarerziehung“. Zeichnet er nicht seinen Romanhelden Heinrich Roller als einen an weltlichen Angelegenheiten Scheiternden, wird der junge Stiftsabsolvent nicht vom Höchsten der Hohen, vom Herzog selbst, verspottet wegen seiner Unkenntnis in Geschäftsangelegenheiten? Hermann Kurz hat nicht allein nur Hemmungen, mit den Verlegern ums Honorar zu feilschen. Es steckt mehr dahinter, wie die Tochter schreibt: „Von Geld zu reden war ihm schon abscheulich, er verließ sich im geschäftlichen Verkehr auf den guten Willen und die Anständigkeit seines Gegenüber. Am stolzesten trat er auf, wenn es ihm am schlechtesten ging, und solche Umstände wurden oft genug von fremder Seite durchschaut und ausgenutzt.“

Der achtundzwanzigjährige Heyse, in Berlin geboren und aufgewachsen, besitzt den „praktischen Weltsinn“, der Hermann Kurz fehlt. Isoldes Nebenbemerkungen in der Lebensbeschreibung des Vaters machen deutlich, wie sehr es ihm daran mangelt. Paul Heyse, der Retter! „Von ihm erfuhr mein Vater zum erstenmal, welche Ansprüche der Schriftsteller zu machen und wie er seine Erzeugnisse richtig zu verwerten habe. Wie ein im dunklen Walde Verirrter, kindlich froh und dankbar ergriff der Vielgeprüfte die Hand des jungen Freundes, der ihm den Weg aus dem Dornengestrüpp zeigte und sich dafür oft im Scherz seinen Vater nannte.“

In den Briefen an Heyse geht es hauptsächlich um Ideen, Projekte und Besprechungen, doch es finden sich auch Klagen wie diese am Jahresende 1858: „Es ist mir ein schlechtes Jahr gewesen, und ich habe die letzten Wochen zum Theil wahrhaft elend zugebracht." Er kann mit seinem „theuersten Freund" ja auch ungenierter als mit jedem anderen über seine politische Vergangenheit sprechen: Paul Heyse ist nicht verwickelt in die württembergische Politik, und Hermann Kurz tut es wohl, über seinen Pessimismus zu sprechen: „Aber der Mensch schafft sich nicht bloß seinen Gott nach seinem Bilde, sondern auch seinen Nebenmenschen, und da ich auf der letzten Stufe des Pessimismus angekommen nur noch nach etwas ‚Praktischem' schmachte, so nehme ich die ohnehin mit voller Bestimmtheit auftretende Nachricht ohne vieles Grübeln an [...] selbst zur Redaction einer politischen Zeitung – wofern nämlich nur nicht der bloße Gedanke an die deutsche Frage ein Schleimfieber mit sich brächte – ließe ich mich von Herzen willig finden. Ja, wundern Sie sich nicht, wenn Sie heute oder morgen hören sollten, daß ich in einem Kaufladen oder ein Fabrikgeschäft eingetreten sei. Denn es ist zwar alles eitel unter der Sonne, aber das Nichts des Nichts heißt deutsche Literatur. [...] Vielleicht bin ich in meinem früheren Leben einmal ein Buchhändler oder sonstiger Poetenschinder gewesen und muß jetzt dafür büßen."

Hermanns Vielseitigkeit in literarischen Angelegenheiten ist frappierend. Eins gibt sich ins andere. Durch die Arbeit am Weißerschen Kunstatlas entdeckt er sein Interesse an der Archäologie. Zum Geldverdienen nützen ihm diese Studien allerdings nichts. Dann widmet er sich einer historischen Arbeit, weil er denkt, damit die Familie ernähren zu können: „denn daß die unzünftige Wissenschaft ihren Mann noch weniger nährt als die Poesie, wußte er bei seiner Welt- und Geschäftsunkenntnis nicht". Seine Bemühungen bleiben ebenso erfolglos wie seine Dichtungen. Außerdem kommt er damit nicht zurecht, weil er „zu tief ins Gestrüppe des Stoffes geraten sei".

In voller Blüte steht das Dichterherz Ende 1859 mit der Ballade „Der Fremdling". Eine Auftragsarbeit, deren Leitgedanken festgelegt ist: ein im Rabennest ausgebrüteter Adlerjunge. Er schreibt die Ballade in der „Rebenlaube" im Oberesslinger Garten. Die Kinder werden solange ausquartiert. Isolde schildert den dichtenden Vater: „Ich kann noch die majestätische Gestalt des Dichters vor mir sehen, wie er mit glänzenden Augen den schmalen Wiesenweg neben der Gartenmauer auf und nieder schritt und dabei wie im Traum zuweilen mit einem langen Stecken die vom Wind abgerissenen Ranken der wilden Rebe an der Stakete befestigte, da sie seinen Ordnungssinn störte."

Nach einer weiteren Enttäuschung – eine Neuauflage von „Schillers Heimatjahre" zur Schillerfeier 1859 bleibt ebenso erfolglos wie die vorigen – ist er vollends resigniert. Er fühlt sich vergessen, wie Tochter Isolde schreibt: „Sein Leben war nur eine Kette von Kampf und Mühsal gewesen. Jetzt begann das Schlimmste, das Vergessenwerden. Wie lange graue Fäden spann sich's um ihn, die allmählich unzerreißlich wurden. Die Werke, die er mit seinem Herzblut genährt und mit seiner feinen Künstlerhand gebildet hatte, lagen verschollen, wie in einen tiefen Brunnen versunken. Niemand erhob die Stimme für ihn. Wenn er je noch von einer literarischen Zeitschrift zu Beiträgen aufgefordert wurde, so war es ein Ereignis. Selbst die alles verschlingenden Anthologien vergaßen ihn. Halb der Vergangenheit, halb der Zukunft gehörig, hatte er keine Gegenwart mehr. Und der Menschenumgang, wenn er ihn überhaupt noch pflegen mußte, wurde ihm zur Qual."

Bitter schreibt er an seinen Freund Rudolf Kausler: „Auch meine politischen Illusionen sind zu Ende. Da steckt man sich hinter den alten Kaiser, wie man sich hinter Schiller steckt. Genug davon. Ich habe nach und nach das Mittel gefunden, auch ohne Glauben zu arbeiten. Laßt mir die Einsamkeit unbeschrieben, sie ist ein gutes Kraut. Ich fühlte mich neulich in Stuttgart in der Gesellschaft weit einsamer als hier."

Verwaiste Zeit

Ende Juli 1862 müssen die Kurzens wieder ausziehen, weil Freund Hopf das Haus verkauft. Der Zufall treibt sie in eine „öde Stadtwohnung" in Kirchheim an der Teck und die Eltern in eine Krise. Die Mutter fühlt sich einsam in dem Städtchen, in dem sie keinen kennt. Der Vater leidet an seiner Depression. Verstärkt wird dies durch den Tod des Mentors und Vorbilds Ludwig Uhland. Hermann verfaßt einen Nachruf, der am 23. November 1862 in „Gradaus" erscheint, nebst einem Gedicht auf den Verehrten von Marie. „Das theure Haupt mit den festen Zügen auch nur von Zeit zu Zeit wieder einmal zu sehen", so beginnt er den Artikel, „es war – mancher wird diese Erfahrung gemacht haben – eine Aufrichtung, eine Bürgschaft in der grenzenlosen Wüste der Gegenwart." Und Marie schreibt in ähnlicher Stimmung:

„Den treusten Kämpfer in dem heilgen Streit,
Den größten Dichter hat das Grab verschlungen,
An seiner Gruft klagt die verwaiste Zeit."

Die Wohnung, in der sie sich zunächst niederlassen, ist auch nicht geeignet, die Herzen froher zu stimmen. An Licht, Luft und Freiheit im Grünen gewohnt, können die Kinder sich mit dem Haus in der engen, dumpfen Gasse gar nicht anfreunden, neben der die Lauter verläuft, ein trüber, schmutziger Bach. Einen Winter überstehen sie in dieser Enge, im Frühjahr 1863 ziehen sie um in eine wunderschöne Gartenwohnung außerhalb des Städtchens an der Dettinger Straße, die auf die Teck führt. Die Kinder sind vor allem vom Garten begeistert. Hier wachsen wieder Blumen, und es gibt einen Bach, in dem man den ganzen Tag spielen kann. Die Lauter, von der Alb herkommend, ist hier außerhalb des Ortes noch klar und rein. Sie gehört gewissermaßen mit zum Garten, denn sie teilt ihn in zwei Hälften. Es gibt hier sogar einen eigenen Steg! Für die Kinder ist erst einmal gesorgt.

Projekt mit Heyse

Kleine Schritte führen heraus aus dem Tief. Die im Schillerjahr 1859 gegründete Schillerstiftung hilft heraus aus der ärgsten Not. Hermann Kurz kann wieder besser arbeiten und fühlt sich in der Landschaft am Rand der Schwäbischen Alb wohl. Jeden Sommer trifft er für ein paar Tage mit Heyse zusammen. Im April 1863 besucht er ihn in München und ist so begeistert, daß er sich samt Familie dort niederlassen will. Doch aus dem vielversprechenden Kalenderprojekt mit

Heyse wird nichts, „weil der Illustrator seine Arbeit nicht ablieferte, die glückverheißende Verbindung löste sich auf, und das ganze Unternehmen, an dem die Gestaltung unserer Zukunft hing, fiel ins Wasser.“ Die Familie wartet auf bessere Zeiten, wie der Vater scherzt, und bleibt „an unserer Polarstation vor Anker, bis etwa eine Wasserstraße frei und die Durchfahrt für irgendein Atlantis sichtbar würde“.

1863 ist das Jahr der Entscheidungen für Hermann Kurz. Inzwischen haben insgeheim die württembergischen Freunde ein Netz ausgeworfen. Sie finden eine annehmbare Stelle für ihn, die der Familie aus der Not helfen soll. Haben sie bemerkt, wie arg er heruntergekommen ist in den letzten Jahren? Sie drängen ihn zur Bewerbung um die freigewordene Stelle eines zweiten Unterbibliothekars der Universität Tübingen. Er ist zwar für die Rechnungen zuständig – aber ein fester Job, der immerhin mit Büchern zu tun hat, ist nicht zu verachten. Die Freunde, unter anderem Rudolf Kausler, ziehen die Fäden im Hintergrund. Die Folge ist, daß der liberale Kultminister der württembergischen Regierung, Ludwig von Golther, Fürsprache hält. Hermann Kurz erhält den Posten. Ende Oktober schickt er die Bewerbung los, Anfang Dezember tritt er die Stelle an. Ein Monatsgehalt von 900 Gulden verspricht, die Lage der Familie zum Besseren zu wenden.

Der Freund Ludwig Pfau macht ihm Mut:

„Auserwählt zum Bücherschreiben
Und verdammt zum Schriftverwalten,
Sollst den Einband du bekleiben,
Statt den Inhalt zu gestalten.
Freund, du mußt in Lettern kramen,
Doch von deinem kurzen Namen
Werden mehr als viere bleiben!“

7. KAPITEL

Wachsen und Werden

An den Brüsten der Weisheit

Wieder ein Umzug! Die Kinder sind glücklich über jeden Tag, an dem etwas Unvorhergesehenes geschieht. Der Vater ist schon abgereist und schafft erst einmal die Voraussetzungen. Eine Wohnung wird gemietet, Antrittsbesuche werden gemacht. Da kann man nicht auf die Mutter rechnen. Denn diese versagt auf so schlüpfrigem Parkett wie dem Tübinger. Hermann macht die Honneurs lieber selber, weil er weiß, wie schlecht seine Frau sich mit „normalen" Frauen versteht. Man muß sich vorsehen in Tübingen!

Isolde überliefert in ihrer eigenen Art und Weise die Atmosphäre in der alten Universitätsstadt jener Jahre. Ihre später niedergeschriebenen Aussagen sind geprägt von ihren Erfahrungen mit der Tübinger Umwelt, die der Universitätsstadt nicht zum Lobe gereichen. Während die Mutter sich „unmittelbar an die Brüste der Weisheit versetzt" fühlt, machen der Tochter die Umstellungen Probleme. Die unkonventionelle Marie Kurz hat hier wie anderswo denn auch keine Mühe, die Menschen für sich zu gewinnen. Mit ihrer Schlichtheit und Wärme bricht sie jeden versteckten Widerstand. Doch Isolde leidet mit den Jahren immer mehr am engen und dumpfen „Geist der Einwohnerschaft". Feindselig „gegen alles Neue und Ungewohnte" seien die Tübinger. Es herrschten Zustände wie auf dem Dorf „ohne die ländliche Harmlosigkeit".

Darf man denn in einer Universitätsstadt nicht hoffen, weltoffenen Größen des Geistes zu begegnen? Bitter, diese Worte Isoldes: „Aus der kleinen Stadt, die schon so viel Große beherbergt hatte, fielen Strahlen des Geistes weit über die Lande, aber dieses Licht war nur in der Ferne wahrnehmbar, im Innern blieb es stockfinster." Kleinstädtische Verhältnisse, wohin ihr Auge blickt. Die „akademischen Kreise" sind nicht nur „durch wissenschaftliche und politische Fehden vielfach gespalten". Das wird sofort auch persönlich und mißrät im Privaten. Der „gesellschaftliche Boden" erfordert „tausendfältige Rücksichten". Hat man das nicht vorher gewußt?

Tübinger Frauenwelt

In dasselbe Horn bläst Rosalie Braun-Artaria, die kurze Zeit vor der Familie Kurz in Tübingen lebt. Geboren 1840 in Mannheim als Tochter des Kunsthändlers Stephan Artaria, der mit drei älteren Brüdern einen berühmten Kunst- und Buchverlag betrieb, heiratet sie 1860 den Heidelberger Kunsthistoriker Dr. Julius Braun. Mit ihm zieht sie schließlich nach Tübingen, da er sich als Privatdozent Hoffnungen auf die freiwerdende Professur für Archäologie macht. Rosalie wird später noch eine große Rolle in Isoldes Leben spielen. Sie schildert ihre Erfahrungen in der Universitätsstadt: „Die Tübinger Geselligkeit mutete mich, die aus dem freien und heitern Heidelberger Leben herkam, im Anfang seltsam genug an: das allabendliche Wirtshaussitzen der Professoren, die unendlichen Kaffeeschlachten ihrer Frauen, bei Bergen von selbstgebackenen Kuchen und Torten. Der Bildungsstand der meisten von ihnen war ein sehr bescheidener; über das Hauswesen gingen ihre Interessen nicht hinaus, und alles, was nach freierer Lebensauffassung schmeckte, galt für ‚unsolid'. Ich hörte bei einem solchem Kaffee mit Erstaunen das von einer der ersten Professorenfrauen mit starkem Selbstgefühl betonte Wort: ‚Die schwäbische Hausfrau reist nicht!' und ergötzte mich im stillen an der mit großer Lebhaftigkeit geführten Debatte, ob es wohl ratsam sei, die neueingeführte Nähmaschine, von der man gehört hatte, gelegentlich in Stuttgart anzusehen. Bequem möchte es wohl sein, sich so die Arbeit zu erleichtern, aber doch eigentlich unsolid! Nur wenige von den Jüngeren wagten, der zweifelhaften Erfindung das Wort zu reden, sie machten aber keinen Eindruck, denn die Frau eines Extraordinarius oder gar Privatdozenten konnte gegen die Autorität einer ‚ordentlichen' Professorsgattin nicht aufkommen."

Wie schlüpfrig das Tübinger Parkett ist, erfährt die sorglose neue Mitbürgerin, als sie mit ihrer Hauswirtin, „diesem Musterbild einer schwäbischen Hausfrau", eine geplante Einladung zur „Revanche-Kaffeegesellschaft" bespricht. Rosalie möchte die Schriftstellerin Ottilie Wildermuth einladen, die in Tübingen lebt und eine der literarischen Berühmtheiten jener Zeit darstellt. „‚Das können Sie nicht', sagte Frau Laupp ernsthaft. ‚Warum nicht?' fragte ich erstaunt, ‚sie ist ja die einzige berühmte Frau hier.' ‚Ja, das schon, aber nur die Frau von einem Reallehrer, das geht nicht, daß Sie die mit den ersten Professorenfrauen einladen, die würden's Ihnen übelnehmen.' Die gute Frau Laupp befand sich dabei in mehrfachem Irrtum, denn nicht Reallehrer war Herr Wildermuth, sondern Gymnasialprofessor, auch stand das Ehepaar, wie aus dem Buch ‚Ottilie Wildermuths Leben' von A. Wildermuth hervorgeht, in nahen Freundschaftsbeziehungen zu einer ganzen Reihe von einheimischen Professorenfamilien, die sich alle der einfach-herzlichen Gastfreundschaft Frau Ottiliens erfreuten."

Kaltes Tübingen

Mit der Eisenbahn dürfen die Kinder fahren! Welch Ereignis! Der Vater holt die Familie am Tübinger Bahnhof ab. Nicht weit entfernt liegt die neue Wohnstätte, an der eiskalten Steinlach. Überraschung bei der Ankunft: Eine Jugendfreundin der Großmutter Brunnow hat die Speisekammer mit leckeren Sachen gefüllt. Da freuen sich die Kinder, die keine Kostverächter sind.

Zwei Jahre bleiben die Kurzens in diesem kalten und zugigen Haus an der Steinlach. Dann finden sie mitten in der Stadt auf dem Marktplatz eine neue Bleibe. Das spitzgiebelige alte Haus in der Kronengasse gehört einem Konditor, der im Erdgeschoß ein Café betreibt. Ist dies das Richtige für einen ruhesuchenden Poeten? Bald ist auch für Hermann eine Lösung gefunden, als das oberste Stockwerk mit seinen beiden Mansardenstübchen frei wird. Das eine wird mit Bett und Bücherregal zum Schlafzimmer, das andere Studierzimmer. Er arbeitet an seinem grünen Stehpult. Zur kargen Ausstattung gehört noch ein runder Tisch, auf dem sich die Bücher stapeln und ein Lehnstuhl, in dem er ruht.

Der kleine Prinz mausert sich

Im Kreis seiner Mitschüler sowohl in Kirchheim als auch in Tübingen sticht Edgars Intelligenz hervor. Seine hervorragende geistige Begabung paart sich mit seinem vornehmen Anstand. Er ist kein Streber, kein „Lernkopf", nicht einmal ein fleißiger Schüler, aber fast immer Klassenbester und erstaunt Lehrer und Mitschüler durch seine rasche Auffassungsgabe und Kombinationsfähigkeit. Die Dinge entstehen in ihm „von selbst" durch eine „glückliche Mischung von Phantasie und Verstand". Edgar steht mit beiden Beinen auf der Erde, ist willensstark und von seiner „inneren Lebensfülle" vorwärtsgetrieben.

Edgars Begabungen liegen einerseits im literarischen Familienerbe, in der Poesie und in den klassischen Sprachen. Darüber hinaus interessiert er sich für alles, was sich bewegt. Genau möchte er wissen, wie die Dinge funktionieren. Er begeistert sich für die Mechanik der Maschinen, die er gerne auseinandernimmt. Diese Begeisterung legt sich nicht mit dem Alter: Jede neue Erfindung, von der er liest, möchte er kennenlernen. Und später, als er ein eigenes Haus besitzt, legt er eigenhändig die ersten elektrischen Leitungen.

Es sind nicht nur die Erzeugnisse der Mechanik, die Edgar faszinieren. Wie sieht es im Inneren der lebendigen Kreatur aus? Er beobachtet das Leben der Tiere und bringt tote Vögel oder Katzen nach Hause, um sie zu sezieren – zum Entsetzen der Schwester. Eine klassische Szene: Als Isolde von einem Ausflug eine erfrorene Elster mitbringt, die sie „ehrlich begraben" möchte, tritt Josephine auf: Für Edgar ist das tote Tier, ist doch klar, oder? Der Junge bekommt Hackbrett und Vorlegmesser, die schon bessere Tage gesehen haben, und los geht's: Isolde, die Zuschauerin, windet sich vor Ekel. Die Elster wird „zersäbelt". Die „feinen, harten Knabenfinger" triefen vor Blut und holen Herz, Lunge und Leber heraus.

Edgar schaut sich alles genau an, während die Schwester sich, „vor Abscheu weinend“, „im hintersten Winkel der gemeinsamen Stube“ verkriecht: Sind diese blutigen Hände noch diejenigen des geliebten Bruders?

Edgar geht in Tübingen aufs Gymnasium und absolviert es im Frühjahr 1870. Er beginnt mit 17 Jahren sein Studium und ist zunächst immatrikuliert in der philosophischen Fakultät. Im zweiten Semester sattelt er um auf Medizin.

Ausgegrenzt

Nachdem die beiden Brüder Edgar und Alfred auf die Schule gehen, ist Isoldes Lerneifer abgeflaut. Dies liegt zum einen daran, daß es dem „poetischen Wettstreit“ mit Edgar nun am Dampf fehlt. Dieser ist nun in eine außerhäusliche Knabengemeinschaft integriert, was Isolde mit Neid betrachtet. Zum ersten Mal in ihrem Leben erfährt sie eine Zurücksetzung und muß sich als ausgeschlossen betrachten. Hinzu kommt, daß Edgar sich weigert, der Schwester seine auf der Schule gelernten Kenntnisse zu übermitteln. Er verliert das Interesse an der Schwester und steht nun auf eigenen Füßen.

Im Kreis der Geschwister wird vor allem Isolde das Inseldasein der Familie Kurz zum Problem, je älter sie wird, desto mehr. Sie fühlt sich von der Gesellschaft ausgeschlossen, zumal Bruder Edgar die familiären Schranken durchbrochen hat und wenigstens zur Schuljugend dazugehört.

Bittere Erfahrungen für das Mädchen sind die Maifeiern: In Kirchheim ist sie nur Zuschauerin an der Hand der Mutter, während die Brüder mitmarschieren. Die Enttäuschung lastet schwer auf ihr. So schreibt sie in einem Gedicht „Das Maienfest“, das erscheint, als sie über 50 Jahre alt und eine gefeierte Dichterin ist:

„Und jenen Mai vergaß ich nie,
Denn was ich auch Schönes errungen,
War keine Wiese so grün wie die,
Wo ich nicht gespielt und gesprungen.“

Verschärft wird die Situation dadurch, daß die Mutter den Kummer der Tochter überhaupt nicht verstehen kann. Isolde muß ihre Gefühle verbergen und mit sich selber abmachen. Sie möchte so gerne dazugehören: „Nur einmal unter den Schulkindern mitspielen zu dürfen, es hätte mich selig gemacht!"

Isolde bleibt von nun an auf sich gestellt. Die jüngeren Brüder können keinen Ersatz für den Verlust der Gemeinschaft mit dem älteren Bruder liefern. Isolde lernt, sich auf eigene Faust in der Welt der Bücher zurechtzufinden. Ihre „Lieblingsfächer" sind nicht in erster Linie im literarischen Bereich zu finden, sondern der „Rohstoff", aus dem die Literatur gestaltet wird, die „Mythen, Sagen, Mären der Völker". Hören wir da nicht Hermanns Lehrer Ludwig Uhland? Dazu zählt Isolde „Volkskunde, Volksgesang, Sprache, Sprachen mit ihrem unterirdisch verschlungenen Wurzelwerk: alles Geistige, was zeitlos und gleichsam vegetativ lebt". Sie treibt die Sprachen nicht nur, um sich mit ihrer Hilfe zu verständigen und ausländische Literatur zu genießen, sondern entdeckt ihre darunterliegenden Strukturen.

Freilich ist ihre Lektüre auch an die Eltern gebunden. Ohne Aufsicht und Leitung darf sie jedes Buch aus der elterlichen Bücherei verschlingen, verarbeiten, aufnehmen. Im Verhältnis zur Mädchenbildung Mitte des 19. Jahrhunderts erfährt Isolde eine überaus gute Ausbildung. Wie sich zeigen wird, kann sie diese auch rasch anwenden und beruflich verwerten.

Nach wie vor bleibt es im Ermessen der Familie, welche höhere Ausbildung den Töchtern zukommt. Im ärmeren Bildungsbürgertum spart man bei der Erziehung der Mädchen. Sie lernen lediglich die „häuslichen Arbeiten" und werden zu „unbezahlten Dienstboten" erzogen. Die Söhne dagegen dürfen studieren. Die wohlhabenden Bürgerstöchter werden „zur Schnellbleiche in irgendein französisch sprechendes Institut" (Isolde) geschickt. Doch der Geist der Erziehung bleibt sich gleich.

Isolde weiß sich schon in jungen Jahren von ihren Geschlechtsgenossinnen zu unterscheiden. Ihnen fühlt sie sich überlegen, mißt dieser Tatsache aber keine Bedeutung bei. Schlimmer für sie ist, daß sie im Vergleich mit den Brü-

Marie Kurz im Alter von 47 Jahren

dern, vor allem mit Edgar, so schlecht abschneidet. Dürfen diese nicht mehr lernen als sie? Ihre Ausbildung ist vernachlässigt! Wie aber kommt sie dazu, sich mit den Brüdern zu vergleichen, zu messen?

Isolde hat das Glück, von einer Mutter betreut zu werden, die eine überdurchschnittliche Bildung besitzt. Marie Kurz beherrscht nicht nur Fremdsprachen – Französisch, Italienisch und Englisch –, sondern auch noch Latein, was sehr ungewöhnlich ist für eine Frau in der Mitte des 19. Jahrhunderts. Sie kennt sich aus in Philosophie, Geschichte und vor allem in der Literatur. Ihre besondere Vorliebe gilt der griechischen Antike, die sie an ihre Kinder weitergibt. Isolde bemängelt im Rückblick, daß es der Mutter an Methodik und Systematik gefehlt habe. Dennoch hat sie ihr in der Zeit, die ihr von den häuslichen Geschäften bleibt, unglaublich viel vermitteln können. Der Mangel an Methodik hilft Isolde sogar bei der Aneignung der Sprachen, denn das reine Lernen, das „Wissen als Anhäufung von Tatsachen", liegt ihr nicht. Damit hat sie einen entschiedenen Vorteil gegenüber dem Unterricht in der Schule. Sie eignet sich gewissermaßen „organisch" Sprachen und anderes an. Die Mutter besitzt darüber hinaus noch das Talent, die Phantasie Isoldes zu reizen, so daß das Lernen nicht trocken, sondern höchst lebendig wird.

Isolde hat große Freude an lebenden Sprachen, Französisch und Italienisch, das die Mutter ihr „so nebenher" beibringt, „ich weiß selbst nicht wie". Der mütterliche Unterricht ist mehr „lebendige Anregung" als „eigentliche Übermittlung des Lehrstoffs". So kann Isolde größere Erfolge in Englisch und Französisch aufweisen als die Brüder, die im trockenen Schulunterricht schlechter lernen. „Dies war der einzige Punkt, auf dem meine so sehr erschwerte Ausbildung sich den Brüdern gegenüber im Vorteil befand," schreibt sie in ihren Jugenderinnerungen.

Man muß sich Isoldes Tübinger Schulstunde so vorstellen: Die Mode der Zeit erfordert gepflegtes Haar. So muß auch Isoldes mächtiger Blondschopf täglich in ansprechende Form gebracht werden. Dies besorgt die Mutter in den Morgenstunden. Während dieser Frisierprozedur hat Isolde die Aufgabe, der Mutter vorzulesen und zu übersetzen. Sie liest Briefe der Freundinnen vor, gewiß nicht jugendfreien Inhalts, sie übersetzt italienische und französische Dichtungen. Währenddessen striegelt die ungestüme Mutter die „Mähne" der Tochter. Mitunter schreit die Tochter auf, weil es wehtut – was den liebenden Vater hereintreibt, der die Mutter wegen ihres Ungestüms tadelt. Er bemüht sich, ihr zu zeigen, „wie man den Schopf mit der einen Hand fassen und mit der anderen schonend den Kamm durchziehen müsse". Vergebliche Liebesmühe angesichts dieses Temperaments!

Der Kampf ums Latein

Große Probleme, die allerdings nichts mit ihrer Sprachbegabung zu tun haben, bereitet Isolde die lateinische Sprache. Die Mutter bringt ihr die Anfänge bei und füttert sie mit „nahrhaften Bröcklein", die sie aus dem Abhören der Schulaufgaben der Söhne gewinnt. Doch dann stagniert der Unterricht. Isolde macht so skurrile Dinge wie eine Übersetzung von Uhlands Gedicht vom „Guten Kameraden" ins Lateinische. Die lateinische Grammatik beherrscht sie jedoch nur ungenügend. Als sie 14 Jahre alt ist, macht sie die Beschäftigung mit der lateinischen Sprache für ihr „Mißverhältnis zur Welt" verantwortlich. Ein junges Mädchen, das Latein lernt, gilt im damaligen Tübingen als Abnormität. In den Augen der Zeitgenossen – in einer Universitätsstadt! – hat sich die weibliche Bildung mit anderen, nützlicheren Dingen zu befassen als mit dem Erwerb einer humanistischen Bildung und der lateinischen Sprache. Die Gelehrsamkeit einer Frau, eines jungen Mädchens gar, ist im Tübingen der sechziger Jahre des 19. Jahrhunderts ein unverzeihlicher Makel. So klagt Isolde: „Das Latein war der Vampyr, der mir am Leben fraß! Die Römer hatten nur in der Welt herumgesiegt und Geschichte geschrieben, damit ich in Tübingen ein unglücklicher Mensch würde!"

Ein Freund des Bruders, Ernst Mohl, übernimmt auf Bitten der Mutter dann den Unterricht. Doch Isolde weigert sich und versteckt sich auf dem Speicher. Man findet sie, und unter Protest nimmt sie die Studien wieder auf. Am Ende siegt der verständige Lehrer – und das Latein. Ihr sehnlichster

Wunsch, griechisch zu lernen, geht 1874 in Erfüllung, als der Freund Ernst sie in diese Sprache einführt.

Glücksfälle und Zufälle zeichnen Isoldes Bildungsweg. So auch ihre Bekanntschaft mit der russischen Sprache. Sie lernt russisch von einer Dame aus Kiew, deren Söhne in Tübingen studieren und die ihre Langeweile damit erfolgreich bekämpft. Der Unterricht wird nach ihrer Abreise durch Studenten fortgesetzt. Ein reger Briefwechsel schließt sich an. Später kann Isolde ihre Sprachkenntnisse zum Gelderwerb nutzen. Sie schreibt: „So hatte eine ganze Reihe von Menschen, um die ich nicht das geringste Verdienst besaß, mir freiwillig ihre Zeit geopfert, um mir zur Kenntnis einer Sprache zu verhelfen, die ich zunächst nur zum Spiele trieb, die mir aber bald zugute kommen sollte, da ich mit Übersetzungen aus dem Russischen ein Neuland anbrechen konnte."

Hausarbeiten verboten

Ganz streng hält die Mutter Isolde von der „normalen" weiblichen Tätigkeit im Hauswesen fern. Isolde darf nicht kochen lernen, ja, nicht einmal zuschauen in der Küche. Ferngehalten wird sie auch von der Wäsche, die ihr als „Mysterium" erscheint. Sie findet jedoch Mittel und Wege, doch in Erfahrung zu bringen, was einmal im Monat in der Waschküche in Oberesslingen geschieht. Ihre Schilderung ist köstlich: „Besonders eine Heimlichkeit gab es im Hause, von der ich strenge ferngehalten wurde und die mit dem Reiz einer verborgenen Kulthandlung auf mich wirkte. In später Nachmitternachtsstunde kamen je und je unheimliche, nonnenhaft aussehende Weiber mit Laternen aus dem Dorfe [Oberesslingen] angerückt, um sich unter Josephines Leitung in der Waschküche zu versammeln. Es war das Mysterium der Monatswäsche, die nach uraltem Brauch, wovon Josephine nicht lassen wollte, in tiefer Stille der Nacht vor sich ging, denn am Tag wäre nach ihrer Überzeugung kein Segen bei dem Werke gewesen. In solchen Zeiten war der Morgenkaffee dünner als sonst, ein Seifengeruch ging durchs ganze Haus, und die Reissuppe, die es alsdann am Mittag gab (auch das gehörte zum Ritus), schmeckte gleichfalls nach Seife. Da mir trotz aller Bitten das Zusehen nie gestattet wurde, schlich ich mich einmal heimlich ein mit dem Schauer des Uneingeweihten, der sich zur Isisfeier drängt. Ich wohnte der heiligen Handlung des Laugebereitens bei, sah die Schicksalsfrauen reibend und spritzend am Waschtrog stehen, wo der Seifenschaum klatschte, und hörte, wie sie ihre Erfahrungen über die inneren Vorgänge in den Nachbarhäusern austauschten."

Auch andere „weibliche" Tätigkeiten gestattet die Mutter der Tochter nicht. Das von der Großmutter Brunnow geerbte textile Talent darf sie nicht entfalten. Das steht der geistigen Entwicklung im Wege! Außerdem verachtet die Mutter diese „weiblichen Handarbeiten" und nimmt in der ihr eigenen Opferhaltung diese niedrige Tätigkeit auf sich. Um keinen Preis darf die Tochter sticken oder nähen. Da ist sie aber an die Falsche geraten! So gibt es denn auch in diesem lebendigen, weltoffenen Haus Heimlichkeiten. Isolde „frönt" dieser „Vorliebe" – jedes Verbot schürt ihre Leidenschaft! – im versteckten Winkel. Sie näht sich Kleidung selbst und plündert die alten Truhen und Schränke nach irgendwelchen Erbstücken, die sie dazu verwenden kann. „Mit dem schlechtesten Gewissen von der Welt" flickt sie Alfreds zerrissene Hosen. Wenn die Mutter sie erwischt, wird die Näharbeit konfisziert und ersetzt durch – eine lateinische Grammatik!

Traumgesichte

Isoldes Kindheit und Jugend überschatten dunkle Ängste. Bilder und Karikaturen sind ihr lebendig und erregen ihre Furcht. Wenn es dämmert, vor dem Einschlafen, spielt ihre Phantasie mit dem Gesehenen die tollsten Streiche. Dies setzt sich in ihren Träumen fort, die oft genug zu Alpträumen werden. Zu früh macht sich die „Nachtseite des Lebens" in ihrer „Innenwelt" bemerkbar. Die „Mißgestalten des Struwwelpeters" plagen sie und vermehren sich in ihren Träumen. Das Kind läßt sich von Phantasiegestalten aus dem Gleichgewicht bringen, um ihren „Seelenfrieden". Ein ungeheurer Druck muß auf dem kleinen Mädchen gelegen haben, an dem sie während der Kindheit und Jugendzeit leidet, ohne sich jemand mitteilen zu können.

Angstträume und übergroße Vorstellungskraft quälen sie während ihrer ganzen Jugend. Und immer derselbe Traum: Isolde trägt die Schuld am Tod der „Liebsten und Nächsten" und weiß nicht, was sie getan hat, daß es so weit gekommen ist. Sie erwacht in Panik. Sind alle noch am Leben? Zum Glück hört sie, wie Josephine in der Küche hantiert und riecht mit Genuß den frisch gemahlenen Kaffee. „Gottlob, die Lieben lebten noch, es gab noch einen Morgenkaffee auf der Welt, und die sorgende Liebe wachte auch heute!"

Zur Angst vor den Träumen kommt hinzu, daß sie Wahrträume und Alpträume nicht unterscheiden kann. Denn mitunter mischen sich in die Träume Dinge, die später tatsächlich geschehen. Auch die Mutter besitzt diese Fähigkeit, Ereignisse im Traum vorauszusehen. Doch während Marie den Vorgang klar erlebt oder sieht, verhüllt sich bei Isolde alles „in ein mehr oder minder durchsichtiges Symbol". Erst am Morgen kann sie mit Mühe dann manchmal den Traum entschlüsseln.

So sehr hört das Kind auf die Geschichten, die Josephine und vor allem Tante Berta „an den langen Abenden mit raunender Stimme" erzählen, daß es alles für bare Münze nimmt. Gespenster? Hat sich das alte Esslinger Krokodil, das die zum Weinzapfen geschickten Mägde auffrißt, etwa in unserem Keller versteckt und sperrt seinen Rachen bald für Josephine auf? Isolde fürchtet sich vor fremdartig und finster aussehenden Menschen, die in den Geschichten der beiden Frauen vorkommen. Hat dieser Mann, der schielt, nicht einen grauenvollen Mord begangen? Isoldes Angst bezieht sich im Grunde genommen auf alles, was außerhalb des Hauses und Familienkreises liegt. Ist dies im Sinne der Mutter? Mit dieser Reaktion hat Marie nicht gerechnet, denn diese Ängste sind ihr fremd. Hat sie überhaupt eine Ahnung, wie sehr die Furcht das Töchterlein plagt? Isolde traut sich nicht allein vors Haus, geschweige denn zu einem Gang durch die Dorfgassen. Sie ist es nicht gewohnt.

Genauso wie die mißgebildeten Menschen schrecken die Gespenster. In einem aufgeklärten Haushalt? Gerade dort. Isolde, die über ihre Lektüre niemandem Rechenschaft ablegen muß, stöbert gerne in alten Büchern. Eines Tages fallen ihr im väterlichen Bücherregal mittelalterliche Werke „astrologischen und nekromantischen Inhalts" in die Hände. Diese tun ihre Wirkung, und zwar bei Nacht. Tagsüber spottet sie im Kreis ihrer Brüder über das Gespensterwesen. Doch in der Stunde der Dämmerung, an langen Winterabenden, spielt ihre überschäumende Phantasie eine Rolle, mit der sie nicht umgehen kann. Sobald das Licht gelöscht ist, „gehört die Welt den Dämonen". Hundert Arme suchen sie zu fassen aus diesen finsteren Ecken. Aus der Dämmerung wachsen „fürchterliche Dinge, die keinen Namen" haben. Die Gespenster kriechen aus den aufgehängten Kleidern, schlüpfen aus den Kelchen der Tapetenblumen, „die in geheimnisvollem Zusammenhang mit der Unterwelt" stehen. Das weiße Handtuch ist mit den Gespenstern im Bunde. Siehst du den weißlichen Schein, siehst du die vermummten Geister tanzen? Das Herz klopft rasend schnell vor Angst. Schnell, den Fuß unter die Bettdecke gezogen! Nur keinen Zentimeter Blöße freigeben! Isolde kringelt sich unter ihrer Decke zusammen. Da ist Sicherheit, da ist Ruhe. Und sie schläft erschöpft ein. Nun kommen die Träume. Die „Angstgedanken" werden wahr und „wirkliche Geschehnisse". Um keinen Preis möchte Isolde im Alter, als sie zurückblickt, noch einmal Kind sein, nicht „die Seligkeit meiner ersten Jugend" wieder erleben, wenn sie „all die Angst, das Schuldgefühl, die bösen Träume und was sonst die junge Seele bedrängte, wieder in Kauf nehmen müßte."

Steht dahinter die kindliche Angst vor dem Sterben? Den Tod bezieht sie nicht allein auf sich, sondern auch auf Brüder und Eltern. Diese Angst offenbart sich ihr, als sie vom Sterben noch gar nichts weiß. Schon damals fürchtet sie, durch rätselhaftes eigenes Verschulden ein Familienmitglied zu verlieren. Der Tod, der Mutter seit der Kindheit ein ständiger Begleiter, hat auch für Isolde seine Schrecken. Vermittelt durch die Ängste der Mutter vor dem Sterben, die sie auf die Tochter überträgt, denkt sie, jeder Tag könnte ihr letzter sein. Vor diesem Hintergrund werden nächtliche Ängste verständlich.

Hinzu kommt, daß die Mutter Isolde überfordert. Das Verhalten ihr gegenüber grenzt an seelische Grausamkeit.

Von Kindheit an steht die Tochter als Puffer zwischen den Eltern. Sie hat schon früh die Aufgabe des Ausgleichens innerhalb der Familie. Kein anderes Familienmitglied beherrscht sich so wie Isolde, muß sich so zusammennehmen und die Gefühle und Empfindungen unter Kontrolle halten. Früh wird sie die Vertraute der Mutter, ist Ansprechpartnerin ihrer Sorgen und Nöte. In diesem Zusammenhang spricht Isolde aber nur von der Angst vor dem Tod und ähnlichen Dingen, nicht von der materiellen Not der Familie oder den seelischen Problemen des Vaters. Hat Isolde auch davon gewußt und sie geteilt?

Am Vorabend ihres vierzigsten Geburtstags, der ihr „als die Schwelle zum Greisenalter" erscheint, schreibt die Mutter einen Abschiedsbrief an ihre Kinder. Da es schwierig ist, in dieser Familie etwas zu verbergen, bekommt Isolde dies mit. Sie liest „über ihre Schulter" den Anfang des Briefes und reagiert tief betroffen. Viel älter als 40 Jahre kann die Mutter nicht werden! Grausamer Tod, wann wirst du mir die Mutter nehmen? Ein Schatten liegt nun auf allen ihren Jugendfreuden. Mittelstück und Schluß des Briefes kann Isolde nicht lesen. Die Mutter bindet ihn mit einem schwarzen Faden und verbirgt ihn im Doppelboden ihrer Schatulle. Doch nicht sorgfältig! Das schwarze Fädchen hängt ein wenig heraus. Und jedes Mal, wenn Isolde dies sieht, läuft der Dreizehnjährigen ein Schauer über den Rücken. Wann wird die Mutter ins Unbekannte gehen?

Von klein auf vertraut mit den Ängsten der Mutter, macht Isolde nun einen entscheidenden Schritt. Verträgt sich die Furcht vor dem Sterben mit den so feurig verfochtenen politischen Ansichten? Ist da nicht ein Widerspruch zwischen Denken und Wollen, zwischen Fühlen und Handeln? Isolde löst sich „leise" von der Gedankenwelt der Mutter. „ So einfach waren die Dinge doch wohl nicht, daß es genügte, zu dieser oder jener Partei zu gehören, um ein Engel oder das gerade Gegenteil zu sein." Die Ansichten der Mutter stimmen doch nicht mit der Welt überein! Es gibt doch nicht nur Schwarz und Weiß, Gut und Böse! Isolde lernt die Welt kennen und nimmt diese Widersprüche mit steigendem Alter immer deutlicher wahr. Sie greifen „allmählich in alle Gebiete des Lebens über".

Isolde wehrt sich. Dies ist schwer bei dieser temperamentvollen Mutter. Selbst die behutsame Tochter kann nicht immer vorausberechnen, was geschieht, wenn sie widerspricht. Ein Mittel, das ihr immer aus der Patsche hilft, ist, die Mutter zum Lachen zu bringen. Im Zorn vollführt die Mutter einen „Kriegstanz", in dem sie sich blitzschnell um sich selber dreht und mit den Händen fuchtelt. Isolde neckt sie ob ihres Gehabes, die Mutter lacht, der Zorn ist verflogen. Bis zum nächsten Streit.

Machtkämpfe

Alfred besucht, wie sein älterer Bruder Edgar, in Kirchheim die Lateinschule und in Tübingen das Gymnasium. Seine schulischen Erfolge lassen jedoch zu wünschen übrig. Es ist die Rede von „Zerstreutheit", „geringer Lernlust", ja von einer minderen Begabung. Ist bei Alfred die Stärke statt in den Geist in den Körper gerutscht? Der sensible Vater wendet sich dem benachteiligten Sohn mit doppelter Zuwendung zu, „um ihm die vermeintliche Ungunst der Natur zu vergüten". Alfred hat es schwer, wird er doch immer „an den glänzenden Leistungen des älteren Bruders" gemessen. Und an der Begabung der älteren Schwester. Alfred wird zornig und wehrt sich auf dem ihm eigenen Gebiet: mit seiner Körperkraft.

Der Streit der Brüder Edgar und Alfred tobt viele Jahre. Edgar, verwöhnt seit seiner Geburt, beansprucht den ersten Rang innerhalb der Geschwister und das „Recht der Erstgeburt". Alfred, der wilde, macht ihm diese Vorherrschaft streitig. Der Bruderzwist des Elfjährigen und des Dreizehnjährigen, der so aussieht, als gründe er auf eine „tiefe innere Feindseligkeit", prägt das Familienleben. Alle Familienmitglieder, außer dem Vater, dem der Streit meist verheimlicht wird, werden hineingezogen und „bluten mit".

Die Auseinandersetzungen des „häuslichen Krieges" toben vor allem während des Mittagessens. Mutter und Isolde mischen sich ein und geraten unter die Räder. Die Mutter ist verzweifelt und sieht sich als Gestalt der attischen Tragödie: Iokaste, Mutter und Ehefrau des Ödipus, und die beiden Söhne als das „thebanische Brüderpaar" Polyneikes und Eteokles, die um die Herrschaft in Theben streiten und im Zweikampf sterben (Aischylos: Sieben gegen Theben). Wenn die „Kämpfer" das Zimmer verlassen haben und wieder zur Schule gehen, hat sie sich so hineingesteigert, daß sie hysterische Anfälle bekommt, die über eine Stunde andauern. Sie kann über den Tellerrand nicht hinausschauen und den Streit der Kinder nicht als das nehmen, was er ist: ein Kräftemessen von heranwachsenden, keinen Hemmungen unterliegenden Jungen. Hier fehlt die starke Hand des Vaters – meint Isolde. Weder sie noch Josephine ist in der Lage, der Mutter aus der Verzweiflung herauszuhelfen. Josephine teilt sogar „die Übertreibungen der Angst" und wiederholt „mit Grabesstimme": „O, es wird schrecklich enden!" Isolde, nicht minder phantasiebegabt, sieht das Drama des Brudermords schon vollendet. Und ist froh, wenn die beiden am Abend noch am Leben sind. Versöhnung der Brüder gibt es nur, wenn sie „gemeinsam gegen einen äußeren Feind" vorzugehen haben.

Alfreds Heftigkeit ist gefährlich. Für ihn gilt nur das Recht des Stärkeren. Zu bändigen ist er nicht, am allerwenigsten innerhalb der Familie. In der Schule ist er frech und tritt mit einer maßlosen Arroganz auf, die in keinem Verhältnis zu seinen Leistungen steht. Isolde umschreibt dies vornehm, Alfred habe sich für den Klassenbesten gehalten, weil er „an jedem Platz von sich aus zählte".

Isolde, der er sich unterlegen fühlt, hat viel unter ihm zu leiden. Er rempelt nicht nur die Schwester um, sondern auch die auf der Straße vorübergehenden Mädchen, wobei ihm sein dicker Kopf „als Sturmbock" dient. Sein „unbändiger Haß gegen alles Weibliche" richtet sich gegen Dienstboten und weibliche Besucher, die er mit grimmiger Freude ärgert. Alfred, der Schwester „geschworener Feind", zeigt „ein stetes Bedürfnis", sie „irgendwie zu peinigen". Im Kreis seiner Mitschüler, die seine Mädchenfeindschaft teilen, tut er, als habe er gar keine Schwester. Er beteiligt sich an einem Überfall der Schulbuben auf Isolde und schlägt munter mit drein. Allerdings plagen ihn hinterher Schuldgefühle, und er verhärtet sich noch mehr gegenüber der Schwester. Der „knabenhaft dumpfe Ingrimm gegen das verachtete Geschlecht" bleibt ihm noch viele Jahre. Selbst als Student hat er ihn noch nicht abgebaut und legt, um die Schwester zu ärgern, einen mit Wachs präparierten menschlichen Arm nachts auf ihr Kopfkissen.

Alfred ist alles Lernen zuwider. Zumal wenn die Schwester etwas damit zu tun hat. Eines Tages wird sie damit betraut, „dem Unbändigen die Anfangsgründe des Englischen" beizubringen. Wie geht es aus? Alfred mißfällt „der unregelmäßige Bau dieser Sprache auch gleich so gründlich", daß er nach wenigen Lektionen seine Kraft beweist: Die Grammatik fliegt „hart" an Isoldes Kopf vorüber durchs Fenster auf den Marktplatz. Damit ist die Sache aus der Welt, „zur beiderseitigen Erleichterung".

Sorgenkinder

Der vierte im Bunde ist Erwin, der sich aus dem Streit der älteren Brüder heraushält. Als Kind ist er friedfertig, bringt keine Ängste und keinen Streit ins Familienleben. Mit der Schule allerdings kommt Erwin nicht zurecht. Ihm liegt das Geistige, das Kopflastige, gar nicht. Poesie, Literatur? Damit hat er wenig im Sinn. Nicht mit dem mütterlichen Temperament ausgestattet und auch nicht mit der väterlichen Körperstärke, neigt er schon früh dem Künstlertum zu. Zeichnen, malen, gestalten! Das Gymnasium besucht er „mit Unlust" und ist in dieser Hinsicht das Sorgenkind der Familie.

Um das jüngste Familienmitglied Balde muß man sich freilich mehr Sorgen machen als um jeden anderen. Er erkrankt im Alter von fünf Jahren schwer an einem damals in Tübingen grassierenden Gelenkrheumatismus. Nach drei Wochen scheint die Krankheit vorbei, um jedes Jahr verstärkt wiederzukehren. Daraus entwickelt sich im Alter von zehn Jahren ein Herzfehler, mit Anfällen von Atemnot und Beklemmungen. Die Mutter, Isolde und schließlich auch Alfred teilen sich die Pflege und die Nachtwachen am Krankenbett. Medizinstudent Edgar betreut, in Zusammenarbeit mit dem Hausarzt, den kleinen Bruder.

Balde ist durch seine Krankheit ähnlich von der Gesellschaft ausgeschlossen wie Isolde als Mädchen. Er kann nur im Sommer das Gymnasium besuchen. Ansonsten ist er wie Isolde auf den mütterlichen Unterricht und auf das Selbststudium angewiesen. Er verträgt weder Aufregung noch Freude und bleibt in seiner Entwicklung weit hinter den anderen Kindern zurück. Besonders auffällig ist seine Sprachentwicklung. Lange behält er die Kindersprache bei und kann selbst als junger Mann nur langsam und unbeholfen sprechen. Er fällt so ganz aus dem „Kurzschen Rahmen".

Die mütterliche Sorge behütet ihn viele Jahre. Über Baldes Krankheit wird sogar der kranke Vater vernachlässigt, dessen Pflege Isolde obliegt. Balde ist jedoch kein Quälgeist, der über Gebühr Aufmerksamkeit beansprucht. Er ist dankbar über jede Anregung und kann sich, wenn es ihm besser geht, dann auch wieder selbst beschäftigen. Seine Liebe gilt den Tieren. Er darf allerlei Haustiere halten, Vögel, Hasen und Hunde. Er beobachtet sie genau, liest viel und erwirbt sich mit den Jahren ein beachtliches Wissen über Zoologie.

Fester Boden unter den Füßen?

Die 900 Gulden Gehalt reichen vorne und hinten nicht. Da sind noch alte Schulden, der doppelte Mietzins – für die Kirchheimer Wohnung muß wegen des plötzlichen Umzugs noch nachbezahlt werden. Acht Mäuler sind zu stopfen! Fünf Kinder brauchen etwas zum Anziehen! Die Buben müssen auf die Schule und später doch studieren! Linderung bringt die Weimarer Schillerstiftung mit einem Ehrensold, nachdem die Freunde sich dafür eingesetzt haben.

Jugendfreund Klüpfel, inzwischen Schwiegersohn Gustav Schwabs und ebenfalls in der Universitätsbibliothek beschäftigt, hilft Hermann über die anfänglichen Schwierigkeiten hinweg. Er schreibt seinem Kollegen, dem Germanisten Franz Pfeiffer: „Es ist ein hartes Jahr, das ich zurückzulegen im Begriffe bin, auch amtlich. Da habe ich nun zwar die ärgsten Berge abgetragen, aber es bleibt noch immer viel Schreiberei und Rechnerei. Zudem ist die Einrichtung des Bibliotheksverwaltungszimmers so, daß man nicht leicht etwas für sich tun kann, und die Nebenstunden zu Hauptstunden zu machen, das ist eine Kunst, die man lernen muß."

Jeden Morgen läuft er von der Wohnung in der Karlsstraße 13 am Bahnhof hinauf aufs Tübinger Schloß. Arbeitsbeginn ist um 9 Uhr. Er ist ein aufmerksamer Bibliothekar, hilfsbereit und „unermüdlich, wenn es galt, für andere einen schwierigen literarischen Nachweis zu liefern". Mittagspause von zwölf bis zwei: Zeit für eigene Arbeiten. Marie bringt ihm das Mittagessen hinauf, „etwas Fleischbrühe, Gerstenschleim oder dergleichen". Das ist schnell gegessen. Das Manuskript, an dem er gerade arbeitet, versteckt er unter seinen Rechnungen im Stehpult „wie ein Schüler die verpönte Allotria unter den Schulheften". Er genießt die stillen Mittagsstunden im großen Bibliothekssaal, wo er alleine ist in der Bücherwelt. Manchmal darf eins der Kinder mit der Mutter hinauf und wird vom Vater herumgeführt, darf die Bücherschätze anstaunen und die Gipsabgüsse der Antiken. Die Kinder sind aber gar nicht begeistert: „Allein das Trappistenschweigen, das uns in den weiten, hallenden Räumen auferlegt war, wirkte zu beklemmend, und wir blieben lieber draußen im Freien."

Dienstschluß ist um 16 Uhr. Dann steigt Hermann vom Schloß wieder herunter, bekommt in seinem Zimmer zu Hause eine warme Mahlzeit serviert und arbeitet noch bis Mitternacht an seinem Pult, „wobei er langsam eine halbe Flasche Wein und in späteren Jahren noch ein Glas Grog austrank". Immerhin kann er sich wieder Wein leisten! Wird er abhängig vom Alkohol?

Vielleicht ist es tatsächlich wahr, daß der Vater mehr von Isolde betreut wird als von der Mutter. Aus Isoldes Memoiren schwingen diese Hinweise mit. Versteht sie ihn nicht besser als die Mutter? Sie kann seinen Gedankengängen und inneren Gefühlen mit den Jahren eher folgen als Marie. Er ist zu verschlossen, hat sich zurückgezogen, von der Familie abgesondert in seinem Studierzimmer. Nur Isolde hat dort unbehindert Zutritt, auch wenn er nicht zu Hause ist. Was macht sie dort alleine? Sie „waltet" als „Hüterin des Tempelfriedens". In ihren Jugenderinnerungen schildert sie, warum:

„Schon in seinen frühen Ehejahren hatte er sich's ausbedungen, daß keine Hand in häuslicher Absicht sein Schreibpult berühre (er arbeitete immer stehend), bis seine Tochter heraufgewachsen sei. Sobald meine Größe es erlaubte, trat ich mein tägliches Amt an, das Pult zu säubern und die Studierlampe in Ordnung zu halten. Es war dies so ziemlich die einzige häusliche Verrichtung, zu der ich überhaupt zugelassen wurde. Die wenigen Male, die ich sie gedankenlos versäumte, blieben mir schwer auf der Seele, denn daß er beim Nachhausekommen schweigend und ohne ein Wort des Vorwurfs nach dem Petroleumkännchen griff, hinterließ mir einen viel tieferen Eindruck als es der schärfste Tadel vermocht hätte."

Bibliothekar, Dichter, Wissenschaftler

Hermann bleibt mit Arbeit überhäuft. Er kann es sich nicht leisten, eine angebotene Arbeit auszuschlagen. Er braucht das Geld und schindet sich. Es entstehen Übersetzungen aus dem Spanischen und Englischen, Studien zur deutschen und englischen Literatur (Gottfried von Straßburg, Shakespeare), Texte zu Zeichnungen. Der Dichter schweigt weitgehend, während der Essayist ein beachtliches Werk schafft. Isolde: „Die literarischen Ergebnisse dieser Jahre sind vorwiegend gelehrter Natur: Die kargen Mußestunden gestatteten der Phantasie keine freien Flüge mehr, während andererseits die Bibliothek seinen wissenschaftlichen Studien reiches Material und fortgesetzte Anregung bot."

Neue Studien über Grimmelshausen erscheinen in der Beilage der „Allgemeinen Zeitung" 1865. Als erster hat Hermann Kurz das Pseudonym gelüftet und den wahren Autor des „Simplizissimus" entdeckt – im Alter von 23 Jahren. Die neuerliche Veröffentlichung seiner inzwischen erweiterten Studien zu diesem Thema trägt ihm wissenschaftliche Ehren ein: Am 17. Januar 1866 erhält er die Ehrendoktorwürde der Universität Rostock, die einzige Auszeichnung seines Lebens. Eine kurze Beschreibung seiner bittersüßen Gefühle im Brief an Paul Heyse rund einen Monat später: „Aber es war eben auch ein feierlicher Augenblick, als Keller und Holland in Deputationshaltung eintraten und sich durch meinen unwillkürlichen Ausruf ‚Herr, vergib Ihnen' nicht einen Augenblick aus der Fassung bringen ließen."

Will er die politische Resignation überwinden oder hat ihm die Doktorwürde wieder einen emotionalen Schub verschafft? In einer Beilage zur „Allgemeinen Zeitung" im April 1866 faßt er seinen politischen Standpunkt noch einmal zusammen. Der Artikel „Hegemonie, Dualismus und Trias. Eine Begriffserörterung vor, in oder nach dem Sturme" erscheint anonym.

Die dichtende Mutter

Stürmisch scheint es in der Familie Kurz zuzugehen, was die politischen Angelegenheiten betrifft. Die leidenschaftliche Marie dichtet wieder einmal einen Helden an. In der Zeitschrift „Gradaus" erscheint im Mai 1866 ihr Gedicht auf den Bismarck-Attentäter Ferdinand Cohen-Blind, den sie in Tübingen persönlich kennengelernt hat. Inzwischen ist sie auch als Autorin hervorgetreten. Ihr Märchenbuch, an dem sie viele Jahre gearbeitet hat und dem einige Verleger ihr Interesse verweigerten, kann schließlich 1867 bei Schober in Stuttgart erscheinen. „Die Märchen haben bis jetzt nicht unter die Haube gebracht werden können, aber eine gute Anekdote haben sie geliefert", berichtete Hermann Freund Heyse schon im März 1860 aus Oberesslingen. „Ein Stuttgarter Verleger, dem ich sie durch eine geeignete dritte Hand anbieten ließ, warf einen Blick hinein, schrieb auf den Umschlag: ‚Heut zu Tage druckt man bloß Prosa und keine Poesie', und schickte das Manuskript gleich wieder zurück."

Literarischen Ehrgeiz kennt Marie Kurz nicht. Ihre Motivation zum Veröffentlichen ihrer Texte liegt auf einer anderen Ebene: Sie möchte „nur zum Erwerb ein kleines Scherflein beitragen". Wie steht der tonangebende Dichter des Hauses dazu? Die Märchen „seien um einen Ton zu hoch gegriffen", sagt der gestrenge Meister. Trotz seiner Zweifel unterstützt er seine Frau in ihren schriftstellerischen Bemühungen. Diese hat anfangs – und dies angesichts ihres sonstigen Selbstbewußtseins – Hemmungen, ihm das Geschriebene zu zeigen.

„Zu hoch gegriffen" kann man heute zu diesen Märchen nicht sagen. Es sind ganz reizende, allerliebste Gebilde, ein wenig kitschig wie die anderen Frauenmärchen jener Zeit von George Sand oder von Gisela und Bettine von Arnim, aber mit einem ganz eigenen, frischen Ton. Man hört deutlich die Pädagogin heraus, die mahnende Stimme der Erzieherin. Und, wie könnte es bei der „rothen Republikanerin" anders sein, auch die Demokratin. Märchen mit politischem Einschlag sind in jenen Jahren selten!

Isolde schließt sich der väterlichen Meinung an, die „Erzählungen in Versen" gelängen der Mutter besser, „weil ihr die metrische Sprache natürlicher und einfacher lag als der Prosaton". Man lebt halt doch in einem Dichterhause! Da stecken Mutter und Tochter die Köpfe zusammen und schmieden Verse. Die Neunjährige darf „in eine auf Island spielende Geschichte auch ein paar gereimte Zeilen hineinpfuschen". Schließlich wird das fertige Werk dem Vater vorgelegt, der zwei Verse als Kommentar hinzufügt:

„Und zappelnd und verzweifelnd eilen
zum letzten Zug die letzten Zeilen."

Und keiner ärgert sich! Im Gegenteil, Marie freut sich, wenn sie ihren Einsiedler wieder einmal zum Lachen gebracht und „einen Strahl seines alten Humors entlockt" hat. Einmal auf den Weg gebracht, läßt Marie sich nicht beirren. Sie schreibt eine Erzählung aus dem Dreißigjährigen Krieg, die ebenfalls gedruckt wird, heute aber nicht mehr aufzufinden ist. Das Urteil der Tochter: „Da die Verfasserin Menschen und Dinge wenig kannte, und mehr in der Idee als in der Anschauung lebte, blieben ihre Gestalten etwas abstrakt und farblos."

Die Kritik berührt Marie nicht, denn sie stimmt mit ihrer Selbsteinschätzung überein. Isolde meint, daß die Mutter die eigene Begabung weit unterschätzt. Das Dichten ist der Mutter ein inneres Bedürfnis seit vielen Jahrzehnten. Diese Gedichte entstehen aus innerer Not und dienen als Entlastung, zum Verarbeiten der Probleme des Alltags und des Sinnsuchens. „Poetische Erzeugnisse" sind sie in ihren Augen nicht. Der Vater urteilt der Tochter gegenüber über die dichterischen Versuche der Mutter: „Ihre Muse ist ein ganz hübsches Kind, aber sie hat zerrissene Strümpfe an.“ Im Hause Kurz, in dem es so viele zerrissene Strümpfe gibt, ein naheliegendes Bild.

Unter welchen Bedingungen schreibt Marie? In einem eigenen Arbeitszimmer wie der Gatte? In einem anderen abgesonderten Raum? Wo sie ihre Gedichte schreibt, wissen wir nicht. Es wird aber an derselben Stelle geschehen sein, an der sie ihre vielen hundert Briefe schreibt: „im Tohuwabohu der Kinderstube“, an einer Ecke des Tisches mit dem Schreibzeug ihrer Kinder. Ein Vielschreiber (und ein Kind) weiß, wie wichtig der richtige Schreibstift ist. Übers Papier muß er fliegen, gut in der Hand muß er liegen. Und es muß der eigene sein. Im Hause Kurz besitzen nur die Patriarchen das Privileg des Eigentums: der Vater und der älteste Sohn Edgar. Unter den übrigen Familienmitgliedern kursiert das Schreibzeug. Isolde, der eine eigene Schreibfeder verwehrt ist, mäkelt: „So oft ich mich mit Schreibgerät versorgte, immer verschwand es in der Schultasche der Brüder, die ihrerseits auch nicht besser gestellt waren, denn jegliches Ding ging von Hand zu Hand, und ein jeder suchte immerzu das seinige oder was er dafür hielt; mit Ausnahme des Erstgeborenen, dessen kleine Habe unantastbar war.“

Lärm, Geschrei, Unruhe stören die Mutter nicht. „Auch wenn andere währenddessen mit ihr sprachen, ließ sie sich nicht aus ihrem Gedankengang bringen.“ Eine bewundernswerte Fähigkeit zur Konzentration! Hat der Mangel an Ruhe aber nicht vielleicht einen Einfluß auf die Qualität des Geschriebenen? Darauf kommt es Marie nicht an. Beim Briefeschreiben gilt dasselbe wie beim Verseschmieden: Heraus muß es aus der Seele und hinauf auf das Papier!

8. KAPITEL

Außenseiter oder Avantgarde?

Mädchenfreud – Mädchenleid

Die ernsthafte Isolde leidet unter dem flotten Ton der Achtundvierziger, der Freunde der Eltern, die als Besucher ins Haus kommen. Sie nimmt ihre Ausdrücke, Redensarten und Verspottungen ernst – während diese sich über die Reaktionen des Kindes lustig machen. Keiner hilft ihr, weil keiner ihre Ernsthaftigkeit begreift. Auch die Spiele im Kreis der Geschwister, vor allem den Umgang mit der Welt des griechischen Mythos, nimmt sie „im Stillen" ernst.

Trotz enger Verbundenheit mit der Familie leidet Isolde an innerer Einsamkeit. Über ihre Probleme kann sie mit niemandem reden. Ihr Stolz hinderte sie daran, es mit Freunden zu tun. Aus Rücksicht kann sie sich dem Vater nicht anvertrauen, weil er ihr nicht helfen kann und sie ihm diese deprimierende Erkenntnis ersparen möchte. Die Mutter schließlich hätte sie nur ausgelacht.

Sie zieht sich in ihr „inneres Turmzimmer" zurück. Eine bewundernswerte Fähigkeit, die äußere Welt und alle anderen Menschen auszuschalten! Da erscheint die „lebendige Umwelt" weniger hart und grausam mit ihren „Widerwärtigkeiten". Im „unsichtbaren Turmzimmer" herrschen andere Gesetze, da leben die „Wundergestalten aus Mythe und Dichtung, mit denen ich meine Kindheit verlebt hatte und die mir immer naheblieben". Die irdischen „Widersacher" verschwinden, sobald sie an den Sagengestalten gemessen werden. Isolde ersteigt ihren Turm, zieht die Fallbrücke hinauf – und die Probleme bleiben draußen, werden ungeschehen gemacht, dem „Nichtvorhandensein" geweiht, daß sie sich bald nicht einmal an die Namen ihrer Peiniger erinnert.

Ein weiterer, wichtiger Besucher erscheint dann und wann

im Turmzimmer, der „unsichtbare Helfer, dessen Stimme seit den Kindertagen mit mir ging und den ich zeitlebens meinen ‚Andern' nannte". Er, der poetische, versteht ihr Leid, ihm kann sie in traurigen Versen klagen. So bleibt sie im Gleichgewicht, in gleicher Dynamik wie Mutter und Bruder Edgar. Nur nichts nach außen dringen lassen! Es käme einer Preisgabe gleich, die inneren Bewegungen jemandem mitzuteilen: „Ich hätte gar nicht gewußt, wie man es angreift, sein Gefühl zu äußern."

Ein zufälliger Blick in den Spiegel konfrontiert Isolde im Alter von sieben Jahren mit dem Ich. Sie nimmt sehr befremdet den „Bruder Leib" wahr, als zweiten, bisher unsichtbar gewesenen Teil ihres Ichs. Eitelkeit ist nicht ihre Sache! Zumal sie vor dem Kanapee hinaufhüpfen muß, um sich im dem darüber hängenden Spiegel zu betrachten! Der zweite bewußte Blick in den Spiegel im Alter von 12 Jahren fällt freundlicher aus. Nun ist das „blasse, geisterhafte Kindergesicht verschwunden", ihre Augen treten „nicht mehr als eine Gewalt für sich heraus", ihre Gesichtszüge werden runder, gefälliger, harmonischer, heiterer. Jetzt gefällt sie sich! Und hüpft gerne „vom Kanapee in die Höhe", ihre „allmähliche Verwandlung" „unpersönlich wie das Wachstum meines Rosen- oder Myrtenstöckchens" betrachtend. Ihr Körper fühlt sich gut an, wird ihr lieb und vertraut. Wesen und „Bruder Leib" werden eine Einheit, verwachsen zu „einem einzigen Ich".

Daß sie sich so positiv wahrnehmen kann, verleiht ihr eine unglaubliche Stärke, eine Unverletzlichkeit, die sich bald zu einem unstillbaren Lebens- und Erlebnishunger ausweitet. Im Alter von 16 Jahren bietet das eigene Leben Isolde keine Nahrung für ihre brennende Sehnsucht. Sie flüchtet sich wieder einmal „in Phantasie und Dichtung". Die Grenze zwischen „Wunsch und Wirklichkeit" verschwimmt.

Ihre Wünsche richten sich an die Welt der Griechen. Sind hier nicht die wahren Helden zu finden? Plutarch mit seinen Lebensbeschreibungen bietet Trost nach einer Ballnacht, „ein Wiedersehen mit alten Freunden". Sie geht, wie auch die Mutter, in die antike Welt, wie wenn sie in ein anderes Stockwerk tritt und verkehrt mit den Wesen des Mythos „wie mit Lebendigen".

Obwohl Isolde von der üblichen weiblichen Betätigung im Hauswesen abgehalten wird, verpflichtet sie die Mutter zum Kinderhüten. Die Sechsjährige muß den neugeborenen Bruder Balde betreuen, was ihr gar nicht gefällt. Plötzlich darf sie nicht mehr mit den Brüdern im Garten toben, sondern muß in der Stube sitzen und den Schlaf des Kindes bewachen. Sie mag ihn auch aus anderen Gründen nicht. Das aufgeweckte Mädchen schnappt nämlich allerhand aus den Gesprächen der Erwachsenen auf. So bleibt ihr nicht unbemerkt, daß die „bevorstehende Ankunft" des vierten Bruders „eine unliebsame Überraschung" ist. Wie soll sie ihm da ihre Zuneigung entgegenbringen, wenn er gar nicht erwünscht ist? Und jetzt sitzt sie lange Nachmittage an seinem Bettchen und hütet seinen Schlaf. Welch grausames Schicksal! Bald macht sie jedoch eine Entdeckung, die sie umstimmt. Sie sieht, wie eine Fliege in den offenen Mund des Säuglings kriecht und bemüht sich, diese wieder herauszuholen, ohne ihn zu wecken. Ihr wird „seine ganze Hilflosigkeit klar". Das zärtliche Band zwischen den Geschwistern ist nun geknüpft, Isolde klagt nicht länger über die verlorene Zeit, sondern beschäftigt sich gerne mit dem kleinen Bruder und hütet sorgsam seinen Schlaf.

Im Kreis der vier Brüder steht sie als einziges Mädchen auf verlorenem Posten. Gehaßt von Alfred, beherrscht von Edgar – nur Erwin tut sich nicht mit männlichem Gehabe hervor. Sogar der kleine Balde sagt: „Ein Mädle, pfui! Ich tät' mich schämen, wenn ich ein Mädle wär'." Das geht nicht ohne Auseinandersetzung, weil Isolde sich nach Kräften wehrt. Sich wegen ihres Geschlechts heruntermachen zu lassen? Da sind die Brüder an die Falsche geraten!

Im Grunde steht sie aber alleine. Die Mutter hat abermals kein Verständnis für das Leiden der Tochter. Sieht sie, daß die Tochter mit den Söhnen streitet, geht sie nicht der Ursache des Streites nach, sondern tadelt die Tochter: Sie habe als Mädchen die Pflicht, „durch Sanftmut die Gewalttätigkeit der Brüder" zu „entwaffnen". Das ist Isolde jedoch nicht möglich. Gibt die Schwester sich friedfertig, so schlagen die Brüder erst recht darein, und Isolde muß sich doppelt wehren.

Die Erlösung naht in Gestalt eines vierzehnjähriges Hausgastes, Lili, Tochter einer Freundin der Mutter aus Mainz. Lili soll in der Familie Kurz etwas lernen und verbringt einige Wochen und Monate im Jahr in Tübingen. Ohne ihr Zutun verhilft sie Isolde zu einem Wachstumsschub. Um Lili zu gefallen, läuft die zwölfjährige Isolde mit Siebenmeilenstiefeln ins Weibliche hinein, entwickelt einen Hang, sich schön zu machen, lernt tanzen und geht zu Bällen aus. Sie macht eine Entwicklung durch, die ihr eigentlich erst später zugestanden wäre, ist aber wegen ihrer Größe – sie spricht immer nur von ihrer Körpergröße – nicht anders als die anderen.

Lili, die Schöne, löst Isoldes Phantasiewelten auf und führt die Freundin in die „wirkliche Welt". Die Wundergestalten des Mythos versinken „vor dem Wunderbaren, was mich berührte, dem Leben". Mit einem Schlag wird Isolde vom Kind zur Dame, allein durch das Äußere. Denn die vornehme Lili gibt zu verstehen, daß sie sich mit der kurzberockten Freundin in der Öffentlichkeit nicht zeigen kann. Die Liebe zu Lili macht alles möglich. In gebotener Heimlichkeit schneidert sie sich einen langen Rock mit Schleppe. Die Brüder staunen und warten auf ein väterliches oder mütterliches Donnerwetter. Nichts dergleichen! Alles erlaubt! Oder gar nicht wahrgenommen? Der Vater sagt: „Laßt sie, je früher sie die Torheiten mitmacht, je eher wird sie damit fertig sein."

Andere Probleme warten auf Isolde. Es ist ihr klar, daß sie durch diese Maskerade eine Rolle spielt, der sie nicht gewachsen ist. Die Studentenaugen haben nämlich in ihr die Frau erspäht und setzen ihr mit Aufmerksamkeiten zu. Lili zuliebe nimmt sie auch dieses in Kauf, immer besorgt, einer der jungen Männer möge sie durchschauen, möge entdecken, daß sie „nach Leib und Seele noch ein Kind" ist. Lili soll sich ihretwegen nicht schämen müssen!

Jetzt befinden sich die Brüder im Nachteil. Ihnen bleibt nur der Blick durchs Schlüsselloch, wenn Isolde sich mit ihren beiden Freundinnen, Lili und der Spanierin Berta, im Zimmer einschließt, um mit dem mitgebrachten Fächer und Kastagnetten Fandango zu tanzen.

Wie sehr die Mutter Äußerlichkeiten wie die Kleidung verachtet, ist schon mehrfach berichtet. Von dieser Seite wird gebremst. Ein zweiter Hemmschuh ist die Finanzlage der Familie. Geld für Isoldes Putz? Diese Ausgabe ist vom „sparsamen Mütterlein“ nicht vorgesehen. Die Kleidung für die Buben näht die Mutter selbst.

„Mädchensachen“ unterliegen nicht nur ihrer Verachtung, sondern auch ihrer mangelnden Nähkunst. Welch Glück für Isolde! Von Zeit zu Zeit kommen nämlich Päckchen an, von zarter Freundinnenhand gepackt, „mit den schönsten Dingen für mich wie handgestickten russischen Hemden, goldverschnürten Tuchspenzerchen und anderen Prunkstücken“. Mit einem Jubelschrei packt Isolde aus. Und läuft herum „wie die Lilien auf dem Felde“.

Isolde wächst schnell aus den schönen Sachen heraus. Mit steigendem Alter werden die Abstände der Kleiderspenden größer. Isolde lernt in aller Heimlichkeit sticken und nähen. Das kostet am wenigsten! Seltene Freude, wenn sie sich einmal einen Hut kaufen darf. Mit dem „weißen Frühlingshütchen mit einem taubehangenen Vergißmeinnichtkranz“ fühlt sie sich als trüge sie „ein Eichendorffsches Frühlingslied auf dem Haupte“. Die Brüder lästern, die Mutter klagt, sie sei „völlig verdummt“ und habe nichts mehr im Kopf als „Backfischeitelkeiten“.

Ganz frei von weiblicher Eitelkeiten ist indes die Mutter auch nicht. Wenngleich von der Tochter immer betont wird, die Mutter kleide sich äußerst nachlässig, bleibt sie der herrschenden Mode verpflichtet: Auch sie trägt eine Krinoline. „Es sei mir gestattet“, schreibt Isolde in ihren Jugenderinnerungen, „auch dieser Freundin und Feindin meiner Kindheit einen kleinen Nachruf zu widmen. Wie wurde sie verhöhnt, verlästert, selbst von denen, die sie trugen, und doch konnte niemand sich ihrer Macht entziehen, denn der herrschende Kleiderschnitt erforderte diese Stütze. Auch Kinder waren genötigt, sie zu tragen. Das Auge hatte sich so an diese Mißform gewöhnt, daß, wer aus Charakterstärke ohne Krinoline ging, wie gerupft aussah. Sie bestand gewöhnlich in einem durch Bänder verbundenen Reifgestell aus vielen Stockwerken, das erst unterhalb des schlankbleibenden Beckens leise begann und sich in immer erweiterten Ringen allmählich zu gewaltigem Umfang ausdehnte. Die Vielgeschmähte war jedoch nicht ganz von Übel. Meine Mutter, sonst gleichgültig gegen die Mode, hatte eine Vorliebe für diese Tracht, weil das leichte Gestell den Körper im Sommer hübsch kühl hielt, jedem Wind erlaubte, ihn zu fächeln, und die Schnelligkeit ihrer Bewegungen nicht beeinträchtigte. Wenn man aber damit über Zäune sprang und von Balken fiel, so zerbrachen die Reifen, und es gab alsdann häßlich vorstechende Ecken, was bei mir fast täglich vorkam. Diese auszubessern erforderte eine gewandte Hand und viel Geduld, denn es genügte nicht, die zerbrochenen Reifenden übereinander zu befestigen, man mußte der Symmetrie halber das ganze Gestell durchgehends verengen, ein Geschäft, in dem ich große Übung gewann, denn ich betreute nicht nur meine, sondern auch Mamas Krinoline mit wachsamen Augen. Lili zerbrach die ihrige nicht mehr, sie verstand die Kunst – denn es war eine solche – , sich immer schicklich und anmutig darin zu bewegen und sie beim Sitzen elegant mit zwei Fingern niederzuhalten."

Vielleicht ist es ganz amüsant, sich eine Isolde Kurz im Ballstaat vorzustellen. Da laufen nämlich die Nachbarn zusammen, um „das Wunder anzustaunen". Lilis Mutter aus Mainz schickt die Kleidung. Sowas ist in Tübingen natürlich nicht zu haben: „ein rosa Tarlatankleid von solch hauchartiger Leichtigkeit, daß erst sechs Spinnwebröcke übereinander den gewünschten Farbton ergaben, der davon die durchsichtigste Zartigkeit erhielt; dazu ein voller Rosenkranz für die Haare". Tarlatan ist ein aus feinem Baumwollgarn locker gewobener Stoff, der unbedingt mit Appretur steif gehalten werden muß. Ein anderes Ballkleid besteht „aus weißen Tarlatanwolken mit schmalem grünem Atlasband durchzogen nebst einem Schilfzweig und Wasserrosen". Sieht man sie nicht tanzen, die anmutige Isolde, auf Feenfüßen durch die Ballsäle schweben und jungen Männern zu Dutzenden den Kopf verdrehen?

Isoldes mächtiger Blondschopf, während der Kindheit in armdicken Flechten gebändigt und als Zöpfe mehrfach um den Kopf geschlungen, wird von der Freundin Lili „zu modischen Phantasiegebäuden" angeordnet. Das ist eine Arbeit: Da werden „gesteckte Locken", „von ährenartig geflochtenen sogenannten Kornzöpfen umrahmt" auf Isoldes Scheitel aufgetürmt; das Haar in „griechische Knoten" gewunden und in eine „steife Turmfrisur" gebannt, von der rechts und links „die modischen Schmachtlocken" herabhängen.

Lassen wir Isolde erzählen, wie die beiden aufgeputzten Mädchen auf die Einwohner Tübingens wirken. Lili bringt eines Tages als Gastgeschenk für Isolde einen „allerliebsten weißen Tarlatanhut mit schwarzen Samtbändchen" mit, wie sie selbst einen trägt. „Dergleichen war aber in Tübingen noch nicht gesehen worden, und das Hütchen erweckte auf meinem Kopf wieder einen sittlichen Unwillen. Als wir nun eines Tages mit unseren Tarlatanhüten und den schwesterlich gleichen grün und weiß gestreiften Waschkleidchen zusammen ausgingen und uns dabei sehr niedlich vorkamen, brach eine Rotte Schuljungen, die eben den Schulberg herabkamen, heulend und Steine werfend auf uns ein, daß wir die Pfleggasse hinauf uns in einen Bäckerladen flüchteten, der schnell geschlossen werden mußte. Die Gassenjugend bombardierte die Tür mit wütenden Steinwürfen, und wir wurden wohl eine Viertelstunde lang von der wohlwollenden Bäckersfrau in den hintersten Räumen versteckt gehalten, ehe wir uns wieder hinaustrauen durften. Von da an gingen wir nur noch unter männlichem Schutz in unseren Tarlatanhütchen aus, bis die Töchter Philistäas anfingen, sie nachzumachen und die Mode sich verbreitete."

Der Krieg

Was bei Isolde als kindliches Gefühl beginnt, weitet sich mit den Jahren zu einer Grundhaltung aus. Die Familie lebt nicht mehr auf dem Dorf, sondern in einer Universitätsstadt. Dies bedeutet eine große Umstellung. Das Treiben der Familie wird in einer Kleinstadt wie Tübingen eher beachtet als auf dem Dorf, in dem die Mutter aufgewachsen ist und in dem von daher alte Bindungen bestehen. Die Familie Kurz unterliegt viel mehr der sozialen Kontrolle. Dies bekommt vor allem die Tochter zu spüren. Oder ist sie besonders sensibel in dieser Richtung? Anfeindungen begegnet die Mutter mit einem Lachen, Isolde aber leidet. Und kann sich darüber niemandem anvertrauen, am allerwenigsten der Mutter, die sie auslacht. Vorurteile und öffentliche Meinung stören die Mutter nicht in der Verfolgung ihrer Ziele. Isolde aber fragt danach.

Der Vater geht seiner Arbeit als Bibliothekar und Autor nach und erfüllt darüber hinaus seine gesellschaftlichen Pflichten. So besucht er jeden Donnerstagabend in der Tübinger „Post" einen geselligen Professorenkreis. Die Mutter ist eine Ausnahmeerscheinung unter der Frauenwelt. Hier in Tübingen im Kreis der Professorengattinnen kommt dies erst recht zum Ausdruck. Von vornherein ist klar, daß sie sich nicht in die erwartete Frauenrolle fügt: Sie macht keine Antrittsbesuche (dies erledigt der Gatte), hat keinen Umgang mit anderen Frauen, ist nicht gut gekleidet, hat eine unübliche „ultraradikale" Gesinnung, mit der sie nicht hinter dem Berg hält und eine „aristokratische Empfindungsweise", die sich von der bürgerlicher Professorengattinnen unterscheidet. Und dennoch: Marie Kurz schafft es in kurzer Zeit, sich ein Ansehen zu schaffen. Dies liegt an ihrer „tatkräftigen Güte". Obwohl die Familie selbst nicht viel hat, unterstützt sie Arme und Bedürftige.

Die Kinder erregen enormen Anstoß durch ihr Sein und Treiben und werden auf der Straße als „Heidenkinder" beschimpft. Die streitbaren Brüder werden aus diesem Grund in Schlägereien verwickelt, gehen aber daraus als die Stärkeren hervor. Isolde hat das schlechtere Los: Ihr werden auf der Straße Schimpfworte nachgerufen, sie wird mit Steinen beworfen. Der „zwölfjährige Krieg Philistäas gegen ein kleines Mädchen" beginnt. Und wieder einmal steht Isolde allein. Mutter würde schimpfen, schlimmer noch, sie würde lachen, wenn sie von den Schmerzen der Tochter erführe. Isolde darf nicht schwach sein. Soll sie sich doch nicht drum kümmern, was die Leute sagen! Das war Maries Jugendweg, warum sollte die Tochter dies nicht durchstehen? Das Kind soll anders sein als die anderen, muß anders sein! Das ist ihr Weg, das ist ihr Schicksal. Und der maßlose

Ehrgeiz der Mutter. Isolde muß sich fügen, mit blutendem Herzen.

Die Verachtung der Gesellschaft trifft das schwächste Glied der Familie. Unangreifbar sind die Eltern, die Brüder. Gegen das Mädchen geht es mit aller Kraft. Weil es nicht der Norm entspricht? Isolde meint eher, es sollten die Lebensanschauungen der Eltern getroffen werden, die als Linke und Achtundvierziger gesellschaftlich nicht anerkannt sind. Geächtet und verfolgt in der Reaktionszeit, halten die beiden ehemaligen Revolutionäre aber an ihren Anschauungen fest, die radikale Mutter und der liberale Vater. Ihre gesellschaftliche Stellung in Tübingen bewahrt sie vor Ausgrenzung. Die Brüder schlagen sich unter ihren Kameraden wacker. Nur die Tochter, der schwächste Punkt, ist stetes Ziel der Angriffe und des Getuschels. Sie kann sich nicht wehren. In der Tochter sollen die Eltern mit bestraft werden, so empfindet es Isolde.

Warum ist ein elfjähriges Mädchen so wichtig? Warum taugt sie so sehr als Zielscheibe des Hasses? Für die „dumpfen Gôgenköpfe der ‚unteren' Stadt und für die engen kleinbürgerlichen der ‚oberen' Stadt" gilt das Kind als „Erfindung des Satans", als „heidnische Verlockung" als „Gefahr für das Gemeinwesen". Kann man so weit gehen wie Isolde, zu sagen: „Es ist gar nicht ausgeschlossen, daß dieses Heiden- oder Hexenkind im Fall einer öffentlichen Kalamität – sei es ein Mißwachs oder ein Viehsterben – abergläubischer Pöbelwut hätte zum Opfer fallen können"?

Die Feindschaft gilt nicht ihrer Individualität, ihrer Persönlichkeit, sondern der Tatsache, daß sie ein Kind von Marie und Hermann Kurz ist, „das leibhaft gewordene Symbol" dieser Verbindung. „Und Symbole zerschlägt man, wenn, was sie ausdrücken, unschädlich gemacht werden soll."

Das moderne Mädchen

Worauf bezieht sich Isoldes Anderssein? Da ist zum einen ihre ungewöhnliche Bildung, die sie von anderen Mädchen unterscheidet. Sie kommt mit ihren Altersgenossinnen jetzt gar nicht mehr zurecht, ist sie unter ihnen doch der gelehrte

Sonderling, den sie ausfragen können und der Gedichte aufsagen muß. In der Familie Kurz wird nicht, wie sonst üblich, die weibliche Geisteswelt unterdrückt. Stempelt sie das zum Außenseiter? Eine Frau gilt nichts im 19. Jahrhundert, eine gebildete Frau erfährt Verachtung. Wie muß man da erst ein gelehrtes Mädchen schmähen! Ein schlechtes und trauriges Zeugnis stellt Isolde den damaligen Zeitgenossen aus: „Kaum dürfte je die Frau in Deutschland niedriger gestanden haben als im letzten Drittel des vorigen Jahrhunderts, in das meine Jugend fiel. Daß es eine Bettina, eine Karoline Schlegel, eine Günderode gegeben hat, Frauen, von denen ihre Zeit, die ja auch die Zeit Goethes war, die Färbung mit empfing, das wirkte nicht mehr nach, es lag als bloßer Wissensstoff eingesargt in der Literaturgeschichte."

Sollte es da in einer Universitätsstadt, in der man freiere Geister vermutet, nicht besser stehen um den Ruf der gebildeten Frau? Im Gegenteil. Doch es gibt in Tübingen auch andere junge Mädchen, die wie Isolde Latein und andere Sprachen betreiben und nicht geschmäht werden. Das allein kann es also nicht sein.

Der zweite Faktor ist Isoldes äußere Erscheinung, die sich aus dem Kreis der Tübinger Mädchen heraushebt. Sie liebt das Edle, Besondere, geht gerne elegant gekleidet und entwickelt, natürlich auch bedingt durch ihre Erziehung und Orientierung an der griechischen Antike, eine ganz eigene, ungewöhnliche Ästhetik. Isolde legt Wert auf ihr Äußeres und schneidert sich ihre Kleidung meist aus Geldmangel selbst. Freundinnen der Familie helfen aus mit der Eleganz und schicken beispielsweise Ballkleidung, in der Isolde wie eine Erscheinung von einem fremden Planeten wirkt. In den Augen der Kleinbürger gehört es sich nicht, durch besondere Kleidung aufzufallen. Man legt keinen Wert auf Schönheit; dezent muß man daherkommen. Wer sich nicht an diese eiserne Regel hält, wird ausgegrenzt. Und ist ein Ärgernis, weil die Augen der männlichen Jugend auf die bunte, elegante Schönheit eher fallen als auf blasse und unscheinbare Mädchen.

Die Konkurrenz unter den Frauen ist groß. Schnell muß die erwachsene Tochter unter die Haube kommen. Älter als zwanzig ist sie doch schon eine alte Jungfer. Wer will die dann noch haben? Vordringlichste Aufgabe eines jungen Mädchens ist, einen „künftigen Ernährer" aufzutun, der für sie sorgt, dem sie „mit ihrem ganzen Sein" zu dienen die Pflicht hat, „nach dem sie sich bis zur völligen Aufgabe ihres eigenen gottgeschaffenen Selbst zu modeln hat". Isoldes kritische Wahrnehmung trifft ins Schwarze: „Der scharfe Wettbewerb auf dem Heiratsmarkt" lähme „jedes höhere Streben" und verderbe „den weiblichen Charakter". Ist „der Wettlauf unter Zurückdrängung der Mitbewerberinnen gewonnen", kommt die nächste Runde: Er beginnt „bald aufs neue und fast noch schärfer um die Zukunft der heranwachsenden Töchter". Kein Wunder, daß das Verhältnis der Frauen untereinander von Neid und Mißgunst geprägt ist. Frauenfreundschaften sind selten. Isolde geht aufs Ganze: „So blieb nicht nur der Geist der Frau völlig unentwickelt und in einen umlaufenden Kreis von Kleinigkeiten gebannt, ohne Aussicht auf das Große und Ganze, auch ihr Seelenleben war entwürdigt und entadelt."

Verschärft wird der Konkurrenzdruck in der kleinen Universitätsstadt Tübingen. Man könnte meinen, hier herrsche an jungen Männern mit aussichtsreicher Zukunft kein Mangel. Dies nicht, kommen doch auf die tausend Studenten „wenige Dutzend junger Mädchen". Unter diesen gibt es aber wenige „Auserwählte", die „Tübinger Prinzessinnen". Auf sie konzentriert sich die Aufmerksamkeit der Studenten, alle in der kleinen Stadt zusammengesperrten Jugendgefühle. „Wie junge Göttinnen" werden sie behandelt, mit Blumensendungen überschüttet, mit Ständchen („Serenaden") überrascht, in Vers und Prosa besungen. Versteht es sich von selbst, daß Isolde zu den „Auserwählten" gehört? Ihr Kommentar: „Es brauchte entweder einen sehr festen oder einen ganz alltäglichen Kopf, um nicht ein wenig aus dem Gleichgewicht zu kommen, oder Brüder, die durch ihre Spottlust die Eitelkeit niederhielten."

Der dritte Faktor ist Isoldes Beweglichkeit. Sie ist im Kreis der Brüder aufgewachsen und teilt deren wilde Spiele. Sie springt über Gräben und Zäune, holt sich wie die Brüder Schrammen und Wunden. Ihrem Bewegungsdrang werden keine Fesseln auferlegt. Sie darf reiten lernen und sitzt bald wie eine Amazone im Sattel, macht mit Bruder Edgar und dessen Freunden weite Ausritte in die Umgebung und genießt dies alles. Auch der Vater liebte während seiner Stiftszeit das Reiten, das den Stiftszöglingen allerdings verboten war! Und die Mutter vertraut ihrer Tochter voll und ganz. Sie hat bei gemeinsamen Ausritten von Sohn und Tochter Angst um Edgar – nicht um Isolde!

Aus dem Gefühl, von der Gesellschaft ausgeschlossen zu sein, entwickelt sich mit den Jahren Trotz und Stolz. Isolde hält den Anfeindungen stand und fühlt sich schließlich als Avantgarde. Sie selbst und ihre Familie seien ihrer Zeit „um zwei Geschlechter voraus". Lassen die Eltern sie nicht aufwachsen „wie ein junges Mädchen des damals noch ungeborenen 20. Jahrhunderts"? Dabei greift sie auf eine Bemerkung Goethes in „Dichtung und Wahrheit" zurück, daß das ganze Leben eines Menschen – auch das eigene – von dem Jahrzehnt seiner Geburt abhänge. Das Leben hätte einen anderen Verlauf genommen, wenn der Dichter zehn Jahre später auf die Welt gekommen wäre. „Wieviel mehr gilt das von einem Frauenleben! Zehn Jahre später, und ich hätte meinen Weg schon nicht mehr so ungangbar gefunden, mein Erscheinen wäre nicht so unbegreiflich fremdartig gewesen und so erbittert bekämpft worden, wie es auf dem Riß zwischen zwei Zeitaltern, einem, das langsam sich zum Ausklingen anschickte, und dem von mir unbewußt vorausgenommenen neuen, der Fall war." Ähnlich hat sich auch der Vater schon vor Jahrzehnten geäußert: „Ich bin zwischen die Zeiten gefallen."

Allmählich erkennt Isolde, daß die Heimat ihr zu eng wird. Der Vater kann das nicht verstehen, gilt ihm doch die Heimat über alles. Die Mutter, eher international gesinnt, begreift ebensowenig Isoldes „beständiges Verlangen nach edler Form". Die Mutter genießt „zwar den Anblick schöner Menschen aufs innigste", doch sie leidet nicht wie Isolde unter dem Anblick der „Formlosigkeit". Niemand versteht die Suchende und ihre Sehnsucht nach der schönen Form. An Hölderlins Grab klagt sie dem toten Dichter ihr Leid. In ihrer Liebe zu den Griechen fühlt sie sich bei ihm gut aufgehoben.

Im Dunstkreis der Sozialisten

Als Kinder sind die Brüder in Tübingen zunächst ebenfalls Außenseiter. Sie sind jedoch durch ihren schulischen Werdegang mehr in die Gesellschaft integriert. Auf der anderen Seite haben sie mit ihrem Außenseiterstatus keine Probleme. Ihnen schafft „das im ganzen wenig Not". Sie schlagen zu, wenn sie beleidigt werden und erzwingen sich mit Gewalt ihren Frieden. Die Brüder suchen sich Freunde, erleben Kontakte außerhalb der Familie über Schule und Studium hinaus. Es ist vor allem der ältere Edgar, der das Studentenleben in vollen Zügen genießt. Die „studentische Freiheit" gibt ihm die Möglichkeit, zu „leben, erleben, sich ausleben".

Und er treibt es arg. Tagsüber ist er der gewissenhafte Student, am Abend beginnt die Sause, die halbe Nacht hindurch. In der „Studentenkneipe" tollt er, „zecht", singt und improvisiert Verse. Die ängstliche Mutter wartet bang, bis er endlich nach Hause kommt und empfängt ihn mit Vorwürfen. Läßt er sich das bieten? Er dreht um und geht wieder in die Nacht hinaus. Oder er nimmt sein Waldhorn, „um sich mit einem frischen Lied den Unmut von der Seele zu blasen", ohne Rücksicht auf die schlafende Stadt. Oft hat er Glück und begegnet bei seiner späten Heimkehr dem Vater. Dieser nimmt ihn „ganz still mit sich hinauf in seine Mansarde", teilt mit dem Sohn „sein letztes Restchen Wein aus der Flasche" und amüsiert sich über Edgars Studentenstreiche, „dabei mit Heiterkeit der eigenen Jugend gedenkend".

Im Hause Kurz trifft sich die Jugend. Die Söhne der befreundeten Familien, die in Tübingen studieren, bilden einen Freundeskreis: Eugen Stockmayer, Karl Mayer (Isolde schreibt: „Der Enkel des Dichters" und meint den Sohn des väterlichen Mitstreiters während des Völkerfrühlings Karl Mayer), Friedrich Strauß (Sohn des Philosophen), Robert Vischer (Sohn des Dichters) und der Freund des Bruders, der Pfarrerssohn aus Hildrizhausen, Ernst Mohl. Man treibt „Gesellschaftsspiele, bei denen Scharfsinn, Witz und Geistesschnelle geübt werden mußten. Auch Rätselraten war eine beliebte Unterhaltung". Ernst und Edgar dichten Spottverse auf die Anwesenden, einschließlich der Mutter, parodieren bekannte Dichtungen. Man diskutiert die neueste Literatur, es gibt „ernste Wortgefechte literarischer und anderer Art", die den Schriftsteller dann doch herablocken: „Mein Vater kam ab und zu von seinem Arbeitsstübchen im Giebelstock herunter und warf ein paar Worte ins Gespräch. Mama saß am liebsten auf einem Schemel, ganz in sich zusammengerollt wie ein kleines Bündelchen, aus dem die Augen mit einem fast unmöglichen diamantenartigen Glanze strahlten."

Träume von einer besseren Welt

Edgar hat viel von der Mutter geerbt. Das „bewegliche Blut", die „Unabhängigkeit im Denken und Handeln", das „Absonderliche" und die „Originalität". Im Gegensatz zu Isolde schlägt bei ihm die mütterliche Erziehung zum politischen Engagement voll an. Als Suchender – wie seine Mutter – befriedigen ihn weder sein Studium noch seine Ausschweifungen. Schließlich entdeckt er seine Neigung zur Politik.

Ein namhafter Sozialist aus Frankreich, Edouard Vaillant, promovierter Mediziner, will sein medizinisches Wissen in Tübingen vertiefen (1867). Eine Empfehlung von Ludwig Pfau verschafft ihm Zutritt zum Hause Kurz, wo er sich schnell die Freundschaft der Mutter erwirbt. Der siebenundzwanzigjährige Franzose gehört zu den Anhängern des Kommunisten Louis Auguste Blanquis, ist einer der Mitbegründer der Ersten Internationale (1864) und wird nach diesem schwäbischen Intermezzo 1871 Minister der Pariser Kommune. Mit seinem Freund, Studien- und Gesinnungsgenossen Artur Mülberger frequentiert er das gastliche Haus der Familie Kurz. 1869 kommt er zum zweitenmal nach Tübingen. Er versteht es, den geselligen Freundeskreis zum sozialistischen Studentenzirkel umzumodeln. Isolde berichtet: „In dem kleinen Tübinger Kreise wurden jetzt an Stelle der bisherigen humanistischen Fragen mit Leidenschaft die Schriften von Proudhon, Marx, Lasalle und Bebel erörtert."

Mit von der Partie sind die Mutter und Isolde, deren Abneigung gegen Politik wächst. Isolde wird immer frecher. Sie schildert in ihren Jugenderinnerungen eine typische Szene: „Als es einmal bei einer solchen Sitzung ganz besonders jakobinisch zuging, fragte ich: ‚Werden in dem neuen Sozialstaat auch Frauen hingerichtet, wenn sie anderer Meinung sind?‘ Worauf die deutsche Jugend einstimmig antwortete: ‚Die Frauen werden stets verehrt, sie mögen denken, wie sie wollen.‘ Vaillant dagegen erklärte mit unerschütterlichem Ernst: ‚Freilich müssen Frauen hingerichtet werden; sie sind von allen Gegner die gefährlichsten‘ – was die mitanwesende Hedwig Wilhelmi zu stürmischem Beifall hinriß, weil er unser Geschlecht doch höher zu stellen scheine als die andern. Man fühlte ihm an, daß er imstande war, blutigen Ernst zu machen."

Die ebenfalls erwähnte Hedwig Wilhelmi ist eine Freundin der Eltern. Sie kommt bisweilen mit ihrer Tochter Berta zu Besuch aus Granada, wo sie lebt. Isolde schildert sie bewundernd: „Sie war eine blendende, geistig angeregte Persönlichkeit von sehr freiem und rauschendem Auftreten, leidenschaftlich der materialistischen Richtung eines Vogt und Büchner ergeben, daneben auch literarisch angehaucht, kurz, nach ihrem ganzen Wesen eine in der damaligen Frauenwelt unerhörte Ausnahme. [...] Ich kann sie mir gar nicht anders vorstellen als in einem Kreise von Herren sitzend, deren sie immer eine Anzahl um sich haben mußte, rauchend, trinkend, disputierend."

In der Person des Bruders bekämpft Isolde so viel Ablehnenswertes. Er sucht „das Heil in einer völlig neuen Gesellschaftsordnung", er treibt die „mütterlichen Weltverbesserungsträume" auf die Spitze, während sie sich nach „neuen Kulturformen" sehnt. Sein „Schlagwort" ist „frei", Isolde träumt von „Schönheit". Immerhin bringt sie Verständnis auf für seine „Abscheu gegen das allmählich sich breitmachende Geldprotzentum" und die „ritterliche Teilnahme für die unterdrückten Klassen" des Bruders.

Das Gedicht „Sturm" aus Edgars Feder verdeutlicht seine Einstellung:

„Es ist die Lebensfreudigkeit
Von unsrer Zeit gewichen,
Gleichgült'ger Sinn und Stumpfheit hat
Die Menschen alle beschlichen.

Sie sind nicht kalt, sie sind nicht warm,
Sind unglücksel'ge Leute,
Zur Trauer fehlt das rechte Herz,
Der rechte Mut zur Freude.

So leben sie weiter Tag für Tag
Von ungesalzenen Suppen,
Und dauert's noch lange, so zieht man sie auf
Wie kunstgerechte Puppen.-

Wir sitzen all in einem Schiff,
Das kann nicht segeln, nicht landen,
Es steckt auf einer Sandbank fest
Und will allda versanden.

O schick uns, großer Weltengeist,
O schick uns Wind und Wellen,
O schick uns einen guten Sturm.
so einen lust'gen Rebellen.

Der macht uns flott aus unserm Sand,
Allwo wir lang schon feiern,
Der macht uns flott, auf offner See
In hoher Flut zu steuern."

Edgar läßt sich nicht beirren. Nach der Niederschlagung der Pariser Kommune tritt er der „sozialistischen Partei" bei. Seine Helden- und Kämpfernatur taugt jedoch nicht für die Parteiarbeit. Wird er sich an Beschlüsse anderer halten? Verträgt er Kritik? Edgar zieht sich allmählich zurück und widmet sich wieder mehr der Medizin und seinem Studium. Aber fortan gilt er in den Akten als Sozialist. Stolz und unbekümmert verachtet er die Bürokratie, lacht über die Schikanen und geht seinen eigenen Weg.

Damit hat auch Edgar sich ins Abseits manövriert. Sozialistisches Gedankengut gilt damals als nahezu teuflisch. Obwohl Edgars Interesse an politischen Fragen und am politischen Engagement rasch erlahmt, bleibt ihm der Geruch des Sozialisten haften. Eine Karriere in heimischen Landen ist ihm verbaut oder zumindest stark behindert.

Isoldes Verweigerung

Als Isolde 14 Jahre alt ist, hat sie das erste Mal eine für ein junges Mädchen typische Klippe zu umschiffen. Edouard Vaillant, Gast des Hauses, Freund und Gesinnungsgenosse der Mutter, verliebt sich in sie. Gegen einen solchen Heiratskandidaten hat die Mutter nichts einzuwenden, im Gegenteil! Und sie unterstützt die Bemühungen des Freundes nach Kräften. Ebenso heftig wehrt sich Isolde dagegen: Nein! Er ist düster, einseitig, fremd und unheimlich. Ihr graust vor ihm. Und der junge Mann begreift „bei aller Vorliebe für das deutsche Leben" nicht, „daß in Deutschland der Weg ins Herz der Tochter nicht über die Eltern geht".

Ein jahrelanger Konflikt zwischen Mutter und Tochter bahnt sich an. Die demokratische Mutter möchte an diesem Punkt über ihre Tochter bestimmen wie in einer ganz normalen bürgerlichen Familie. Doch sie hat nicht mit dem Widerstand der Tochter gerechnet, die ganz außerordentliche Kräfte gegen jeden derartigen Plan entwickelt. Die Motive der Mutter sind nicht so eindeutig zu fassen. Wie Isolde betont, geht es ihr nicht um die Versorgung der Tochter. Die Ehe mit einem französischen Sozialisten hätte eine solche wahrscheinlich auch nicht gewährleistet. Die Mutter möchte, so albern und pathetisch es klingt, den Freund mit der Tochter für seine politische Haltung belohnen.

Die Mutter spielt mit allen Tricks. So möchte sie (nach 1871) der Tochter auf einer Wanderung mit dem Bruder in die Schweiz einen Verehrer nahebringen, „einen reiferen Mann, dessen Werbung um die kaum Erwachsene zwar dem Mutterstolz" schmeichelt, aber bei der Tochter auf entschiedene Abwehr stößt. Isolde wittert die Gefahr und weigert sich, die Reise in die Schweiz und die Bergwanderung mit dieser Begleitung zu unternehmen. Schließlich darf sie alleine mit Bruder Edgar fahren. Das Reisegeld stammt aus ihren eigenen Einkünften aus der Übersetzungsarbeit. Leider wird diese Reise einschließlich der Bergwanderung kein Erfolg, denn Edgar bewacht die Schwester eifersüchtig, woraus heftiger Streit entsteht.

Schließlich versucht die Mutter es ein drittes Mal. Leider

erfahren wir auch diesmal den vollen Namen nicht. Isolde nennt ihn Hartmuth. Die Mutter hat diesen Schwiegersohn in spe „mit ganz ungewöhnlicher Wärme ins Herz geschlossen, weil seine gediegenen Charaktereigenschaften und eine tiefe und dauernde Neigung für mich ihr mein Lebensglück zu verbürgen schienen". Wieder hat die Mutter die Rechnung ohne den Wirt gemacht. Wie damals üblich, gesteht der junge Mann ihr die Liebe zur Tochter, und die Mutter gibt begeistert ihr Jawort. Isolde wird nicht gefragt und soll in der Folge zur Ehe mit Hartmuth gezwungen werden. „Und nun geschah das Merkwürdige und fast Unglaubliche, daß die feurige Kämpferin für alle persönliche Freiheit und Selbstbestimmung in die ihrer so heißgeliebten Tochter eingreifen und gewaltsam über ihr Geschick bestimmen wollte."

Das ist mit Isolde nicht zu machen. Dann verfällt die Mutter – ob mit oder ohne Überlegung läßt sich nicht mehr feststellen – auf einen Trick. Sie versichert dem Verehrer, Isolde meine es mit ihrer Weigerung nicht ernst und verstelle sich „aus irgendeinem kindischen Eigensinn". Damit ist er zunächst vertröstet. Durch diesen Kunstgriff dauert die Auseinandersetzung aber fünf bittere Jahre. Isolde kann keine rationalen Gründe gegen diesen Mann anführen, Gefühlsangelegenheiten akzeptiert die Mutter nicht. „Daß die Regungen des Herzens keine Gründe brauchen, wollte die leidenschaftliche Frau nicht einsehen."

In Isoldes Gefühlsleben liegt auch nicht alles so klar und geordnet. Mitunter glaubt sie der Mutter, gewinnt Zuneigung zum Verehrer – aber nur, so lange sie ihn nicht sieht. Seine Nähe macht alle Bemühungen zunichte. Er lädt sich zudem ihren Zorn auf sich, weil er nicht aufgibt und der Mutter Glauben schenkt.

Harte Strafen folgen. Isolde darf nicht mehr auf Bälle gehen – nur in seiner Begleitung. Sie darf keine männlichen Besucher mehr empfangen. Er wird von der Mutter unterrichtet, wo sie sich aufhält und stellt ihr nach. Verfolgungsjagden schließen sich an. Isolde ist auf der Flucht und übersteht wahre Abenteuer. Sie ist andererseits aber nicht imstande, ein endgültiges Nein zu sagen.

In richtigen Verschwörungen spannt die Mutter alte Freunde ein, beispielsweise Ludwig Pfau. Doch das ist ein

Schuß in den Ofen: „Der revolutionäre Denker Pfau hielt es auf diesem Punkte mit dem rückständigen Männerschlag, für den das Weib nur als Geschlechtswesen vorhanden war und der ihr ein seelisches und geistiges Eigenleben aus tiefster Überzeugung absprach. Ich meine ihn noch zu hören, wie er mir einmal mit kopfschüttelnder Mißbilligung in seinem breiten Dialekt sagte: ‚Weiber, Weiber – ihr send net für de Geischt g'schaffe.' Bei diesem Standpunkt erschien ihm das Zurückweichen vor einer so treuen Neigung als Versündigung am ganzen männlichen Geschlecht, die er nicht ungerügt lassen zu dürfen glaubte."

Isolde steht in ihrer Ohnmacht allein. Wer hilft ihr gegen diese Intrigen? Der Vater? Ja, der hätte ihr geholfen. Aber ihn darf sie „um seiner Ruhe willen nichts von diesen Kämpfen ahnen lassen".

Warum will sie den stattlichen Verehrer denn nicht heiraten, nach dem die Konkurrenz sich die Finger leckt? Der einzige Grund, den sie zu nennen vermag, ist: Ich kann nicht. Sie kann „seine ganze Art und Weise" nicht ausstehen. Er ist ihr eklig, schon allein vom Äußerlichen her. Seine geistige Welt ist nicht die ihre. Sein „vieles Hofmeistern" stößt sie ab. Er will ihr „all die Besonderheiten, die er an mir zu lieben glaubte, so schnell wie möglich abgewöhnen", „um mich recht bürgerlich hausbacken zu haben". Nein!

Freude an der Welt?

Mit Hermann Kurz' Gesundheit steht es seit langem nicht zum Besten. Beständiger Husten plagt den starken Raucher nach einer Lungenentzündung (Frühjahr 1864). Dazu gesellt sich, wie die besorgte Marie an eine Freundin schreibt: „eine sonst ganz unbekannte Engbrüstigkeit" (Dezember 1864). Die ersten Anzeichen einer Herzkrankheit? Weiter berichtet sie über „Unterleibsleiden" und „Augenentzündung" (Juni 1865).

Probleme mit den Augen hat Hermann schon während der Stiftszeit gehabt. Jetzt ist er 51 Jahre alt und sieht mit sei-

Hermann Kurz um 1865

nem grauen Vollbart aus wie ein alter Mann. Was drückt ihn so nieder? Seine Nerven haben sich doch während der ersten Jahre in Tübingen wieder beruhigt. Die Ehrendoktorwürde tut ihm gut. Doch dann schlägt die Depression wieder zu. Sind die politischen Ereignisse daran schuld? Marie berichtet der gemeinsamen Freundin Anfang November 1866: „Außer seinem winterlichen Husten, gehts ihm gut, nur ist ihm der Rest von Freude an der Welt und die Menschenfreude vollends gänzlich abhanden gekommen."

Man kann sich des Eindrucks nicht erwehren, daß Hermann der Deutsche Krieg im Sommer 1866 deprimiert. Es ist gewissermaßen der Entscheidungskampf zwischen Preußen und Österreich um die Vorherrschaft in Deutschland. Württemberg kämpft auf der österreichischen Seite, die verliert. Bismarck ist der politische, Moltke der militärische Drahtzieher. Im Frieden zu Prag (23. August 1866) muß Österreich einer Neugestaltung Deutschlands im Norddeutschen Bund zustimmen und zieht sich aus Deutschland zurück. Bismarck hat Österreich ausgeschaltet. Der Norddeutsche Bund vereinigt als Bundesstaat die 22 deutschen Länder nördlich des Mains. Im Hause Kurz leben keine Preußenfreunde! Die politischen Angelegenheiten spalten die Tübinger Professorenschaft. Die geselligen Abende, die Hermann Kurz besucht, enden im Streit. Wer hält es mit Preußen, wer mit Österreich? Man kann mit Preußenfreunden doch nicht an einem Tisch sitzen!

Die Augen machen ihm immer mehr zu schaffen. Kein Wunder, wenn er in der Nacht so viel arbeitet, beim schlechtem Licht so viel liest! Maries Brief macht deutlich, wie sehr dies auf Hermanns Gemüt drückt: „Hermanns immer schwächer werdende Augen sind mir noch das größte Herzeleid. Die Deckel sind fast stets geschlossen und wenn er so traurig dasitzt, fällt mir immer jenes schöne schmerzliche Bild von Heine in seiner Krankheit ein. Wie drückend die Furcht, zu erblinden, auf des armen Mannes Gemüth liegt, kannst du dir vorstellen. Es ist überhaupt mit jeder Lebensfreude bei ihm aus. Sein Genius ist gelähmt, das fühlt er wohl. Der Kampf ums Dasein, der ihm so sauer, so entsetzlich hart und bitter wird, hat seine geistige Kraft gebrochen. Und es ist etwas Schreckliches, wenn sich der Mensch auf gar nichts mehr freuen kann, wenn er gar nichts mehr hofft, ja, ich möchte sagen, nicht einmal mehr etwas wünscht. Wie viele Tage vergehen, daß er kaum zwei Worte mit seiner Familie spricht, und bricht er einmal seine gewöhnliche Schweigsamkeit, dann ists ein tiefer Klagelaut, der dem innersten Kern seines Wesens entfährt und der Wunsch, wenn er nur seinen Cadaver recht theuer für uns verkaufen könnte, um dann dem Leben gute Nacht zu sagen. Daß viel Muth dazu gehört, bei einer so tiefen und innigen Liebe, wie ich sie für Hermann fühle, mich aufrecht zu erhalten, wenn oft Alles in namenlostestem Weh in mir aufschreit, darfst du mir glauben. Aber ich sage mir täglich, daß ich den Kindern doppelt so viel sein muß, da ihr Vater trotz der zärtlichsten Liebe, vermöge seines trübsinnigen, verschlossenen Wesens nicht mit ihnen leben, nicht in ihr Denken und Fühlen eingehen kann."

Endlich Erfolg

Als Hermann Kurz im Juli 1869 mit Heyse auf Wanderschaft ist, erkennt dieser seinen problematischen Zustand. Hermann erträgt die Nähe anderer, fremder Menschen nicht und ist ständig auf der Flucht. Er kann unterwegs nicht schlafen, weil ihn selbst eine kurze Eisenbahnfahrt mit anderen Menschen durcheinanderbringt. Heyse fügt sich „in seine versteinerten Wunderlichkeiten" und denkt und plant für den Dichter mit.

Ehrgeizig ist das gemeinsame Projekt, das sie auf dieser Reise ausbrüten. In 24 Bänden wollen die Freunde den „Deutschen Novellenschatz" vor dem Publikum ausbreiten. Hermann obliegen die toten Dichter, Heyse die lebenden. Die Bände erscheinen ab 1871 bei Oldenburg in München und werden finanziell das erfolgreichste Projekt von Hermann Kurz. Parallel arbeiten die Freunde nun am „Novellenschatz des Auslandes", der nicht ganz so erfolgreich wird.

Die Arbeit macht ihm Mühe, wird er doch wieder so schwer krank, daß Marie um ihn fürchtet: „Es ist das alte Leiden, die Nervenaufregung mit Unterleibsbeschwerden, was schließlich bös enden kann." Der 56jährige fühlt sich als alter Mann, verbraucht, ausgelaugt, krank. In diese trübe Stimmung mischt sich die politische Resignation, aus der er inzwischen keinen Hehl macht. Marie schreibt: „Hermann hat sich von jeder Politik zurückgezogen, er ist Pessimist geworden und behauptet, die Menschheit bliebe ewig und immer in ihrem alten Sauerteige stecken, und alles Märtyrerblut fließe umsonst. Es hat ihn viele Schmerzen und Kämpfe gekostet, bis er zu dieser Resignation des Alters gekommen ist." Was kann er zur derzeitigen politischen Situation noch sagen? Ein Krieg, ein Sieg, die Gründung des Deutschen Reiches. Die einstigen Gegner haben gewonnen, dennoch gibt es einen deutschen Staat.

Zwischen Mutter und Vater gibt es Unstimmigkeiten wegen der deutschen Frage. Der Vater ist „feurig deutsch gesinnt" und begrüßt die Reichsgründung – trotz der Ereignisse von 1866. Die Mutter aber, Preußenhasserin und Bismarck-Gegnerin, „beharrte mit einseitiger Treue in der revolutionären Dogmatik ihrer Jugend", wie die Tochter vermerkt. Ein Krieg gegen Frankreich? Um Himmels willen! Frankreich ist „der berufene Soldat der Freiheit"! Davon weicht sie nicht ab. Um Streit zu vermeiden, wird in der Familie nicht darüber diskutiert.

Marie fürchtet um die politische Integrität ihres Mannes, als dessen Schwermut in den Jahren nach der Reichsgründung zunimmt. Man braucht doch ein Ideal, an das man glauben kann, man muß sich doch an etwas festhalten können! Sie schreibt der Tochter des alten Freundes und Politikers Franz Hopf: „Hermanns Stimmung ist sehr trübe, von der Politik hat er sich ganz zurückgezogen, was bei seinem Pessimismus sehr begreiflich, wegen seiner Kinder aber sehr fatal ist. Er sagt, die ganze Welt sei ihm entleidet [...] Die Welt gehe jetzt einen andern Gang als er es gedacht, aufzuhalten sei er nicht mehr. – Daß wir alle sehr unter dieser pessimistischen Ansicht leiden, wirst Du begreifen, verstehen kann ich sie bei seinen leidenden Nerven, seiner Schwermuth wohl, aber furchtbar wäre es mir, wenn sein reiner Name endlich auch zu den Abgefallenen gerechnet würde. Du glaubst nicht, wie ich unter solchen Dingen leide. Er ist so tief unglücklich mit der Welt zerfallen; und doch ist in solch elender Zeit der einzige Trost, den der Mensch sich erringen kann, sich selbst und seinem Ideal treu zu bleiben."

Schwere Tage

In der Gluthitze Mitte Juli 1873 wird das Ludwig-Uhland-Denkmal in Tübingen eingeweiht. Der Redner macht's recht lang, die Honoratioren, unter ihnen Hermann Kurz, stehen ohne Hüte in der Sonne. Mehrere Leute werden ohnmächtig. Isolde bekommt trotz Sonnenschirm an den Schultern einen Sonnenbrand. Hermann Kurz aber wird krank – ein Sonnenstich. Als er wieder auf den Beinen ist, packt ihn eine große Unruhe. Die Familie, die solche Zustände eigentlich gewohnt sein müßte, ängstigt sich. Wie immer muß Isolde ihn auf seinen eiligen Fußmärschen rund um Tübingen begleiten. Da geht es über Stock und Stein, über Gräben und Bäche, quer über die Felder, denn „die langen geschlängelten Wege machten ihn ungeduldig". Isolde gibt acht, daß er wieder heil heimkommt, und hat vor Auseinandersetzungen mit den Bauern Angst, durch deren Felder sie stürmen. Aber der Vater begegnet ihnen mit „dem rechten Ton", und es geschieht ihnen nichts.

Der Vater fühlt sich überaus gut in diesen „Erregungszuständen" und nennt sie „seine glücklichsten Zeiten, der Geist der Jugend war alsdann über ihm, er sah alles schön". Auch das, was mittelmäßig ist. Die Familie und Heyse sind besorgt, zumal Hermann erschreckend aussieht. Die letzten Fotografien, kurz nach der besagten Uhlandfeier aufgenommen, zeigen ihn zwar in heiterer Stimmung, aber mit aufgequollenem Gesicht: als alten Mann mit grauem Rauschebart und wehmütigen Augen. Isolde über die Fotografien: „Aus jener Zeit stammt seine letzte Photographie, die bald nach dem Uhlandsfest gemacht wurde und die von dem Andrang des Blutes nach dem Kopf etwas Gedunsenes hat, das ihm nicht natürlich war."

Der Unruhezustand legt sich bald. Ihm folgen Apathie, Traurigkeit und Nachlässigkeit. Isolde beschreibt den Vater:

„Er trug zwar den Kopf hoch wie immer, aber der stürmende Gang der letzten Wochen hatte einem apathischen, fast trägen Schritte Platz gemacht, und es gab mir einen Stich, daß er sein Halstuch, einen länglichen, schwarz und weiß karierten Wollschal, den er zum Schutz gegen plötzliche Winde mitgenommen hatte, lässig am Boden schleifen ließ."

Wenige Tage nach dieser Beobachtung klagt er über „rheumatische Schmerzen in der Brust". Warum kommt keiner auf die Idee, in ihm den Herzkranken zu sehen? Maries Brief birgt eine Menge Hinweise: „Er litt oft, wie er meinte, an Rheumatismen auf der Brust, die mich aber gar nicht erschreckten, hie und da klagte er über Stiche im Herz, aber auch diese hielten wir für herumziehende Rheumatismen." Auch die Atembeschwerden führt man auf „Rheuma" zurück.

Dr. Gärttner, der Hausarzt, verordnet Bettruhe, die Hermann einzuhalten gezwungen wird. Nach drei Tage erklärt der Doktor ihn für genesen, Hermann steht wieder auf, bleibt aber auf seinem Zimmer. Isolde beobachtet ihn: „Er bewegte sich matt und langsam, aber er bediente noch seinen Ofen selbst, wie er es gewohnt war, nur beim Aufrichten seufzte er tief und griff mit der Hand nach der Brust. Danach saß er in seinem engen Lehnstuhl an der Wand, seine Gedanken schienen über weite Strecken hinzuwandern und dann wieder am Nahen zu haften; halb klang es wie Traum, halb wie prophetisches Schauen. Er sprach auch von Personen, was er selten tat. Zuweilen entgleiste ihm die Satzbildung, doch blieb mir, was er sagen wollte, ganz verständlich. Es schien mir, als sei er am Einschlafen, und so verließ ich ihn. Die ungewohnten Schweißperlen, die ich auf seiner Stirn fühlte, gaben mir ein Gefühl der Beklemmung mit."

Edgar und ein Freund holen Isolde zum ärztlich verordneten Spazierengehen ab – seit Wochen kann die verängstigte Isolde nicht schlafen. Der Vater, im Lehnstuhl eingenickt, ist erwacht und ruft der Mutter, weil er sich ins Bett legen will. Die Mutter hilft ihm beim Ausziehen und bleibt bei ihm, bis er eingeschlafen ist. Dann sieht sie nach dem ebenfalls kranken Sohn Balde. Plötzlich hört sie den Vater schreien. Sie eilt nach oben. „Beim Eintreten sah ich seine Augen rollen, ein fürchterlicher Krampf hatte ihn gepackt", schildert sie seinen

Zustand. Die herbeigeeilte Josephine stützt den Ringenden, während die flinkere Marie zum Arzt in der Nachbarschaft springt. Als sie zurückkommt, hat Hermann seinen letzten Atemzug getan – „auf Josephines Schultern", „ganz leicht und friedlich".

Auf dem Rückweg zwischen Lustnau und Tübingen kommt den Spaziergängern Erwin entgegengestürzt: „Der Vater ist tot!" und springt über die Wiesen wieder zurück. Edgar rennt los, Isolde und der Freund eilen ihm nach.

Alle sind tief betroffen. Doch keiner verzweifelt, nicht einmal die Mutter. Sie entwickelt eine Stärke, die keiner für möglich gehalten hätte. Isolde bestaunt das Wunder: „Die leidenschaftliche Frau, die jedes Unglück Jahre voraus beweinte, stand jedesmal, wenn es wirklich eintraf, in der erhabensten Fassung da. Am Morgen nach unseres Vaters Tode fand ich sie, wie sie im Wohnzimmer, das sie sorglicher als sonst aufgeräumt hatte, dem Kanarienvogel das Wasser wechselte. ‚Du sollst nicht mit uns leiden müssen, armes Tierchen', hörte ich sie sagen." Die Kinder erwarten, daß die Mutter vor Kummer zusammenbricht. Nichts dergleichen: „Mit einem Blick übersah sie unsere unsäglich schwierige Lage und ihre Pflicht, das Ganze zusammenzuhalten."

Edgar ist bei der Öffnung der Leiche seines Vaters anwesend. Marie berichtet über das Ergebnis: „Die Sektion ergab, daß das Herz verfettet, und die Wände zu dünn waren, auch war es zu klein, um genügend einen so großen Körper versehen zu können. Im Gehirn fand man eine chronische Entzündung und die Hirnhäute belegt – das sei das Hirn – sagte Prof. Scheppel – eines Mannes, der sich durch geistige Arbeiten aufgerieben."

Am 10. Oktober ist Hermann Kurz gestorben, zwei Tage später wird er auf dem Tübinger Friedhof beigesetzt. Isolde berichtet: „Das Begräbnis fand, wie es der Absicht des Verstorbenen entsprach, ohne geistliche Mitwirkung statt, doch waren in dem langen Trauerzug, an dem die ganze Stadt teilnahm, gleichwohl beide theologische Fakultäten vollzählig vertreten. Auch der Glockenklang, den er so sehr geliebt hatte, fehlte nicht auf seinem letzten Weg, nur der Männerchor mit seinem Bardenlied ‚Stumm schläft der Sänger' konnte der Ferien halber nicht zusammengebracht werden.

Sein einziger Bruder rief dem Entschlafenen den Scheidegruß ins Grab, und über den Dichter sprach J.G. Fischer schöne, weihevolle Worte."

Trauer

Allen Familienmitgliedern fällt es schwer, den plötzlichen Tod des Vaters zu verkraften. Jeder versucht es auf seine Weise: dichterisch. Isolde schreibt im Winter nach des Vaters Tod, als sie „die dunkle Pein der Jugend" umgibt, „keinen Zusammenhang in den Dingen zu sehen und von sich selber nichts zu wissen. Gestriges war gleich verwischt, das Heute hatte nur eine halbe Wirklichkeit und fiel jeden Abend wie welke Blätter zu Boden":

„Die weißen Flocken fallen dicht
Auf Dach und Mauern;
Ich drück' ins Kissen mein Gesicht
Mit Schauern.

An einen Schläfer denk' ich, hart
Im steinigen Bette.
Sein Pfühl ist kalt, von Eise starrt
Die Stätte.

Im engen Schreine hingestreckt,
Ruht er verborgen,
Kein Lichtstrahl wärmt ihn mehr, ihn weckt
kein Morgen.

Und um sein kaltes Kissen, weh,
Die Winde blasen,
Mit weißem Linnen deckt der Schnee
Den Rasen.

Mich schauert und die Ruh' ist fort
In nächtger Stunde,
Denk' ich an jenen Schläfer dort
Im Grunde."

Die trauernde Witwe verbirgt einen Großteil ihres Kummers vor der Familie, während sie in ihrem poetischen Tagebuch schreibt:

„Mein Winter ist kommen
Mit schauriger Macht,
Mein Licht ist verglommen."

Im März 1875 formuliert sie ihre anhaltende Trauer:

„Du bist von mir gegangen
Nach dunklem Schicksalsschluß,
Eh' ich von dir empfangen
Den letzten Abschiedskuß.
Dies plötzliche Verlassen,
Dies tödliche Erblassen,
Noch kann ich es nicht fassen
Das fürchterliche Muß."

Der Rückblick auf gemeinsame Tage birgt neben dem verlorenen Glück das innige Verständnis, das zwischen Hermann und Marie herrschte:

„In der glühend heißen Mittagsonne
Seine Mahlzeit dem Geliebten bringend,
Glücklich schon, ein kleines Viertelstündchen
Seiner Bücherwelt ihn zu entreißen.
Wieder klopf' ich an der hintern Pforte
Schüchtern an und rufe seinen Namen.
Wie, wenn alles nur ein Traum gewesen,
Diese fünf so schweren Trennungsjahre,
Wenn sein liebes Antlitz sich mir zeigte,
Wenn er freundlich mir vom Fenster winkte:
Wart', ich komme schon zum Plauderstündchen -
Und mich durch die langen Säle führte,
Da und dort ein Buch herunterlangend,
Mir zur Einsicht mit der ernsten Mahnung,
Ja ihm keine Unordnung zu machen -
Denn er pflegte seine Geistesschätze
Wie ihm anvertraute liebe Menschen.
Ach, ich höre nicht die liebe Stimme,
Fremde walten hier an seiner Stelle.
Wohl erblick' ich die geliebten Züge,
Aber ernst und kalt in Geisterblässe,
Wie des Künstlers Hand sie nachgebildet.
Und mein schöner Traum ist nun verflogen.

Angezogen von Erinnerungen,
Die ich als die liebsten und die schönsten
Meines langen Lebens mit mir trage,
Such' ich nun das schmale Haus am Markte,
Schleiche leis die dunkle Treppe aufwärts,
Wandle durch die Zimmer, wo so lange
Ich im festgeschloss'nen Kreis gewaltet,
Wo emporgewachsen mir die Kinder,
Wo aus Knaben fröhliche Studenten,
Aus dem Kind die holde Jungfrau worden.
Schöne Zeit, du seist im Geist gegrüßet.
Doch nun höher noch, noch ein paar Stufen
Und ich trete in das Dichterstübchen.
Dort der Pult, vor dem er lange Jahre
Bis zur stillen Mitternacht gestanden,
Schätze seines Geistes niederlegend,
Oft auch nach dem alten Rathaus blickend,
Wo der Storch, der traute Frühlingsbote,
Zu dem alten Nest zurückgekehret.
Auch den Stuhl dort darf ich wiederfinden,
Drin er oft geruht in wachen Träumen,
Bis die Mitternacht ihn still beschlichen
Und das Gold, das ihm im Glase perlte,
Bis zum letzten Tropfen ausgetrunken.
Schau' mich selber jetzt zu seinen Füßen
Meinen Kopf in seinem Schoße bergend.
Ernste Worte hatten wir gesprochen
Von dem unlösbaren Weltenrätsel
Und der Ahnung, die oft leis sich reget,
Daß der schrille Mißton dieses Lebens
Einst in ewige Harmonie sich löse.
Zagend trifft mein Auge nun die Stelle
–Jenes Bett, den ‚eigen Grund und Boden'
Das den letzten Seufzer aufnahm."

9. KAPITEL

Muse und Freiheit

Verwicklungen

Bald ist wieder der Alltag eingekehrt im Hause Kurz. Dabei ist allen doch so seltsam zumute. Isolde beschreibt die Stimmung: „Aber eine Stille lag jetzt über dem Hause, in der die Stimme des Toten lauter zu den Seinigen redete, als es je die des Lebenden getan hatte.“ Paul Heyse schafft Rat: Er gibt die Werke von Hermann Kurz heraus. So sind Mutter und Tochter mit Bedeutendem beschäftigt: „Man hatte Korrekturen zu lesen, Texte zu vergleichen und Stoff für die Lebensbeschreibung herbeizuschaffen.“

Ein junger Mann, ein Studienfreund des Bruders, den Isolde Osswald nennt, steht ihr in der schweren Zeit nach des Vaters Tod „zart und hilfreich zur Seite“. Isolde ist dankbar über so viel Takt, den sie von Männern gar nicht kennt. Doch auch Osswald ist nicht anders als die anderen. „In der Stille“ richtet er sein Leben auf sie ein. Isolde entdeckt, „daß mit den Liebesdiensten erworben werden soll, was außer jedem Preise steht“.

Auch hier will die Mutter rettend eingreifen. Osswald wird schwer krank, man spricht von seinem nahen Tod. Die Mutter schickt Isolde an sein Krankenbett, mit dem Hintergedanken, sie solle sich mit dem Todgeweihten doch noch verloben, um diesem das Sterben zu erleichtern. Isolde jedoch tut nichts dergleichen. Sie haucht dem Kranken einen Kuß auf die Stirn und verläßt das Krankenzimmer. Ihre innere Stimme hat sie nicht getrogen: Der Todkranke erholt sich nach wenigen Tagen und ist bald wieder auf den Beinen. Isolde löst die Verbindung mit ihm in einer von ihr mit unglaublicher Ironie beschriebenen Szene – er sitzt in einem Lehnstuhl, während sie mit ihren Schlittschuhen klirrt. Als sie ihn Jahre später wiedertrifft, ist sie sehr froh um ihre Entscheidung.

Männliche Schönheit?

Es geht nicht allein um die Persönlichkeiten dieser Männer. Isolde stemmt sich mit aller Macht gegen eine Heirat und eine Verheiratung: „Nicht um das eigene Unterkommen noch um die Hilfe, die ich so gerne den Meinen geleistet hätte, nicht um Besitz und weltliches Ansehen, nicht einmal um das Glück, ein Kind ans Herz zu drücken, konnte ich verkaufen, was mir für ewig preislos war: die Liebe."

Eigenheiten, Charakter und Persönlichkeit dieser Verehrer schrecken Isolde ab. Hinzu kommt die männliche Dominanz, der unverhohlene Wunsch, dem Mädchen den männlichen Stempel aufzudrücken und ihr ihre Eigenheiten abzugewöhnen. Der Ästhetin Isolde, die auf der Suche nach dem Schönen ist, ist darüber hinaus auch das Äußere dieser Männer zuwider. Ihr Ideal ist die männliche Schönheit antiker Helden. Sie schwärmt beispielsweise für Alkibiades, den sie ganz lebendig vor sich sieht aus der Schilderung von Platons „Gastmahl". Damit stößt sie aber ihre Freunde, vor allem Ernst Mohl, die mit dieser Phantasiegestalt keine Ähnlichkeit haben, vor den Kopf: „Einer von ihnen gestand mir noch nach vielen Jahren, daß er eine Zeitlang bitter eifersüchtig auf den schönen Athener gewesen sei."

Die männlichen Zeitgenossen sind für Isolde einfach zu häßlich. Vornehm umschreibt sie diesen Eindruck: „Der Sinn für die äußere Erscheinung war in meiner damaligen Umwelt sehr wenig entwickelt. Über die Schönheit menschlicher Körperformen herrschte die größte Unsicherheit; es fiel mir später in Italien sehr auf, wie genau das südliche Volk darüber Bescheid weiß. Auch wurde nur die weibliche Schönheit bewundert, bei Männern galt sie eher für einen Makel und nahezu für unvereinbar mit mannhaften Eigenschaften. Vernachlässigung des eigenen Körpers wurde mit Bewußtsein, wenn nicht gar mit sittlichem Stolz geübt. Was Wunder, daß ich, die von den Griechen herkam, den Wert der Schönheit übertrieb und Adel der Erscheinung für das Allerwesentlichste ansah, für das Gefäß und Siegel der Vollkommenheit!"

Soll sie einen Dichter heiraten? Sie möchte die Berühmten nicht einmal kennenlernen, um nicht von ihrem „behäbigen bürgerlichen Äußeren" abgestoßen zu werden. Da ist wieder dieser Gegensatz zwischen Geist und Körper, der ihr so mißfällt: „Ich habe überhaupt nie den Drang gehabt, von dem Dichter, der seine Züge so unwidersprechlich selber in seinen Vers meißelt, auch die ihm von den Eltern mitgegebenen zu sehen, die ihm – seinem höheren Ich – häufig so gar nicht ähnlich sind."

Je ferner die Dichter sind, desto mehr kann sie sich für sie begeistern. So faszinieren sie englische Lyriker wegen ihres „Stolzes auf die selbstverständliche bürgerliche Freiheit", ihrer „Freizügigkeit", „Weiträumigkeit", „adeligen Männlichkeit und Sicherheit". Ihnen traut sie zu, „alles Gedichtete ebensogut zu erleben wie zu schreiben". Darauf kommt es ihr an! Das Ziel liegt nicht in der Lyrik, sondern im Leben. In einen solchen Dichter hätte sie sich „auch als Mann" verlieben können. Die deutschen Dichter erscheinen ihr dagegen nicht als Männer, sondern „als Wesen einer übersinnlichen Ordnung", die „das Hochgefühl der Freiheit nur im Reich des Gedankens" kennen und zu denen sie sich „kein persönliches Verhältnis erträumt".

Damenschwimmen

Inzwischen ist wieder einmal Sommer geworden. Die Brüder gehen schwimmen in der Akademischen Bade- und Schwimmanstalt, einem großen Schwimmbecken, das die Tübinger „Badschüssel" nennen. Und Isolde? Das weibliche Geschlecht darf nirgends schwimmen. Nicht einmal im Neckar. Dort steigen die Damen, vor Blicken geschützt durch sogenannte Badehüttchen, ins kühle Naß. Derzeit ist dies an drei Stellen in Tübingen möglich, eines der Frauenbadehäuschen steht am Neckarufer neben dem Hölderlinturm und gehört dem Schuhmacher Friedrich Eberhardt. Der Platz in der Hütte reicht gerade, um den Körper unterzutauchen. Schwimmen? Das gehört sich nicht für eine Frau! Oder doch?

Isolde nimmt den Faden auf. Es ist heiß, sie möchte baden gehen, schwimmen lernen. Ein umstürzlerischer Gedanke in Tübingen! Unterstützt vom städtischen Schwimm- und Turnlehrer und einer „liebenswürdigen jungen Professorsgattin", stellt sie den Antrag an den Senat der Universität, dem die „Badschüssel" untersteht, „wenigstens an einem Tag der Woche, und wäre es auch nur für eine Stunde", das Schwimmbad den Männern zu verschließen und den Frauen zu öffnen.

Ein Sturm der Entrüstung erhebt sich in ganz Tübingen. Isolde schildert die Reaktionen: „Wie, man wollte die Phantasie der männlichen Jugend beim Baden durch die Vorstellung vergiften, daß in diesem selben Wasserbecken sich kurz zuvor junge Mädchenleiber getummelt hatten? Und wenn gar einer oder der andere sich im Gebüsch verstecken würde, um heimlich dem Schwimmunterricht der Damen zuzusehen? Der Untergang aller guten Sitten stand vor der Tür, wenn mir gestattet wurde, dem Unwesen des Reitens, dem man nicht hatte steuern können, das noch ärgere des Schwimmens hinzuzufügen. Eine würdige Matrone übernahm es, mir im Namen sämtlicher Mütter und sämtlicher Töchter ihr ‚Quosque tandem, Catilina!' – zu deutsch: ‚Wo hinaus mit dir, du Schädling am Gemeinwesen?' – zuzurufen."

Veränderungen

Nach dem Tod des Vaters gelten Edgar andere Regeln. Er wird streng mit sich selbst und konzentriert sich auf sein Studium. In Windeseile legt er seine Prüfungen ab (von Januar bis Juli 1874) und begibt sich zur weiteren Ausbildung nach Prag und Wien. Im September 1874 erwirbt er sein Doktordiplom. Sein Thema: „Ein Fall von Placenta praevia centralia". Dabei geht es um einen Spezialfall der Frauenheilkunde: um die vor dem Ausgang der Gebärmutter liegende Plazenta, die eine normale Geburt verhindert und den Tod von Mutter und Kind verursacht. (Die Plazenta ist der Gewebeteil in der Gebärmutter, der das Kind mit der Mutter verbindet und ihm Blut zuführt.) Edgars Doktorvater ist Professor J. Säxinger, ein Spezialist für Geburtshilfe. An dessen geburtshilflicher Klinik in Tübingen bekommt er dann die Stelle eines Assistenzarztes – mit 21 Jahren. In dieser Stellung verbleibt er zwei Jahre. Sein Wunsch wäre es gewesen, sich anschließend als Dozent zu habilitieren, aber dazu reicht das Geld nicht.

Edgar erwägt, sich als Facharzt für Frauenkrankheiten und Geburtshilfe beispielsweise in Stuttgart niederzulassen. Ein ungewöhnlicher Weg und ein Wagnis im prüden, sittenstrengen 19. Jahrhundert! Außerhalb der Hochschulen gibt es in Württemberg kaum Fachärzte. So zerschlagen sich seine Pläne, sich ganz der Frauenheilkunde zu widmen, vor allem angesichts der finanziellen Verhältnisse. Für die Gründung einer Praxis braucht man ein sattes Geldpolster. Dies ist in der Familie Kurz nicht gegeben.

Was bleibt ihm? Er könnte „als Bauerndoktor aufs Land" gehen. In Plieningen ist gerade der Arztposten frei. Edgar reist auf die Fildern, stellt sich dem Schultheißen vor. Und wie findet der Bauernschultes den schmächtigen Jüngling? „Die Haar sind zu lang und das Röckle zu kurz." Wenn das alles ist, was man über die Qualifikation eines Arztes sagen kann? Der siegesgewohnt Edgar ist empört: Kein zweites Mal wird ihm ein solcher Auftritt unterlaufen! Ohne Umschweife sucht er nun sein Glück in der Fremde. Die Rücksicht auf den kranken Bruder läßt ihn in milderem Klima suchen. Die Wahl fällt auf Florenz.

Aufbruch

Die Auseinandersetzung mit den Tübinger Kleinstädtern um die Benutzung des Schwimmbads klärt Isoldes Situation. Jetzt weiß sie, daß sie in Tübingen nicht viel länger bleiben kann. Die Zweiundzwanzigjährige beschließt, der Heimatstadt den Rücken zu kehren und streckt in München unter der Obhut Paul Heyses die Fühler aus. Was kann sie werden? Die Freunde der Familie sind besorgt, nachdem sie sich seit vielen Jahren standhaft weigert, zu heiraten. Sie weiß immer noch nicht, was sie aus ihrem Leben machen will. Doch inzwischen ist ihr klar, was sie nicht will: „Unterkriechen wie die andern, geborgen sein um jeden Preis." Den „Weg ins Leben durch die Ehe" gibt es für Isolde nicht. Als Alternative gilt den Freunden das „vermögenslose Mädchen", das „allen Stürmen preisgegeben, mit lauter brotlosen Künsten ausgestattet und gar nicht für den Lebenskampf erzogen" ist. Kann eine junge Frau Mitte der siebziger Jahre des 19. Jahrhunderts überhaupt für sich allein existieren?

Der Schritt hinaus ins Leben aus der „Wärme des mütterlichen Nestes" ist ein Wagnis. Ganz allein wird sie in München nicht sein: Erwin studiert an der Akademie der Bildenden Künste. An seiner Seite wird sie sich durchs Leben schlagen. Wird sie den eigenen Weg finden. Worauf baut sie ihren Mut? Zuallererst auf ihre sprachlichen Fähigkeiten. „Ich hatte ja doch allerlei gelernt, Sprachen und anderes, womit ich auswärts ebensogut und besser vorwärts kommen konnte als daheim."

Das Wunderkind

Von Isoldes beachtlicher Sprachbegabung ist schon mehrfach die Rede gewesen. Sie spricht bereits im ersten Lebensjahr. Die Kinder sprechen „dialektfrei" – wenigstens im Vergleich mit ihrer Umgebung in Oberesslingen. Mit der Poesie macht sie im Alter von vier Jahren Bekanntschaft: mit Schiller, Homer und Uhland. Was sie nicht versteht, möchte sie auch nicht wissen, empfindet es als „dunkles prophetisches Raunen von höheren Dingen". Merkwürdig, daß das Kind keine Neugierde zeigt und dem Sinn eines unbekannten Wortes nicht nachforscht. Sie liebt das Ungewisse mehr als das Verstehen: „Das höhere Ahnen labte mich viel mehr als irgendeine tatsächliche Erkenntnis."

Im Alter von 11 Jahren schreibt Isolde heimlich Verse in ein Büchlein. Was geht es die anderen an? Die Brüder entdecken jedoch das Geschriebene und überschütten die Schwester mit Hohngelächter. Edgar und Alfred lernen die Verse auswendig, um sie „zu peinigen", was für Isolde ein „schreckliches Fiasko" bedeutet. Es sind ihre Verse, ihre Gedichte!

Was ist das für ein Geheimnis um das Dichten? Die Mutter tut's, der Vater tut's! Bei Isolde läuft die Sache so ab: „Die Muse besuchte mich nur des Nachts, wenn alles still im Bette lag. Dann wachte ich unter schaurig süßem Herzklopfen, bis auch der letzte widerstrebende Reim sich einfügte, und wenn am Morgen noch alle Verse beisammen waren, daß ich in irgendeinem sicheren Versteck das Ganze meinem Büchlein einverleiben konnte, so genoß ich die vollkommenste irdische Glückseligkeit." Vorbild im Dichten ist ihr die Mutter – nicht der Vater. Von ihr lernt sie, ihre Seelennot in Versen zu bändigen. Isoldes Kinderängste werden durch das Schreiben „beschwichtigt".

Geheim bleibt das nicht lange. Nicht nur die Brüder stöbern, auch die Mutter. Die Stolze! Was hat sie da entdeckt! Hinter dem Rücken der Tochter zeigt sie deren Gedichte herum. Jeder soll es wissen: Isolde ist die geborene Dichterin! Das Wunderkind! Lohn der Mühen! Ist doch klar bei diesen Eltern, oder?

Isolde aber schämt sich. Es ist nicht nur der Spott der Brüder, unter dem sie leidet. Auch das Lob, das sie von Erwachsenen hört, ist ihr peinlich, versetzen „das kleine Seelchen in bittere Pein", das jede Veröffentlichung als „gewaltsame Entweihung" empfindet.

Häusliche Dramen

Besser geht es mit Isoldes dramatischen Versuchen. Da läßt sie mit sich reden: Ein Drama im „derben Stil des Faustschen Puppenspiels" über Herzog Ulrich und den Stallmeister Hutten soll sogar von den Kindern aufgeführt werden. Alles ist vorbereitet, gleich wird der Vorhang hochgezogen! Die Zuschauer warten gespannt. Nur der Vater ahnt, wie es ausgehen wird, denn er blickt recht sorgenvoll. Hinter den Kulissen erhebt sich Gewisper, das immer lauter wird und im lauten Streit endet: Edgar, der den Herzog Ulrich spielt, weigert sich, den Fußfall vor seinem Stallmeister (Isolde) zu vollführen. Vor der Schwester in die Knie gehen? Nie und nimmermehr! „Die Aufführung mußte abgesagt werden; die Kulissen wurden weggeräumt, und die Eltern hatten alle

Mühe, zwei fassungslose Kinder zu trösten, indem der Vater sein schluchzendes Töchterlein, die Mutter den tief erschütterten Sohn in die Arme nahm."

Die Dramatikerin läßt sich durch diesen Vorfall jedoch nicht entmutigen. Kurz darauf, im Alter von zwölf Jahren, schreibt sie ein echtes Drama: „Die Tochter des Aristodemus". Das Thema stammt aus dem ersten Messenischen Krieg, dem damaligen Geschichtsstoff. Die Mutter ist begeistert: „Aber nun war es mit meinem Seelenfrieden vorbei. Temperamentvoll, wie sie in allem war, bemächtigte sie sich meines Schatzes und ließ ihn von Hand zu Hand gehen, ohne nach meiner Empfindung zu fragen. Ich besaß keine verschließbare Lade, in die ich ihn hätte retten können, wie der glücklichere Edgar, an dessen heimlich geschmiedeten Versen sich niemand vergriff. Es ging mir mit der Tragödie wie mit den Gedichten. In welche Schublade ich das Heft verstecken mochte, es wurde immer wieder ausgegraben, und der geschmeichelte Mutterstolz, die Neckereien der Brüder, die neugierigen Fragen fremder Besucher schufen mir mein eigenes Machwerk zum Plagedämon um. Denn, ob Lob oder Tadel, man konnte mich nicht tiefer kränken, als indem man überhaupt von seinem Dasein wußte. Und keine Seele betrat das Haus, die nicht davon erfuhr. Ich stand wie in einem Regenguß, der mich bis auf die Haut durchnäßte. Es gab dann Tränen und Vorwürfe, die nicht das geringste fruchteten. Nur der Vater verstand mich, er fuhr mir lächelnd mit der Hand über die Stirn und sagte nichts; wie war ich ihm für sein Zartgefühl dankbar!"

Voller Zorn über die Entweihungen ihrer Heimlichkeiten gibt sie das Schreiben auf. Ja, sie hört nicht einmal mehr hin, wenn die Verse sie in den Nacht anfliegen. Die Poesie verstummt. „Ich war's zufrieden, denn ich hoffte, durch dieses Opfer mit dem Leben besser in Einklang zu kommen."

Haben die Freunde der Mutter nicht hin und wieder die Stimme mahnend erhoben? Der Jugendfreund der Mutter, Alfred von Thumb, warnt das junge Mädchen: „Nur kein Blaustrumpf werden!" Und Isolde phantasiert von einem Schreckgespenst, einem „unschönen, körperlich vernachlässigten und geistig verdrehten Wesen mit kurzem Haar und Brille". So eine Vogelscheuche will sie nicht werden! Obwohl die Mutter mahnt und schmeichelt, versiegt die dichtende Quelle: „Der verfrühte Trieb, der noch gar keinen Lebensstoff zum Gestalten hatte, legte sich zu einem langen Gesundheitsschlaf nieder und ließ sich durch keine mütterliche Ungeduld mehr aufrütteln."

Brotarbeit

Eine andere Muse läßt sie nicht entschlummern: die Kunst der Übersetzung. Sie ist zwölf Jahre alt, als sie vom Vater mit Übersetzungsarbeiten betraut wird. Übersetzungen, die gedruckt werden, wohlgemerkt! Sie kann es, sie übersetzt flüssig und gut. Und erwirbt dadurch eigenen Verdienst, der „Nadelgeld" genannt wird und die Eltern von allen Sonderausgaben für die Tochter entlastet. Im Alter von 16 Jahren arbeitet sie mit dem Vater und Heyse an den Übersetzungen für den „Ausländischen Novellenschatz". Zusammen mit dem Vater! Welche Erfüllung, welche Freude, wenn er sie lobt: „Als mein Vater sah, daß er mir auch kleine schonende Kürzungen und Übergänge, die gelegentlich an den Texten nötig wurden, getrost überlassen könnte, war er sehr zufrieden mit mir."

Nun verschafft Heyse ihr das erste große Werk, „einen zweibändigen italienischen Roman zum Verdeutschen und Zusammenziehen, die prächtigen ‚Erinnerungen eines Achtzigjährigen' von Ippolito Nievo". Die Arbeit geht jedoch sehr langsam voran, denn Isolde hat kein Zimmer für sich allein, wo sie ungestört übersetzen kann. Sie muß „im gemeinsamen Familienzimmer schreiben", zwischen Gespräch mit Besuchern und der Arbeit hin und hergerissen.

Das Erbe

Nach dem Tod des Vaters ist die Poesie wieder erwacht. Isolde kann wieder dichten: „In der tiefen Stille jener Tage war plötzlich der unsichtbare Gefährte meiner ersten Jugend zurückgekehrt. Er redete wieder vernehmbar in den Nächten, und ich schrieb alles unbedenklich nach, was er sagte. Ich nannte ihn bei mir den ‚Anderen' und meinte mitunter seine Nähe körperlich zu spüren. Es konnte vorkommen, daß ich des Nachts bei plötzlichem Erwachen seine Stimme noch nachklingen hörte mit irgendeiner Traumgabe, hinter der ich dann einen tieferen Sinn suchte."

Sie genießt diese Gabe mit Wonne. Weiteren Nutzen zieht sie daraus nicht: „Aber es blieb alles nur Selbstgespräch und verschönernde Umgestaltung des eigenen Lebens. Wir Schwabenkinder wußten nicht, wie man aus Poesie Literatur macht. Nur ein paar meiner Sachen fanden durch Vermittlung unserer treuen Freunde Hemsen und Vollmer den Weg in ich weiß nicht mehr welches Dichteralbum."

Ist das ihr Weg in die Zukunft? Schwer scheint die Dichtkunst nicht zu wiegen. Allerdings ist Isoldes Selbstbewußtsein gestärkt. Sie fühlt „den Schwerpunkt in sich selber" – die Grundvoraussetzung für ihre künftige Selbständigkeit. Und ein weiterer Grund, in Fragen der Heirat sich zu verweigern: „Da jede neue Verlockung, das Lebenssteuer bequem in andere Hände zu legen, an einem neuen Nein des Herzens scheiterte."

Isolde hat unbewußt einen wichtigen Schritt vollzogen. Sie läßt ihre innere Sprache wieder zu, schreibt auf, was sie fühlt und denkt. Daraus entsteht eine ganze Reihe von Gedichten. Daß dies nach des Vaters Tod geschieht, wird ihr nicht bewußt. Es scheint, als habe sie den väterlichen Beruf geerbt wie ein Handwerker, der in der Familientradition steht. Der Lehrmeister ist verstorben, die Leitung der Werkstatt geht an sie über. Nicht an den Erstgeborenen oder an die anderen Brüder, sondern an die Tochter.

Nicht nur die poetische Gabe ist an sie übergegangen, auch die ernsthafte literarische Arbeit für Geld. Von der „Brotarbeit der Übersetzungen" ist zum ersten Mal die Rede in den Jahren nach des Vaters Tod. Mit nicht geringem Selbstbewußtsein geht die Zwanzigjährige vor Gericht wegen eines von ihr übersetzten Werks von Emerson, das vom Verlag korrigiert wird. Mit den Korrekturen ist sie nicht einverstanden und setzt durch, daß die „schlimmsten Stellen", die „Flicken vom übelsten Kaufmannsdeutsch", herausgenommen werden und ihr Name aus dem Titel entfernt wird – als das Buch schon fertig gedruckt ist. Dabei bekommt sie „einen Vorgeschmack von den Widerwärtigkeiten der literarischen Laufbahn“.

Das Honorar für die Übersetzung des zweiten Bands des Nievo-Romans ist, nach dem Tod des Vaters, zweckbestimmt: Das Grabdenkmal auf dem Tübinger Friedhof mit der trauernden Muse kostet „die tausend Gulden meines ersten großen Honorars“. So geht sie „mit leeren Händen, aber mit der unverwüstlichen Zuversicht der Jugend in mein neues Leben hinein“. Die gute Josephine hilft aus der Verlegenheit: Sie bezahlt das Reisegeld nach München.

Gunst und Gönner

Das Leben in München empfindet Isolde als Befreiung: „Für nichts auf der Welt zu sorgen haben als für sich selbst – ein unfaßbarer Glückszustand!“ Schnell hat sie Fuß gefaßt in der Münchener literarischen Welt. „Gunst und Gönner“ wie Paul Heyse und Rosalie Braun-Artaria haben ihr dabei nicht wenig geholfen. „Innerhalb von sechs Monaten war meine Stellung in München gemacht. In der literarischen und künstlerischen Oberschicht hatte ich mir einen erlesenen Freundeskreis erworben, meinen Unterhalt bestritt ich durch Sprachunterricht und Übersetzungen.“

So einfach ist das! Freunde vermitteln die ersten Schülerinnen. Einer baltischen Baronin bringt sie Italienisch bei, einer Schwedin Deutsch. Die dritte Schülerin ist eine Amerikanerin, deren Wesen sie sehr schätzt. Alles läuft bestens. Übersetzungsaufträge in Hülle und Fülle, beispielsweise die „Geschichte der Kommune“ von Marxens Schwiegersohn Lissagaray.

Ihre Stärken liegen einerseits im Bereich der Dichtkunst. Hier fällt ihre Lyrik so sehr aus dem Rahmen, daß ein von Heyse und Bodenstedt ausgeschauter Verleger die Gedichte ablehnt, weil er „die Sprache für ein junges Mädchen zu kraftvoll“ findet. Isoldes Kommentar: „Wenn Frauenlyrik an die Öffentlichkeit trat, so mußte sie ganz zahm und hausbacken sein oder in formlose Empfindelei zerfließen.“ Damit Geld zu verdienen, ist schlechterdings nicht möglich. Noch nicht möglich.

Vom Prosaschreiben hält sie eine innere Hemmung ab, die auf einer Überschätzung der Schulaufsätze der Brüder gründet. Sie bewundert „die reife Lebensweisheit der Lehrer", die sich in diesen Aufsätzen niedergeschlagen haben, merkt aber nicht, wie wenig sie auf junge Menschen passen. Sie meint, so müsse man schreiben und fühlt, „daß ich dergleichen niemals würde machen können, und das verschlug mir für lange hinaus jeden Versuch zum Schreiben".

Der Zufall hilft ihr auf die Sprünge. Am Krankenbett von Balde in Tübingen erfindet sie ein „Märchen von goldenen Träumen", um den Bruder zu unterhalten. Auf Anhieb liebt er das Märchen der Schwester, die es wiederholen und schließlich aufschreiben muß. Balde verlangt es! Und Isolde macht eine neue Erfahrung. „Es war das erstenmal, daß ich in Prosa schrieb; ich hatte bisher geglaubt, mich nur metrisch ausdrücken zu können. Ohne des kranken Bruders innige Freude an den Goldenen Träumen, die den Anfang meines späteren Märchenbuchs bildeten, wäre ich vielleicht nie auf diesen Weg gekommen."

Münchner Freiheit

Allein in der Wohnung in München, die sie mit Bruder Erwin teilt, möchte sie es wissen: Tauge ich als Schriftstellerin? Sie spinnt die Idee zu einer Novelle aus: „Eine romantische Liebesgeschichte mit Treue in der Untreue nebst einer Anzahl nach der lebendigen Mustersammlung gemalter Nebenfiguren war leicht erfunden, Zeit und Gegend, in die ich sie verlegte, gaben Gelegenheit zu abenteuerlichen Begebnissen und zu weiten Landschaftsbildern nach meinem Herzen."

Sie setzt sich an den kleinen Tisch in ihrem Zimmer und legt los. Aber Isolde wäre nicht Isolde, wenn sie nicht von Zweifeln geplagt wäre: „Im Feuer des Gestaltens gönnte ich mir nicht einmal mehr die nötige Zeit zum Essen und Schlafen, aus Furcht, ich könnte etwa über Nacht wegsterben und mein Werk unvollendet hinterlassen. Jeden Morgen fühlte ich eine ganz besondere Genugtuung, noch am Leben zu sein und mich sogleich wieder an den Schreibtisch setzen zu können, um zu erfahren, wie die Geschichte weiterging. Denn dies wußte ich selber nicht, ließ es mir vielmehr von jenem Unsichtbaren gewissermaßen in die Feder diktieren."

Man sieht: Die Geschichte entsteht fast von alleine. Der unsichtbare „Andere", der geheimnisvolle Stille ist wieder zu Gast. Es ist so köstlich, wie sie ihre Arbeitswut beschreibt: „Es ging mit Windeseile, ganze Stöße beschriebenes Papier türmten sich auf, und wenn auf dem kleine Tisch der Raum zu eng wurde, so schob ich, ohne aufzusehen, die Blätter über den Rand hinunter auf den Boden, um ja keine der kostbaren Minuten, wo die Esse glühte, zu verlieren."

Wie sie glüht, wie sie erfindet! Man spürt fast die mütterliche Hast, die wieselflinken Schritte. Die Phantasie schäumt schließlich über: „Im Schreiben verliebte ich mich selber in meinen Helden, in dem ich ein Stück dämonisches Übermenschentum hatte schildern wollen, und als er tot und die Geschichte zu Ende war, legte ich den Kopf auf den Tisch und weinte selige, befreite Tränen. Es war drei Uhr nachts am dritten Tag, nachdem ich zu schreiben begonnen hatte. Nun konnte ich endlich beruhigt zu Bette gehen."

Die Geschichte ist zu Ende erzählt, die Anspannung läßt nach. Drei Tage (und Nächte) für eine Novelle! Isolde ist glücklich, sie fertig zu haben. Dabei soll es bleiben. Sie kann es, sie hat es sich bewiesen. Was mehr? Da hat sie aber nicht mit dem guten Rat der Freunde gerechnet. Diese wispern hinter ihrem Rücken: Isolde schreibt eine Novelle! Wie die Mutter! Wie sie das kennt, wie sie das haßt! Natürlich kommt das Gerede auch dem väterlichen Freund Paul Heyse zu Ohren. Dieser eilt herbei, fühlt er sich doch verpflichtet, der Tochter des verstorbenen Freundes beizustehen. „Zu meinem größten Schrecken erschien er gleich in meiner Wohnung und begehrte als väterlicher Freund und Zensor, der über mein literarisches Heil zu wachen habe, die Novelle zu lesen. Ich verweigerte sie, denn ich wußte, daß ich von andern nichts lernen konnte, sondern abwarten mußte, was mir das Leben selber zu sagen habe. Aber schon war er auf dem Schreibtisch der aufgestapelten Blätter ansichtig geworden, hatte sie blitzschnell, bevor ich es hindern konnte, in die

Tasche gesteckt und suchte trotz meinem Widerspruch mit seinem Raub lachend das Weite. Mir schwante Böses, als ich des andern Tags durch einen Zettel zu ihm gerufen wurde, aber auf eine Strafpredigt wie die, womit ich empfangen wurde, war ich nicht gefaßt."

Geht man so mit einem jungen Talent um? Isolde weiß, daß die Novelle „unreif" ist und möchte ja gar nicht geschulmeistert werden. Heyse aber kritisiert den Inhalt, und zwar von der moralischen Seite her. Ihm gelten im Leben wie in der Dichtung die Gesetze der Vernunft, und so empört er sich „über die sittliche Anbrüchigkeit meines Helden wie über eine wirkliche Person": „Ein so gewissenloser Mann könne einer reinen Frauenseele keine Leidenschaft einflößen." Worauf Isolde sogleich hinzufügt: „wovon sich leicht aus Geschichte und Leben das Gegenteil erhärten ließ".

Isolde und der Freund des Vaters geraten aneinander: „Wir stritten heftiger als je, und das kalte Sturzbad mitten in die ersten Schöpferfreuden hinein griff mich mehr an, als ich zeigen mochte. Aber heimlich dachte ich doch, erfundene Gestalten, die solchen Sturm entfesselten, könnten nicht ganz talentlos gemacht sein. Und nun geschah es in der Folge, daß die Novelle gedruckt wurde zu einer Zeit, wo ich schon darüber hinausgewachsen war und ihre Schwächen einsah, daß sie bei den Lesern mehr Anklang fand, als mir lieb war, und zu meinem größten Verdruß während einiger Jahre bald da, bald dort nachgedruckt wurde, ohne daß ich es zu hindern vermochte. Da ich vor lauter Ernüchterung nicht einmal mehr die Korrekturbogen gelesen, sondern sie schleunigst verkrümelt hatte, ging das Ding nun auch noch mit den irrsinnigsten Fehlern behaftet durch den Blätterwald. Nur der Umstand, daß ich damals schon in Italien lebte und daß von all den Menschen, die mir in den Straßen von Florenz begegneten, wohl niemand die Mißgeburt gelesen hatte, tröstete mich über den unerwünschten Erfolg."

Heimwärts

Die Monate der Münchner Freiheit sind gezählt. Die Familie verlangt eine Entscheidung von ihr: Zieht sie mit in die Fremde nach Florenz? „Dieser Vorschlag war wie ein

Blitz, der in eine plötzlich erhellte wundersame Gegend blicken läßt, und nahm mir fast den Atem. Es ging ja gegen alle bürgerliche Vernunft, das wertvolle kaum Errungene schon nach drei Vierteljahren um etwas völlig Unbekanntes zu vertauschen."

Lange ringt sie mit sich und der Vernunft. Sie hat in München doch einen guten Anfang gefunden. Hier ist sie glücklich, hier findet sie Arbeit, hier hat sie Unterstützung. Ein Wahnsinn, dies alles aufzugeben, nur um wieder im Schoß der Familie leben zu können. Macht ihr das Alleinsein Probleme? Mitnichten, sie genießt die Freiheit und Selbständigkeit. In München kann sie frei atmen – und ungehindert Schwimmen lernen in der Münchner Damenschwimmschule im Ungererbad. Was bestimmt schließlich ihre Zusage? „Der Wunsch, wieder mit den Meinigen vereint zu sein, und literarische Aufträge, die mich hoffen ließen, auch dort meine Selbständigkeit begründen zu können, zogen die Waage vollends nach dieser Seite herunter."

Ihre Entscheidung, ihre Erfahrungen verarbeitet sie auch in einem der Mutter gewidmeten Gedicht:

„Fort trieb mich's in die weite Welt zu gehen,
Goldfrüchte sah ich winken an den Zweigen,
Und hatte fortgeschwemmt vom Lebensreigen
Ein Irrlicht mir zum Leitstern ausersehen.

Ach, manch ein Trugbild mußt' in Rauch verwehen,
Manch Götterbild von seinem Sockel steigen,
Manch Aug' mir lügen, manche Lippe schweigen,
Eh' ich die Wildnis sah, in der wir stehen."

Der Weg nach Florenz ist ein Schritt zurück in ihrer literarischen Entwicklung. Wird sie scheitern oder wird sie gewinnen? Sie wird mehr als bisher auf sich alleine gestellt sein. Die Freunde in München schütteln den Kopf. Isolde, die sich entschieden hat, läßt sich nicht aufhalten. Sie kehrt noch einmal nach Tübingen zurück, löst den Haushalt auf und reist mit Mutter und Balde nach Florenz.

10. KAPITEL

Heimat in der Fremde

Der junge Doktor

Als Edgar seinen Fuß auf italienischen Boden setzt, ist er 24 Jahre alt. Auf den ersten Blick nimmt man dieser Jünglingserscheinung den Doktor nicht ab: Er wirkt so jung, so unerfahren. Die schönen, mädchenhaften Züge seiner Kindheit sind ihm geblieben, was ihm in der Frauenwelt sehr zum Vorteil gereicht, bei den Patienten anfangs eher schadet. Er aber ist gewohnt – dank der mütterlichen Erziehung – auf die Reaktion der Menschen nicht zu achten. So kann er auch dem leichten Mißtrauen seiner jungen Person gegenüber unbefangen begegnen. Seine raschen Erfolge erklärt die Schwester und Biografin mit der Wirkung, die von ihm ausgeht, mit der „Sicherheit seines Blicks" und der „Festigkeit seines Auftretens".

In atemberaubender Schnelligkeit schafft sich Edgar in der großen Stadt Florenz ein beachtliches Ansehen. Im Frühjahr 1877 eröffnet er seine Praxis und hat im August desselben Jahres schon so „festen Boden unter den Füßen", daß er die Familie aus Tübingen und München nachkommen lassen kann. Freilich hat er auch Glück mit einem seiner ersten Fälle. Als Fremdenarzt in der italienischen Stadt darf er nur Ausländer ärztlich betreuen. Kurz nach seiner Ankunft wird er in die recht große russische Kolonie gerufen. Ein kleines Kind kann seine Nahrung nicht mehr behalten und ist am Verhungern. Edgars scharfer Blick und seine rasche Auffassungsgabe haben bald herausgefunden, was dem Kind fehlt: Ein Sack in der Speiseröhre hält die Nahrung auf. Mit einem chirurgischen Eingriff kann er das Leben des Kindes retten. Isolde berichtet: „Der erste Fall wurde auch gleich für seine ganze Stellung entscheidend. Denn es versteht sich, daß die sehr begeisterungsfähige russische Damenwelt den genialen jungen Arzt mit glühender Bewunderung umgab, die sich auch der deutschen Kolonie mitteilte. Seine natürliche Zurückhaltung und daß er über die Fälle seiner Praxis so wenig Worte machte wie über seine eigene Person, das erhöhte noch den wohltuenden Eindruck, der von ihm ausging."

Edgar wird daraufhin als Arzt zum damaligen deutschen Konsul Schmitz gerufen, was ihm nun auch unter den Deutschen in Florenz hohes Ansehen verschafft. Seine Bescheidenheit, sein Engagement machen ihn als Arzt sehr beliebt. Edgar ist mit seinem neuen Lebensweg zufrieden und hat die besten Zukunftsaussichten. Dies bleibt auch die nächsten Jahre so, als die Familie wieder vereint zusammen lebt. Isolde beschreibt Edgars erste Jahre in Florenz als die „freudigsten, siegreichsten seines Lebens". Glücklich aber ist er nicht, das kann er gar nicht sein – dazu fehlt ihm „lebenslang die innere Ruhe".

Der Pionier

Das neue Aufgebenfeld reizt Edgars Pioniernatur und seinen vorwärts strebenden Geist. Für Isolde ist der ältere Bruder nun der Held schlechthin, „der mutigste Mensch, den ich je gekannt habe". Sie bewundert an ihm seinen „durch Selbstzwang gestählten physischen Mut, der zu seiner physischen Kraft außer Verhältnis" stehe und seinen „Mut zur Verantwortung jeder Art".

Der persönliche Umgang mit ihm bleibt jedoch schwierig. Schon als Kind wunderlich und äußerst schwierig veranlagt, wechselt seine Stimmung rasch. Innere Spannungen machen ihm manchmal das Leben zur Qual. Er weiß nicht, wohin mit seinen Kräften und mit seiner Wut. Edgar wird von der Familie der „Plötzliche" genannt wegen seiner raschen, blitzartigen Entschlüsse. Dies ist es jedoch nicht allein, was das Zusammenleben mit ihm schwierig macht. Hinzu kommt seine Herrschsucht innerhalb der Familie, über die er uneingeschränkt bestimmen will. Er ist es, der den künftigen Aufenthaltsort der Familie entscheidet. Nach seinen Wünschen, nach seinen Bedürfnissen haben sich Mutter, Schwester und Brüder zu richten. Die Schwester formuliert dies am treffendsten: „Seine innere Unruhe und die absolute Subjektivität seiner Auffassung in den persönlichen Verhältnissen machten ihn für die nächste Umgebung oft außerordentlich schwierig."

Den schwierigen Charakter hat Edgar also nicht in Tübingen gelassen, sondern bringt ihn nach Florenz mit, einschließlich aller negativen Auswirkungen. Schnell hat er sich Feinde unter den Kollegen geschaffen. Seine beruflichen Kämpfe sind nicht nur auf die Eifersucht der anderen Fremdenärzte zurückzuführen. Sein plötzliches Auftreten und seine Unbeugsamkeit zerstören nicht nur sein Leben und seine gesellschaftlichen Kontakte, sondern auch freundschaftliche Beziehungen Isoldes, die nicht weiß, aus welchem Grund manche neuen Freunde und Bekannte nicht mehr mit ihr verkehren.

Der hagere und feingliedrige Edgar hat die Züge seines Vaters geerbt, die „ganz vom Geiste ausgearbeitete väterliche Gesichtsbildung". Er ist „spröde und wortkarg, wo er keinen Anlaß hatte, sich auszugeben, immer innerlich mit Problemen ringend und zu rascher Tat gesammelt". Ganz wie den Vater umgibt Edgar eine tiefe Schweigsamkeit. Bei Hermann Kurz erklären die Biografen dies mit Resignation aus Enttäuschung über die Erfolglosigkeit als Schriftsteller und über das Scheitern der politischen Idee. Beim Sohn, der sich in dieser Hinsicht nicht exponiert, kann dieser Grund nicht vorliegen. Es scheint also eher ein Charakterzug zu sein, der sich vererbt hat.

Illustre Gesellschaft

Die Kontakte der Familie Kurz in Florenz sind beschränkt auf die anderen Fremden, die in Florenz leben oder dort Ferien machen. Die Hauptfiguren in Isoldes Leben werden Adolf Hildebrand und seine Frau. Der Zufall und eine Empfehlung des Münchner Freundes Kröner führen Isolde und Marie Kurz eines Tages zur jungen Familie Hildebrand. Kröner kennt die Frau des Bildhauers aus gemeinsamen Münchner Tagen: Irene, geborene Schäuffelen, geschiedene Koppel, stammt aus Heilbronn und lebt während ihrer ersten Ehe in den lebensfrohen Münchner Künstlerkreisen.

Mit Hildebrand verbunden sind der Maler Hans von Marées und die gemeinsamen Mäzene Graf Schack und Konrad Fiedler. Alle vier Männer haben außer der Liebe zur Kunst noch etwas gemeinsam: Wurzeln in München. Adolf Friedrich Graf von Schack gehörte zum Münchener Dichterkreis. Er war Lyriker, Dramatiker und Übersetzer. Was ihn mit den bildenden Künstlern verband, war die Ergänzung seiner Gemäldesammlung, unter anderem mit den Werken der Freunde. Graf Schack schickte Marées, der sich als Porträtist und Landschaftsmaler einen Namen gemacht hatte, 1864 zusammen mit Lenbach nach Rom. Dort lernte Marées den Bildhauer Hildebrand und den Kunsttheoretiker Adolph Konrad Fiedler kennen. Dieser Mäzen unterstützte die beiden Künstler und war schuld daran, daß sie sich in Florenz niederließen. Dort hatte er das alte Kloster San Francesco di Paolo entdeckt, in dem Marées und Hildebrand sich 1874 eine Arbeits- und schließlich Wohnstätte einrichteten.

Die Freundschaft zwischen Marées und Hildebrand zerbricht, als dieser heiratet. Der Bildhauer ist „keiner von den großen Lebensverzichtern, die wie Michelangelo, Leonardo, den Genius zum einzigen Gefährten haben können", wie Isolde vermerkt, und liebt seine barocke Frau, das Leben und den sinnlichen Genuß. Irene bringt neuen Lebensgeist in die alten Mauern und, wie Isolde beschreibt, „die Mittel zu einer äußeren Lebensgestaltung hinzu, die ihr Haus zur Stätte der Schönheit und der edelsten Geselligkeit machte, worin sie selbst Meisterin war. Nur um wenige Jahre älter, aber durch ihre frühere Ehe schon weit lebensreifer und welterfahrener, nahm sie dem Unerfahrenen alle die weltlichen Geschäfte ab, die den Genius belastet hätten. Sie lenkte einen vielköpfigen, immer wachsenden Hausstand mit so leichter Hand, daß alles von selber zu gehen schien. Ich kann mir sie nicht anders als mit einem Buche sitzend oder liegend denken, sie erwartete in jenen Florentiner Jahren ja fast immer ein Kleines."

In den siebziger Jahren wird Hildebrand zum künstlerischen Leitstern der Deutschen in Florenz. Familie Kurz teilt mit dem neuen Freund vor allem die Liebe zur Antike. Sie spricht aus den Werken des Bildhauers, deren ruhigen, klar überschaubaren Formen.

Verfeinerte Schönheit und Echtheit

Florenz ist in den siebziger Jahren des 19. Jahrhunderts noch eine kleine Stadt, „wo der Verkehr auf den Straßen noch so schonend und höflich verlief wie in den Gängen eines Palazzo". Der geschichtsträchtige, kunstsinnige Boden dieser Stadt und die Ausstrahlung der Florentiner lassen die Erlebnisse in Deutschland, die Moderne, das in Blüte stehende Industriezeitalter verblassen: „In der Stille dieser Stadt lebte der Deutsche wie auf einer Geisterinsel, dem Lärm und Gehaste der Zeit entrückt."

So entsteht bei den ausgewanderten deutschen Künstlern und Intellektuellen ein neues, elitäres Bewußtstein. „Auf diesem Boden", schreibt Isolde, entwickelt sich „aus der Berührung zweier Volksarten und zweier Kulturen etwas Drittes, Besonderes, eben jene deutsch-florentinische Kolonie, die zu den Zeitströmungen im stärksten Gegensatz stand, aber doch als stille Kulturmacht ganz allmählich in das geistige Leben Deutschlands hinüberdrang."

Kosmopolitisch ist dieses Gefühl, nicht auf die Deutschen beschränkt. Es geht um die „Verfeinerung des Schönheitsgefühls und des Echtheitsgefühls". Wer diese Empfindung teilt, kann die „Ausgeburten eines unentwickelteren oder verdorbenen Geschmacks" nicht mehr ertragen – was „bei sehr empfindlichen Naturen zur Unduldsamkeit führte gegen alles, was nicht diesen Stempel trug." Und sie benutzt den hebräischen Ausdruck für Erkennungszeichen, um das Band zu erklären, was diese Künstlerkolonie verbindet: „Der Name Florenz wurde das Schibboleth für die geistige Zusammengehörigkeit der Wenigen."

Das Kennzeichen dieser Ästheten ist „die Verbindung der hohen Stilform mit dem Tieforganischen, dem Naturverwachsenen in jeder Art von schöpferischem Tun und Sein. Eine Kunst, die durch Vollendung wieder zur Natur wird, zu einer verklärten Natur. Und jeder (Künstler) wird hier suchen, zuerst in Sammlung und Stille sich selber zu erschaffen, um hernach schaffend auf die Zeit einzuwirken." Das ist das Geheimnis von Florenz, der toskanischen Landschaft.

Freunde und Künstlertreffs

Zum Florentiner Künstlerkreis gehören zwei Maler aus der Schweiz, Arnold Böcklin, der damals, so Isolde, sein „lustiges und lüsternes Meergesindel" am Lungo Mugnone malt, und das Multitalent Karl Stauffer-Bern, der Dichter, Maler und Bildhauer, dessen abenteuerliches Schicksal mit Hildebrand und Erwin Kurz verbunden ist.

Die weiteren engeren Freunde sind der Historiker und Publizist Karl Hillebrand, der am Aufstand in Baden 1849 teilgenommen hatte, nach Paris geflohen war und mit seiner englischen Gattin Jessy Laussot seit 1871 in Florenz lebt (in deren Salon hört Isolde den greisen Franz Liszt spielen); der Poet Heinrich Homberger; Marchese Guerrieri Gonzaga, der eine Frankfurterin zur Frau hat (ihr Salon gewinnt Anfang der achtziger Jahre an Attraktivität); der englische Lektor Charles Grant; der Freund von Bruder Edgar, Dr. Carlo Vanzetti, und Professor Carol Fasola, der Deutsche Sprache und Literatur an der Hochschule in Florenz lehrt und dessen Gattin aus München stammt. Beim Historiker Robert Davidsohn und seiner Frau Fili trifft sich die gesellige Runde in den neunziger Jahren einmal in der Woche. Das Haus Davidsohn steht jederzeit „auch durchreisenden Deutschen gastlich offen" und bildet eine „Verbindungsbrücke nach Deutschland".

Zu Besuch kommen die Münchner Freunde, Paul Heyse mit Frau und die Familie von Hornstein. Auch Edgars in Rom lebenden Freunde schauen ab und zu herein, Dr. von Fleischl und der Maler Karl von Pidoll, Schüler von Marées. Weibliche berühmte Gäste sind die Schriftstellerinnen Malvida von Meysenbug, Auguste von Eichthal, Gisela Grimm.

Gast im Hause Hildebrand

Der junge Doktor Edgar Kurz wird wohl Hausarzt der Familie Hildebrand gewesen sein. Sicher ist, daß er nicht nur einmal mit dem Bildhauer beim Portweintrinken versackte: Ein Geheimtip ist der Feinkostladen des Schweizers Marugg in der Via Porta Rossa. Im Flaschenmagazin, zwischen Heringstonnen schmeckt der schwere englischer Porter den Künstlern ebensogut wie den Ärzten. So daß Irene ihren Gatten des öfteren mit Roß und Wagen abholen muß.

Isolde und Edgar verbringen während mehrerer Jahre die Sonntagabende bei Hildebrands. Mit von der Partie ist häufig auch Bruder Erwin, „damals noch sehr jung und Hildebrands erster Schüler, der in seiner Werkstatt arbeitete und mit zur Familie gerechnet wurde. Er brachte mit seiner überschäumenden Jugendwonne und seiner humoristischen Nachahmungsgabe ein wahrhaft dionysisches Element hinzu."

Im ehemaligen Mönchskloster läßt man es sich gut gehen: Die Mischung von Intellekt und Genuß, von Künstlertum und Sinnlichkeit ist es, die Isolde fasziniert. Und von ihren Überspanntheiten heilt. Man sitzt im „kleinen Speisesaal mit der gemalten Sparrendecke" und schmaust einfach, aber erlesen, naturnah und besser als im besten Haus am Platze: „Die Hausfrau selber schnitt mit Anmut und Meisterschaft die wuchtigen Ochsenkeulen und die in der Brothülle gekochten Riesenschinken an, die fast eine Woche lange für die Familie vorhielten, mischte den Salat und versah die Gäste. Gemüse, Früchte, Blumen, lieferte das eigene Podere. Im strohumbundenen Fiasko glühte dunkel der köstliche selbstgezogene Wein, der im Glasgewand an der Sonne nachgereifte Soleggiato, oder für die Liebhaber des Süßen der gefällige, gesellige Aleatico."

Und nirgendwo geht es so locker zu, so ungezwungen. Die gesellige Runde scherzt und redet über Tiefsinniges. Das Wohltuendste daran: Jeder läßt dem anderen Gedanken- und Redefreiheit. Mit vollen Zügen genießt Isolde „die ganze Weite und Freiheit einer Geisteswelt, wo die Luft leicht war und die großen Dinge nicht mit Bleigewichten behängt".

Wie gut sich der Bildhauer und seine Frau in Isoldes Alltagswelt einfühlen können, beschreibt sie Jahrzehnte danach: „Zuweilen, wenn mein eigenes Leben zu schwer über mir wurde, holten mich die Freunde für vierzehn Tage ganz zu sich nach San Francesco. Zu Hause zwischen meinem hinsterbenden jüngsten Bruder, dem in stete Kämpfe verstrickten Ältesten und der erregten Mutter, die sich für beide verzehrte und mich dabei nicht missen konnte, wagte ich immer nur mit halber Lunge zu atmen. Sobald die alte Klosterpforte hinter mir zufiel weitete sich die Brust: Nun hatte man Teil an der Geborgenheit und Schicksallosigkeit der Bewohner, nun begann ein einziger langer Feiertag. Sein Leid, seine Bangigkeiten mußte man draußen lassen wie der Orientale seine Schuhe ablegt beim Betreten des Heiligtums: Dergleichen gab es im Haus des Glückes nicht, nur den Reigen der immer gleichen halkyonischen Stunden. Da waren Dinge der Kunst, an denen das Auge froh wurde, da war eine Bibliothek, die das beste aller Literaturen enthielt, ein umgebendes Landgut mit hochragendem Zypressenhügel, wo man die heißen Stunden lesend im Freien verbringen konnte."

Die halkyonischen Stunden: Nicht umsonst wählt Isolde dieses Wort aus der griechischen Mythologie als Bezeichnung des harmonischen Verhältnisses zwischen Irene und ihrem Mann. Sie heißen nach einer Frau: Alkyone (Halkyone) war die Frau des Königs Keyx von Trachis. Keyx ertrank, und sie stürzte sich aus Gram ins Meer. Daraufhin wurden beide in Meereisvögel verwandelt. Alkyonische Tage – Tage der glücklichen Ruhe – nannten die Griechen die winterliche Windstille während der Brutzeit der Meereisvögel.

Für Isolde klärt sich manches im Umgang mit diesem sieben Jahre älteren Mann. Sie verliert „manches Schiefe, was durch die Schiefheit meiner früheren Lage in mich gekommen war", sie wird „dem Leben gegenüber unbefangener und vertrauender", der „Bann der Unerlöstheit" fällt von ihr ab.

Er scheint eine magische Ausstrahlung gehabt zu haben, der nicht nur Isolde erliegt. Sie beschreibt ihn als „in seiner Art ein Bezauberer, in dessen Nähe niemand kam, ohne gefangen zu sein. Wo er hereintrat, weiteten sich die Räume, man atmete Sauerstoff. Bevor er zu reden anhob, waren die Hörer schon geneigt, ihm und ihm allein recht zu geben. Das war nicht nur die Wirkung seiner ungewöhnlichen Geisteskraft und der überraschenden Unmittelbarkeit, womit er sich gab; etwas Anderes, Unerklärliches kam noch hinzu, ein magnetischer Strom, wie aus dem Kosmischen kommend, der ein Gefühl höherer Gewißheit und Ordnung um ihn verbreitete. Die Verstimmten wurden hell, die Ängstlichen mutig, die Trauer richtete sich auf, denn es war, als verbände diesen begnadeten Menschen ein lebendiger Faden mit der Harmonie des Alls."

Genau kann sie unterscheiden, was sie an ihm mag und was sie ablehnt. Sie liebt seine „Unmittelbarkeit, die nichts Verbrauchtes, Angelerntes, heranließ" und die „beständige Reibung an seiner geistigen Welt". Sein Weltbild aber ist nicht das Ihre, denn es entspringt „seinen glücklichen Augen, die nur das Schöne hereinließen und alles Störende ausschlossen, ebensosehr wie seiner bevorzugten Lebensstellung". Der „Geistesmacht des Älteren" erliegt sie nicht wie andere und betrachtet die lebenslange Freundschaft mit Hildebrand „stets als eines meiner kostbarsten Glücksgüter". Sie charakterisiert ihr Verhältnis als eine „mehr als vierzig Jahre dauernde, fast geschwisterliche Vertrautheit".

Mit dem Ruhm des aufstrebenden Bildhauers wächst der gesellige Kreis und wird „zu einem geistigen Weltmittelpunkt". Es ist nicht mehr so wie früher – bald reicht ein „Diener in weißen Handschuhen die Platten herum".

Abschied von Balde

Vier schöne Jahre erlebt Balde noch in Florenz. Das milde Klima erleichert sein Leiden. Hier hat Bruder Edgar richtig geraten, als er die Auswanderung in den warmen Süden verfügte. Am liebsten beschäftigt Balde sich mit der Welt der Tiere. Zu Hause lebt er „zwischen Vögeln und Blattpflanzen" und liest. Wie sieht er aus? Die Schwester beschreibt ihn als einen halb kindlichen Jüngling mit „schönen, tief vergeistigten Zügen und dem Ausdruck einer unsagbaren jungfräulichen Reinheit und Zartheit".

Trotz seiner Krankheit, die ihn stark behindert, nimmt er

Garibaldi Kurz, genannt Balde,
gemalt von seinem Bruder Erwin, 1882

am Leben der Familie teil. Er wird nicht ausgesondert, sondern ist im Gegenteil „der geliebte Mittelpunkt des Hauses“. Die mütterliche Sorge gilt vor allem ihm. Die Mutter pflegt ihn bis zur Selbstaufgabe und, so Isolde, „verwächst allmählich mit ihm zu einer Person“, so daß sie die Gedanken des Sohnes errät und er die ihren. Sie verbringt während seiner schweren Anfälle von „Atemnot und der Herzbeklemmungen“ wochenlang Nacht für Nacht an seinem Krankenbett. Als die Krankheit sich verschlimmert, verläßt sie sein Zimmer nicht mehr, kauert am Fußende seines Bettes und schläft nur noch minutenweise. Auch Isolde ist in die häusliche Pflege so mit eingespannt, daß sie für eigene Arbeiten keine Zeit findet.

Offensichtlich ist aber Balde der einzige Bruder, der Isoldes literarisches Talent schätzt und zu würdigen weiß. Die Märchen, die sie für ihn erfunden und aufgeschrieben hat, sind ihr erster Prosaversuch. Auf seine Anregung hin entstanden! Sie schreibt über ihn in ihren Memoiren (im Alter von über achtzig Jahren): „An meinen frühen literarischen Versuchen, die auch teilweise ihm zur Unterhaltung geschrieben waren, nahm er herzlicheren Anteil als die anderen Brüder; noch unlängst fand ich mit Rührung einen Stoß Blätter von seiner Hand mit Abschriften meiner damals entstandenen Märchen. Er war aber kein kritikloser Bewunderer, sondern sah mir scharf auf die Finger, denn er hatte sich bei seinem vielen Lesen ein sehr feines literarisches Unterscheidungsvermögen angeeignet.“

Nach Baldes Tod im Alter von 21 Jahren wird sein junges Leben und vor allem sein Humor zur viel erzählten Legende in der Familie, wie Isolde berichtet: „Ich sehe ihn noch, wie er in seinen guten Stunden durch die Straßen von Florenz ging, häufig einen um den Arm gelegten Schal achtlos am Boden nachziehend, mit langsamem, vorsichtigem Gang, um das Herz nicht zu beunruhigen, aber innerlich tief lebendig und stets zu allerlei Humoren aufgelegt.“

11. KAPITEL

Helfende Hände

Der Arzt bei der Arbeit

Edgars medizinische Fähigkeiten liegen auf drei Gebieten: der Inneren Medizin, der Chirurgie und der Gynäkologie. Die wissenschaftlichen Erkenntnisse, mit denen er arbeitet, sind nicht so ganz neu, haben aber in der Praxis noch keinen Niederschlag gefunden. Auch in Florenz nicht. So betritt er dort gewissermaßen Neuland und nimmt den Kampf mit dem Kindbettfieber auf, an dem im Florenz des ausgehenden 19. Jahrhunderts noch Tausende von Wöchnerinnen sterben. 1847 hatte der Arzt und Geburtshelfer Ignaz Semmelweis nachgewiesen, daß die Ursache des Kindbettfiebers eine Kontaktinfektion ist und die ersten erfolgreichen Desinfektionsmethoden entwickelt. Edgar, der in Wien, der Wirkungsstätte von Semmelweis, hospitiert hat, führt diese Methoden in Florenz ein.

Neben der Frauenheilkunde interessiert sich Edgar für die Chirurgie. Außerhalb der Hochschulen gibt es kaum Chirurgen, und auch die Krankenhauschirurgie steckt noch in den Kinderschuhen und steht in keinem sonderlich guten Ruf. In Württemberg arbeiten die Oberamtsärzte zugleich im Krankenhaus. In diese Position gelangt man meist erst im fortgeschrittenen Alter. So haben die würdigen Herren meist keine Fachkenntnisse in der operativen Chirurgie, wie sie an den Universitäten gerade erforscht und praktiziert wird. Eine Kluft zwischen Forschung und Praxis, und ein Beleg dafür, wie langsam sich neue Kenntnisse und Forschungsergebnisse verbreiten! Zur Zeit der Jahrhundertwende gibt es einen Chirurgen in Tübingen (Bruns) und einen angesehenen Fachchirurgen in Stuttgart. Wer sich als junger Arzt der Chirurgie widmen will, operiert – im Privathaus.

In Florenz operiert Edgar in den Häusern der Kranken oder im Hotelzimmer. Dabei ersinnt er Hilfsmittel wie kein anderer. Wie erleichtere ich mir meine Arbeit? Mit ein bißchen Überlegungen und Erfahrung scheint es leicht. Er baut eine Kiste, die man aufklappen und transportieren kann wie einen Koffer. In dieser Kiste hat nicht nur das Operationsmaterial Platz (Instrumente, Tupfer, Chloroform). Man kann sie auseinandernehmen und als Operationstisch im Krankenzimmer wieder zusammenbauen. Der leichte, transportable Operationstisch hat sogar stabile Füße. So kann der Arzt im Haus des Kranken selbst große Operationen durchführen, beispielsweise die Eröffnung der Bauchhöhle für Eingriffe an den dort befindlichen Organen oder das Entfernen der Eierstöcke. Zeuge für dieses ungewöhnliche Unternehmen in einem Bauernhaus bei Prato ist ein junger Mediziner, Franz Schiler, Arztsohn aus Calw und Enkel von Franz Hopf (Mitstreiter von Hermann Kurz 1848), der 1893 vier Wochen lang bei Edgar zuschaut.

Zu Edgars Erfindungen gehört die nach ihm benannte „Kurzsche Nadel", eigentlich ein Nadelhalter, in dessen Griff eine Rolle „Vömelseide" untergebracht ist. Die Nadel ist so konstruiert, daß man den Seidenfaden nur ein Mal einfädeln muß: Nach jedem Stich wird er vorne abgeschnitten und der Halter zurückgezogen. Isolde, die von medizinischen Angelegenheiten nichts versteht, freut sich, als in den dreißiger Jahren ein ehemaliger Kollege Edgars versichert, daß ihr Bruder „in der Wissenschaft keineswegs vergessen sei und daß eine seiner chirurgischen Erfindungen, die ‚Kurzsche Nadel', immer in Gebrauch geblieben sei, weil sie, ebenso einfach und zweckgerecht wie die Dinge der Natur, gar nicht ersetzt noch verbessert werden könne."

Edgar erfindet mit großer Freude eine Anzahl weiterer Instrumente, die das Operieren vereinfachen: ein Spekulum mit einem senkrechten Stängchen und einer Klammer, mit dessen Hilfe der Uterus fixiert werden kann – der Chirurg kann nun mit beiden Händen arbeiten; ein Instrument zum Wegschneiden einer Schleimzyste am Stimmband; eine Zange für Schädeloperationen. Zusätzlich zum schon erwähnten Operationskoffer entwickelt er ein Brett mit senkrecht einzusteckenden Stangen und Beinhaltern, das man in jedem Haus

Edgar Kurz

an jeden Tisch anschrauben kann und mit dem man beispielsweise Becken hochlagern kann.

Die Poliambulanz

Im Jahr 1889 gründet Edgar, zusammen mit seinem italienischen Kollegen Dr. Carlo Vanzetti, mit dem ihn seit 1881 eine tiefe Freundschaft verbindet, eine neuartige medizinische Einrichtung: die chirurgische „Poliambulanz". Im historischen Palast der Buondelmonti operieren die Freunde gemeinsam – in einem Sprechstundenraum. Edgar darf hier auch Italiener behandeln. Die Poliambulanz, eine Einrichtung für Operationen ohne Krankenhaus, entspricht, so Isolde, „einem dringenden Bedürfnis der niederen Klassen". Die frisch Operierten werden in eine Droschke gesetzt, nach Hause gebracht und dort von den Ärzten weiter behandelt. Erst im Lauf der Zeit entsteht eine kleine Klinik, in der die Kranken von den „Englischen Schwestern" betreut werden. Damit entfallen die zeitaufwendigen Hausbesuche der Ärzte.

Außer Freund Vanzetti arbeitet eine Dame aus der russischen Gesellschaft mit, Baronesse von Weiss. Sie assistiert bei Operationen und Behandlungen, macht die Buchführung und alles Geschäftliche. Ein weiterer italienischer Arzt, Dr. Guastalla, wird von Edgar und Vanzetti an der Poliambulanz ausgebildet und arbeitet ebenfalls mit. Edgars Poliambulanz weckt Interesse auch bei seinen deutschen Kollegen. Die alten Kontakte sind nicht abgerissen, im Gegenteil. Ab und zu schaut ein Kollege in Florenz vorbei. Besonders stolz ist Edgar, als der berühmte Chirurg Theodor Billroth ihm bei einer Operation assistiert.

Außerdem verfaßt Edgar etwa achtzig wissenschaftliche Aufsätze über seine Tätigkeit. Franz Schiler berichtet 1950, wie sein Vater die von Edgar geschickten Berichte gesammelt und ihm vererbt hat. Er gibt einen Überblick über die aufsehenerregendsten Fälle: „Echinokokkus der Leber, Eröffnung, Drainage, Heilung" – damit ist wahrscheinlich ein Befall der Leber mit den Larven des Hunde- oder Fuchsbandwurms gemeint. Der „Echinokokkus cysticus" siedelt sich in der Leber an, wo sich bis zu kindskopfgroße, mit Bandwurmlarven gefüllte Höhlen befinden. Auch heute wird der befallene Leberteil chirurgisch entfernt. Der zweite Fall ist eine durch Tuberkulose entstandene „Lungencaverne": Tuberkelbakterien haben Löcher in das Lungengewebe gefressen. Edgar operiert, drainiert – und kann den Patienten als geheilt entlassen. Ein hoffnungsloser Fall ist der Patient mit Krebsbefall am Pylorus oder Pförtner, dem Schließmuskel am Ausgang des Magens. Edgar operiert auf „dringendstes Verlangen des Kranken" hin, der bald darauf stirbt. Die Leichenöffnung ergibt, daß Edgars Magendarmnaht gehalten hat – eine Seltenheit in jener Epoche. Einen Darmverschluß operiert er in einem Hotelzimmer, der Patient überlebt. Schiler überliefert außerdem einen Vortrag Edgars über die damals noch weitgehend unbekannte Schwangerschaft außerhalb der Gebärmutter und mahnt seine Kollegen, diese Möglichkeit bei der Diagnose nicht zu übersehen.

Voller Bewunderung schreibt Franz Schiler über Edgar: „Eines seine größten Verdienste ist aber die trockene Asepsis, die er als einer der ersten geübt hat und für die er eingetreten ist. In meiner Studentenzeit kannte man noch bloß Karbol, Sublimat, Jodoform und ähnliches. Als ich nach Florenz kam, sah ich zum erstenmal das trockene Operieren und die einfache Asepsis mit ihren Vorteilen. Kurz hat auch bei nichtinfizierten Wunden nie drainiert, was etwas Neues war."

Die Asepsis oder Keimfreiheit geht auf den schon erwähnten Ignaz Semmelweis zurück. Er war der erste, der die Notwendigkeit einer Desinfektion aller Gegenstände und Personen, die mit einer Wunde in Berührung kommen, erkannte. Die Keimfreiheit ist unabdingbare Voraussetzung jeder Operationstätigkeit und hat die Erfolge der heutigen Chirurgie erst ermöglicht. 1867 führte Josef Lister die Antisepsis ein, die der Esslinger Arzt Franz Schiler während seines Studiums kennenlernte. Bei diesem Verfahren werden bakterientötende chemische Stoffe zur Entkeimung bei der Operationsvorbereitung verwendet. Die Antisepsis ist die Vorläuferin der Asepsis, die Ernst von Bergmann entwickelte und die von Edgar praktiziert wird. Dabei verwendet man kein keimtötendes chemisches Mittel. Die Asepsis beruht auf der Desinfektion der Instrumente, Operationswäsche, Verbandsstoffe, Arzt- und Helferhände und der Haut des Kranken.

Und noch etwas Besonderes vermeldet Franz Schiler über Edgar: „Kurz war ein feiner Diagnostiker, und die Diagnosen waren ohne Röntgen doch ungleich schwieriger. Der fand mit seinen schlanken Fingern und seinem klaren Kopf manches heraus, was anderen verborgen blieb. Natürlich hat er auch manches betrieben, von dem man später wieder abgekommen ist." Dazu zählt er beispielsweise die „Kuren mit Kochschem Tuberkulin", die als eine Art von Impfung zu verstehen sind, um das Immunsystem gegen die Tuberkelbakterien zu stimulieren.

Retter in der Not

Trotz aller Erfolge, Erfindungen und Einrichtungen bleibt der große Durchbruch aus. Edgars Karriere behindert ein typischer Charakterzug. An einer großen Praxis mit zahlungsfähigen Patienten ist er gar nicht interessiert. Im Grunde genommen interessieren ihn nur die Schwerkranken, an denen er seine Kräfte messen kann. Mit leichten Fällen beschäftigt er sich nur ungern, muß aber als Fremdenarzt auch die kleinen Unpäßlichkeiten und kleineren Übel der Florenzbesucher behandeln. Dies fällt ihm schwer. Hier spart er an Zeit, die er den Schwerkranken dann wieder zuwendet. Zuwider sind ihm vor allem die eingebildeten Kranken und diejenigen, die eher einen Seelsorger als einen Mediziner brauchen. Da steht das eigene Weltbild und das Selbstbewußtsein entgegen, wie die Schwester meint: „Seine eigene eiserne Energie im Gesundseinwollen machte ihn gegen solche kleine Leiden gleichgültig, fast unduldsam – die Unpäßlichkeiten, die ihn selbst befielen, wurden ja immer stehend und gehend abgemacht."

Was meint Edgar selbst dazu? In einem Gedicht „Auf einem Berufsgang" hat er seine Gefühle und seinen Antrieb in poetische Worte gefaßt:

„Es bläst der Wind, der Regen gießt in Strömen,
Die schwarze Wolke stellt sich vor den Mond,
Im Dunkeln heißt die Pflicht den Weg mich weiter nehmen!
So sei ich durch mich selbst belohnt.

Ich will die Schmerzen kühlen
Und meiner Seele Not
Im Kampf mit Wind und Wetter,
Im Ringen mit dem Tod."

Edgar liebt die schweren, die gefährlichen Fälle. Das reizt seinen Verstand, sein Können. Da kann er zeigen, was in ihm steckt: Sein Blick schärft sich, seine Energie ist auf diesen einen Punkt, diesen einen Menschen mit seiner schweren Krankheit konzentriert. Anerkennend schreibt Isolde: „Niemals stumpfte er gegen den Anblick menschlichen Leides ab." Er opfert Zeit und Kraft und nimmt keine Rücksicht auf sich selbst. Wie schlimm der Fall auch stehen mag: Über schlechte Aussichten spricht er niemals: „Es war ihm, als müßte die Siegesgewißheit den Tod selbst bezwingen, und immer kämpfte er fort bis zum alleräußersten. War die Rettung unmöglich, so blieb er wenigstens zugegen und kürzte furchtlos die letzte Pein ab, daher es manchem hoffnungslos Leidenden zum letzten Wunsche wurde, unter diesen stillen Händen leicht und schmerzlos zu verscheiden."

Die Familie sieht Edgar nur zu den Mahlzeiten und zur Sprechstunde. Denn die Praxis wird im Haus eingerichtet. In Anspruch nimmt ihn nicht nur sein Beruf, sondern auch, wie Isolde vermeldet, „die Geselligkeit, die medizinischen Vereinigungen, die Fehden, die seine wissenschaftliche Stellung und sein unbeugsames Auftreten ihm zuzogen, alle die tausend Verwicklungen seines sturmbewegten Lebens".

Die Liebe

Verwicklungen gibt es allerhand in Edgars Leben. Während er mit Kollegen und wohl auch mit Patienten oft Auseinandersetzungen hat, ist seine Wirkung auf die Frauenwelt von gegenteiliger Art. Anziehend machen ihn nicht nur seine Schönheit, wie Isolde beschreibt, sondern auch seine sanften Umgangsformen: „Mehr als je wurde er von den Frauen gesucht und ausgezeichnet; sein aristokratisches Wesen, seine Jugend und Ritterlichkeit mit jenem Zug ins heroisch Abenteuerliche, der aus den soldatischen Traditionen der mütterlichen Vorfahren stammen mochte, verbunden mit seiner Zartheit am Krankenbett, erwarben ihm glühende Neigungen, wie sie in solcher Zahl nur selten einem Sterblichen zuteil werden, besäten aber auch seinen Lebensweg mit Unruhen aller Art." Manche Patientin meint, ohne ihren jungen Arzt nicht mehr leben zu können und sucht körperlich seine Nähe. Mitunter quartieren sie sich sogar in seinem Haus ein – schon seine Gegenwart bewirkt die Heilung.

In Edgars Gedichten ist die Rede von allerlei Liebschaften. Dies beginnt schon in der Studentenzeit, in der er zahlreiche Leidenschaften erlebt. Die Biografin Isolde mißt allerdings weniger den einzelnen Frauen Bedeutung zu, sondern stellt Edgars Suche nach dem Idealbild in den Vordergrund: „Die Frauen, die er rasch geliebt und rasch besungen hat, er konnte sie wohl im Lauf der Jahre nicht mehr zählen, aber immer sind es dieselben Züge, ein Phantasiebild, dem er rastlos nachjagte, die eine ideale Geliebte, die er in hundert Verkleidungen zu finden glaubte."

Es geht ihm wie dem Vater, der Schwester: Liebe, Enttäuschung, Liebe. Typisches Beispiel für Edgars Wagemut, Lebenseinstellung und Verarbeitung einer Enttäuschung ist das Gedicht „Stille":

„Einst in der Jugend goldnen Tagen,
Als hoch mein Herz im Busen schlug,
Da durft' ich alles hoffen, wagen,
Nichts hemmte meiner Seele Flug.

Und stets bereit mich hinzugeben
Der Liebe wie des Hasses Glut,
Weiht' ich der Liebsten froh mein Leben,
Bot ich dem Feinde keck mein Blut.

Ich blieb allein mit meinem Trachten,
Sah, daß kein Herz es ernst gemeint,
So lernt' ich nach und nach verachten
Und dann vergessen Freund und Feind.

Nun herrscht die Ruh im öden Raume,
Kein Feind ist mehr des Kampfes wert,
Und manchmal nur in dunklem Traume
Greif' ich noch tastend nach dem Schwert.

So geh' ich, von dem Gott verlassen,
Der ehmals mir die Brust geschwellt,
Zu kühl zum Lieben und zum Hassen,
Gar still und einsam durch die Welt."

Kann man sicher sein, daß Isolde in der Lebensbeschreibung des Bruders nicht Wesentliches vertuscht? Ein vager Hinweis sei an dieser Stelle erlaubt: Isolde verleiht Gunther, dem älteren Bruder der Heldin ihres Bestsellers „Vanadis" Edgars Züge. Dieser verstrickt sich in eine Liebschaft mit der jungen Freundin der Schwester, als sie bereits anderweitig verheiratet ist. Der dramatische Ehebruch zieht den Selbstmord des Bruders nach sich – im Roman. Da Isoldes Romanfiguren lebensechte Züge tragen, aber nicht die tatsächliche Person wiedergeben, bleibt der Rückschluß offen. Immerhin schildert Edgar in einem seiner Gedichte ein heimliches Abenteuer, das er als Student in Reutlingen erlebte. Mit „einem Liebchen" hat er sich „vor verhaßten Späheraugen" in die Heimatstadt des Vaters zurückgezogen und dort „eine ruhig sichre Freistatt" gefunden. Einen anderen, kleinen Hinweis bietet Isolde auch am Schluß ihrer Jugenderinnerungen, als sie über ihren Bruder schreibt: „Ich wußte auch vor allem nichts von den Herzensstürmen, die schon über ihn hereingebraust waren, und wie Frauenliebe an ihm gemodelt hatte."

In seinen Gedichten bringt Edgar zum Ausdruck, daß nicht nur die rationelle Überlegung nach sicheren Einkünften, sondern vielmehr eine enttäuschte Liebe ihn aus der Heimat getrieben hat.

Einsam bleibt Edgar nicht lange. Denn auch er macht weitere Erfahrungen, zumal in Italien, wo ihm die Herzen feuriger zufliegen als im kühleren Norden. Er ist in der glücklichen Lage, die erwachte Leidenschaft ausleben zu können, wie er mehrfach schildert. Der Tag gehört dem Beruf, die Nacht der Liebsten:

„Noch brennen mich die Wangen und der Mund.
Von deinen Küssen, Rose von Messina,
Sind mir die Lippen fieberheiß und wund.

Der Morgenwind, mir kühlt er nicht das Blut.
Schwül wird der Tag; o Rose von Messina,
Es brannt' in dir des Ätna ganze Glut."

Ein Lebemann, der junge Arzt? Es scheint so zu sein, daß er rasch entflammt, mit Leidenschaft liebt, enttäuscht wird, leidet – und bald wieder weiblichem Liebreiz verfällt.

Das Steinbild Rosa

Der „plötzliche" Edgar entschließt sich eines Tages zur Heirat. Nicht eine feurige Florentinierin, sondern eine Württembergerin. Auf Vermittlung von Freunden finden sich die beiden. Nach wenigen Wochen wird geheiratet, und Edgar kommt mit seiner jungen Frau nach Florenz.

Edgar hat nicht nur versäumt, Isolde von seiner Brautsuche und seinen Heiratsplänen rechtzeitig zu unterrichten, sondern auch, ihr seine Braut im Vorfeld bekannt zu machen. Isolde findet bei ihrer Rückkehr von einer Reise im Haus eine andere Frau vor, die ihr auf den ersten Blick nicht sympathisch ist. Rosa entspricht zwar äußerlich den ästhetischen Vorstellungen Isoldes – eine antike Schönheit mit „schön geschnittenen Züge einer griechischen Gemme", entpuppt sich aber als „das feingesichtige Steinbild Rosa mit den leeren weißen Augen". Isolde schauert vor ihr zurück: „Ich erschrak vor dem Strom von Kaltluft, der von ihr ausging und der mir die bedrückte Stimmung, die ich im Hause vorfand, erklärte. Das innere Zurückweichen war gegenseitig, man konnte nur hoffen, sich nebeneinander einzurichten."

Rosa findet sich in dieser Familie, die gewohnt ist, aufs Geistige zu achten, überhaupt nicht zurecht. Edgar spricht davon, daß ihre „geistige Entwicklung nicht weiter sei als eine Vierzehnjährige", die man innerhalb der Familie unbedingt ausbilden müsse. Dies bestätigt Isolde, die hinzufügt „nur daß auch kein höheres Bedürfnis vorhanden oder zu erwecken war". Und das in dieser Familie! Rosa ist dieser

Familie „innerlich nicht gewachsen“ und hat kein „liebendes Herz“. Dies ist der größte und härteste Vorwurf Isoldes, der sie jahrelang quält: „Ich habe mich später oft gefragt, ob es denn gar nicht möglich gewesen wäre, aus der unglücklichen Hausgenossenschaft etwas Besseres herauszuholen; aber das war auch dem großen Herzen meiner Mutter, die ihr ja gar nicht im Wege stand, nicht gelungen.“

Isolde hat die Konflikte mit der Frauenwelt, die sie von Tübingen her gewohnt ist, nun innerhalb ihrer eigenen vier Wände auszufechten. Es geht um mehr als nur die Duldung einer gefühlskalten und an der geistigen Welt nicht interessierten Schwägerin. Es ist nicht nur die Überwindung der eigenen Eifersucht, daß der Bruder nun eine andere Frau vorzieht, endgültig und mit Leidenschaft. Es ist auch die Art von Frau, der Frauentypus, auf den Isolde aggressiv reagiert. Isolde, in ihren Reaktionen nicht minder heftig als ihre Geschwister, wird ihre Abneigung auch nicht verborgen haben. Wahrscheinlich ist sie dazu weder in der Lage noch willens gewesen.

Eine Reihe kleinlicher Konflikte bahnt sich an. Vor allem das Zusammenleben mit Rosas Mutter birgt eine ganze Menge Zündstoff. Wenn Isolde vom „leibhaftigen Geist der Zwietracht“ berichtet, die „gleich in die ersten Ehetage hinein ungestört nach beiden Seiten Mißtrauen und Unfrieden säen konnte“, kann man sich vorstellen, was im Hause Kurz los war. „Gerne hätte ich der neuen Hausgenossin die äußeren Vorteile überlassen,“ berichtet Isolde von dieser schweren Zeit, „wäre nur nicht das Huschen und Horchen gewesen, wodurch die ganze Luft verändert wurde, und vor allem das krampfhafte, zum Teil auf Wahnideen beruhende Ausstreuen falscher Bezichtigungen, wodurch ich alten Freunden entfremdet und mehr und mehr abgeschnürt werden sollte.“

Die Räumlichkeiten

Marie, Isolde und Balde sind im September 1877 nach Florenz gekommen. Ihr erstes Quartier befand sich in der Via della Scala. Die Wohnung, in der sie sich bald gemeinsam mit Edgar niederlassen, liegt am Viale Principessa Margherita, der alten Festung San Giovanni gegenüber. Prächtig oder gar repräsentativ geht es nicht zu in der Familie Kurz. Die Einrichtung ist wesentlich bescheidener als vordem in Tübingen. Da lenkt man doch lieber den Blick aus dem Fenster wie Isolde und berichtet vom einmaligen Blick über die fremde Stadt: Von der im Norden gelegenen Küche kann man über die Stadt bis zum Uhrturm von Fiesole sehen.

Der Schuß Romantik, der dem ganzen wagemutigen Unternehmen anhaftet, gipfelt in der Beschreibung der Küche. Dort geht es nämlich zu wie in alten Zeiten: Gekocht wird auf einem gemauertem Herd mit einem „Kohlenfeuer", das man „durch Wedeln mit dem Strohfächer" in Gang hält. Es bringt, so Isolde, „eine reizvolle Ursprünglichkeit in das Tagesleben". Von der Umständlichkeit und der Mühe erzählt sie nichts. Sie hat mit dem Hauswesen ja auch nichts zu tun. Dessen Oberhaupt ist die Mutter, während die Haushälterin Josephine die weite Reise mitgemacht hat und mit ihren „erprobten Händen" den Hausstand führt.

So karg wie in Tübingen muß es jetzt jedoch nicht mehr zugehen. Zum einen ist alles billiger in Italien. So sinken die Lebenshaltungskosten. Zum andern haben drei Familienmitglieder feste Einkünfte. Edgar hat als Arzt eine sichere Stellung und fortdauernde Einnahmen. Isolde besitzt „literarische Verbindungen verschiedener Art", unter anderem sucht sie nach italienischen Romanen für einen Stuttgarter Verlag, um sie zu übersetzen. Die dritte Person mit Einkünften ist die Mutter mit ihrer Pension.

Vom Aufstieg der Familie kündet schließlich der Kauf eines eigenen Heims. Edgar allein kann die Villa in der Via delle Porte nuove nicht allein finanzieren. Da kommt die Erbschaft der Schwester gerade recht. Isolde berichtet: „Es war dies eine kleine Erbschaft, die auf dem Umweg über meine Mutter zu mir gekommen war, als Vergütung für die lange wirtschaftliche Benachteiligung, die ich im Elternhaus erfahren hatte. Das Geld war auf Heyses Rat in Berlin bei einem in Häusern spekulierenden Philosophie Professor angelegt gewesen, für dessen Sicherheit Heyse, der ihm auch sein eigenes anvertraut hatte, unbedingt einstehen zu können glaubte. Der Ertrag hatte bei dem hohen Zinsfuß für eine Reihe von Jahren einen sehr willkommenen Zuschuß zu meinen unsicheren Einnahmen und Mamas kleiner Pension gebildet, als plötzlich das Häusergeschäft wankte!" Isolde erfährt zufällig davon und rettet das Ihrige rechtzeitig vor dem Zusammenbruch. Als das Geld eintrifft, macht Edgar den Vorschlag, „durch zinslose Überlassung des Betrags gleichberechtigte Mitbesitzerin der Villina zu werden. Ich sah ja, sein Herz hing an den Hause, und woran das seine, daran hing auch das Herz der Mutter."

Also stimmt sie zu, innerlich schweren Herzens, als hätte sie geahnt, was auf sie zukommt. 1883 wird das neue Heim bezogen, das ganz offensichtlich nur Edgars Bedürfnisse befriedigt. Isolde mit ihrem Verlangen nach einem ruhigen, hellen Raum zum Schreiben ist von vornherein im Nachteil.

Der Kleinkrieg

Die häuslichen Konflikte zwischen Isolde und Rosa beziehen sich auf die Verteilung der Räumlichkeiten im Haus. Rosa eignet sich auf Isoldes Kosten die Räume und ihre Nutzung an. Isolde gehört nun die Hälfte eines Hauses, das sie nicht mehr so nutzen kann, wie sie möchte. Ein Angebot von Edgars Schwiegereltern, ihren Hausteil abzukaufen, lehnt sie ab, weil sie nicht möchte, daß der Bruder von dieser Familie in irgendeiner Weise abhängig wird.

Edgar steht das Obergeschoß der Villa zu mit hellen, großen Zimmern. Im Erdgeschoß sind die Räume dunkel und schlecht verteilt. Der Gartensalon wird zum Speisezimmer für die Familie, weil die Küche daneben liegt. Das Mittelstück des Erdgeschosses ist eine Glashalle – das Pendant im oberen Stockwerk ist eine Veranda. Dahinter liegt ein langer, dunkler Raum, den Isolde für abendliche Geselligkeiten nutzen möchte – bis Rosa ihn für eigene Zwecke beanspruchte. Der linke Hausflügel birgt an der Gartenseite zwei kleine Zimmer. Das vordere ist Isoldes Arbeitszimmer, das durch eine zum Garten führende Glastür Licht bekommt. Das anstoßende Zimmer ist zu dunkel zum Arbeiten: Es bekommt nur durch einen quadratischen Ausschnitt in der Höhe Licht. Ein weiteres hinteres Zimmer liegt der engen und lauten Straße zu (Via San Jacopino). Hier kann man auch nicht in Ruhe schreiben. Im Oberstock bewohnen Isolde und die Mutter zwei weitere Zimmer, die nach der Straßenseite liegen und einen separaten Eingang haben. Eine freistehende Holztreppe führt von hier in den Garten. In der darüberliegenden Kleinwohnung leben Bruder Erwin, seine Frau und der kleine Sohn eine Zeitlang.

Rosa breitet sich nicht nur im Hause aus, sondern bringt Isolde durch Lärmen vor ihrem Arbeitszimmer zur Verzweiflung. Isolde macht das einzig Richtige: Sie zieht aus. Die Mutter jedoch weicht nicht: „Sie machte das Gefühl ihrer Unentbehrlichkeit nahezu immun gegen die ungesunde Atmosphäre des Hauses. Zudem kugelte jetzt ein ganzes Häuflein Kinder in Haus und Garten – auch Alfred sandte jeweils seine beiden zu der Nonna –, und Kinder waren ihre Seligkeit. Auch mir haben sie lange Zeit das Unerträgliche erträglich gemacht, denn der Atem der Kindheit wirkt luftreinigend."

Tische auf Löwenfüßen

Für Isolde unerträglich ist das Verhältnis zwischen Rosa und Edgar. Da spielt nicht nur der Haß auf die Schwägerin mit, mit deren Lebensanschauung und Lebensweise sie nicht übereinstimmt. Mit Sarkasmus schildert Isolde die Bemühungen der Schwägerin, das Haus geschmackvoll einzurichten. Die Künstlerstadt Florenz regt Rosas häuslichen Gestaltungswillen an. Sie stattet die Räume des Hauses neu aus: Tische mit Löwenfüßen, die Wände mit edlen Stofftapeten. Anregung zur Ausgestaltung gewinnt sie aus befreundeten Künstlerhäusern wie bei Bildhauer Adolf Hildebrand. Isolde gefällt das Ganze nicht, denn alles bleibt „kalt und tot". Rosa sei nicht in der Lage, „tiefere Wurzeln" zu schlagen oder liebevolles Verständnis aufzubringen. Das schmerzt die Schwester, schmerzt die Mutter, die mit ansehen, wie trostlos das Eheleben der beiden sich abspielt: „Bei Tisch saßen sich die beiden stumm gegenüber, weil er in sein Merkbuch wissenschaftliche Eintragungen machte. Sonst verbrachte er den Tag in seinem Beruf. Was ihm die Ehe versagte, fand er nach wie vor bei der Freundschaft: der italienische Kollege brachte ihm all das Eingehen und die wärmende Aufmerksamkeit entgegen, die dem Liebebedürftigen in seinem eigenen Hausstand mangelten."

An Geistigem ist Rosa nichts abzugewinnen, auch nicht an „wärmender Aufmerksamkeit", die alle Familienmitglieder von der Mutter her gewohnt sind. Isolde und der Mutter blutet das Herz, den geliebten Edgar, den „hochfliegenden Geist", in dieser Umgebung, „an diese Luftschicht gebunden" zu sehen. Dies liegt natürlich auch an der Einstellung Isoldes (und wahrscheinlich auch der Mutter), daß die Frau als Gattin die Aufgabe habe, dem Partner geistig gewachsen zu sein und ihn auch in geistigen Dingen zu stützen.

Als Rosa Mutter wird, läuft das Faß über. Isolde kommentiert das Ereignis mit beißendem Spott, es gebe der Schwägerin „große Macht über das zärtliche Vaterherz". Edgars Tochter ist schön, „elfenhaft zart, mit großen Augen". Eifersüchtig bemerkt Isolde, wie der Bruder sich ändert: „Er wurde der rücksichtsvollste, fürsorgendste Gatte, der zärtlichste Vater. Das schäumende Leben floß allmählich in ebenerem Bette. Er begann an die Zukunft zu denken und schränkte seine persönlichen Bedürfnisse, denen er bis dahin freien Raum verstattet hatte, ängstlich ein."

Zu einem von der Tochter gemalten Bild fallen ihm so lustige Reime ein wie einst Hermann Kurz für seine Kinder. Edgar gibt sich alle Mühe, die Familie versorgt zu wissen. Isolde zählt auf, wie er sich einschränkt und was er an persönlichen Freiheiten alles aufgibt. Erst als Vater ist er dazu in der Lage: „Es war rührend, wie der alte Egozentriker und geborene Junggeselle sich bemühte, ein guter Gatte und Vater zu sein. Er sparte, ging wieder zu Fuß oder benützte ein Fahrrad und schränkte seine persönlichen Bedürfnisse ein, um seinen Lieben alle Wünsche zu gewähren."

Das Verhältnis zwischen Isolde, Rosa und der Mutter

ändert sich erst während der schweren Krankheit des Bruders, an der er stirbt. Von Rosa berichtet Isolde weiter, daß sie sich von der Familie zurückzieht und im Alter Selbstmord begeht.

Nachlese

Edgar stirbt am 27. April 1904, im Alter von 51 Jahren, nach vierzehntägiger Krankheit an einer doppelseitigen Lungenentzündung. Die Familie meint, er habe sich auf einem Berufsgang den „Krankheitskeim" geholt, als er eine an Lungenentzündung verstorbenene Patientin einbalsamierte und bei der „Überführung der Leiche in rauher Sturmnacht" anwesend war.

Keiner nimmt zunächst die Krankheit ernst, am wenigsten er selbst, der seit den Kindertagen nicht mehr krank gewesen ist. Die Schwester schildert fassungslos den Gang der Ereignisse, dem die Familie hilflos gegenübersteht: „Man hatte ihn nicht mehr bettlägerig gesehen seit unseren gemeinsamen Kinderkrankheiten; alle Anfechtungen seiner zarten und durch eine überängstliche Erziehung noch verzärtelten Körperanlage hatte er mit eisernem Willen stehend und gehend in voller Tätigkeit überwunden. Mit dem dämonisch gespannten Blick des delphischen Wagenlenkers, der seine Rennbahn mißt, ohne rechts und links zu sehen, hatte er jederzeit seinen Wahlspruch ‚Ich will' zum Siege geführt. Auch der Todeskrankheit, einer doppelseitigen Lungenentzündung, hatte er sich erst im letzten Stadium ergeben. Ja, er war noch einmal aufgestanden, um einen Schwerkranken zu besuchen, der seinen Arzt um einen Tag überleben sollte."

Edgar ringt nur kurz mit dem Tod. Erschrocken beschreibt Isolde, wie nach Eintritt des Todes „ein bleiches ausgeleertes Wachsbild" übrigbleibt: „Keinen anderen Toten sah ich so als bloße Schale daliegen." Ihre Trauer findet zunächst keine Worte, bis sie sich entschließt, einen Nachruf zu schreiben. Dies löst die Spannung, bei Mutter und Schwester. Sie schildert die Reaktionen der Publikums: „Von allen

Seiten kamen Zustimmungen, sowohl von hervorragenden Kollegen wie von dankbaren Patienten des Verstorbenen, es kamen posthume Liebeserklärungen von Frauen, die ihn nie gesehen, sich aber an der Schilderung des hochherzigen Arztes und Menschen begeistert hatten. Da jauchzte das Mutterherz auf: er lebte wieder! Er lebte in der Verklärung, lebte doppelt, weil ihm nichts Leides, nur noch Liebes widerfahren konnte."

Isolde überliefert sogar die anerkennenden Worte der Mutter: „ ‚Ich bin eine maßlos ehrgeizige Mutter', sagte sie, meinen Arm pressend. ‚Du hast ihn mir so wiedergegeben, daß alle Mütter mich um einen solchen Sohn beneiden müssen.' „

Lieder des Volkes

Mit sich selbst beschäftigt, ist Edgar stets im Stillen seinen Neigungen nachgegangen. In die Fußstapfen seines Vaters tritt er mit Übersetzungen von Volksliedern aus der Toskana. Das dem Vater gewidmete, ansprechend gestaltete Büchlein, zu dem er im November 1902 das Vorwort schreibt, erscheint erst nach seinem Tod 1904 bei Laupp in Tübingen.

Sachkundig führt er in seinem Vorwort in die Materie ein, als hätte er sich Zeit seines Lebens nicht mit Schwerkranken und ihrer Heilung, sondern mit der Poesie befaßt. Er begründet seine Auswahl und seine Art der Übertragung: „An das Versmaß des Originals habe ich mich absichtlich nicht immer genau gehalten, da ich die Monotonie vermeiden wollte, die der elfsilbigen jambischen Strophe bei fortgesetzter Verwendung im Deutschen anhaftet."

Dichterisch, so schreiben übereinstimmend die Schwester und der Bildhauerfreund Hildebrand, sei seine Auffassung der Welt gewesen. In diesen Übersetzungen schlägt sich dies nieder. Vor allem aber kommt hier eine sprachliche Einfühlsamkeit zum Ausdruck, die nicht aufgesetzt, sondern erfühlt und erlebt ist. Er schreibt: „In Italien, vor allem in der Toscana, besteht ein viel geringerer Unterschied zwischen der Sprache des Volks und der Sprache der Gebildeten, der Schriftsprache, als in Deutschland. Spricht doch auch das italienische Kind schon früher als das deutsche fast so wie der Erwachsene spricht. So ist denn hier die Sprache des Volkes, des großen Kindes, in seinen Liedern meist nicht so kindlich rührend wie in unsern deutschen Volksliedern, die vielleicht gerade deshalb die schönsten in der ganzen Welt sind. Sondern die toscanischen Volkslieder, wenn sie auch von der Rhetorik der italienischen Kunstpoesie himmelweit verschieden sind, sprechen doch immerhin eine Sprache, wie sie zwar im Apennin auch vom Landmann gesprochen wird, wie sie aber dem Deutschen vom deutschen Landmann gesprochen viel zu hochdeutsch klingen würde. Daß es trotzdem in diesen Volksliedern an richtigen, wahren Naturlauten nicht fehlt, wird auch bei der Unzulänglichkeit, an der jede Liedübertragung leidet, der verständnisvolle Leser nicht verkennen."

Ein Beispiel aus der Fülle der Lieder:

„Die Liebe, glaubt' ich, sei ein Spiel und Scherz;
So schön erschien sie mir, als es begann.
Nun glüht die Feuerflamme mir durch's Herz,
Die keine Flut des Meeres löschen kann."

Poet im Verborgenen

Isolde erzählt, wie gerne der Bruder als Gelegenheitsdichter auftritt: „Bei heiteren Anlässen pflegte er noch immer Gedichte komischen Inhalts mit spielender Meisterschaft aus dem Ärmel zu schütteln."

Im Florentiner Freundeskreis, der sich regelmäßig einmal in der Woche trifft, tritt er zwar aus Arbeitsüberlastung nicht auf, ist aber dennoch „geistweise" dabei. Irgendwie erwischt er immer den richtigen Zeitpunkt. Denn sobald das gesellige Essen vorbei ist und das Dessert auf dem Tisch steht, wird der ebenfalls anwesenden Mutter Marie ein „großer versiegelter Brief" übergeben. Inhalt: „eine Fülle barocker Einfälle in den granziösesten Versen auf Kosten der Anwesenden" aus Edgars Feder. „Niemals konnte man des Überbringers, der der Verfasser selber war, habhaft werden, denn bis der Brief erbrochen war, hatte er längst auf seinem Fahrrad das Weite gesucht."

Erst nach seinem Tod entdeckt Isolde, daß ihr Bruder seit mehr als dreißig Jahren ein poetisches Tagebuch geführt hat. Diese poetische Ader hat er Zeit seines Lebens für sich behalten. Die erstaunte Isolde schreibt: „Selbst in der Familie kannte man ihn fast nur als witzigen Gelegenheitsdichter, als feinen Übersetzer und Sprachkünstler, von dem Lyriker in ihm wußte man so gut wie nichts. Erst sein Nachlaß hat den Schatz zutage gefördert: viele Hefte mit Gedichten, gewissermaßen ein poetisches Tagebuch, das er vom siebzehnten Jahre an führte. Sie bilden den Schlüssel zu seinem tief verborgenen, für die Umgebung oft so rätselvollen Wesen und zeigen ihn zum Teil als einen Nochniegekannten, so daß die Freude an dem Neugefundenen mitunter fast die Trauer um den Verlorenen zurücktreten läßt."

Isolde gibt eine Auswahl von Gedichten aus seinem Nachlaß heraus. Die Mutter hilft ihr dabei; sie wählt die Gedichte aus und schreibt sie ab. Dies hilft beiden bei der Verarbeitung des schmerzlichen Verlustes.

Isolde entdeckt mit freudigem Erschrecken, wie nahe ihr doch der distanzierte Bruder stand, wie sehr er mit sich rang, geplagt von ähnlichen Zweifeln wie sie. Und einer tiefen inneren, unerfüllten Sehnsucht. Er nennt es „tiefen Weltschmerz", „Schwermut eines leeren, inhaltslos verstrichnen Lebens", den „Druck verfehlten Strebens". Er trage in der Brust „geheime Wunden". Ersatz für die nie erfüllte Liebe ist ihm die nächtliche, bacchantische Ausschweifung. Es muß Anfang der neunziger Jahre gewesen sein, als Edgar einen melancholischen, italienisch übertitelten Rückblick über sein Leben hält: „Nel mezzo del cammin di nostra vita". Er hält Rückschau auf vergangenes Glück – „mit Rosen war dir oft der Weg bestreut", erlebtes Leid an „herben Wunden", seine Rastlosigkeit und wie die „unerbittlich, rücksichtslose Zeit" ihn antreibt „zu ruhlos blindem Vorwärtshasten". Er eilt „durch das wirre Leben", sehnt sich nach Friede und Ruhe und meint, dies erst im Tod zu finden.

In einigen Gedichten bringt er zum Ausdruck, wie viel ihn der Abschied von der Heimat gekostet hat. Die Zeilen sind von Heimweh getränkt: Während der stillen Abende an seinem Schreibtisch verarbeitet er den Verlust. Familienerbe! Franz Schiler überliefert, wie gerne Edgar in die Heimat zurückkam. Dann kehrte er in dessen Elternhaus in Calw ein: „Das erste, was man ihm vorsetzen mußte, war eine rote Wurst und ein saurer Württemberger Wein. Und dann allerlei Scherz und Kurzweil. Aber das Schönste für ihn war, wenn er mit meinem Vater im Einspännerwägelchen auf der ärztlichen Praxis in den Schwarzwaldorten herumfahren konnte."

Am Ende, im Gedicht „Heimkehr" poetisch festgehalten, scheint er doch gefunden zu haben, was er sucht. Das Ruhen in sich selbst als Ziel des Suchens. Ist er damit einen Schritt weiter gekommen als die Schwester?

„Ich habe wohl manche lange Nacht
Mit faden Gesellen zugebracht,
Durchgeschwärmt,
Durchgelärmt,
Wohl auch in der Liebe Arm durchwacht.

Ich hab' die Welt in Scherz und Ernst genossen,
An manche Herzen mich angeschlossen,
Von manchen hab' ich mich wieder entfernt:
Mit Lachen von den einen,
Von den andern mit Weinen,
So Lust wie Leid hab' ich kennen gelernt.

Noch öfter aber auf meiner Bahn
Gähnte die Langeweile mich an.
Ich hab' in manchen vergeblichen Stunden
Menschen gesucht und Puppen gefunden,
Und weiter irrt' ich mit meinem Wahn.

Was mir im glühenden Herzen webte,
Das suchte ich in der kalten Welt,
Auf Verwirklichung hatt' ich den Sinn gestellt
All meiner heimlichen, herrlichen Träume.
Umsonst durchforscht ich irdische Räume:
Ein Leben sucht' ich, das in mir nur lebte.

Ich suchte Menschen – weh mir Toren!
Und habe darüber mich selber verloren.
Bei meinem Wanderlauf
Hielt ich mich auf
Vor gar so mancherlei fremden Pforten,
Bin selber mir drüber fremd geworden.

Doch jetzt, nachdem ich manches erfahren,
Jetzt, nach den Lehr- und Wanderjahren,
Jetzt sitze ich einsam in nächtlichen Stunden,
Und die Stunden zerrinnen
In stillem Sinnen,
Und ich habe mich selber wieder gefunden.

Und wieder hab' ich meine innre Welt,
Die mehr denn alles, was ich im Leben fand,
Mich liebreich tröstend umfangen hält
Mit purpurnen Banden.
Und heiß ist wieder die Glut entbrannt
In meinem Herzen, von niemand verstanden
Und von mir selber kaum gekannt."

Ein Besonderer

Ist es ein Vorwurf, wenn die Schwester schreibt: „Allein seinen ganzen inneren Reichtum machte erst der Tod offenbar: der Schweigsame hatte einen großen Teil seines geistigen Ichs lebenslang für sich behalten"? Es schwingt ein stiller Kummer mit, von der Gedankenwelt der Bruders ausgeschlossen gewesen zu sein. Obwohl sie gerade diesen Bruder über alles verehrt. Als Beispiel gelten diese Sätze aus dem Nachruf: „Als Mann der Wissenschaft und als Mann der Tat war er von den Freunden geehrt, von den Feinden gescheut. Man wußte auch, daß er mit seiner Person die höchste Kultur vertrat, und man spürte wohl, wie er trotz der strengsten Wissenschaftlichkeit die Welt mit dichterischen Augen ansah, ein Zeichen, wie nahe in einer genialen Natur die Wissenschaft der Kunst stehen kann."

Ganz ähnlich urteilt der Freund Adolf Hildebrand in seinem Nachruf: „Doch er war nicht bloß Arzt. Als Sohn seines Vaters war er mit einem äußerst feinen Sprachgefühl begabt. Was er alles selbst gedichtet, ist gewiß nicht wenig und wohl meistens voll heiteren Wagemuts und feinem Humor, wie er denn überhaupt eine bejahende Natur war, jugendlich empfindend und ritterlichen Sinnes. Eine zartbesaitete Seele, aber kampflustig, leicht erregbar und von großer Willensstärke. Vielfach sehr präoccupiert und dann plötzlich auf ein Thema leidenschaftlich einspringend, hatte er oft etwas vom Sonderling, wie er denn auch sonst die Dinge auf ganz besondere Art anpackte. Er war links und seine linke Hand führte alles abrupt und immer anders aus als man erwartete, dabei war er ein sogenannter Basteler. Weniger mitteilsam, als sich an andern freuend, war er voller Teilnahme, die ihm aber mehr aus den Augen blitzte und sich in seinem Handeln ausdrückte als in Worten. Absolut zuverlässig als Freund, wußte man immer, woran man bei ihm war, wenn man sich auch nicht sah. Freidenkend, fern von aller Konvention, war er durchaus eine aristokratische, reservierte Natur, der alles Triviale fern blieb und die mehr zum Aparten neigte, bis ins Kuriose und Bizarre, als zu dem Durchschnittlichen, Ueblichen. Das drückte sich auch in seinem Aeußeren aus, der mochte anhaben, was er wollte, er blieb immer ein Besonderer. Und das war er von Begabung und Charakter. Ganz und gar ein überzeugter Mensch, aus edlem Stoff scharf geschnitten, der nur so sein konnte und nicht anders, wahr und deutlich von Natur und Gesinnung, fern von allem Gemeinen und immer mutig bis ins Grab."

Bruder und Schwester

Das innige Verhältnis zwischen Edgar und Isolde in ihren ersten Lebensjahren hat den Keim für ihr lebenslanges Verbundensein gelegt. Kann Isolde ohne Edgar leben, kann er sie ohne seinen Schutz in die Welt gehen lassen? Das Vorrecht seiner Gunst genießt Isolde schon als Kind. Nur sie darf mit seinen Sachen spielen – wenn er gut aufgelegt ist und sie, mitunter schriftlich, dazu auffordert. Hemmungslos waltet seine Herrschsucht: „Er war das anerkannte junge Oberhaupt des Hauses und hielt darauf, in seinen Vorrechten nicht verkürzt zu werden."

Lange geht das nicht gut mit Edgars Vormachtstreben. Isolde ist ja auch nicht das fügsame Mädchen, das den Anweisungen des älteren Bruders widerspruchslos gehorcht. Bittere

Stunden sind die Folge: „Wenn ich mich wehrte, war er tief unglücklich und empfand es als einen Verrat an dem gemeinsamen Kinderland, durch das wir Hand in Hand in inniger Eintracht gegangen waren. Wir litten dann beide und vermochten die Kluft nicht zu füllen."

Isolde beschreibt Edgars Herrschsucht als Charakterzug. An ihm scheitert die Freundschaft mit Ernst Mohl. Die weiteren Freunde sucht er sich unter Schwächeren, über die er bestimmen kann. Hinzu kommt eine starke Eifersucht, als Isolde eigene Wege geht und die ersten Versuche mit dem anderen Geschlecht unternimmt. Er gängelt sie und äußert seine Eifersucht auf ihre Tanzpartner in leidenschaftlichen Szenen. Seine Ansprüche sind maßlos, wobei es ihm nicht darum geht, ihr „Tun" zu bemängeln, sondern sich ihr „Denken und Meinen" zu unterwerfen.

Isolde fühlt eine große Ähnlichkeit, die sich auf ein gemeinsames Lebensgefühl bezieht: Beide empfinden sich als „unzerstörbar". Edgar steht ihr – nicht nur im Kreis der Brüder – „in den innersten Bedürfnissen und den heimlichsten Seelenschwingungen am nächsten".

Die Nähe und Ähnlichkeit werden schließlich zum Hinderungsgrund eines weiteren Verständnisses. Beide sind auf der Suche, beide vermissen im Leben etwas Ähnliches: „Wir Geschwister standen uns in den Jahren zu nahe und waren uns auf manchem Punkte zu ähnlich, um uns in der Dürre des Lebens zu ersetzen, was beiden fehlte. So pilgerten wir zwar immerdar nach demselben Mekka der Seele, aber häufig, wie einst auf unserer Schweizer Fahrt, auf beiden Seiten der Straße. Jedes gab dem andern die Schuld."

Was beginnt, als Edgar in die Schule geht, setzt sich während der Gymnasial- und Studentenzeit fort: „Wir suchten beide, suchten aneinander vorüber den verstehenden Gefährten. Nur daß er als der viel Illusionsfähigere auf Schritt und Tritt die blaue Blume der Freundschaft oder der Liebe gefunden zu haben glaubte und so von Enttäuschung zu Enttäuschung schmerzlich gerissen wurde, während ich von vornherein in meinem Phantasieland wie hinter einer Waberlohe eingeschlossen blieb."

Edgar und Isolde sind ungemein stark aufeinander bezogen. Diese Anziehungskraft scheint magisch und hält an, solange Edgar lebt. Zahllos sind die Auseinandersetzungen zwischen dem heftigen Edgar und der willensstarken Isolde vor allem in den Entwicklungsjahren: „Noch immer übten wir beide gegenseitig eine starke Wirkung aufeinander, sowohl durch die Gegensätze als durch die Ähnlichkeit. Aber wir standen uns in den Jahren zu nahe, denn das Mädchen entwickelt sich ja naturgemäß wenigstens bis zu einer gewissen Periode immer noch rascher als selbst der begabteste Knabe. Der Umstand, daß er herrschen mußte und ich nicht zu beherrschen war, weil ich beim besten Willen so wenig wie er von meiner Persönlichkeit aufgeben konnte, beeinflußte die beiderseitige Entwicklung: wir wurden beide innerlich einsam. Dazu kam noch von beiden Seiten der Jugendehrgeiz, keine Empfindung zu äußern. Diese Scheu vor dem Wort als etwas Zudringlichem, Unedlem, blieb ihm lebenslang eigen, es war ein Zug, der vom Vater stammte, während sonst seine geistige Physiognomie vielfach das Gepräge von der Mutter hatte."

Das Ferienhaus

Ein kleines Beispiel für Edgars Herrschergeist ist die Auseinandersetzung um Isoldes Haus in Forte dei Marmi. Die deutsche Künstlerkolonie „entdeckt" an der östlichen Riviera einen idyllischen Ferienort und läßt sich dort nieder. Natürlich macht Edgar den Vorreiter und baut sich am Strand ein Haus, sein Freund Vanzetti ebenfalls. Isolde berät sich mit Vanzetti, weil sie sich ebenfalls dort ansiedeln will. Sie denkt an „eine sommerliche Zuflucht" für die Mutter und an ein „stilles Arbeitsheim" für sich. Der Schwägerin aber möchte sie um jeden Preis ausweichen. Sie möchte das Paar während der Sommerzeit nicht stören, keinen „Gegensatz in die Ehe" bringen.

So schickt sie Freund Vanzetti vor, der sich mit Rosa besser versteht. Isolde berichtet: „Klugerweise gewann er zuerst die Gattin des Freundes für meine Absicht, indem er ihr nahelegte, daß sie durch meine Nachbarschaft ein für allemal von der Verpflichtung, die Schwiegermutter im eigenen Hause aufzunehmen, entbunden wäre. Das hatte die glückliche Folge, daß Edgar, der aus ganzem Herzen froh war, mir auch einmal behilflich sein zu können, die Sache gleich in die Wege leitete."

Man findet, der geeignete Platz sei ganz in der Nähe und erwirbt einen schmalen, tiefen Streifen neben Edgars Grundstück. Dieser schließt die Verträge für sie ab und „übernahm die rasch nacheinander fälligen Ratenzahlungen für den Bau, die ich durch die sicher eingehenden Honorare immer schnellstens wieder decken konnte, was mir das schöne Bewußtsein gab, mir mein Haus in doppeltem Sinne selbst zu bauen."

Edgar entwirft Grundriß und Aufbau eines kleinen Häuschens und achtet auf eine „bequeme Einteilung auf so beschränkter Fläche". Die eher unpraktisch veranlagte Isolde überläßt „ihm gern die Leitung, die seiner Natur Bedürfnis war, nur über die Maße des Ganzen waren wir uneins, weil ich das Häuschen, für das er nur eine Eintrittshalle und zwei Zimmer im Obergeschoß vorsah, gern geräumiger gehabt hätte, er mir aber entgegenhielt, daß ich, je größer mein Haus wäre, mit um so mehr Gästen zu rechnen hätte, die von unserer Mutter hergezogen, mir selber Raum und Ruhe beeinträchtigten. Ich erreichte schließlich soviel, daß zwar seine Maße durchgingen, die Küche aber mit einer bequemen Terrasse außen auf der Bergseite abgebaut wurde, wodurch sich für das Erdgeschoß noch ein kleines Ablege- oder Bibliothekszimmerchen ergab."

Der Streitpunkt liegt tiefer als es zunächst erscheint: „Er hatte sich mein Häuschen als ein verkleinertes Abbild des seinigen gedacht: daß ich im Stil gänzlich von ihm abwich, schnitt ihm in die Seele und ließ ihn das Ungewohnte von vornherein als Überspanntheit verurteilen." Isolde läßt sich in architektonischen Dingen lieber von Bildhauer Hildebrand und dessen Schwiegersohn Sattler beraten als von ihrem Bruder. Das Haus ist aus schwerem Bruchstein gebaut, mit grünen Fensterläden, einem Portal und einer Marmorbank, „ein Geisteskind Hildebrands". Er ist verantwortlich für den „eigentümlich beseelten Ausdruck, womit es aufs Meer hinauszuträumen schien. Und immer liebte er es ganz besonders und zeigte es mit einer Art von zärtlichem Vaterstolz den Besuchern von Forte; auch erläuterte er gerne daran seinen Satz, daß durch weise verteilten, breitgelagerten Fenster- und Türöffnungen ein kleiner Bau größer wirke. Er schmückte die Eintrittshalle mit idyllischen Wandbildern, leicht hingehauchten, in Kohle und Farbstift, wobei er die räumlichen Gegebenheiten aufs sinnvollste ausnützte und ihnen durch gemalten Meereshorizont größere Tiefe gab." Sattler entwirft das Geländer für die Treppe ins obere Stockwerk. Das Haus ist zwar klein, aber künstlerisch ausgestaltet und sehr individuell.

Als Edgar Isoldes Haus schließlich zu sehen bekommt, bekehrt er sich – und möchte sein Haus am liebsten „im gleichen Stil" umbauen. „Er ruhte auch nicht, bis er in dem wiedererwachten Wetteifer unserer Frühzeit bei einem Anbau, den er vornahm, noch Gelegenheit fand, die empfangenen Anregungen zu verwerten. Eine Kindlichkeit dieser großen Natur, die für mich etwas Rührendes hatte."

Erst der Tod zerschneidet das starke Band. Isolde trauert: „Ich konnte nur stehen und ins Leere staunen. Da lag nun der Mensch, den mir die Natur zum Freund hatte geben wollen, der in der Kindheit zwillingsartig mit mir verwachsen gewesen, der mir im Wollen, Fühlen, Meinen am verwandtesten war, verwandter auch als die geliebte Mutter, der bis zuletzt alle tiefen und zarten Seelenregungen mit mir gemein gehabt hatte, der einzige unter den Brüdern, dem wie mir bei einem hohen und geheimen Dichterwort der Atem stockte, der wie ich in dem Leben der Sprache einen heilig zu haltenden organischen Vorgang sah; der Mensch, der sogar die äußeren Merkmale des Seelenlebens mit mir gemein hatte, wie den schnellen Wechsel der Farbe und das von Freunden oft beredete Aufflammen und Schwarzwerden der Pupillen in Momenten der Erregung. Und dennoch bei einer so seltenen inneren Übereinstimmung und im nahen persönlichen Zusammenleben waren wir eins dem anderen entglitten, und jedes lebte in seiner Seelenwelt allein. Keins von beiden vermochte es zu erklären, und keins vermochte es zu ändern. Vielleicht wenn wir nicht Bruder und Schwester gewesen wären, würden wir uns geliebt haben."

Die Dichterin hält ihre Gefühle poetisch fest in einem dem Bruder gewidmeten Gedicht:

„Bruder, du gingst ja so gern voran,
suchtest die fremden Küsten,
Hast auch heut auf der dunklen Bahn
Furchtlos den ersten Schritt getan -
Sollen auch wir uns rüsten?

Freudig warst du und rasch und kühn,
Liebtest die strahlende Sonne,
Dein die Gefahren und dein die Mühn
Und der Kampf und der Preis und das stolze Erglühn
In des Sieges berauschter Wonne.

Aber leis in geheimer Nacht
Klang's wie versunkene Glocken
Von den Jugendtälern in Maienpracht,
Vom Sehnen, das tief im Herzen wacht
Und des Elfenreigens Locken.

Einst in der Kindheit goldenem Licht
Standen wir innig verbunden,
Anders erschien uns des Lebens Gesicht,
Seine Feste teilten wir nicht,
Doch wir teilten den Schmerz und die Wunden.

Oftmals machte ein Wort uns heiß,
Schürte des Unmuts Flammen,
Doch in allem, was tief und leis,
Was sich nicht spricht, was sich nur weiß,
Klangen wir still zusammen.

Bruder, dein Tag war kurz und schön,
Kurz der Kampf und das Leiden.
Bess'res könnt' ich mir nicht erflehn,
Als auf des Lebens gewonnenen Höhn
Siegend wie du zu scheiden."

12. KAPITEL

Übermut und Lebensfreude

Brüderliche Freundschaft

Alfred gehört zu den Sorgenkindern der Familie. Nur nach Mühen gelingt ihm in der Schule der Durchbruch. Plötzlich fällt ihm „eine Binde von der Stirn“, er begreift den Sinn des Gelernten und des zu Lernenden und wird „nicht nur ein ausgezeichneter Schüler, sondern geradezu das, wofür er sich früher mit Unrecht gehalten hatte: der Primus seiner Klasse“. Ihm liegen vor allem die humanistischen Fächer, weniger die Mathematik. Er schließt das Gymnasium ab und beginnt das Medizinstudium im Alter von 18 Jahren, angeleitet vom „Beispiel des Bruders“ und der „eigenen Neigung“.

Alfred begibt sich im Spätsommer 1877, nachdem die übrige Familie nach Florenz ausgewandert ist, nach München, um sein Medizinstudium zu beenden. Dort wird er unmittelbar danach Assistenzarzt. Seine Examina besteht er erfolgreicher als Edgar, der, wie Isolde vermeldet, „die Prüfung cavalièrement behandelt hatte“. Onkel Ernst Kurz verschafft ihm ein Reisestipendium, das ihm erlaubt, die Familie in Italien zu besuchen. Es gefällt ihm so gut, daß er sich im Sommer 1878 als Fremdenarzt in Venedig niederläßt. Dabei hilft ihm der ältere Bruder nach Kräften, der ihm laufend seine Erfahrungen vermittelt. Die Konkurrenz zwischen den Brüdern ist einer wahrhaft brüderlichen Freundschaft gewichen.

Dennoch kommt die Schwester nicht umhin, die beiden Brüder miteinander zu vergleichen. Sie stellt fest, daß Alfred als Hausarzt besser mit den Kranken zurechtkomme als Edgar, den im Grunde nur die Schwerkranken interessieren. Alfreds Ethos liege eher in der Hilfeleistung. Dabei sei es ihm egal, ob der Fall leicht oder schwer ist. Für ihn stehe der

Alfred Kurz, 1877/78

bedürftige Mensch im Vordergrund, nicht die Schwere der Krankheit. Er vertraue auf die erlernte ärztliche Kunst und verlange von seinen Patienten „unbedingten Gehorsam", die gewissenhafte Befolgung seiner Ratschläge und Behandlungsmethoden. Ebenso wie seinen Bruder kümmert ihn nicht, ob der Patient arm oder reich ist, ob er seine Rechnung bezahlen kann oder nicht. Auch er behandelt viele Bedürftige ohne Honorar. Bald gehört er zu Venedigs „bekannten Straßenfiguren": der deutsche Doktor, der immer in Eile ist, ein „trefflicher, hingebungsvoller Arzt, eine kraftvolle Persönlichkeit von reinem Stoff und starkem Gepräge".

Die ärztliche Tätigkeit in Venedig läßt sich bei Alfred ebenso gut an wie diejenige seines Bruders in Florenz. Einer glänzenden Karriere als Arzt stehen allerdings zwei Hindernisse im Weg. Zum einen seine Impulsivität und sein Temperament; zum anderen seine Unfähigkeit zur Organisation des Lebens und einer geregelten ärztlichen Praxistätigkeit. Er achtet, genausowenig wie Edgar, auf seinen persönlichen Vorteil und sein bürgerliches Vorankommen. So ist auch in seinen Geschäften ein stetes Auf und Ab zu verzeichnen.

Venezianische Ehe

Alfred heiratet eine Venezianerin, die einen Sohn mit in die Ehe bringt, und hat mit ihr zwei Kinder. Den Stiefsohn Guglielmo schickt er zur Großmutter nach Florenz, damit diese ihre Erziehungskunst an ihm übe. Doch dies fruchtet nicht viel. Guglielmo bleibt ein schwieriger Fall, an dem nichts hängenbleibt. Isolde berichtet über Alfreds häusliche Fertigkeiten: „Als Familienvater entwickelte er eine geradezu frauenhafte Sorgfalt und Zärtlichkeit. So lange seine Kinder klein waren, wusch und badete er sie selbst, überhaupt nahm er, dem Landesbrauch sich anpassend, einen großen Teil der häuslichen Mühen auf sich."

Als in Venedig im Jahr 1886 die Cholera ausbricht, schickt er Frau und Kinder nach Padua und hilft bei der Bekämpfung der Seuche. Seine Aufzeichnungen über Ausbruch und Verlauf der Epidemie werden in medizinischen Zeitschriften veröffentlicht und erregen einiges Aufsehen.

Für seine Tätigkeit als österreichischer Konsulararzt erhält er in den neunziger Jahren den Franz-Josefsorden, „der den in Italien so viel begehrten Cavalière-Titel mit sich brachte". Aber, wie es sich für einen „echten Kurz" gehört, trägt er den Titel nicht.

Auch das Verhältnis zu Isolde regelt sich nahezu von selbst. Bruder und Schwester begegnen sich in Italien wieder und erkennen sich „mit gegenseitigem Erstaunen als Wesen von gleichem Blute". Das Verhältnis festigt sich, nachdem die beiden auch eine innere Beziehung aufgebaut haben. Die Familie ist sich ein Stück nähergerückt. Isolde berichtet: „Von da an war aber auch kein Mißverständnis mehr möglich, ich konnte mich völlig auf ihn verlassen, und keine Macht der Welt hätte fortan an seiner brüderlichen Gesinnung zu rütteln vermocht."

Der tolle Onkel

Alfred gleicht äußerlich sehr dem Vater, wenn er auch nicht dessen Größe erreicht. Er besitzt dessen breite Schultern und wuchtigen Körperbau, den „herkulischen Bau", wie Isolde sagt. Alfred erbt dabei auch die damit verbundenen Verhaltensformen, „viele Eigentümlichkeiten in Gang und Bewegung" des Vaters. Er ist ein geselliger, offener Mensch, der gerne lebt, sich berauscht und sinnlichen Freuden zugeneigt ist, „eine dionysische Voll- und Kraftnatur".

Vieles an den Eigenheiten des Knaben, an denen sich die anderen Familienmitglieder stießen, haben sich ausgewachsen. Das Studium und das Erwachsenwerden haben die Ecken und Kanten geschliffen. Alfred lebt, ausgestattet mit einem „goldenen, an Liebe und Güte unerschöpflichen Herzen", in einer Welt voller Freunde. Der mißmutige Knabe hat sich zu einem kühnen, übermütigen Mann entwickelt, der zu allerlei Streichen aufgelegt ist. Und die venezianische Obrigkeit läßt ihn gewähren und drückt oft genug ein Auge zu.

Schon allein die Stadt Venedig mit ihrer Geselligkeit tut ihm gut. Die Kreise, in denen er sich bewegt, unter anderem der österreichische Adel, formen aus ihm einen anderen Menschen. Die Schwester berichtet, er habe sich „verbindliche weltmännische Formen und eine gewisse Eleganz des Auftretens" angeeignet, „worauf er fortan großen Wert legte, ohne doch den übermütigen Studenten, der er im Grunde immer blieb, zu verleugnen."

Er kann überschäumen vor Freude, heftig werden im Zorn, sich für das Schöne und die Poesie begeistern. Er ist humorvoll, ausgelassen und selbst seinen Kindern „mehr Kamerad als Erzieher". Er macht mit Kindern, Nichten und Neffen die tollsten Streiche, die ihn den „zio matto", den tollen Onkel, nennen. „Außerhalb des Berufes behandelte er das Leben als Karneval", meint die Schwester.

Alfred scheint geboren für das Leben in Venedig, für dessen rauschende Feste und lärmende Geselligkeit. Er liebt das Nachtleben, er liebt die feucht-fröhliche Geselligkeit und ist schnell der Mittelpunkt einer Gesellschaft. Die Schwester beschreibt seine Art, aufzutreten: „Alfred war ein glänzender Gesellschafter. Wo er eintrat, brachte er eine reißende Welle von Fröhlichkeit mit sich. Verblüffende Zitate, schlagende Witze und Anekdoten, denen sein angeborenes Sprachgefühl immer eine originelle Färbung gab, quollen nur so von seinen Lippen. Sein außerordentliches Gedächtnis ließ die nicht geringe Belesenheit, über die er verfügte, als etwas Unbegrenztes erscheinen."

Alfred, der Lebemann, der sein poetisches Familientalent nur in Briefen glänzen läßt, hat die Liebe zur Literatur geerbt. Der Bücherfreund sitzt in seinem Bücherzimmer im Palazzo Falier, seiner letzten Wohnung, halbe Nächte lang und schwelgt in der Literatur: „Wenn er las, so geschah es mit einer gewissen Vorbereitung, des Abends in Feierstimmung bei angezündeter Pfeife, vor einem Fiasko Wein. Da genoß er dann aus tiefster Seele."

Mutterrecht

Alfred, der stärkste und wildeste der Brüder, hat die festeste Bindung der Geschwister an die Mutter. Er ist von ihrem Urteil noch als Erwachsener, als Arzt in Venedig, abhängig. So fragt er zu Isoldes maßlosem Erstaunen die Mutter um Erlaubnis, Adlige behandeln zu dürfen, weil er keine anderen Einnahmen hat. Der „tolle Patron" unterwirft sich dem Willen der Mutter! Isolde mutet dies als Überrest aus der „Zeit des Mutterrechts" an, aber auch als Wiedergutmachung für die Sünden der Knabenjahre, als er sie so sehr verletzte. Isolde meint sogar, dieser starke Mann habe sich nicht abgenabelt. Er sieht in der Mutter die Führerin, „der er zwar oft, aber immer mit schlechtem Gewissen ungehorsam war".

Tragischerweise mangelt es ihm aber an Verständnis für ihr Temperament, er kann „ihrem Seelenfrieden" nicht Rechnung tragen. Er umgibt sie bei seinen Besuchen in Florenz mit zärtlicher Fürsorge – was die Mutter gar nicht brauchen kann. Isolde schildert die Szenen: „Die Kissen, die er ihr in den Rücken stopfte, die Schals, die er um ihre Schultern legte, flogen nur so in die Luft; ein Schemel, unter die Füße geschoben, konnte sie wild machen."

Er möchte der asketisch lebenden Mutter, die mittlerweile 56 Jahre zählt, „mehr Nahrung aufnötigen" als diese gewohnt ist „und hätte ertragen können". Isolde, betraut mit der Versorgung der Mutter, schlägt die Hände über dem Kopf zusammen über so viel Unverständnis. „Er ging in die Küche und köchelte selbst mit vielem Aufwand von Eiern, die sie nicht leiden konnte, und Wein, woran sie nicht gewöhnt war; ich mußte versprechen, ihr das alles beizubringen und goß es natürlich in der Stille weg."

Abhängigkeiten

Die Bildungstradition der Familie erfährt in Alfreds Sprößlingen eine Fortsetzung. Sohn Tristan und die Tochter Isolde besuchen in Venedig das Gymnasium. Tristan geht zur Marine. Die Tochter besteht die „Maturitätsprüfung" und besucht die Hochschule in Padua. Mehr Informationen läßt Isolde nicht auf die Nachwelt kommen.

Alfred findet in der Ehe nicht die Erfüllung. Seine Bedürfnisse nach Nähe und Wärme werden „in seiner venezianischen Ehe" nicht befriedigt. Isolde meint, der Wunsch nach „häuslichem Umsorgtsein" sei nur deutschen Männern „ein Bedürfnis". Alfred vermißt „geistigen Umgang" nach dem Tod eines Freundes, Pastor Elze, der ihm seine Bücher vererbt. So „verfällt" er „in eine Lebensweise, die seine Gesundheit aufs schwerste beschädigte und der er bei der feurigsten Liebe zu den Seinen nicht mehr zu entsagen vermochte."

Das heißt im Klartext: Er ist abhängig vom Alkohol, der ihn zugrunde richtet. Man kann es aus Isoldes Nachruf schließen: „Aber am Ende wurde dieses Venedig, in das er so gut paßte, daß, wer ihn kannte, die Stadt sich gar nicht mehr ohne ihn denken kann, ihm doch verhängnisvoll, denn es nährte Eigenheiten, die ihm den Aufenthalt an jedem anderen Ort erschwerten, und Gewohnheiten, durch die er seinen felsenstarken Organismus unterwühlte. Das venezianische Nachtleben wurde ihm so zur zweiten Natur, daß es eine völlige Umkehr der Zeiteinteilung bei ihm bewirkte. In der abgeschlossenen Lagunenstadt fehlte es ihm an Bewegung, und auch die Neigung zum Sitzenbleiben beim Glase, wenn er einmal angeregte Gesellschaft traf, wurde durch seine gewöhnliche geistige Isolierung gefördert."

Zusammenbruch

Nach Edgars Tod bricht der nur zwei Jahre jüngere Bruder zusammen. Eine Welt, in der der Bruder der Leitstern war, ist zerstört. Die geselligen Familienzusammenkünfte in Florenz bei Edgar und der Mutter sind für ihn „der Traum des ganzen Jahres" gewesen. Nach Edgars Tod stürzt „dieses ganze Florenz für ihn ein". Er sitzt einsam „an Leib und Seele frierend in seiner letzten schönen Wohnung, dem Palazzo Falier am Canal Grande" bei seinen Bücherschätzen und „beim Wein, der ein tröstendes Gift für ihn war".

Schmerzliche Verluste mehren sich durch den Tod von

Freunden. Hinzu kommen eine Flaute in der Praxis und große Geldsorgen. Alfred kann von jeher nicht mit Geld umgehen. Er kann kein Geld auf die hohe Kante legen, wenn die Einnahmen fließen. Als Fremdenarzt ist er auf die Touristen angewiesen, die nicht gleichmäßig übers Jahr verteilt in Venedig Urlaub machen und dort krank werden! Isolde berichtet: „Sparen und Rechnen war ihm ganz unmöglich, er wußte kaum, was er einnahm, und alles Geld zerrann ihm in den Händen. Ein beständiges Auf und Nieder in den Lebensverhältnissen, das mit der Flut und Ebbe der ärztlichen Praxis in einer Fremdenstadt zusammenhing, war ihm ein ganz natürlicher Zustand geworden. Obgleich er eine zahlreiche Familie, Kinder und Stiefkinder, durchzubringen hatte, ließ er die Lebensängste nicht an sich heran."

Alfred, die „strotzende Kraftnatur", stirbt im Alter von 49 Jahren. Isolde, die wenige Nächte zuvor im Traum seinen unerwarteten Tod voraussieht, beschreibt das Ende: „Es entsprach ganz seiner physischen Anlage, daß der Krankheitssturm, der ihn so bald nach dem Hingang des Bruders anfiel, den starken Stamm noch wilder rüttelte und noch schneller fällte. Eine schwere Influenza, die sich mit einem älteren Nierenleiden komplizierte, war die Ursache seines Todes; es scheint aber, daß auch eine Infektion, die er sich vor Jahren am Krankenbette geholt und infolge deren er den Geruchssinn gänzlich verloren hatte, mit zu dem stürmischen Verlauf beitrug. Er war nur vier Tage krank gewesen."

13. KAPITEL

Die Erfolgsautorin

Mädchenfreundschaft

Die erste Zeit in Florenz fühlt sich Isolde so wohl wie noch nie. Um die Mutter muß sie sich gerade keine Sorgen machen. Zum ersten Mal kann sie das Leben aus vollen Zügen genießen. Die eigene Arbeit stellt sie finanziell gut, so daß sie sagen kann: „Heiter und sorglos wie nie zuvor und niemals wieder schaute damals mich das Leben an."

Innerhalb des häuslichen Rahmens bieten sich für Isolde allerhand Ablenkungen. In der Wohnung gegenüber wohnen russische Emigranten, zu denen sich zarte Verbindungen ergeben. Die Schwestern Sophia und Tatjana, Fürstinnen Galitzin, sind aparte Gesellschafterinnen. Vor allem mit Tatjana erlebt Isolde eine unbeschwerte Zeit. Sie fällt zurück ins Backfischalter: „War ich in der allerersten Jugend meinen Jahren weit vorangeeilt, so blieb ich jetzt in den Zwanzigern dem Leben gegenüber grüner als mein wirkliches Alter und hatte auch an frühen inneren Erfahrungen manches nachzuholen, denn seltsam blühten mir alle Blumen und reiften mir alle Früchte außerhalb ihrer Jahreszeit."

Sie albert mit der Freundin herum und entdeckt ein unbekanntes Glück: „Diese Mädchenfreundschaft, wie sie bei anderen in die Schulzeit zu fallen pflegt, lebte wie die Verliebtheit zwischen Jüngling und Mädchen, sonst ein Vorspiel zu dieser, in stetem Auf und Nieder der Gefühle, in Zürnen und Schmollen, in Lachen und Weinen, in schmerzlicher Abwendung und in beglückter Wiederversöhnung."

In einem Gedicht rühmt sie Tatjana als „braunäugig Fürstenkind mit Pfirsichwangen", die so wundervoll „delphinengleich" schwimmen kann und schildert die gemeinsam durchtanzten Nächte:

„Wir gingen einig oft zum Fest geschmückt,
Uns in des Tanzes Wogen rasch entschwindend,
Und haben, im Gewühl uns wiederfindend,
Verstohlen, innig uns die Hand gedrückt."

Eine Mädchenfreundschaft, eine Liebe zwischen zwei Gleichen. In warmen, von Romantik durchtränkten Sommernächten am Strand von Rimini haben sich zwei Herzen gefunden:

„Und wenn der Vollmond überm Meere stand,
Dann schritten wir am Ufer fest umschlungen
Und tauschten kindliche Erinnerungen,
Vom Schwarzwald ich und du vom Wolgastrand."

Erste Liebe

Mit Sophia und Tatjana reist Isolde im Sommer 1878 an die Küste der Adria. Während dieser Sommerfrische in Rimini trifft sie die Liebe wie ein Blitz. Sie erlebt ein „flüchtiges Idyll von solchem Schmelz und solcher Zartheit, daß es kaum in Worte gefaßt sein will". Der Zufall hat bei dieser Bekanntschaft mit dem lombardischen Grafen die Hände im Spiel. Der von der Frauenwelt heißbegehrte Offizier lernt Isolde an einem Abend im Kasino kennen: Als sie sich auf der Toilette gerade den heruntergetretenen Rock richten läßt, erscheint er an ihrem Tisch. Erst als sie wieder auftaucht, stellt er sich allen vor. Die beiden versinken ineinander – Liebe auf den ersten Blick. Isolde berichtet: „Es ist ein seltsames Ding, wenn zwei Menschen, die noch vor Minuten nichts voneinander wußten und nicht die fernste Beziehung gemeinsam haben, sich beim ersten Begegnen durch geheimen Zwang zusammengezogen fühlen, daß sie mitten in der Gesellschaft miteinander allein sind, eines auf das andere bezogen und doch gegenseitig nichts voneinander wissend."

Der junge Graf führt ein Reiterregiment und stellt genau das Gegenteil von dem dar, was Isolde an Männern gewohnt ist: Er sieht unwahrscheinlich gut aus. Dabei ist er weder bedeutend noch besonders geistreich. Aber das spielt keine Rolle, denn auf der anderen Seite ist er überaus liebenswürdig und eine „Persönlichkeit von fester und gebietender Prägung, von der eine große Sicherheit und ungewöhnliche Anziehungskraft ausging".

Isolde ist verliebt, verzaubert und bleibt doch auf dem Boden der Tatsachen: „Das Märchen paßte ja nicht in den wachen Tag." Im Nachhinein hält sie diese Tage für die schönsten ihrer Jugend: Sie bewegt sich an der Seite dieses schönen, „ritterlichen" Mannes. Und irgendwie scheinen sie auch gut zusammenzupassen: Ihre gemeinsamen Auftritte erregen Aufmerksamkeit und beifälliges Gemurmel – was Isolde genießt.

Eine Episode aus einem Märchen: So kennzeichnet Isolde ihr Schweben in der Verliebtheit. Eine weitere Nähe fürchtet sie jedoch, weil sie ungewöhnlich weit und klar sieht. Der lombardische Graf ist zwar ein guter Deutschlandkenner, wäre aber als „Träger festen gesellschaftlichen und geistigen Herkommens" schwerlich mit der unkonventionellen Mutter und dem launischen Bruder Edgar zurechtgekommen. So sagt sie ihrem schönen Soldaten nicht die Wahrheit über ihren kranken Bruder und die Zustände zu Hause: „Aber mir schauderte davor, die traurige Wirklichkeit in das Märchen hineinzuziehen, da sich doch beide niemals miteinander vertragen konnten; so ließ ich alles zu Boden gleiten. Nur nicht den Zauber brechen, nur nicht über das Wunder der Stunde hinausdenken. Aber wenn es zu Ende war, mit dem Sternenkleid aus dem Königsaal fliehen und dem Suchenden keinen goldenen Schuh, woran ich zu finden war, zurücklassen."

So schlägt sie auch eine Einladung einer befreundeten Dame für den nächsten Karneval aus: Das Märchen soll ein klares Ende haben. Der Graf läßt sich jedoch nicht abweisen und schlägt ein Treffen in einem Salon in Florenz vor: „Ich schwieg. Ich sah da keine Brücke und es gab auch keine. Vor allem war schon mein Stolz viel zu groß, um anders denn als gleiche vor einem Werber stehen zu wollen; ich glaubte ja auch nicht, daß ein Mann mich durch Namen und Stellung zu mehr machen könnte, als ich mich von Geburt aus fühlte. Und zu allem noch Mamas Abscheu vor dem Soldatenstand. Ich freilich dachte auf diesem Punkt wie auf so vielen Punkten anders: hatte doch sie selbst, die Soldatentochter, mir o Widersinn! aus ihrem väterlichen Blut ein Wohlgefallen an militärischen Schauspielen, an Waffenübungen und Reiterzügen und eine wahre Lust an der Darstellung kriegerischer Abenteuer vererbt."

Ihre nüchterne Einschätzung: Sie spiele in Italien „auf klassischem Boden" nur eine Gastrolle und möchte auch dort nicht dazugehören, auch nicht durch eine noble Heirat. Sie scheut die „Bindungen und Schranken", die sie als Ehefrau in Italien dann umfaßt hätten. Wie eine Rechtfertigung klingt ihr nachträgliches Resümee: „Dem Dichter ist das Gehen von Sphäre zu Sphäre nicht zu persönlichen Zwecken gegeben: er muß als Bruder neben dem König und Bettler stehen, von keiner Daseinsform sich verwirren lassen und in allen heimisch sein, er selber aber darf keinen Stand haben. Das lag mir im Gefühl, bevor es in mein Bewußtsein trat. Meist empfand ich mich ja nicht einmal als Zeitgenossin, sondern als Bürgerin einer Welt, die erst kommen würde, wenn ich nicht mehr war."

Der Graf und die angehende Dichterin trennen sich mit Schmerzen. Im nächsten Frühjahr ist er tot – sie hat ihn nicht wiedergesehen. Ihre Trauer und Enttäuschung hält sie in zahlreichen Gedichten fest. Ein Beispiel:

„Ich fand dich, Lieb, im Lenz der Jahre,
Doch an Erfahrung fast ein Greis,
Und dein Gemüt, das wandelbare,
Gebunden zwischen Glut und Eis.

Als solltest du die Bahn im Fluge
Vollenden, die du kühn beschrittst,
Erschöpftest du mit einem Zuge
Was du genosstest, was du littst.

Denn als wir staunend uns gefunden,
Die eins dem andern lang erwählt,
Da waren dir die kargen Stunden
Des flüchtigen Lebens schon gezählt.

Du glichst mit deinen finstern Brauen
Und Zügen fremd und schicksalsvoll
Dem Segler, den aus Meeresgrauen
Das treu'ste Weib erlösen soll.

Still ward die Welt, ach totenstille,
Seit all die lauten Sorgen ruhn,
Mit dir entschwand mir Kraft und Wille,
Denn nichts ist mehr für dich zu tun.

Die Träne selbst will nicht mehr fließen,
Verschwendet in geringrer Not,
Zu matt für einen Schmerz wie diesen,
Kalt ist mein Herz wie deins und tot."

Eingegrenzt

Es sieht so aus, als sei Isolde vom Tübinger Regen in die Florentiner Traufe gekommen. Ihre Bewegungsmöglichkeit ist in Italien noch eingeschränkter als gewohnt. Sie ist nicht in der Lage, die Schönheiten der Stadt auf eigene Faust und alleine zu erkunden, weil die Sitte jungen Frauen verbietet, unbegleitet auf die Straße zu gehen. Wenn sie es trotzdem tut, erregt die stattliche, blonde Frau großes Aufsehen – was ihr peinlich ist. Die Menschen bleiben auf der Straße stehen, wenn sie vorübergeht, warten vor der Kirche, die sie besichtigt, und verfolgen sie bis nach Hause. Da wünscht die Vierundzwanzigjährige sich, alt zu sein, oder mindestens ganz weit weg. Wehmütig fügt sie an: „Und ich hatte doch niemand, der mit mir ging." Sie kann nicht einmal alleine das Theater besuchen, weil es vollends unmöglich ist, als junge Frau ohne männlichen Schutz durch die nachmitternächtlichen dunklen Straßen zu gehen.

Sie klagt: „Ich konnte nicht einmal die Bildungsmöglichkeiten richtig ausnützen, die mir der neue Boden gab. Dem weiblichen Geschlecht war dort wie in Deutschland jede höhere Lehranstalt verschlossen. Noch tiefer als bei uns, beinahe orientalisch tief, stand zu jener Zeit die Frau, nur daß sie nicht durch wissenschaftliche Lehrsätze, sondern allein durch den Brauch herabgedrückt war, denn unbefangener als der Deutsche gab der Italiener der geistigen Ausnahme ihr Recht."

Das tägliche Brot verdient Isolde wie bisher mit Überset-

Isolde Kurz mit 27 Jahren in Italien

zungen. Mit der Zeit befriedigt sie diese Tätigkeit nicht mehr. „Ganz prosaisches Lesefutter" stelle sie her, klagt sie einmal. Die Unzufriedenheit liegt wohl nicht zuletzt am geistig anregenden Freundeskreis, der Isoldes Ansprüche steigen läßt. Die Übersetzungen bringen aber Geld ein – was auch nicht zu verachten ist.

Ihr erster Versuch in Prosa sind die Märchen, die sie an Baldes Krankenbett in Tübingen beginnt und nach seinem Tod in Florenz fertigstellt. Die Märchen werden zuerst einzeln in Zeitschriften gedruckt, erscheinen dann gesammelt als Buch bei Göschen in Stuttgart und erfahren einen „freundlichen Empfang". Dann hat sie die kuriose Idee, eines dieser Märchen, „Vom Leuchtkäfer, der kein Mensch werden wollte" ins Englische zu übersetzen, „um es in einem hiefür geeigneten englischen Blatte drucken zu lassen". Als sie ihre Übersetzung dem englischen Freund Charles Grant zum Korrigieren vorlegt, kann dieser fast nicht an sich halten vor Lachen. Dann meint er, es sei ein „deutsches Englisch", was sie da produziert habe. Sie müsse es aber unbedingt so lassen: „in englisch gefühltem Englisch" könnte man dieses „Schweben zwischen Lächeln und Wehmut" nicht herüberbringen. Der erste Erfolg: Sie bekommt ein „unerwartet gutes Honorar", aber kein Belegexemplar.

Heimweh

Aus dem Gefühl heraus, im Hause eingesperrt zu sein und Einschränkungen zu unterliegen, wächst Isoldes Heimweh nach München. Daraufhin bittet sie den Münchner Freund Heyse um Hilfe. Dieser macht Nägel mit Köpfen und besorgt ihr eine Stellung in einem Büro – nicht in einer Redaktion, was sie eigentlich im Sinn gehabt hatte. Ihr Drang nach dem Norden ist so stark, daß sie auch diese Stellung annehmen möchte – obwohl sie mit Rechnungswesen betraut ist, was sie eigentlich gar nicht beherrscht. Mit Rechnungen wie zwei Jahrzehnte zuvor ihr Vater in der Tübinger Universitätsbibliothek! Die Mutter stemmt sich mit allen ihr zur Verfügung stehenden Mitteln gegen dieses Projekt. Isolde muß bleiben – koste es, was es wolle.

Um die Tochter in Florenz zu halten, fädelt die Mutter ein Projekt mit einem Hausbewohner ein. Althofen ist Lehrer und kommt jedes Jahr im Spätsommer nach Florenz, um sich weiterzubilden. Er wohnt im Erdgeschoß des Hauses. Die Konzeption ist ergeizig: Sie planen eine Art Reiseführer von Florenz, ein Werk mit ihren Texten über die Geschichte der Stadt und Illustrationen von seiner Hand. Voller Freude machen sie sich an die Arbeit. Isolde hat nun einen treuen Begleiter auf ihren Wegen durch Florenz. Althofen macht sie mit der Kunststadt bekannt, erklärt ihr die historischen Gebäude mit ihren Sehenswürdigkeiten und führt sie durch Galerien.

Freude an der Arbeit

Isolde hat nun eine Aufgabe. Sie arbeitet jeden Tag, befreit vom häuslichen Lärm und den täglichen Sorgen, am einzigen Damentisch in der „Biblioteca nazionale", „stöberte in Katalogen, machte Auszüge, verglich Überlieferungen, überwand sogar meine Schüchternheit, indem ich Fachgelehrte aufsuchte, um mir Quellenwerke nachweisen zu lassen, und ich machte mir wieder aus Unkenntnis den Weg schwerer, als er hätte sein müssen, weil manche dieser Quellen, denen ich mühsam nachstieg, schon in bequeme Kanäle gefaßt waren, aber von mir ungesehen, daneben flossen."

Wie sie diese Arbeit liebt! Endlich hat sie etwas gefunden, das ihr liegt, das ihr Spaß macht, und, wer weiß, auch besseren Anklang bei den neuen Freunden findet als ihre banalen Übersetzungen. Sie schreibt in ihren Erinnerungen: „Meine gute Mutter jubelte, weil sie meiner nun wieder für geraume Zeit sicher war, die Weitläufigkeit der Anstalten bewies ja, daß es um eine Arbeit von langer Hand ging. Ich glaube, daß ich in jenen Tagen so etwas wie ein glücklicher Mensch gewesen bin. Werk und Leben lagen in meiner eigenen Hand."

Mit dem Partner steht es jedoch nicht zum Besten. Im nächsten Jahr, als er wiederkommt, zeigt sich, daß er psychisch krank ist. Nach dreieinhalb Jahren gemeinsamer Arbeit stirbt Althofen. Isolde steht erneut vor dem Nichts.

Florentiner Novellen

Die Tochter von Hermann Kurz neigt zum Glück nicht dazu, gleich zu verzagen. Nach einigem Nachdenken formt sie aus dem zusammengetragenen Material ihre „Florentiner Novellen". Die Münchner Freunde haben ja versprochen, zu helfen. Da ist zum einem der einflußreiche Verleger Adolf Kröner, der ihr schon lange zugesagt hat, ihre Geschichten in einem seiner Blätter zu veröffentlichen. Dazu gehört seit 1884 die Familienzeitschrift „Gartenlaube". Dort hat Kröner Isoldes Münchner Freundin Rosalie Braun-Artaria 1886 als Schriftleiterin eingesetzt, die ebenfalls ihre Hilfe zusagt.

Die Unterstützung von Verleger Kröner hat jedoch zwei Seiten. Seine Hilfe „stieß mein Schifflein eine Strecke vorwärts, in anderem Sinne war es auch hemmend, denn Freund Kröner war ein viel zu vorsichtiger Geschäftsmann, um nicht sein Ohr immerdar am Herzschlag der bürgerlichen Gesellschaft zu haben und streng darauf zu achten, daß nichts eingeschwärzt wurde, was nicht nach allen Seiten vor der ängstlichen Zensur jener Zeit bestehen konnte, denn jeder noch so unschuldige Seitensprung brachte ihm den Abfall tausender von Abonnenten. So stark wirkte in diesem freien und klaren Geiste der wirtschaftliche Sinn, daß er sich ordentlich für die Kulturaufgabe begeistern konnte, eine Nummer der ‚Gartenlaube' zusammenzustellen, die gleicherweise Herrn und Frau Geheimrat wie auch ihrer gefühlsseligen Köchin eine schmackhafte Kost böte. Aber die Anfängerin hatte nicht zu fragen, wo sie gedruckt sein wollte, sie durfte froh sein, überhaupt unterzukommen, und mußte nur sorgen, Stoffe zu vermeiden, bei denen die Schere ein lebenswichtiges Organ verletzen konnte."

Rosalie Braun-Artaria verdankt Isolde viel, sehr viel, wie sie in ihren Memoiren vermerkt: „Daß es mir bei meiner Entfernung vom Vaterland und meiner Unverbundenheit mit den herrschenden Strömungen gelang, mich auf den unsicheren Wellen des deutschen literarischen Lebens zu halten, verdanke ich ihr zum großen Teile mit. Ihr Verständnis, und ihre schriftleiterische Erfahrung, bei der es immer Rat und Wink zu holen gab, haben mir oft den Weg geebnet, und in

Zeiten, wo die persönlichen Bedrängnisse mir fast das Steuer aus der Hand schlugen, war es ihr vertrauter Zuruf, der mich immer wieder Mut fassen ließ."

Wen nimmt es da wunder, daß in der „Gartenlaube" die erste Novelle, „Die Vermählung der Toten" erscheint? Während sich das Publikum für diese schauerliche Geschichte aus dem mittelalterlichen Florenz begeistert, erfährt die zweite Novelle „Anno Pestis", die in der Zeitschrift „Nord und Süd" veröffentlicht wird, keine so gute Aufnahme. Man ist schockiert von der freien Behandlung erotischer Beziehungen: Die pestkranke, schöne Bianca nimmt Rache an ihrem einstigen Verehrer, indem sie seine Geliebte wird – und ihn ansteckt. Isolde kommentiert: „Man war damals noch äußerst ängstlich auf erotischem Gebiet".

Vor dem häuslichen Chaos flieht sie nach Stuttgart. Dort schreibt sie, in der Hölderlinstraße wohnend, „Die Humanisten". Der Versuch, diese Novelle an eine in Stuttgart erscheinende illustrierte Zeitschrift zu verkaufen, schlägt fehl. Nach Florenz zurückgekehrt, schreibt sie die vierte Novelle, „Der heilige Sebastian". Mit etwas Glück findet sie einen „jungen Verleger", der die alte Firma Göschen gekauft und sich in Stuttgart niedergelassen hat. Die „Florentiner Novellen" erscheinen 1890 und werden ein großer Erfolg.

Kämpferische Jahre

Über Nacht ist Isolde Kurz eine gefeierte Autorin. Verlage fragen bei ihr an, ob sie Ähnliches wie die „Florentiner Novellen" auf Lager oder unter der Feder habe. Isolde winkt ab, „denn ich wußte wohl, daß ich auf diese Weise zwar buchhändlerisch, aber nicht künstlerisch weiterkommen konnte".

Isolde macht es sich nicht einfach. Der gerade Weg wäre gewesen, an diesem Thema, den Erzählungen aus der Florentiner Vergangenheit mit erfundenen und historischen Figuren, weiterzumachen. Doch dies ist ihr die nächsten dreißig Jahre ein Tabu. Warum? Um keinen Preis möchte sie festgelegt werden, sie braucht die Freiheit und die Unabhängigkeit wie die Luft zum Leben. Den Stoff für die nächsten Novellen, die immerhin erst fünf Jahre später gedruckt werden, sucht sie demnach in neuen Gefilden. Sie porträtiert die „kleinen Leute“ in der Gegenwart in ihren „Italienischen Erzählungen“. Die lange Pause zwischen den beiden Büchern erklärt sie damit, daß damals „Bücher nicht mit so wirbelnder Schnelligkeit“ geschrieben werden. Es gibt noch einen anderen Grund: Die Verleger wollen an den großen Erfolg der „Florentiner Novellen“ anknüpfen und kein Wagnis mit etwas ganz Neuem eingehen. So hat Isolde es schwer, etwas anderes überhaupt an den Mann zu bringen.

„Der gleiche Vorgang wiederholte sich bei meinen nachfolgenden Büchern,“ berichtet sie in ihren Erinnerungen, „daß ich immer wieder nach neuen Gegenständen und neuen Lebenskreisen griff, wie es meinem eigenen vielgestaltigen Dasein entsprach, und daß diese sich immer aufs neue bei einer Lesergemeinde einzuführen hatten, die mich an einem früheren Platz erwartete, als wo ich stand.“

Isolde Kurz nennt diese Zeit ihre „kämpferischen Jahre“. Jenseits der Zeitströmungen und Moden sucht sie sich ihren eigenen, steinigen Weg. „Aber schwer ist es, ohne Schutzgeleite und Führerstern allein und gegen die Strömung nach dem inneren Kompaß zu steuern.“ Ein Glück für sie – und ihr Lesepublikum –, daß sie diesen in sich selbst gefunden hat.

Ein Zimmer für sich allein?

In der ersten gemeinsamen Wohnung von Edgar, Marie und Isolde in Florenz bestimmen den Alltag der Schriftstellerin ausgesprochen schlechte Wohn- und Arbeitsbedingungen. Da sind die Umtriebe von Edgars Praxis, die sich im Hause befindet und die zahlreichen Gäste des Hauses. Isolde bezahlt für ihr Zimmer einen „bescheidenen Mietbetrag in die Haushaltskasse“.

Was sie schon als Kind plagte, vertreibt auch die Erwachsene oft aus ihrem Zimmer: die Gastfreundschaft der Mutter. Wenn Gäste angesagt sind, weicht Isolde aus in Mietzimmer. Hier bringt sie wenigstens ihre Übersetzungen zustande, was zu Hause schlechtdings unmöglich gewesen wäre: „Dabei hatte ich aber von dem vorübergehenden Alleinsein und der Stille in dem fremden unwirtlichen Raum keinen Gewinn, weil sich dorthin doch nur Fronarbeit mitnehmen ließ; zwischen die kahlen getünchten Wände, wo fast nur für das italienische Riesenbett und den Waschtisch Platz war, mochten die Musen nicht gerufen sein."

Während ihrer Abwesenheit wohnen Gäste auf ihrem Zimmer, oft junge Männer, die spät abends und bezecht nach Hause kommen und ihren Körper nicht mehr unter Kontrolle haben. Sie hinterlassen dann zerbrochene Stuhlbeine oder Ähnliches. Der Mutter, die die Zerstörungen wohl bemerkt, aber nichts unternimmt, ist dies lediglich peinlich. Als Ersatz schmückt sie Isoldes Zimmer mit Blumen. Wenn Isolde zurückkehrt, weiß sie beim ersten Blick auf ihr Zimmer: Je mehr Blumen verteilt sind, desto mehr ist kaputt. Isolde muß selbst für das Reparieren sorgen.

Die Unstimmigkeiten mit der Schwägerin vertreiben sie dann aus der eigenen Villa, in der sie auch vorher nicht die ersehnte Ruhe zum Schreiben fand. Sie wandert durch Pensionen und Mietzimmer, muß aber immer in der Nähe des „mütterlichen Zentralgestirns" bleiben. Ein innerer Zwang? Die Mutter verlangt es: „Da sie von Edgar nicht lassen wollte, aber zu welken meinte, wenn sie mich nicht hatte, blieb mir keine andere Wahl."

Schließlich findet die Dichterin eine Wohnung am Poggio Imperiale, wo sie alleine und zufrieden lebt und in Ruhe arbeiten kann. Nach dem Verlust dieser Wohnung ist sie wieder auf Wanderschaft und richtet sich schließlich das Ferienhaus in Forte ein. Ruhe zum Schreiben findet sie meist nur nachts – wegen laufender Störungen der Familie.

Die „schönste Heimstatt, die ich je besessen habe und der ich heute noch ein wenig im Herzen nachtrauere" findet sie schließlich in der Via de' Bardi: ein Haus mit Doppelaussicht nach Norden über den unten fließenden Arno mit seinen Brücken, nach Süden auf die hängenden verwilderten Gärten unterhalb der Cota San Giorgio. Inzwischen verdient sie so viel, daß sie sich diese weiträumige Wohnung mit vielen Nebengelassen und phantasievollen Unregelmäßigkeiten leisten kann. „Wie für mich erfunden" schwärmt sie: „In jedem

Raum Stille und Weihe wie in einer Kirche; Freunde konnten sich an meinen Tisch setzen, wo ich alleine gebot; ich war beseligt wie Walther von der Vogelweide, als er endlich sein Lehen hatte und es erlebte, daß er ‚den Gast auch grüeze'."

Wie sie diese Selbständigkeit, diese Unabhängigkeit von der Familie genießt! Voller Freude richtet sie sich die Wohnung her und füllt sie mit den Dingen, die sie liebt: „Meine Bücher und die kleinen Kostbarkeiten, die sich im Lauf der Jahre angesammelt hatten, wurden wieder aufgestellt, edel gewirkte orientalische Schals, ein großer japanischer Teppich ausgebreitet. Manches gute Stück altes Hausgerät war damals noch in kleinen Lädchen um billigen Preise aufzutreiben, anderes ließ ich nach guten Mustern nachschnitzen."

Herrlich, diese Beschreibung ihrer Umgebung: „Und alle Gegenstände rundum sagten ihr stummes Ja zu meiner Gegenwart. Ich liebte sie alle, gab ihnen Namen, die sie zu schweigenden Persönlichkeiten machten, denn teils hatte ich sie schon so gewählt, daß man ihnen ansehen konnte, sie hatten zu mir gewollt; teils paßten sie sich, wenn sie von fremder Hand kamen, der Umgebung an."

Finanziell ist sie so gut gestellt, daß sie sorglos leben kann. Ihren Anteil an Edgars Haus hat sie wieder zurückbekommen, ihr „kleines Kapital" ist „wieder flüssig", „die deutschen Honorare" fließen stetig – „man brauchte nicht zu den Vielschreibern zu gehören". Alles stimmt mit ihr und ihren Bedürfnissen überein, selbst die alltäglichsten Dinge: „Wenn der Postbote klingelte, so wurde von der Arbeit aufgesprungen und durch das Fenster ein Körbchen an rotem Faden hinabgelassen, in das er seine Fracht legte. Aus allen Stockwerken geschah gleiches, denn niemand wollte dem Mann ohne besonderen Anlaß die Treppe zumuten."

14. KAPITEL

Eros und Genius

Die Schriftstellerin bei der Arbeit

Stoff, Motive und Figuren schöpft Isolde Kurz aus dem Leben. Die Figuren müssen gewachsen, ja, lebendig sein: „Aber ich mußte immer organisch verfahren und nahm nur auf, was sich irgendwie vom Leben her verbürgen ließ; reine Willkür in der Erfindung widerstrebte mir stets wie alles Wurzellose, es wäre denn zu Zwecken der Komik gewesen."

Der Stoff, die Eingebung wird zunächst „bebrütet", „in der eigenen Seele vorgewärmt". Dann wird er auf der Esse, das heißt auf dem Schreibtisch, bearbeitet und kommt „in der Arbeit zum Schmelzen". Schließlich folgt das „Handwerkliche, das Ringen um Maß und Einordnung und die letzte Feile".

Ihr Denken beschreibt sie als nicht-linear und kreisend. Sie unterscheidet nicht zwischen Vergangenheit und Gegenwart. Sie arbeitet mit Bausteinen, Erinnerungsfetzen, die ihr zufliegen (dies gilt ihr als das mütterliche Prinzip), und gliedert diese anschließend. Dies ist das väterliche Prinzip: „An Stelle des Chaotischen, das ich als Erbteil meiner höchst genialen, aber allem Planmäßigen abholden, im Urstoff wesenden Mutter in mir kenne, tritt nun das Blut des Vaters mit dem strengen Zwang zur Gesetzlichkeit und läßt mich nicht ruhen, bis ich diese ganze lose Gesellschaft wie eine Koppel wildweidender Fohlen zusammengespannt und zu richtiger Gangart fest in die Zügel genommen habe. Dieser Zwang von der anderen Seite her, ohne den ein bewußt gewolltes, rhythmisch-abgewogenes Kunstgebilde unmöglich wäre, duldet kein romantisches Durcheinander, kein unorganisches Gefüge, und er waltet um so strenger, je größer die Anarchie, durch die er sich durchzuringen hat. Daß eine solche Arbeitsweise nicht erleichternd ist, liegt auf der Hand, aber sie hat den Vorteil, daß sie jedes künstliche, erzwungene Füllsel ausschließt, weil sie immer mehr Stoff zur Verwendung hat als sie aufbrauchen kann, und darum nur Entstandenes, nichts Gemachtes verwendet."

Isolde Kurz „verkleidet" in ihren Büchern die Menschen, mit denen sie zu tun hat, „freilich so verwandelt und ineinander umgegossen, daß sie sich selber nicht mehr erkennen würden noch ihre Glieder an sich zu nehmen vermöchten, da das eine vom einen, das andere vom andern stammt, und diese gemischten Bestandteile nunmehr natürlich wie bei Lebenden ineinandergreifen und neue Individualität bilden."

Die Romanfiguren werden der Schriftstellerin lebendiger als die natürlichen Menschen, die sie als „leibhafte Vorlagen" bezeichnet, die, „nachdem sie einmal diesen Dienst geleistet, in der Erinnerung zurücktreten und verblassen". Sie geht schließlich noch einen Schritt weiter und behauptet, aus Freunden würden durch das Schreiben Symbole. Bisweilen konstruiert sie eine Figur und trifft dann zufällig ihr menschliches Pendant auf der Straße, das sie vorher nicht gekannt hat. Durch diese Begegnung gewinnt ihr diese Figur neues Leben und bekommt organische Konturen.

Die Erfahrung mit dem Schreiben, mit der Erfindung und Darstellung von Personen, Szenen und Landschaften bringt es mit sich, daß sie sich sicherer wird. Bald hat sie „so gut wie keine technischen Schwierigkeiten mehr, jede neue Erfindung brachte von selber ihre Einkleidung mit."

Der unsichtbare Freund

Es ist ein Phänomen, wie Isolde den Vorgang des Schreibens empfindet und schildert. Wie in Kindheit und Jugend, erscheint ihr das Schreiben nicht als eine Gabe oder eine Fähigkeit, sondern als eine Macht. Sie bezeichnet dieses Unsichtbare als „Genius", den sie beim Schreiben neben sich spürt und dem sie ausgeliefert ist wie einem Geliebten: „Ich stand jetzt allein Aug in Auge mit dem unsichtbaren geflügelten Freund und verlangte sonst weiter nichts vom Leben. Er machte mich glücklich und unglücklich, je nachdem es ihm einfiel, wie es ein irdischer Geliebter an seiner Stelle auch getan hätte. Ich nannte ihn meinen ‚Anderen'."

Im Gedicht „Immer zu Zweien" beschreibt sie ihren „Genius":

„Mein Liebling, lichtgesäugt,
Blutsfreund, doch körperlos und ungezeugt,
Mein Zwillingsbruder, den durchs öde Leben
Als Weggesell ein guter Gott gegeben,
Der gleichen Schritts mit mir die Welt durchmißt,
Gleichaltrig stets wie ich, doch ewig ist,
Du willst mich ganz und duldest mir zum Wehe
Wie ein Verliebter keines Dritten Nähe."

Das Schreiben nimmt sie so sehr in Anspruch, daß sie auf anderes gar nicht achten kann. Wiederum spricht sie davon, daß es diese unsichtbare Macht ist, der „Genius", der sie gefangen hält: „Er war der Helfer und Tröster, der große Leidverwandler, aber er war auch der Eifersüchtige, Vielverlangende, der mich ganz für sich allein wollte. Wenn ich ihn beim Glühen der Esse am stärksten in mir fühlte, kamen Augenblicke, wo die irdische Brust das Glück nicht mehr halten konnte und ich ins Freie stürzen mußte, damit die Fibern nicht rissen. Dann wieder quälte er mich durch seine sich überstürzenden, durcheinandergewürfelten Einfälle, die ich nicht schnell genug zu Papier bringen, entwirren konnte, oder er sandte sie mir zu in Augenblicken, wo ich durchaus verhindert war, sie aufzufangen, etwa an einem Reisetag, im Augenblick des Aufbruchs mit Mama, die sich beim Reisen über die Maßen aufzuregen pflegte."

Mit dem Alltag verträgt sich der Genius nicht. Sobald Isolde die Zügel schleifen läßt, sich entspannt, in der Konzentration nachläßt, verschwindet die Gabe des Schreibens: „Wenn ich aber nur einen Seitenblick auf die Verlockungen des Lebens fallen ließ, so verschwand er." Sie versinkt in der Depression und kann erst nach einer Pause den vorherigen Zustand wieder herstellen: „Und alsbald verlosch aller Daseinsglanz, die Sonne ohne ihn war keine Sonne mehr. Erst wenn ich dann genug gedarbt hatte, kam er wieder und bewarf mich mit Blumen."

Ihren entrückten Zustand beschreibt sie in besagtem Gedicht:

„Mich hält der Freund in königlicher Haft
Und Einsamkeit, die keine Schrecken schafft.
Er baut ein Haus mir in kristall'nen Räumen,
Von Stimmen tönend und besucht von Träumen,
Malt bunte Scheiben drein mit Künstlerfleiß,
Umtürmt mich rings mit blauem Gletschereis
Und hat mich über all sein Gut gesetzt,
Denn Königin von Traumland bin ich jetzt,
Schmück' mich für ihn mit diamant'nen Zinken
Und Perlenschnüren, die wie Tränen blinken.
So lieg' ich fest im Liebesnetz versponnen,
Ich merk' es kaum, wenn neu ein Jahr verronnen,
Ich seh' nicht mehr der Bäche trägen Lauf."

Die Lyrikerin

In jenem Herbst, als sie mit der Arbeit am Reiseführer begonnen hat, ist sie plötzlich wieder in der Lage, Gedichte zu schreiben: „In mir sprang ein neuer Liederquell hoch, leichte tändelnde Verse, von Mörike beeinflußt, aber mit eigenen, aus dem Leben geholten Motiven und eigener Bildersprache. Spätere Kritik hielt diese Rokokolyrik für mein erstes Gesicht, es war vielmehr die Absage an den hochgestelzten Charakter meiner wirklichen Anfänge, die mir in jener zweiten Phase höchlich zuwider waren, die ich mir aber heute eher nachsehen kann, weil sie kein wichtigtuerisches Wühlen in eingebildeten Schmerzen waren, sondern der Notausgang für viel stummes, festgepreßtes Herzweh meiner ersten Jugend."

Im Freundeskreis werden diese Gedichte gelesen, herumgezeigt. Man muntert sie auf, man drängt sie, die Gedichte zu veröffentlichen: „Aber alles in mir sagte nein; ich brachte es nicht einmal über mich, die Gedichte für die schwarze Hand des Setzers abzuschreiben." Derjenige, der Isolde am meisten Druck macht, ist der Freund und Bildhauer Adolf

Hildebrand. Der sensible Künstler spürt, daß in der Freundin mehr steckt als eine Übersetzerin und verhilft ihrer Kreativität zum Durchbruch. Gleichzeitig nimmt er ihr die Scheu vor der Öffentlichtkeit: „Sein Glaube an mich pflanzte sich auf seinen Freundeskreis fort, er stärkte der von dem natürlichen Schallboden der Heimat Abgetrennten, Aufsichgestellten das Selbstvertrauen und mußte ihr auf lange Zeit die fördernde Antwort der Öffentlichkeit ersetzen."

Diesmal geben die Freunde nicht nach, die Freundin Mary Fiedler schreibt die Gedichte ab für den Setzer, Adolf Kröner gar will den Druck übernehmen. Da spielt wieder einmal Freund Zufall mit.

Da ist ein Gedicht dabei, das „Weltgericht", in dem Isolde etwas locker mit den Hauptfiguren der christlichen Religion umgeht: „Das Gedicht spann sich ohne mein Zutun ab, wie von der Sprache selber Vers für Vers vorangetragen, so daß ich am Ende über den Zusammenhang und die scheinbare Abgewogenheit des Ganzen mich selber wunderte. Es erregte im Freundeskreis stürmischen Beifall, ging von Hand zu Hand, wurde in ‚Nord und Süd' gedruckt, von dem großen Tragöden an der Wiener Hofburg, Joseph Lewinsky, öffentlich vorgetragen und fand in Friedrich Theodor Vischer einen Gönner, der es mit sich in der Tasche trug, um bald da, bald dort ein Stück davon vorzulesen, auch allerlei schnurrige Varianten ersann, die er mir jeweils nach Florenz sandte."

Ebenso wie Lewinsky und Vischer ist Hildebrand von diesem Gedicht angetan, nicht zuletzt, weil er sich darin porträtiert sieht – in der Rolle des Gottvaters. Kurz der Inhalt: Gottvater wird über die Kritik Satans an seiner auch von ihm als mißraten bezeichneten Schöpfung so wütend, daß er ihn aus dem Himmel hinauswirft. Nicht einmal der Opfertod des Gottessohns kann die schlechte Welt erlösen. Doch als die beiden darangehen, die schnöde Welt zu vernichten, erwacht der Heilige Geist aus seinem Mittagsschlaf und verhindert das Geschehen mit Worten von atemberaubender Logik:

„Was heut sich auf die Köpfe stellt,
Fällt morgen auf die Füße,
Es decken sich im Lauf der Welt

Das Saure und das Süße.
Was schön und häßlich, gut und schlecht!
Es fließt aus einem Bronnen:
Kaum unterscheidet ihr es recht,
So ist's in eins zerronnen.
Das Nichts, es klingt so hübsch ins Ohr:
Könnt' ich den Sinn nur lösen!
Drum halt' ich's lieber nach wie vor
mit den bekannten Größen.
Das ungereimte Weltgedicht -
Nehmt's wie es ist, und krittelt nicht!

Wegen dieses Gedichts, aus Rücksicht auf die „Frommen" in Württemberg, läßt Verleger Adolf Kröner den ganzen Band in seinem Schweizer Verlag in Frauenfeld erscheinen. Da hat er aber nicht mit mächtigen Fürsprechern gerechnet: Prälat Gerok setzt sich dafür ein, und ein Kritiker stellt im „Staatsanzeiger für Württemberg" die Frage, „wie es komme, daß ein Buch, das der Heimat zur Ehre hätte gereichen können, in einem ausländischen Verlag habe erscheinen müssen." Peinlich für den allzu vorsichtigen Verleger, der die Gedichte in der nächsten Auflage in der inzwischen übernommenen Cottaschen Buchhandlung in Stuttgart erscheinen läßt.

Der erste Gedichtband wird ein überwältigender Erfolg, wie ihre Erzeugerin beschreibt: „Die Wirkung der Gedichte in der Öffentlichkeit war fast noch stärker als ein Jahr später die der ‚Florentiner Novellen'. Aus allen Pressestimmen ging hervor, daß etwas Überraschendes geschehen sei." Man schenkt der Dichterin Gehör, weil ihre Verse sich so stark von der gewöhnlichen Frauenlyrik unterscheiden. Das Lesepublikum ist ganz andere Gedichte von Frauen gewohnt. Isolde im Rückblick: „Man weiß ja heute gar nicht mehr, daß die Frauenlyrik in jenen Tagen noch gebundener war als das Frauenleben selbst. Aus den Goldschnittbänden damaliger Lyrikerinnen klang das Gefühlsleben des Weibes nur wie das schwache Zirpen eines unflüggen Vogels; stärkere Töne wären als unweiblich verworfen worden." Die männlichen Kritiker sind überaus erstaunt über solche Wortgewalt, wie sie aus Isoldes Gedichten spricht: „Wer am meisten aufhorchte und den stärksten Widerhall gab, war die Männerwelt."

Von den Kritikern bekommt sie nichts als Zuspruch, was mitunter auf Isolde lächerlich wirkt: „Ein anderer zugeneigter Gönner legte in der ‚Ulmer Post' gläubiges Zeugnis für mich ab und trat zugleich in seinem Eifer vorgreifend zwischen mich und den Tadel Philistäas, indem er versicherte, aus bester Quelle zu wissen, daß ich mich nicht nur auf das Dichten verstünde, sondern auch auf Nähen, Sticken, Strümpfeflicken und andere löbliche Verrichtungen, was gewiß sehr gut gemeint, auch einigermaßen richtig war, aber ein wenig komisch wirkte, wennschon sehr bezeichnend für die Zeit."

Zwischen lieben, fürchten, hassen

Bemerkenswert sind die zahlreichen Liebesgedichte in diesem Band: der ewige Kreislauf zwischen Hoffen und Sehnen, Lieben und Verlassen, beispielsweise:

„Ob du gut seist oder böse? -
Ach, es war der Sterne Lauf!
Rätsel, die ich niemals löse,
Gibst du meinem Herzen auf.

Zwischen lieben, fürchten, hassen
Schwankt die Seele friedelos.
Sicher weiß ich eines bloß:
Nimmer kann ich von dir lassen."

Wehmut und Trauer werden in vielen Gedichten ausgedrückt, Trauer der Verlassenen, Trauer um den toten Geliebten. Die Dichterin ist 35 Jahre alt, als diese Zeilen gedruckt werden:

„Mein Lebensweg war eine Gräberstraße,
Wo rechts und links die Leichensteine stehen,
Doch sah ich Liebes mir zur Seite gehen -
Jetzt wölbt ein frischer Hügel sich im Grase.

Er deckt den Letzten mir, den Liebsten, Einen,
Und weiter dehnt der Weg sich, der bestaubte,
Hier möcht' ich ruhn und mit verhülltem Haupte

Ein Denkmal meinem toten Lieb versteinen."

Typisch für viele Gedichte ist die Mischung von Liebe und Tod, von Sehnsucht und Tragik, die auch ihr Prosawerk durchzieht. Ein Beispiel ist ihr „Frühlingslied":

„Lieblich im Lenzeshauch
Baden die Glieder,
Seele, der Schmetterling,
Löst sein Gefieder.
Hoch bis zur Sonne
Schwillt mir das Herz,
Ach, und die Wonne
Mischt sich mit Schmerz.
Möchte zum Himmelsblau
Jubelnd mich heben,
Möcht' in der grünen Au
Wurzeln und kleben,
Möcht' in den Gluten
Schmelzend vergehn,
Still mich verbluten
An Sehnsuchtswehn.

Kannst nicht zum Himmelsblau
Jubelnd dich heben,
Sollst nicht an grüner Au
Wurzeln und kleben,
Aber dies Dehnen,
Weltenumfangen,
Liebendes Sehnen
Am nächsten zu hangen,
Schwanken und Beben,
Jubel und Schmerz,
Das ist dein Leben,
O Menschenherz."

Isolde wird auf eine sie „überwältigende Weise" gefeiert. Sie bekommt Post aus allen Teilen der Welt. Ganz fassen kann sie den Ruhm allerdings nicht: „Die Anthologien stürzten sich auf die Verse, auch in Schulbücher gingen sie über, die Jugend nahm sie mit Liebe auf. Es war eine Zeit reicher Erfüllungen, nur daß die fertigen Dinge schon nicht mehr mein, sondern bereits von mir abgefallen waren, daß es mir schien, als gälten alle die Lobsprüche nicht mir, sondern einer, die eben hinausgegangen wäre. Ich selber aber stünde beschämt mit leeren Händen, weil mir der Vogel entflogen war und nichts übrig, das mir allein gehörte."

Neue Gedichte

Im „stillen Glasgemach, beim Rinnen des Arno, während das nächtliche Florenz im Sternenschimmer lag", entsteht die zweite Folge der Gedichte. Isolde Kurz machte eine feine Unterscheidung, ob sie Prosa oder Gedichte schreibt. Das eine verträgt sich nicht mit dem anderen! „Immer wenn der zarte Geist der Lieder auf seinen Schmetterlingsflügeln erschien, den das Tun des Tages so gerne verscheucht, mußte auf Wochen die Feder, die Prosa schrieb, ruhen, denn er brachte seine Gaben nie vereinzelt, sondern reihte sie, Heiteres und Ernstes, in vielfarbigen Ketten auf. Er war noch immer gleich launenhaft und gleich erfüllend. Rufen ließ er sich nicht gern."

Zur Poesie läßt sich ihre Feder nicht zwingen. Über das Gedichteschreiben macht Isolde, die beide Formen der Literatur ja kennt und in jedem Genre erfolgreich ist, erstaunliche Aussagen: „Das Gedicht kommt viel weiter her, als Uneingeweihte ahnen, und es ist früher als sein menschlicher Anlaß. Dieser lockt es nur hervor." Wie weit ist „Das Lämpchen" hergekommen?

„Ein Lämpchen wandert
In unserm Stamme
Mit heller Flamme
Von Hand zu Hand.
Dem Vater reicht' es
An langer Leiter
Der Ahn herunter.
Wie brannt' es munter,
Als ich's empfing,
Und möchte weiter
Im ewigen Wandern

Zu all den andern,
Die unten stehn.
Es strahlt und funkelt
Noch unverdunkelt,
Und dennoch weiß ich:
In meinen Händen
Mußt du verenden,
Du schönes Licht."

Die Dichterin spricht davon, daß die Gedichtzeilen und Verse ihr einzeln einfallen: „Zuweilen tritt es gar stückweise heraus, Jahre können dazwischen liegen, bis die getrennten Glieder sich von selbst zusammenfügen." Sie beschreibt das Dichten so, daß eine innere Stimme einen Vers spricht und dann schweigt. Erst nach Jahren, wenn die Poesie wieder einmal auf ihren „Schmetterlingsflügeln" zu ihr gekommen ist, fügt sich der Rest des Gedichtes hinzu.

Voraussetzungen für das Dichten ist eine ruhige, störungsfreie Umgebung, noch viel mehr als beim Prosaschreiben. Isolde gilt die Zeit, in der sie dichten kann, für außergewöhnlich: „Die hohe, festlich hohe Zeit solcher lyrischen Offenbarungen wurde jedesmal zu frühe, wenn noch die Stimmen raunten, durch irgendeinen äußeren Eingriff aus persönlichen Bereichen abgeschnitten; dann half kein Horchen mehr, es war alles jählings zu ende, und ich konnte mich wieder langsam auf die erzählende Gestaltung umstellen."

Dichtung und Wahrheit

Was Isolde nicht gefällt, ist die Rückführung der Dichtung ins wirkliche Leben durch die Literaturkritik. Sie hält es für einen „Unfug der Lesewelt", eine „öde Sucht, aus dem Gedicht seinen Wirklichkeitskern herauszubrechen, das, was die Poesie aus der irdischen Schwere in überirdische Leichtigkeit, in Glanz und Ton und Rhythmus verwandelt hat, in seinen nunmehr verbrauchten, nicht mehr vorhandenen Rohstoff zurückverwandeln zu wollen, dabei die zärtlichste, verbotenste Stelle des Dichters, wo die Verwandlung vor sich geht, verletzend. War da einmal Wirklichkeit? War es nicht immer Vision? Wen geht es an, wenn der Nächstbeteiligte es nicht mehr weiß? Diese Poesielosen, die sich lieber mit Statistik als mit Dichtung befassen sollten, gleichen sie nicht Kindern, die ein empfangenes Geschenk besser zu genießen meinen, wenn sie es in seine Teile zerbrechen, um zu sehen, woraus es gemacht ist?"

Dies gilt in höchstem Maße für sie selbst: „Ja, selbst mein eigenes Leben ist zum großen Teile nicht mehr mein, da es schon durch hundert Kanäle, in Spiegelungen und Parallelen und in wirklichen Episoden, die einmal mein waren und jetzt den erfundenen Personen gehören, von mir abgeflossen ist."

Die Einsamkeit der Künstlerin

Isolde Kurz kann keinen anderen Weg gehen als den einsamsten und schwersten. Obwohl sie die Geselligkeit liebt, obwohl ihre Persönlichkeit viele Menschen anzieht, bleibt ihr ein Abstand zu den Menschen: „Viele Menschen gaben mir im Lauf der Jahre ihr Herz, weil um mich her die Luft immer leicht und helle war. Aber wie sehr ich nach Anschluß mich sehnte, daß ich oft, nur allzu oft mit meinem Besten zurückhielt, um nicht zu drücken – , niemand, niemand konnte die Einsamkeit von mir nehmen, die wie durch eine Verzauberung auf meine Jugend gelegt worden war. Nur wenn ich über meiner Arbeit saß, war ich zu Zweien."

Die Erfüllung erfährt sie im Schreiben, im Dichten – nicht im Zusammenklang mit anderen Menschen oder in der Liebe. Sie hält den Eros für unvereinbar mit der schöpferischen Kraft: „Eines der schönsten Goetheworte war für mich immer die Antwort der ‚Amazone' auf Wilhelm Meisters Frage, ob sie geliebt habe: ‚Nie oder immer'. Denn die Liebe entstammt der Überwelt und ist früher als der irdische Gegenstand. Aber dieses A und O des natürlichen Weibes hat wohl nie im Leben der schöpferischen Frau eine bleibende Stätte. Zwei Götter können sich nicht nebeneinander vertragen. Der Eros will seine Beute ganz und der Genius ebenfalls; sie können sich nicht auf Stundenteilung einrichten. Und der Eros bringt für die Frau unausweichlich die Dienstbarkeit mit, das Wesen des Genius aber ist Freiheit. Wie anders liegt der Fall für den schaffenden Mann. Er bedarf immer der sorglichen Frauenhand, ihrer umhüllenden Liebe. Der Frau kann nur eine andere Frau in voller Hingabe diese Wohltat erweisen. Der Mann, der ausschließlich ihrem Dienst leben wollte, hätte wohl Anspruch auf ihre tiefste Dankbarkeit, aber er würde wohl kaum so, wie er es wünschen muß, von ihr geliebt werden."

Krieg der Geschlechter

Es ist die Unabhängigkeit, die sie braucht. Verhältnisse, in denen sie sich unterordnen muß – und das scheint selbst in Kreisen der Avantgarde der Jahrhundertwende im Verhältnis der Geschlechter nicht anders zu sein als in der übrigen Gesellschaft – , kann sie nicht ertragen. Die persönliche Freiheit steht ihr über allem – koste es, was es wolle. Unter diesen Prämissen Freundschaften mit Männern zu pflegen, scheint aussichtslos. Doch nicht für Isolde: „Edle lebenslange Männerfreundschaften gehören gewiß zum wertvollsten Besitz der Frau. Dieses ausgesuchte Glück hat mich durch die längsten Strecken meines Lebens begleitet. Es ist eine kostbare Pflanze, die feinfühliger Pflege bedarf, um sie ebenso vor der zerstörenden Zone der Leidenschaft wie vor dem Abgleiten in die Prosa der Kameradschaftlichkeit zu bewahren. Richtig gepflegt, vor Schädlingen behütet, begossen und beschnitten, ist sie das Wunder des Baumes, der immer blüht."

Aus dieser Ablehnung des Erotischen in Beziehungen zu Männern aber auf eine Körperfeindlichkeit zu schließen, wäre grundfalsch. Isolde ist außergewöhnlich beweglich von Kindesbeinen an. Sie springt über Gräben, klettert über Zäune und läßt sich von den Insignien der Weiblichkeit, dem Reifrock, nicht behindern. Sie ringt ihrer Mutter die Erlaubnis für Reitstunden ab, was einen ihrer Skandale in Tübingen provoziert. Nach dem Fiasko in Tübingen um das „Damenschwimmen" lernt sie in München Schwimmen: „Mich vom

Wasser tragen lassen; welch ein Hochgefühl!“ Mit ihren russischen Freundinnen reist sie ans Meer, mit ihnen schwimmt sie dort zum ersten Mal und ist fasziniert.

Was steht zwischen ihr und dem anderen Geschlecht? Hat sie schlechte Erfahrungen mit Männern, mit Knaben in ihrem Leben gemacht? Versteckt in ihrem großen Lebensroman „Vanadis“ findet sich eine Szene, die, wenn sie von Isolde tatsächlich erlebt und nicht erfunden ist, ihre tiefe Abneigung erklärt. Vanadis wird als kleines Mädchen durch den sexuellen Angriff eines älteren Spielkameraden, eines Franzosen, überrascht: „Plötzlich begannen die Augen des Knaben zu funkeln, sein gallisches Blut war mit einer verfrühten Regung erwacht, daß er auf seine ahnungslose Gespielin zuschoß, sie blitzschnell in eine Ecke trieb und mit hart zustoßenden Fingern nach den kleinen Brüstchen greifen wollte, die noch gar keine waren. Zu Tode erschrocken stieß das Kind gellende Schreie aus und wehrte sich mit Fußtritten gegen den Angreifer, bis das Fräulein herzugestürzt kam und der Knabe Reißaus nahm. Die Kleine hielt ihr zerrissenes Kleidchen über der Brust zusammen und schämte sich fast zu Tode: es war ihr gefühlsmäßig aufgegangen, wenn ihr auch die Begriffe dafür fehlten, daß etwas Fremdes, Unreines sie berührt hatte, das von den Unarten ihrer Brüder und Roderichs grundverschieden war.“

Das kleine Mädchen Vanadis ist so schockiert, daß sie sich niemandem zu offenbaren wagt und die „Schmach“ von sich zu waschen in den nahegelegenen Fluß geht, um „vor sich selber wieder rein zu sein“. Sie stürzt dabei ins Wasser, geht unter, wird von einem Bauern wieder herausgefischt und heimgebracht. „Das Häßliche war abgespült und den Strom hinuntergeschwommen.“

Kann man ein solches Erlebnis einfach abwaschen? Heutzutage weiß man, wie stark sexueller Mißbrauch Mädchen zerstört. Sie tragen Zeit ihres Lebens an den Folgen, sind unfähig, Bindungen zu Männern einzugehen, zumal sexuelle. Nur mit viel Verständnis und Liebe gelingt es, ihnen zu helfen, die oft namenlose Verletztheit zu überwinden. Ist dies auch der Schlüssel für Isoldes einsamen Lebensweg?

Der unerlöste Mensch

Um Isoldes Haltung Männern gegenüber zu verstehen, ist es hilfreich, einen Blick auf das Verhältnis der Geschlechter im ausgehenden 19. Jahrhundert zu werfen. Zu diesem Thema liefert Isolde selbst reichliches Material, das sie in hohem Alter (zwischen dem 80. und dem 85. Lebensjahr) niedergelegt hat. Die Herrschaft des Mannes ist ungebrochen: „Alle Gebreiten des Lebens gehörten ausschließlich und unweigerlich dem Manne, die Frau galt in der Gesellschaft nur als sein Anhängsel, auch wenn sie zufällig die Bedeutendere war; verwitwet fiel sie in ihr Nichts zurück. Als Unvermählte blieb sie lebenslänglich mißachtet und auf die Seite geschoben. Nur selten gelang es einer, durch große künstlerische Leistung auf irgendeinem Gebiete diesen Bann zu brechen. Sonst war es ein Kleben im Pech, mit leerem Kopf und unterdrückten Lebensinstinkten, im Herzen nur die Angst, den rechten Zeitpunkt zu verpassen. Wieviel einfacher und natürlicher lebte sichs doch im Volke; bei Töchtern aus guten Häusern waren Schwermut und Wahnsinn keine seltene Erscheinung. Da kam dann freilich der Mann als Erlöser und konnte nicht lange daraufhin angesehen werden, ob er der Rechte sei: die Sache war eilig, nach zwanzig hörte schon meist die Jugend auf, denn der Durchschnittskäufer verlangte die frischeste Ware. So blieb die Frau ein unerlöster Mensch und ein durch und durch gefälschtes Erzeugnis einer falschen Zivilisation; ihr wahres Wesen kannte niemand, auch sie selber nicht."

Gretchenkult nennt Isolde dieses seltsame Verhältnis der Geschlechter: „Schlimmer noch als der tatsächliche Zustand war es, daß dieses öde, verkümmerte Gebilde als Idealbild der deutschen Frau die bürgerliche Gesellschaft beherrschte. Gehe ich fehl, wenn ich die Gestalt des Gretchen dafür mitverantwortlich mache? Es ist ein seltsames Verhängnis, daß gerade der Dichter, der dem Wesen der Frau am nächsten kam und es in vielfachen Spiegelungen am echtesten dargestellt hat, die Gestalt erschuf und mit dem Schmelz der höchsten Poesie umkleidete, die die deutsche Frau um Jahrhunderte zurückwerfen half. Der Gretchenkult war ein allzu bequemer, man konnte ihr in Hemdsärmeln dienen, sie stellte keine Forderung an den männlichen Partner und erhöhte sein Selbstgefühl durch ihre tiefe Unterworfenheit."

An diesem Zustand leidet nicht nur die Frau, die unterdrückt ist, sondern auch der Mann, der in ihr keine Partnerin findet: „Die Langeweile, die von der ungeistigen Frau ausging, trieb den geistigen Mann vom Familientisch fort ins Wirtshaus zu Seinesgleichen. Der Grund, warum der Trunk in deutschen Landen zurückgegangen ist, liegt nicht allein in der schlechteren Wirtschaftslage, sondern auch darin, daß der gebildete Mann jetzt bei der gebildeten Frau zu Hause geistige Nahrung findet. Denn auch dem Manne war mit der Entwertung der Frau persönlich nicht gedient. Der Fehler, der in der Rechnung lag, verdarb vielfach auch ihm das Dasein. Im Zusammenleben mit einer kleinlichen, über Umwegen und Hintertreppen herrschenden Hälfte sanken auch ihm die Flügel, wenn er solche hatte, nieder."

Eine überaus große Rolle in der Gesellschaft spricht Isolde der gebildeten Frau zu – und den Männern die Rolle des Narren: „Aus Kindheitstagen erinnere ich mich noch gewisser unwahrscheinlich grotesker Gestalten der älteren Generation, die aus Unschick und Blödigkeit über ihre eigenen Beine stolperten. Nicht einmal im Besitze seiner Gliedmaßen war vielfach der deutsche Mann, bevor er durch die allgemeine Dienstpflicht gedrillt, durch den Sport geschmeidigt, durch gesellschaftlichen Umgang, den Umgang mit gebildeten Frauen, verfeinert wurde. Es ist klar, daß, wo die Frau eine kulturelle Bedeutung hat, der Mann niemals in solchem Grade äußerlich ausarten kann, weil sie sich nicht mit dem ersten besten begnügen und weil sie auch auf das Werden des Sohnes ein Auge haben wird."

Die kulturelle Aufgabe der Frau

Im Hintergrund steht hohe Philosophie. Isolde weiß, wovon sie spricht, wenn sie die Aufgabe der Frau definiert: „Da die Menschheit ein Ganzes ist und nur durch den Kunstgriff der Natur in zwei Hälften geteilt, um sie besser zu verbinden, so mußte durch die Verkümmerung des einen Geschlechts das andere mitgeschädigt werden, und mittelbar die ganze Nation. Denn die Frau schafft das äußere Gepräge einer Kultur; sie ist die Erzieherin des Mannes zu Form und Schönheit, und ihr feinerer Tastsinn ist berufen, seine starre, abstrakte Sachlichkeit zu mildern. Es braucht nun einmal den Sporn des Eros, um die Sitten zu veredeln. Der Mangel an Takt und äußerem Anstand, die Schroffheit, hinter der sich oft nur gesellschaftliche Unsicherheit verbarg, und was sonst noch das Ausland dem Deutschen vorwarf und zum guten Teil heute noch vorwirft, nachdem es mit diesen Dingen besser geworden – denn wie lange dauert es, bis eine geprägte Meinung sich berichtigt –, war in dem mangelnden gesellschaftlichen Einfluß der Frau begründet."

Isoldes Zusammenfassung ihrer Lebensphilosophie erstaunt in vielerlei Hinsicht. Auf der einen Seite steht die überaus starke kulturelle Rolle der Frau in der Gesellschaft. Auf der anderen Seite verachtet sie die Mehrheit ihres Geschlechts aus gutem Grund (und eigenen Erfahrungen): „Als ich, in Florenz lebend, zum erstenmal von der in Deutschland eingeleiteten Bewegung zugunsten des Frauenstudiums und der höheren Frauenberufe las, schüttelte ich den Kopf; ich hielt davon so wenig wie der verbissenste Frauenverächter. Zu gut war mir der weibliche Ungeist bekannt, wenn ich auch unterdessen weibliche Gemütseigenschaften hatte schätzen lernen. In Frauengesellschaften ging ich nie, und wenn ich vor der Türe umkehren mußte bei der Entdeckung, daß nur weibliche Gäste am Teetisch saßen. Die Armut der Belange und die Unfähigkeit zur Begriffsbildung, die jedes ernstere Gespräch verhinderten, wirkten auf mich wie lähmendes Gift."

Eine wesentliche Entwicklung in Deutschland hat sie während ihrer Abwesenheit gar nicht mitbekommen: daß außer ihr auch noch andere Frauen sich in der ihnen zugeschriebenen Rolle unwohl fühlen und auf breiter Basis dagegen angehen. Die Generation ihrer Mutter hatte den Anfang gemacht mit politischen Schriften (z. B. Mathilde Franziska Anneke „Das Weib im Conflikt mit den socialen Verhältnissen", 1844), der Gründung demokratischer Frauenvereine während der Märzrevolution und der Herausgabe einer politischen „Frauen-Zeitung" (Louise Otto-Peters, 1848-1852). Den Fraueninitiativen, die seit der Jahrhundertmitte überall wirkten – Louise Otto-Peters machte 1865 mit dem „Allgemeinen deutschen Frauenverein" den Anfang – ist gemeinsam, daß sie sich für die Verbesserung der Bildungsmöglichkeiten von Frauen einsetzten mit dem Ziel, Frauen zu einem Beruf mit Verdienst auszubilden. Ein zäher, jahrzehntelanger, kräfteverschleißender Kampf!

Was Isolde Kurz in ihrer Verbitterung gegenüber dem eigenen Geschlecht nicht sieht, ist die Vielzahl gebildeter und kreativer Frauen in Deutschland, die als Schriftstellerinnen und Malerinnen ihren Lebensunterhalt verdienten. Nur wenige lernt sie persönlich kennen und schätzt sie als ebenbürtig. Beispiele sind die Freundin Rosalie Braun-Artaria und die Schriftstellerin Marie von Ebner-Eschenbach. Isolde ist glücklich, ein Lob von der Verehrten über ihre Novellen zu hören. Die beiden haben sofort dieselbe Wellenlänge gefunden und können über alles reden. Da kommen sogar so persönliche Angelegenheiten zur Sprache, wie die Furcht, die beide Autorinnen plagt, daß jemand ihnen bei der Arbeit über die Schulter blicke.

Stochern im Wespennest

Wie eine Zusammenfassung ihrer Erfahrungen mit der Weiblichkeit erscheint Isoldes Versepos „Die Kinder der Lilith". Es ist ihre letzte große Arbeit zu Lebzeiten ihrer Mutter, entstanden nach Edgars Tod. Das kleine Büchlein, laut Isolde in „ansprechender, nicht veraltender Ausstattung", verursacht einen großen Skandal. Eine „gehässige Besprechung" erscheint in einem „großen Blatt" (Isolde verrät nicht, in welchem). Heyse wendet sich (wieder einmal aus moralischen Gründen) ebenfalls dagegen. Woran liegt der Sturm der Entrüstung?

Isolde erzählt in diesem langen Versepos die Schöpfungsgeschichte anders als gewohnt, indem sie eine Figur aus der altjüdischen Sage ins Spiel bringt: Lilith, Adams erste Frau, die Gott gleich ihm aus dem Staub schuf. Das ist ein Affront gegen die Männerkultur und den christlichen Glauben, der Lilith nur als bösartigen weiblichen Dämon und Nachtgespenst kennt. Der Talmud schildert Lilith als ein Wesen mit menschlichem Antlitz, Flügeln und langen Haaren. In der jüdischen Mystik gilt Lilith als Dämonin der sinnlichen Begierde und der Unzucht. Sie fühlt sich Adam gegenüber gleichberechtigt, was zu heftigen Streitigkeiten mit ihrem Gefährten führt, unter anderem über die Frage, wer beim Beischlaf oben liegen darf. Aus der christlichen Überlieferung ist Lilith völlig verschwunden, die Schöpfungsgeschichte erzählt nur von Eva, die aus Adams Rippe geschaffen wurde.

In den beiden Hauptfiguren Lilith und Eva bringt Isolde Kurz weibliche Lebensentwürfe unter, wie sie unterschiedlich nicht sein könnten. Lilith, die Schöne mit den zusammengerollten Flügelchen, die Neckische, Scherzende, wird dem etwas dumpfen Adam von Gott beigesellt. Gottvater ist bei der ersten Begegnung dabei und freut sich über das gelungene Zusammenspiel. Die beiden „entflammen" mehr und mehr:

„Schon steht sie keck auf Adams Füßen,
Um näher ihn Mund an Mund zu grüßen,
Sie hängen und hängen sich an den Lippen
Und müssen nippen, nippen, nippen,
Als ob vom wonnigen Göttersafte
Dort ein vergossener Tropfen hafte."

In der „Veilchengrotte" lassen sie sich nieder, sie zieht ihn „liebewarm" an ihr Herz:

„Da war ein Schauern, ein Entzücken,
Ein Umhalsen und an den Busen Drücken
Und andere närrische Dinge mehr.
Die Nachtluft wird von Seufzern schwer."

Lilith und Adam vertragen sich nicht bestens, sie streiten und finden dann durch himmlische Fügungen wieder zueinander. Bis eines Tages Sammael (Luzifer) den schlafenden Adam findet, und, aus Rache an Gottvater, aus dessen Rippe ein neues Weib formt. Eva, ein besonderes Weib: „prall und drall der Leib":

> *„Nur eines fehlt, ein Fehler und ein Glück:*
> *Kein Hirn in diesem zarten Rippenstück!*
> *Um desto leichter wird sie ihn bezwingen."*

Lilith findet die Neugeschaffene und nimmt sie auf. Das Verhängnis nimmt seinen Lauf. Adam wendet sich immer mehr von der schwierigen Lilith ab und der schlichten Eva zu, die alles tut, um ihm zugefallen. Unschwer ist hier Isoldes Grundkonflikt zu erkennen: zwischen der angepaßten und der unabhängigen Frau.

Lilith wird unglücklich und findet den Grund für ihre Unzufriedenheit nicht heraus. Was sie weiß, ist lediglich, daß Adam sich verändert hat und träge, launisch und gereizt, „herrisch, hart und stolz" geworden ist. Die Schuld an Adams Groll und Abwendung trägt das neue Weib:

> *„Eva, das Bild, das Lilith ewig fremd,*
> *Sie ist's, die so die Kraft ihm hemmt.*
> *In dieser Nähe dumpf und schwer*
> *Erkennt sich Lilith selbst nicht mehr.*
> *Der matte Ton, des Auges Blei,*
> *Der Züge stehendes Einerlei,*
> *Ein Steinbild, das sie kalt durchdringt,*
> *Ein Saitenspiel, das nur dem Manne klingt.*
> *Denn kaum tritt der zu ihr heran,*
> *So fängt das Bild zu leben an.*
> *Wie sie verlangend zu ihm drängt,*
> *An seinen Mienen wartend hängt*
> *Und wie ein Hündlein, wenn der Herr es trat,*
> *Mit Wedeln immer neu sich naht.*
> *Ihr feuchter Blick, der Liebe wirbt,*
> *Ihre Stimme, die wie Heimchen zirpt!"*

Das Steinbild! Hat Isolde ihre ungeliebte Schwägerin nicht als ein solches bezeichnet? Hat sie selbst erlebt, was nun folgt? Eva hetzt Adam gegen Lilith auf:

> *„Mußt du für sie dich müh'n und plagen,*
> *Der's nie beliebt, dir Dank zu sagen?"*

Damit nicht genug: Adam arbeite nur für Lilith, habe nur sie im Sinn – während diese ihn nicht genug achte, ja, sich an seiner Mühsal labe. Er verschwende seine Kräfte und stärke lediglich Liliths Hochmut. Dann verflucht sie die Rivalin und malt ein Leben in Friede und Eintracht mit sich selbst als Gattin Adams:

„Ich wollt', sie flöge zu den Sternen,
Dann solltest du, was Glück ist, lernen,
Vergäßest alle dein Mühn und Streben,
Genössest das liebe Leibesleben,
Frei wie die Tierlein auf der Heide,
Ein Weib zu stündlich süßer Weide,
Bauest in Frieden deinen Kohl,
O wie wär' dir von Herzen wohl!"

Dann wirft Eva sich ihm zu Füßen:

„Willst du mich schlagen,
Mit Wonne werd' ich's tragen,
Beglückt, wenn deine Hand mich nur berührt.
Hier liegt mein Leib, den ich dir zolle,
Du magst ihn treten wie die Scholle."

Adam entscheidet sich, zieht Eva zu sich empor. Was geschieht?

„Im Nu liegt sie um ihn geschlossen,
Ein jauchzend verzücktes Weib,
So fest und fügsam angegossen,
Als wär's ein Glied von seinem Leib."

Lilith wird nach der entscheidenden Auseinandersetzung mit den beiden von einem Sturmwind hinweggerissen und entschwebt in den Himmel. Eva ist am Ziel ihrer Wünsche. Die Heimstatt verwüstet ein Feuer, als Eva Liliths Harfe zerstört. Am Morgen nach dem großen Brand, der alles niedermacht, bringt Eva den besagten Apfel, den sie aus der Hand der Schlange empfing. Adam zögert, diese Engelsspeise anzunehmen, sie lockt, er beißt zu – und das Folgende kennen wir aus der biblischen Schöpfungsgeschichte.

Die Ausgestaltung der beiden weiblichen Figuren zu den Antipoden des Frau-Seins ist Isoldes eigene Schöpfung. Hier bringt sie unter, was sie an Frauen so stört: die Unterwürfigkeit, die Hirnlosigkeit, das Aufblühen in der Gegenwart des Mannes, das Versinken in Bedeutungslosigkeit bei seiner

Abwesenheit, das Gebundensein des Weibes an den Mann. In Lilith gestaltet sie eine Gegenfigur aus, die sich sowohl mit dem Mann vereinigt als auch ihre Freiheit besitzt.

Die Dichterin hat wieder einmal ins Schwarze getroffen und vergleicht die Reaktionen auf ihr Werk mit dem Stochern in einem Wespennest: „Ich wußte ja gar nicht, daß die Wespen der rückständigen Männlichkeit noch soviel Gift in ihren Stacheln hatten. Die männliche Bequemlichkeit, die in dem Evastyp über Küche und Alkoven ihre Bedürfnisse erfüllt sah, schnob vor Entrüstung; meine erstaunten Ohren konnten sogar aus sonst verständigem Munde die Behauptung hören, daß es gerade die dumpfe, erdgebundene Frau sei, die den Mann zum größten Aufschwung beflügle – schauerlicher Irrtum gleich dem des Alkoholikers, der zu schweben glaubt, während er taumelt."

Das Buch wird einer ihrer größten Mißerfolge, wenngleich sie sich tapfer gegen alle Anschuldigungen wehrt. Man sei nicht gewohnt, so meint sie, „festgestellte Männermeinungen durch eine Frau sachlich widerlegen zu hören".

15. KAPITEL

Die Nonna

Mütterliche Wärme

Marie Kurz muß eine unglaubliche Ausstrahlung gehabt haben. Anders ist nicht zu erklären, warum die Tochter sie als das „außerordentlichste menschliche Ereignis" bezeichnet. Auch andere außerhalb der Familie können sich ihrer Faszination nicht entziehen. Die Freundin Marie Caspart schreibt: „Nie ist ein Mensch so auf Flügeln zu mir gekommen." Isolde beschreibt diesen Wesenszug der Mutter: „Sie besaß eine ungeheure Macht über die Gemüter, wie es nur einem Menschen gegeben ist, der gar nichts für sich bedarf."

Die menschliche Stärke von Marie Kurz liegt im Geben, in der wärmenden Liebe, an der sie alle teilhaben läßt, die sie umgeben. Dabei ist sie sich gar nicht bewußt, wie stark sie diese Gabe von anderen unterscheidet. Isolde meint: „Sie war erstaunt, wenn jemand sie eine bedeutende Frau nannte, und pflegte kopfschüttelnd zu sagen: ‚Ich weiß gar nicht, was die Leute an mir finden wollen.' "

Die Literaturbegeisterte ist eine emsige Briefschreiberin und „spannt" mit ihren Briefen „ein Netz von Liebe über die darbende Welt". Der Brief ist „ein Geschenk an den Empfänger": „wo sie eine einsame verkümmert Seele wußte, dahin flog ein solches Geschenk". Mit diesen Briefen füllt sie die Zeit, die ihr nun bleibt, nachdem sie keinen eigenen Haushalt führt und die Kinder erwachsen sind. Isolde meint über den Charakter dieser Briefe: „Es wäre falsch, diese Briefe geistvoll zu nennen, sie waren wogender Seelenstoff mit jeweils einem Blitz höheren Erkennens dazwischen. Mit klarster Schrift in engen Zeilen geschrieben, um möglichst viel auf eine Seite zu bringen, meist mit keinem anderen Datum als dem Wochentag, auf dem schlechtesten, billigsten Papier, das auf herumziehenden Karren zu finden war – nicht die Sparsamkeit allein, auch Rücksicht auf die armen Händler bestimmte die Wahl –, so gingen diese armgekleideten Apostel mit den ewigen Botschaften hinaus."

Isolde rühmt neben ihrer Güte und selbstlosen „Gebelust" den „goldenen Humor" der Mutter, „der immer bereit war, auch über sich selbst zu lachen", ihre Menschlichkeit und ihre Einmaligkeit: „Die unbegreiflichsten Gegensätze waren in diesem Menschenbilde zu einer so einfachen und bruchlosen Ganzheit zusammengeschweißt, daß man sich in aller Welt vergeblich nach einer ähnlichen Erscheinung umsehen würde."

Zu den Gegensätzen ihres Wesens gehört ihre „äußere Hast" bei „innerer Gelassenheit". Marie Kurz kann sich so stark konzentrieren, daß ihr Lärm nichts ausmacht. Sie scheint in dieser Hinsicht viel mehr in sich selbst zu ruhen als ihre Kinder. Auf der anderen Seite bewegt sie sich flink wie ein Wiesel. Das muß ungewöhnlich für eine Frau ihres Standes damals gewesen sein – sonst wäre ihre Beweglichkeit gar nicht weiter aufgefallen. Stürmisch ist ja auch ihr Temperament, und sie tut sich keinen Zwang an, ob sie im Recht ist oder nicht. Isolde meint: „Man konnte sie bei der ungeheuren Raschheit ihres Wesens einem jener hinjagenden Wirbelwinde vergleichen, in deren Innerem eine vollkommene Windstille herrscht."

Isolde geht so weit, ihre Mutter mit einer Heiligen zu vergleichen, aufgrund der Selbstlosigkeit und asketischen Selbstgenügsamkeit, aber noch aus einem anderen, wesentlich Grund: „Auch das Irrationale und Plötzliche, das zum Wesen der Heiligen mit gehört, war ihr in oft erschreckendem Maße eigen." Unter ihren unvermittelten Ausbrüchen hat vor allem die Tochter zu leiden: Sie ist ihr die Nächste und der Prellbock der Familie.

Nichtigkeiten der Frauenwelt

Erstaunlich, die Geringschätzung von Äußerlichkeiten in einer so auf den äußeren Schein bedachten Welt: „Bequemlichkeiten verachtete sie, nicht aus asketischem Hochmut, sondern weil sie nichts damit anzufangen wußte. Ihr Anzug durfte weder Geld noch Zeit kosten und hatte nur den urtümlichen Zweck, die Blöße zu bedecken. Sie sah durchaus nicht, was sie anzog, und versicherte aufs bestimmteste, daß die anderen es auch nicht sähen!“

Marie Kurz hat keine Freude an einem neuen Kleid, an einer hübschen Frisur, hat kein Interesse, sich zu schmücken – ist aber von einer neuen geistigen Erkenntnis begeistert. Man könnte vermuten, daß sie sich nachlässig gekleidet habe. Dies widerlegen die wenigen Fotografien, die es von ihr gibt. Sie hat sich wohl ungern fotografieren lassen! Das älteste Foto stammt aus der Zeit um 1873 und zeigt eine schmale, 47jährige Frau mit kurzem schwarzem Schleier auf dem Haar, einer schwarzen Halsrüsche, in einem hellen Kleid mit Jacke, deren Ränder mit einer antiken Borte verziert sind. An Geschmack fehlt es ihr nicht! Das Erstaunlichste an dieser Frau ist ihr Blick, der leicht abwesend etwas neben dem Fotografen Stehendes zu fixieren scheint. Eine ernste, gefaßte, in einen dunklen Umhang gehüllte Frau blickt den Betrachter auf der zweiten, in derselben Zeit entstandenen Fotografie an. Die Aufnahmen geben nicht die von der Tochter gerühmte menschliche Wärme wieder, sondern, ganz im Gegenteil, eine Strenge. Freilich haben die meisten Frauenporträts dieser Zeit eine derartige Anmutung, was nicht zuletzt an der Frisur liegt: Die Haare werden eng an den Kopf gelegt getragen und durch einen Mittelscheitel geteilt.

Weitere Aufnahmen gibt es nur von der Sechzig- und Siebzigjährigen in einer etwas merkwürdigen, nonnenhaften Tracht. Äußerlich scheint sie sich den italienischen Bräuchen angepaßt zu haben. Ihr Kopf ist umhüllt von einer schwarzen, aus dickem Garn gehäkelten Stola, die bis über die Schultern fällt und vorne am Hals zusammengerafft ist. Auch hier fallen die außergewöhnlich stechenden Augen auf.

Wie fremd ihr Eitelkeiten sind, machen ihre Scherzgedichte über sich selbst deutlich. Da spottet sie über ihren Spiegel, er sei „der schlechtste Maler auf der Welt“, weil er ihr ein „uralt Gesicht“ zeige. Sie aber glaubt dem „Pfuscher“ nicht, weil sie es besser weiß: „Mein Herz ist viel gescheiter.“ Ihr Leitspruch ist, man sei stets so alt, wie man sich fühle. So drechselt sie Spottverse über das Alter:

„Alter kam herangekeucht,
Will mit kalter Hand mich fassen,
Doch ich hab es schnell verscheucht,
Hab das Nachsehn ihm gelassen.

Mich im Kinderkreis versteckt,
Alter konnt' mich nicht erreichen,
Von den Enkelein geneckt,
Mußte es zur Seite schleichen.

Hinterm Ofen hockt es dort,
Friert und schneidet mir Grimassen.
Laure du nur fort und fort,
Will mich noch nicht fangen lassen."

Zur Verachtung von Äußerlichkeiten kommt ihre Kämpfernatur hinzu. Marie Kurz ist von wahrhaft soldatischer Härte, was die Bedürfnisse des Körpers betrifft: Sie leidet weder unter Hitze noch unter Kälte, weder unter Hunger noch Durst, wie die Tochter weiß: „Ihr kleiner, immer in Bewegung befindlicher Körper kannte keine Müdigkeit und Erschlaffung. Fünf Kinder hatte sie an der Brust genährt, alle weit über die übliche Zeit hinaus, und ihre Kraft war dadurch nicht im mindesten geschwächt."

Die Kreatur beschützen

In ihre menschliche Wärme schließt sie alles ein, was kreucht und fleucht. Denn nicht nur Menschen, sondern auch Tiere fühlen sich von ihr magisch angezogen: „Sie blieb immer die gleich glühende Tierfreundin, die sie schon in Tübingen gewesen, als sie an Hündchen und Kaninchen ihres Jüngsten Mutterstelle vertrat und die in der Speisekammer gefangenen Mäuse auf den Speicher tragen ließ, damit sie keine Not litten. Baldes böser Papagei, der nach dem Tode seines Gebieters allen anderen Hausgenossen aufsässig war, machte mit ihr allein eine Ausnahme, er flog ihr am Tag auf die Schulter, und in der Morgenfrühe kroch er ihr durch das Nachtgewand in den Busen und blieb da warm und unbeweglich liegen, bis sie aufstand."

Isolde schildert die Anteilnahme der Mutter in einem Gedicht:

„Wo du auch gehst, da regt sich ein Gewimmel,
Wie weiland unter Noahs Wetterdach,
Dein Flügelvolk glaubt sich bei dir im Himmel,
Schildkröte wird behend und kriecht dir nach,
Kaninchen, Hunde, Vögel, und nicht minder
Sind dein bedürftig groß' und kleine Kinder.

Das flattert, piepst! Der eine flieht vorm Messer,
Der will gekraut sein, jener schnappt nach Brot,
Bei dir ist Schutz, du fütterst all die Fresser,
Weißt, was den Jungen wie den Alten not;
Auch Fremde möchten im Vorübergehen
Gern auf ein Weilchen bei dir unterstehen."

Aus der großen Tierliebe ergibt sich, daß sie kein Fleisch ißt und diese Abneigung auch der Tochter vererbt. Der strengen Vegetarierin reichen ein „Schälchen Milch, das sie sich auf Spiritus kochte, und eine Semmel" völlig aus.

Häusliches Chaos

„Während alles Lebewesen sich unwiderstehlich zu ihr gezogen fühlte, Tiere, Kinder, junge Leute", berichtet Isolde, „ergriff das Unbeseelte bei ihrem Erscheinen alsbald die Flucht; das Wort von der ‚Tücke des Objekts' schien eigens für sie erfunden. Das Schreibzeug wanderte aus, Kaffeelöffel rotteten sich irgendwo zusammen, um nicht zum Frühstückstisch zu kommen, das ganze zum Dasein unentbehrliche Kleinvolk des Hausrats war um sie her in beständigem Aufruhr. Wenn ich mich mühte, Ordnung zu stiften, so wurde sie ärgerlich oder lachte mich aus: Wozu den Umstand um ein Nichts!"

Haushaltsführung bedeutet für Marie Kurz einen „sieglosen Krieg" gegen das Objekt. Kein Gegenstand bleibt an seinem Platz, aufgeräumt wird nicht, und wenn die Tochter eine Ordnung in das Chaos bringen will, wird sie wütend: „Aber eine andere Hausordnung einzuführen, bei der jegliches Ding an seinem Platz geblieben wäre, widerstrebte ihr durchaus."

Als Beispiel möge eine Szene aus der Tübinger Zeit dienen. Aus Maries Aussteuer ist noch ein Stoffballen von feiner, handgewebter Leinwand vorhanden. Jedes Familienmitglied ist gewohnt, wenn es gerade kein Handtuch findet, von diesem Leinwandballen ein Stück abzuschneiden. Isolde berichtet in ihren Jugenderinnerungen: „Als ich ihr nun eines Tages den Vorschlag machte, mich die abgeschnittenen Stücke einsäumen zu lassen, wie ich es anderwärts gesehen hatte, weil es dann hübscher aussehen und länger halten würde, ließ sie mich ärgerlich an, ich solle mein Herz nicht an solchen Kleinkram hängen, sondern froh sein, daß ich mich geistig beschäftigen dürfe. Zugeben muß ich heute, daß die Handtücher jetzt doch zerrissen wären und daß die geistigen Werte, die sie uns gab, festen Bestand hatten. Aber damals machte es mich oft traurig, daß sich gar kein Austrag zwischen den höheren Aufgaben und der Welt des Irdischen finden ließ. Und wenn ich gar einmal, von einem Besuch bei auswärtigen Freunden heimkommend, eine dort gefundene Ordnung oder Verbesserung im eigenen Hause einführen wollte, so konnte sie ernstlich böse werden und mir drohen, sie würde mich niemals wieder in fremde Häuser gehen lassen. Sie pflegte dann in ihrer drastischen Weise zu klagen, daß ich meine Gaben nur hätte, um dümmer zu sein als das dümmste Frauenzimmer. In solchen Fällen stieß ich sogar auf den Widerstand Josephines, die in ihrem eigenen Tun noch immer so pünktlich und geordnet war, wie sie es im Brunnowschen Hause gelernt hatte, die aber mit solcher Leidenschaft an ihrer Herrin hing, daß sie nur mit ihren Augen sehen konnte. Ganz mit mir zufrieden wurde mein gutes Mütterlein erst, wenn ich endlich, nach vergeblicher Bemühung, Ordnung zu stiften, entmutigt die Arme sinken ließ. Dann saß man wieder inmitten des häuslichen Durcheinanders, das einen nichts mehr anging, weltentrückt wie die indischen Weisen unter ihrem Urwaldbaum, und sie redete zu mir über das Woher und Wohin, vor allem über das Warum des Lebens."

Die Angst vor dem Tod

Es ist die Frage: „Gibt es ein Leben nach dem Tod?", die Marie Kurz innerlich fortwährend beschäftigt. Äußerlich eine Ungläubige, ringt sie dennoch in ihrem poetischen Tagebuch mit dem „ewigen Sein". Gibt es einen Gott, fragt sie, „ist er oder ist er nicht?" und schreit die Frage in die Welt, warum er sich „im Faltenmantel" seiner „Grausamkeit" verstecke – wenn es ihn denn gäbe. Die Suchende erträgt es nicht, daß es auf die jahrtausendealte Frage nach dem Sinn des Lebens, nach dem „Grund des Seienden" keine schlüssige Antwort gibt.

Den Rationalismus und Materialismus der neuen Zeit kann sie nur schwer annehmen. Kann es denn überhaupt ein Leben ohne Gott, ohne einen höheren Sinn des Daseins geben? So sehr sie mit sich ringt: Im Grunde ihres Herzens bleibt sie eine Gottgläubige. Ihre Gedankenkonstruktion ist dabei recht eigenwillig: Der Mensch ist ein Fleisch gewordener Gedanke Gottes: „Sein Denken machte uns zu Lebewesen". Aber warum ist dann das Denken der Menschen, das göttliche Erbe, zeitlich befristet und somit unfruchtbar? Es kann doch nicht sein, daß nur „ewig Unbewußtes" hinter dem „dunklen Schleier der Natur" wirkt? Kann das Leben auf der Erde tatsächlich alles sein, ist es das Los der Menschheit, sich „nach kurzem Narrentanze" unwiederbringlich „in die Gruft zu senken"? Steckt hinter dem All kein höherer Sinn? Bleibt vom menschlichen „Drang nach Wissen" nichts Ewiges bestehen? Verweht tatsächlich „edler Geister Streben mit diesem flüchtigen Leben"?

Ist die Angst vor dem Tod als Schwelle zum Nichts der Schlüssel für Maries Emsigkeit und Rastlosigkeit?

Eine Antwort bietet ihr schließlich das Leben selbst. Erfährt eine Marie Kurz aber tatsächlich in der Erfüllung ihrer Mutterpflichten und in der Fürsorge für die Familie eine befriedigende Lösung?

„Laß die unlösbare Frage
Über das Warum, Wohin!
Deine Losung: Dulde, trage!
Nimm sie ohne Murren hin.

Ein Trost ist dir ja geblieben
Auf der dornenvollen Bahn:
Dich zu müh'n für deine Lieben,
Denn die Arbeit ist kein Wahn.

Balsam ist sie mancher Wunde,
Die nicht heilen kann die Zeit,
Bis dir beut die Todesstunde
Wohlverdientes Feierkleid."

Nun erscheint der Tod als Ende eines langen, ereignisreichen und mühevollen Lebens und als feierlicher Schlußpunkt. Ist die Frage nach der Ewigkeit mit dem Alter weniger wichtig geworden?

Der Tod als Begleiter

Marie Kurz wird im Alter von 47 Jahren Witwe und muß eine weite Strecke ihres Lebens ohne den geliebten Mann zurechtkommen. Aus ihrer Trauer findet sie mit Hilfe der Poesie und der Vorstellungskraft heraus:

„Du bist nicht tot, ich fühle deine Nähe.
Dein Bild taucht vor mir auf; wohin ich sehe
Trifft mich der blauen Augen milder Strahl.
Ich sehe dich des nachts auf leisen Sohlen
Einhergeh'n, nach den Lieben späh'n verstohlen,
Wie du getan im Leben tausendmal."

Der zweite Tote, den sie zu beklagen hat, ist der einundzwanzigjährige Sohn Balde. Er ist auf dem Friedhof auf der Bastei des Michelangelo in San Miniato begraben. Die Marmorurne auf seinem Grab, geschaffen von Bruder Erwin, ziert ein Porträt des Toten unter Vögeln und Blumen. Dort hinauf pilgert die Mutter, wenn ihr danach ist, und hält mit dem Toten ein poetisches Gespräch:

„Ich komm zu dir
In deine Einsamkeit,
Will rasten hier
Und klagen dir mein Leid."

Ständige Sorge prägt ihr Verhältnis zu ihrem Lieblingssohn Edgar. Isolde meint: „Das Gefühl, daß sie diesen Sohn werde überleben müssen, scheint sie von seiner Geburt an verfolgt zu haben." Selbst als Edgar eine eigene Familie gegründet hat, wähnt die Mutter sich unentbehrlich. Trotz vielerlei Unstimmigkeiten mit der Schwiegertochter – Isolde schreibt, daß dort „viele Dornen für sie wuchsen" – kann sie von Edgar nicht lassen und bleibt im Hause wohnen. „Den ganzen Tag freute sie sich auf den Augenblick, wo er spät noch an ihr Bett kam, ihr Gute Nacht zu sagen", berichtet Isolde über den Alltag in der Villa an der Porte nuove. „Und an den seltenen Morgen, wo er ausschlafen durfte, huschte sie in sein abgelegenes Schlafstübchen hinauf, das noch immer das alte war, und saß wartend an seinem Lager, bis er die Augen auftat, die sie an die geliebten Augen seines Vaters erinnerten." Damals ist Edgar verheiratet und bereits Familienvater!

Marie Kurz durchschaut ihren Lieblingssohn, als wäre er aus Glas. Sie weiß genau, was den leidenschaftlichen Segler hinaus in die Meereswogen treibt – er verwahrt es in seinem dichterischen Tagebuch, das sie damals noch nicht kennt. Er haßt den „weichen Frieden" seiner Umgebung, den „Duft und Blumentand". Die zuvor so ersehnte Ruhe ist ihm zu viel, er will „hinaus, hinaus aufs wilde Meer!", die Einsamkeit und Sehnsucht überwinden, im „Tanz der Wellen" sein Blut abkühlen und vom brausenden Wind sein Herz zur Ruhe singen lassen. Die Mutter spürt den wilden Trieb des Sohnes und will ihn durch ihre Anwesenheit dämpfen. Wenn er auf See ist, kann sie vor Sorge nicht still sitzen und pendelt zwischen Ufer und Haus hin und her. Als sie eines Tages zusieht, wie er kentert, wird sie ohnmächtig. Hinterher ist sie mit Isolde böse, weil sie ihr geholfen hat, anstatt Edgar.

Nach Edgars Tod wird aus der Trauer um den Lieblingssohn ein Totenkult. Sie trägt in einem Körbchen seine in Gips gegossene Hand auf Reisen immer mit sich, sie sinniert über seinen Gedichten, über seinen wissenschaftlichen Abhandlungen, über seinen Schulheften wie über den Gedichten ihres Mannes. Wie sie diese Beschäftigung empfindet, hat sie in einem Gedicht an Hermann niedergelegt:

„Vor mir sind deine Werke aufgeschlagen,
Was wollen mir die toten Lettern sagen?
Wie Geisterflüstern tönt es um mich her.
Sie sind nicht tot! Ich seh' sie sich entfalten
Zu lebenden, zu herrlichen Gestalten,
Von Tönen wogt es um mich wie ein Meer."

In ihrer Vorstellungswelt sind der geliebte Mann, aber vor allem der geliebte Sohn Edgar gegenwärtig und poetisch ansprechbar. Isolde meint, er lebe in ihrem Dichten „in Kult gehüllt ein heroisiertes Leben". Die Mutter steigert sich so hinein, daß sie ihn körperlich an sich vorbeistreifen spürt.

Als der dritte Sohn Alfred stirbt, kann sie wegen einer Krankheit nicht einmal bei seiner Beerdigung dabeisein. Das kann die fast Achtzigjährige nicht verwinden und schreibt:

„Was bleibt von meinem Kind zurück?
Was bleibt noch meinem Herzeleid?
Ein Häufchen Asche, das ins Kleid
Ich eingenäht nun auf mir trage
Bis an das Ende meiner Tage."

Ein halbes Jahr vor ihrem eigenen Tod schreibt die Vierundachtzigjährige:

„Leise kommt der Tod an mich heran,
Öfters macht er Halt auf seiner Bahn
Um sich still von mir beseh'n zu lassen.
Bleicher Freund, du bist mir ja bekannt,
Schon seit langem verknüpft sich uns ein Band,
Ruhig kannst du bei der Hand mich fassen.
Dein ist alles, was erfüllt vom Leben,
Alles muß sich endlich dir ergeben.
Selbst im All die hohen Lichtgestalten
Werden deinen Scheidekuß erhalten.
Bist du selbst ein tückischer Zerstörer
Oder bist du neuen Lebens Mehrer?
Wer von uns kann's zu entziffern wissen?
Du erscheinst umhüllt von Finsternissen."

Alle Liebe ist grausam

Mutter Marie und Tochter Isolde verbindet ein kompliziertes, verwickeltes Verhältnis. Isolde schildert diesen Zustand als organisch: „Wir waren so fest verwachsen, daß mein Gedächtnis ihre eigene Kindheit mit umschließt, als ob ich sie selbst erlebt hätte."

Erdrückend ist diese Mutter-Tochter-Bindung: „Nichts mache so unentbehrlich wie die Liebe, sagt Werther, und dies war auch das Geheimnis der alles überwiegenden mütterlichen Macht in unserem Hause: die Liebe, die Nestwärme, mit der sie alle von ihr Geborenen umfangen hielt und die sie auch weiterhin auf alles Atmende ausdehnte, daß es bei ihr unterschlüpfen und sich vorwärmen konnte gegen die kalten Lüfte des Lebens. Am engsten – oft schmerzhaft enge – hielt sie die Tochter an sich gebunden, obgleich gerade diese, in deren Innerem sich, gleichfalls angeborenerweise, die väterlichen Ströme mit den mütterlichen kreuzten, ihr am häufigsten in grundsätzlichen Fragen widerstrebte."

Wäre Isolde ein braves, angepaßtes Kind gewesen, hätte sich diese schmerzhafte Enge nicht zwangsläufig ergeben müssen. Aber Isolde wehrt sich mit allen Kräften gegen jede Manipulation, vor allem als Jugendliche. Die Widersprüche beziehen sich auf das politische Engagement der Mutter, das Isolde nicht teilen will. Verstehen kann man beide: die Haltung der Mutter und diejenige der Tochter. Isolde über die Mutter: „Verstandesmäßig fußte sie auf den Lehrsätzen der französischen Revolution, deren Formelhaftigkeit ihr nicht aufgehen konnte, weil sie sie mit den Glutströmen ihres Herzens erfüllte und bei der Ausübung in lauter schützende und nährende Liebe verwandelte. Wer kann Liebe, die zur Tat wird, widerlegen? Wenn sie in Einzelheiten irrte, das Ganze ihres Wesens war Liebe, die niemals Irrtum ist. Und vor dieser Urgewalt gab es kein Entrinnen. Aber alle Liebe ist grausam, selbst die heiligste, die Mutterliebe. Um mehr und immer mehr geliebt zu sein, läßt sie sich auch die Pein des andern Teils nicht reuen."

Isolde erlebt die mütterliche Liebe als „Urgewalt", der sie nicht zu entrinnen vermag. Marie überschüttet Isolde mit

Liebe und sieht nicht, daß dies der Tochter den Atem nimmt. Ein tiefer Widerspruch klafft bei ihr zwischen gebender Liebe und der eigenen Maßlosigkeit. Marie hat überhaupt kein Verständnis dafür, daß Isolde Raum zur Entfaltung braucht. Sie ist so stark auf sich selbst bezogen, daß sie die Bedürfnisse der anderen Menschen nicht wahrnimmt. Was sie vernimmt, ist eine Bedürftigkeit nach menschlicher Wärme, die vielleicht gar nicht vorhanden ist. Die Enge, die Nähe scheint zementiert und unverrückbar festzustehen.

Die Mutter kann Isolde eine eigene Entwicklung nicht gestatten und hat Ansprüche an sie wie ein eifersüchtiger Ehemann: „Liebe war für sie das erste, Liebe zwischen Mutter und Kind, davor versank ihr alles andere. Sie hätte mich am liebsten in einen Säugling zurückverwandelt, um mich ganz für sich allein zu haben; mich mit andern zu teilen, war ihr eine unerträgliche Pein."

Isoldes Männerverhältnisse kann die Mutter in ihrer Eifersucht mit den Jahren nicht mehr ertragen. Sie hat in Florenz zwar wieder einen Heiratskandidaten für Isolde, doch diese lächelt nur milde: „Zum Trost gereichte mir die Überzeugung, daß sie auch mit einem selbstgewählten Schwiegersohn nicht glücklich gewesen wäre; sie war allzusehr gewöhnt, mich allein zu haben, um die Ansprüche eines anderen an mich zu ertragen." Den Bildhauer Georg Römer, der Isolde „mit seltener Bereitschaft und Anhänglichkeit zur Seite" steht und ihr bei Landschaftsstudien und der Suche nach Schauplätzen hilft, kann die Mutter dann auch nicht ausstehen. Isolde hält die beiden auseinander, so gut es eben geht.

Entwicklung zwischen zwei Polen

Aus Isoldes Position liest sich die Beziehung zur Mutter von Kindheit an zwiespältig. Da ist einerseits die tiefe Liebe zur Mutter und andererseits die Schwierigkeit, im näheren Umgang mit ihr zurechtzukommen. Hinzu kommen Widersprüche sachlicher und inhaltlicher Art, vor allem in den für die Mutter lebensbestimmenden politischen Fragen. Während der Pubertät scheinen die Konflikte auf dem Höhepunkt gewesen zu sein. Im Alter von 16 Jahren erlebt sie die

Mutter als große Belastung: „Meine größte Schwierigkeit aber war und blieb das Verhältnis zu der abgöttisch geliebten Mutter. Ihre damaligen Lebensanschauungen, ganz aus der Theorie geboren, schwebten ja so hoch über der Erde, daß sie die Bedingungen unseres Planeten übersahen: sie vertrugen sich weder mit dem natürlichen Gefühl eines heranreifenden Mädchens noch mit deren Stellung zur Außenwelt. Sie darauf hinweisen, hieß den Zwiespalt verschärfen, denn ihre Kämpferseele fand, daß man nicht frühe genug für seine Überzeugungen streiten und leiden könne, und bedachte dabei nicht, daß es ja vielfach gar nicht die meinigen waren."

Marie Kurz scheint nicht zu merken, in welch absurde Situation sie ihre Kinder, vor allem die Tochter, gebracht hat. Gemeinsamkeiten fühlt das Mädchen eher mit der Außenwelt als mit der Mutter. Isolde möchte dazugehören und sich nicht, wie die Mutter, abgrenzen. Die Mutter dagegen versteht es gar nicht, daß jemand von ihrem Fleisch und Blut zur Gesellschaft dazugehören will. Die Kämpferin sieht einen Graben zwischen ihresgleichen und der Allgemeinheit. Der muß aber sein, den hat sie sich erstritten. Es lohnt sich doch, für Ideale zu streiten!

Isolde kann sich der Mutter gegenüber gar nicht behaupten. Aus welchem Grund? Dagegen stehen die Liebe zur Mutter, die sie nicht verletzen möchte, und vor allem die gefürchteten Auseinandersetzungen mit der Temperamentvollen. Dabei geht es um ganz grundsätzliche Fragen: Malt die Mutter schwarz-weiß vor allem in politischen Fragen, sieht die Tochter zahlreiche Grautöne – die Abstufungen eben, die der Mutter abgehen. Der Vater, so meint sie, habe keinen Einfluß auf ihre Meinungen und Grundsätze gehabt: „Er war zu reif, zu ausgeglichen, um auf die Immerwerdende, Nichtfertigwerdende zu wirken. Bei seiner Neigung, jeder Persönlichkeit ihre Art zu lassen, hat er wohl auch nie ernsthaft versucht, den Sinn für die Abstufungen in ihr zu wecken. Diese Aufgabe fiel einem viel jüngeren, aus ihr selbst geborenen Wesen zu, das sich an ihr und häufig gegen sie entwickelte und an dessen Entwicklung sie selber weiterwuchs. Ihr beizubringen, daß es zwischen Schwarz und Weiß unendliche Zwischentöne gibt, daß nicht jede Erkenntnis in jeder Seele gute Früchte trägt, daß auch der besten Sache mit

Schweigen zuweilen besser gedient ist als mit Reden, solcherlei Ausgleichspolitik beschäftigte meinen Kopf schon in einem Alter, wo andere noch mit der Puppe spielen."

Isolde lernt diese „Ausgleichspolitik" also schon als Kind. Sie nimmt diese Aufgabe der Beschwichtigung an und trägt diese als Last seit ihrer Jugend: „So oft das häusliche Gleichgewicht schwankte, mußte ich es einrenken. Und oft genug, wenn ich glaubte, recht geschickt eine Klippe umsteuert zu haben, warf noch im letzten Augenblick ihr Ungestüm meine ganze Berechnung um. Welch ein täglich erneutes Ringen, wieviel Mißverständnisse und beiderseitiges Herzweh! Über mich ergossen sich alle Gewitter ihres stürmischen Naturells. Je mehr Leid uns daraus erwuchs, desto zärtlicher hingen wir zusammen. Aber oft empfand ich es als eine besondere Härte des Schicksals, daß gerade ich berufen sein sollte, nur immer Dämme aufzurichten, Grenzen zu ziehen, Vernunft zu predigen, da doch Lebensalter und eigene Anlage mir nach meiner Meinung vielmehr das Recht gegeben hätten, selber die Unvernünftige zu sein."

Die Mutter gestattet, so empfindet es Isolde, der Tochter keine unbeschwerte Jugend: Sie darf sich nicht ausleben, ist an Restriktionen gebunden und Familienzwängen unterworfen. Wie kann ein junger Mensch alleine diese schwere Last, diese Verantwortung tragen?

Willenskraft und Hilflosigkeit

Isolde kann sich vorübergehend von der Mutter lösen während ihres Aufenthalts in München – um in Florenz denselben Spannungen wieder ausgesetzt zu sein. Die Mutter braucht die Tochter schließlich zur Bewältigung des Alltags: „Daneben war die unbegreifliche Frau, die mit ihrem Bekennermut immer bereit war, ihr Jahrhundert in die Schranken zu fordern, in allen äußeren Dingen hilflos, so hilflos wie nur je eine Frau des neunzehnten Jahrhunderts, der Zeit, wo die deutsche Frau keinen anderen Lebensraum hatte als das Haus. Keinem, der sie kannte, wäre es eingefallen, daß sie jemals mehr eine Reise unbegleitet machen (als junges Mädchen tat sie es), allein im Gasthof nur eine Nacht schlafen oder ein

Geldgeschäft selber besorgen könnte. Sie hat auch kaum je einen Tag verbracht, ohne wenigstens eines ihrer Kinder um sich zu haben."

Es ist nicht nur der unbegreifliche Gegensatz zwischen Bekennermut und Hilflosigkeit, der für die Mitlebenden schwer erträglich ist. Die Mutter herrscht über ihre Kinder durch ihre Schwäche und bindet diese dadurch immer stärker an sich. Isolde: „So herrschte sie gleichzeitig durch unbeugsame Willenskraft wie durch äußere Hilflosigkeit. Bei ihrer Unbedingtheit, die immer das ethisch Richtige, aber nicht das sachlich und psychologisch Mögliche wollte, bedurfte sie auch einer leisen Hand, sie an den ihrer wartenden Klippen vorbeizusteuern, soweit sie sich das gefallen ließ."

Nur die Tochter besitzt diese leise Hand, die ihr seit der Kindheit gewachsen ist. Nur sie kann sich einfühlen in dieses so gegensätzliche Wesen. Das Verhältnis zu den Söhnen ist an vielen Stellen gespannt: „Die Söhne konnten ihr diesen Dienst nicht leisten, denn mit ihnen, den ebenso Unbedingten, mußten Reibungen am sorgfältigsten vermieden werden. Es war eine ängstliche Aufgabe, sie da schweigen zu machen, wo man ihr grundsätzlich recht gab, wo aber durch Reden das Übel nur verdoppelt werden konnte."

Isolde, der Prellbock; die Tochter, die als seelischer Mülleimer dient; die Schwester, an der man seine Launen ausleben kann: Diese Rolle ist ihr auf den Leib geschrieben und prägt ihr Verhältnis sowohl zu ihren Mitmenschen als auch zur Gesellschaft. Andererseits genießt Isolde diese Rolle, denn sie gibt ihr Stärke und die Gewißheit, daß man sie braucht: „Gewohnt, mit den Familienmitgliedern vorsichtig wie mit Sprengkörpern umzugehen, glückte es mir doch immer, daß die Sturmwellen unschädlich verliefen und daß die aufgeregten Vorgänge dem Vater, dessen erschöpfte Nervenkraft der Arbeitsruhe bedurfte, beinahe völlig unbekannt blieben. Ich selber aber wurde wie die Magnetnadel, die zwar stetig ihren Pol hält, aber immerzu leise zittert. Dieses Zittern, das niemand sah, wurde mit der Zeit zur heimlichen Marter meines Lebens."

Als Kind, als Jugendliche von den Ansprüchen der Mutter überfordert, empfindet Isolde als erwachsene Frau die Mutter als „Gegenspielerin auf der Bühne meines Lebens". Sie trägt diese Last als Schicksal und versucht, nicht „zuviel von eigenen Daseinsrechten einzubüßen". Bitter, dieser Satz: „Hier war die Stelle, wo es immer so rauh in mein Leben blies."

Mutter eines Genies?

Maries Begeisterung für Literatur läßt Zeit ihres Lebens niemals nach. Schriftstellerische Produkte der eigenen Familie nehmen dabei einen ganz besonderen Stellenwert ein. Isolde schildert mehrfach, wie stark die Mutter sich mit den „Geschöpfen ihrer Einbildungskraft" auseinandersetzt: „Sie nahm sie ganz und gar in ihr Herz und verkehrte mit ihnen wie mit lebenden Familienmitgliedern. So sehr liebte sie diese erfundenen Personen, daß sie sogar in ihre Seele hinein eifersüchtig wurde auf etwaige Nachfolger, die ihnen den Rang streitig machen könnten, und ungern die Bewerbungen verschiedener Verlage um ein neues Buch aus dem gleichen Stoffgebiet sah."

Obwohl sie voller Bewunderung für die inzwischen über vierzigjährige schreibende Tochter ist, kann Marie Isolde keine Arbeitsruhe lassen. So sehr sie das Fertige schätzt, so wenig kann sie sich in die dichterische Arbeit einfühlen. Ihr fehlt schlichtweg das Verständnis, daß eine Schriftstellerin auch arbeiten muß, an einem Text feilen. Schonend sanft beschreibt Isolde in ihren Erinnerungen, wie sich ihr „Genius" davonmacht, wenn die Mutter eintritt: „Am wenigsten vertrug er sich mit meinem armen Mütterlein, das ihn doch schon vor meiner Geburt für mich herbeschworen hatte. Er entfloh, wenn sie eintrat. Sie liebte zwar glühend die Gestalten, die ich schuf, und nahm sie wie Enkelkinder an ihr Herz, aber das Werdende zu schonen und zu fördern war ihr nicht gegeben. Wie gut sie die Eingebung, das eigentlich Dichterische mitempfand, so sehr fehlte ihr der Sinn für die Ausgestaltung, für das Handwerkliche, das Ringen um Maß und Einordnung und die letzte Feile."

Die Mutter lauert: Ist sie jetzt fertig? Hat sie Zeit zum Plaudern? Und wenn Isolde nachdenkend am Schreibtisch sitzt, stürzt sie herbei. Der Grund: Ihr ist die „Brütezeit" fremd: „Sie selber schüttelte ihre Eingebungen von sich,

Gelungenstes und Mißlungenes unbedenklich mischend, weil ihr das Feilen nicht lag und sie ihr Talent zu niedrig einschätze, um es ernstlich zu pflegen."

Isolde schildert eine typische Szene: „Da flog dann plötzlich einmal die Türe auf und sie wie ein verstürmter kleiner Vogel an meinen Hals. Wer konnte ihr böse sein, wenn sie auch gleich Hut und Umhang auf die Blätter meines Schreibtischs warf? Sie legte immer erst ein Bündel Schmerzen bei mir ab. Danach aber trat das Überpersönliche in sein Recht; sie erzählte mir von irgendeiner naturwissenschaftlichen Entdeckung, von der sie aus Edgars medizinischen Zeitschriften wußte, oder den Ausspruch eines griechischen Denkers, der ihr eben in die Hände gekommen war. Denn sie hörte nie auf, sich mit der Frage nach dem Unwißbaren zu beschäftigen; sogar in ihrem handgroßen Haushaltungsbüchlein – sie führte wahrhaftig solche, was ihr niemand zutraute – fand ich später noch die mannigfachen philosophischen Lehrmeinungen zwischen die Zahlen eingestreut."

Widersprüche ergeben sich auch darin, wie sie den schreibenden Gatten betrachtet und die schreibende Tochter: „Zwar hatte sie bei meinem Vater das gleiche Ringen mitangesehen und es ängstlich behütet. Aber er war ein Mann und gehörte dem Werk. Die Frau war immer Frau, Hüterin und Helferin, bei der man Schutz und Schonung sucht, ohne ihr selber solche zu gewähren, denn das war ihr natürliches Amt: wenn sie Manneswerk tat, so mußte es nebenher geschehen, ohne die dem Mann zustehenden Rücksichten und Rechte, und wenn ihr das Wunder gelang, so wurde es von niemand als ein solches angerechnet. Das war allen Geistern so tief eingebrannt, daß keinen einzelnen deshalb ein Vorwurf trifft."

Liebesgedichte

Aus Maries Position sieht die Sache anders aus. Es scheint, als habe sich ihre leidenschaftliche Liebe vom inzwischen verstorbenen Ehemann auf die erwachsene Tochter verlagert. Die Gedichte an die Tochter lesen sich wie grandiose Liebeserklärungen und sind dies so sehr, daß Isolde sich ihrer schämt und in der Lebensbeschreibung der Mutter nicht veröffentlicht. Die Mutter leidet bei Isoldes Abwesenheit, als sie einmal ein ganzes Jahr in Deutschland lebt. Sie legt dies in Gedichten nieder, sie fühlt sich „verlassen und allein" und fragt: „Wie lange willst du säumen?"

Das Zusammensein empfindet sie als Glückseligkeit, das Alleinsein erfüllt sie mit Traurigkeit. Sehnsüchtig erwartet sie die Tochter:

„Du Vögelein in meiner Brust,
Was hörst du auf zu singen?
Was läßt du deines Liedes Lust
So schnelle mir verklingen?

Da streckt es schnell den Kopf heraus
Und jubiliert ins Weite:
‚Getrost, sie kommt ins Mutterhaus
Umarmest sie noch heute.' „

Briefe sind dann das Verbindungsglied zwischen Mutter und Tochter: „Für ihre Kinder freilich waren diese Mutterbriefe auch verhängnisvoll, denn die Schreiberin tat sich keinen Zwang an, sondern schüttete alles aus, was sie bedrängte und was ihr durch den Sinn ging; man mußte lernen, sie richtig zu lesen. Wie viele bange Stunden haben mir diese geflügelten Boten in die Ferne gebracht, während die Absenderin die Lasten, die sie darin abgelegt hatte, bei ihrer großen Beweglichkeit oft schon selber gar nicht mehr spürte. Der einzige überlebende ihrer Söhne, Erwin, hat mit Bedauern alle diese Briefe vernichtet, weil sie ein falsches Bild von der Wirklichkeit gaben und mit allzu phantastischen Einfällen, nur den Eingeweihten auslegbar, durchkreuzt waren. Ich konnte mich zu dieser Opferung nicht entschließen. Als ich fünfzehn Jahre nach ihrem Tode zu erstenmal wagte, ein Bündel ihrer Briefe zu öffnen, da flog die Tür auf und sie mit einem Jubelschrei an meinen Hals, und ich verstand wieder alle die Macht, die sie auf ihre Umgebung geübt hatte."

Umkehrungen

Es ist klar, daß Marie Kurz sich auch in der Rolle der Großmutter sehr wohl fühlt. Sie zieht in Florenz Alfreds Stiefsohn auf, weil dieser keine Zeit dafür hat und die Mutter, eine Venetianerin, „sich keine Zeit dazu nahm". Auch Edgar bleibt sie trotz aller Zerwürfnisse mit der Schwiegertochter nahe – der Kinder wegen: „Wenn sie die Macht über die Kinder hatte und ihren Spirituskocher, um sich zu versorgen, dazu die Möglichkeit, so oft die Sehnsucht sie trieb, mich zu sehen, so wollte sie weiter nichts vom Leben."

Als Isolde die Konsequenzen aus den Auseinandersetzungen mit der Schwägerin gezogen hat und in eigener Heimstatt lebt, muß sie feststellen, daß Rosa nicht für die Schwiegermutter sorgt, wenn diese krank ist: „Edgar machte ihr zwar die aufmerksamsten Krankenbesuche, aber daß sie nichts zu essen hatte, entdeckte er nicht." Er bittet sie an seinen Mittagstisch, wo es nur Fleisch gibt – die Mutter ist Vegetarierin und kann nichts zu sich nehmen. Isolde wandert nun jeden Tag während der Krankheit der Mutter „von der Höhe des Poggio Imperiale, wo ich nach langer Unstete einen Dauersitz gefunden hatte, zu Fuß mit einem Körbchen herunter, um sie zu ätzen". Ein großes Opfer für Isolde, weil diese Gänge sie vom Schreiben abhalten! „Nachträglich wundere ich mich, warum nicht eine gute Frau aus der Nachbarschaft ihr den kleinen Dienst leisten konnte; aber freilich war es so, daß für ihre Bedienung kein Pfennig draufgehen durfte. Unendlich größere Werte an Zeit, Schaffens- und Jugendkraft kamen dagegen nicht in Betracht, die waren in Fülle da, man brauchte sie nicht zu sparen."

Ruheloses Leben

Das Zusammenleben mit der über Siebzigjährigen wird schließlich immer schwieriger. Reisen ans Meer in irgendeine Pension regen sie zu sehr auf. Besser wird es, als Isoldes Ferienhaus steht. Wie sehr sie sich um die Mutter kümmern muß, macht die Gewitterszene deutlich. Die Mutter hat schreckliche Angst vor dem Donner: „Es blieb bei starker Entladung nichts übrig, als sich mit ihr auf die Treppe zu setzen, an die Stelle, wohin bei tiefer Bewölkung keine Helligkeit fiel, und während ich sie im Arm hielt, mit lauter Stimme zu zweien ein kriegerisches Lied zu singen. Wenn das Gewitter sich hinzog, war es auch ungemein wirksam, selbander Schillers ‚Siegesfest' aufzusagen; schon das Aussprechen der großen heroischen Namen war neben dem Schwung des Rhythmus auf magische Weise stärkend, furchtvertreibend, und der jeder langen Strophe wie mit einem Häkchen angehängte kurze Abgesang setzte durch die Schwierigkeit, ihn zu behalten, die Denkkraft zwangweise in Tätigkeit und zog von dem Himmelvorgang ab. Meist war bei dem Zeilenpaar: ‚Morgen können wir's nicht mehr, / Darum laßt uns heute leben –' der Himmel wieder hell und der mütterliche Puls in Ruhe."

Edgars Tod trifft die Achtungsiebzigjährige „ins Herz". Sie beginnt zu kränkeln, „ein Rad war gebrochen in dem so wundersamen Gefüge, wenn es auch weiter arbeitete". Isolde nimmt die Mutter bei sich in ihrer schönen Wohnung in der Via de' Bardi auf. Doch das Zusammenleben gestaltet sich noch schwieriger als von früher gewohnt: „Gesichter, die sie nicht gerne sah, durften nicht mehr ins Haus, gleichviel, in welche Lage ich dadurch geriet. Für sie war es das Recht des Unglücks, auch Ungerechtes zu fordern, und ich mußte willfahren, um schlimmste Krisen zu vermeiden -, nicht weil sie meine Mutter, sondern weil sie mein Kind war, mein schwer getroffenes Kind, das, wie ich mir nicht verhehlen konnte, jetzt seine letzten Kräfte verbrauchte. Den Verbrauch verlangsamen, schonen und wieder schonen war das einzige, was zu tun blieb."

Ein ruheloses Leben beginnt, das Pendeln zwischen dem Ferienhaus in Forte dei Marmi, der Wohnung in Florenz, Venedig, dem Wohnsitz Alfreds und München, wo Erwin mit seiner Familie lebt.

Nach Alfreds Tod steigern sich die krankhaften Zustände der Mutter. Isolde schafft die Pflege nicht mehr alleine. Sie versucht, zusammen mit ihr in verschiedenen Pensionen unterzukommen, damit ihr die Last der Haushaltsführung abgenommen wird und sie Zeit für die Mutter hat. Das Schreiben kommt zuallerletzt!

Isolde gibt schließlich ihre schöne Wohnung in der Via de' Bardi auf und pendelt mit der Mutter zwischen Italien und Deutschland. Eine dunkle Zeit beginnt: „Das war noch ganz anders als zur Zeit, wo ich allein den Fluch des Unbehaustseins kostete, aber doch das liebste Haupt geborgen wußte. Jetzt konnte jede Schädlichkeit zum Verhängnis werden, jede schlecht gekochte Speise oder ein zu kaltes Zimmer. Es gab auch Häuser, wo man ein so gebrechliches Alter überhaupt nicht mehr aufnehmen wollte."

Angst vor der Eiszeit

Isolde betreut die Mutter Tag und Nacht: „Dann kamen die Krisen, wobei es jedesmal die Frage war, ob das Herz die Stöße noch einmal überstehen würde. Es kamen die langen Nächte, wo ich neben ihrem Bette kniend in den verkrampftesten Stellungen ihren Puls hielt und ihre Atemzüge überwachte."

Bei der Tochter wächst die Panik: Was wird aus mir, wenn die Mutter stirbt? Sie darf nicht sterben! „Meine Seele fror in Gedanken an den kalten Abgrund jenseits der Liebe, der mich erwartete. Ich war ja so einsam geworden, weil ich schon längst gar keine Zeit mehr hatte für andere Mitlebende."

Sie träumt einen schrecklichen Traum: Die Erde vereist, sie irrt einsam auf dem kalten Planeten umher, in der Nische einer Gletscherwand sieht sie die Mutter als Bildnis stehen wie eine Madonna. Sie fürchtet sich vor der Eiszeit, die, wie sie meint, eintritt, wenn die Mutter stirbt, wenn deren wärmende Liebe fehlt.

Die Pflege der Mutter und die Wanderschaft zwischen Deutschland und Italien kosten viel Kraft und Zeit. Freundschaften gehen zu Bruch, weil sie sich den Freunden nicht mehr widmen kann. Die Einsamkeit wächst: „Wer in dieser Not meinem Herzen nicht naheblieb, fiel für immer aus meinem Leben. Küchentöpfe kann man kitten, ein edles Glas von

Murano nicht. Vorübergehend verzerrte sich mir das Gesicht der Welt.“

Isolde stemmt sich mit ihrem ganzen Willen gegen den Tod und will mit ihrer Willensanstrengung aufhalten, was nicht zu verhindern ist. Sie beschreibt diese Anstrengung als einen Pakt mit dem Schicksal, um ihre Schaffenskraft zu erhalten: „Damals schloß ich mit dem Schicksal einen Pakt, daß es mir dieses letzte Beste, um das ich schon soviel geopfert hatte, lassen müsse, solange ich es mit dem klammernden, durch nichts zu lockernden Liebeswillen festzuhalten vermöchte. Ich glaubte an solche Wunder der Seelenkraft, und auch die Mären der Völker wußten davon. Daß der Webstuhl stillstehen mußte, war der schwerste Verzicht, aber da war nichts zu retten, denn wenn ich die schaurige Kälte, vor der ich mich am meisten fürchtete, in mein Herz eindringen ließ, so mußte mein Schaffen ja doch mit erfrieren, weil es auch meinem eigenen Leben seine Wärme zog.“

Schließlich lassen die beiden Ringenden sich in München nieder, in Erwins Nachbarhaus, dann in einer Wohnung in dessen Haus. Die Freunde und Verwandten schütteln die Köpfe über Isoldes Kampf mit dem Tod. Sie versuchen, sie davon abzuhalten und der Mutter die ersehnte Ruhe zu gönnen. Vergeblich! Isolde trotzt: „Im Kreis der Enkel war sie noch immer die Jüngste und Lachendste.“

Die letzten Tage

Welchem Wahn erliegt Isolde? Sie befindet sich in einer Welt mit der Mutter, geht auf ihren scherzenden Ton ein, gibt nach, als sie den Wunsch äußert, noch einmal nach Italien zu fahren. Isolde packt für die Todkranke die Koffer. Daß sie nicht fahren können, ist allerdings auch ihr klar. Isolde greift zu einem Trick: Während die Mutter schläft, richtet sie den Raum mit grünen Pflanzen her, bringt der Krankenschwester ein paar Worte Italienisch bei – und die Mutter meint, mit dem Nachtzug nach Florenz gefahren zu sein.

Isolde lebt das Sterben der Mutter so stark mit, daß sie jeden Zeitbegriff verliert. „Aber das letzte Ringen war furchtbar. Es war wie ein verzweifelter körperlicher Widerstand im Unbewußten gegen die hereinbrechende Übergewalt. Wie lange es noch dauerte, weiß ich nicht, ich hatte zuletzt die Zeitbegriffe verloren."

Die Krankenpflege treibt sie zur Erschöpfung: „Die steten herzensbangen Nachtwachen, und daß ich kaum noch ins Freie oder zu warmer Nahrung kam, hatten mich gänzlich ausgeschöpft. Ich hatte am Ende keinen Blutstropfen mehr im Gesicht und kämpfte stündlich mit dem Schwindel. Ich mußte fürchten, bewußtlos niederzubrechen, in die Klinik gebracht zu werden und bei meiner Rückkunft den Platz neben mir leer zu finden."

Sie kann nicht mehr und gibt schließlich den Kampf mit dem Schicksal auf: „Da lockerte ich halb bewußt die gewaltige Willensanspannung, mit der ich sie noch immer hielt, damit ihr nicht das Schwerste zustieße, ohne mich ihren letzten Kampf auszukämpfen. Sobald ich aber wieder Kräfte fühlte, war es auch nur durch ein paar Stunden Schlaf, so suchte ich sie abermals auf das hinsterbende Leben zu übertragen. Doch das Spiel war am Ende. Nach einer schrecklichen Nacht, wo die Lebenskraft noch einmal gewaltsam durchbrach, daß sie sich in meinen Armen wand und rang, wie um sich das Irdische vom Leibe zu ziehen, kam der Augenblick, wo sie aus tiefem Morphiumschlaf in den ewigen hinüberschlief. Ich erlebte diesen Augenblick nicht mehr mit wachen Sinnen, denn ich lag selber im Betäubungsschlaf."

Marie Kurz stirbt am 26. Juni 1911, nicht ohne für Isolde vorgesorgt zu haben. Den Trost an die Tochter hat sie schon längst in einem Gedicht erfaßt:

„Ich bin bei dir, wenn ich auch längst vermodert,
Die Liebe, die so heiß in mir gelodert,
Sie konnte mit dem Tode nicht vergehen.
Nicht suche mich in fernen Himmelsräumen,
Ich komme nachts zu dir in deinen Träumen,
Als Hauch der Liebe werd' ich dich umwehen.

Ich bin in dir, du kannst mich immer halten,
Ich folge keinen höheren Gewalten,
In dir nur such' ich die Unsterblichkeit.
Geliebtes Kind, verbanne deine Klagen,
Denn das, was sie von mir hinausgetragen,
Das war ja längst schon ein verbrauchtes Kleid."

In Briefen, die sie hinter Isoldes Rücken schrieb, hat die Mutter die Freunde alarmiert, für Isolde nach ihrem Tod zu sorgen. Das Vorhergesehene geschieht dennoch: Isolde fühlt sich nach dem Tod der Mutter entwurzelt. Jeder Halt auf der Erde ist ihr gewichen. Die Freunde und die Familie kümmern sich um sie. Gemeinsam suchen sie die Ablenkung: mit Freunden reist sie nach Karlsbad, mit Erwin und Familie unternimmt sie Bergtouren. Doch erst während einer Gebirgswanderung mit Vanzetti in den Dolomiten kommt sie einigermaßen wieder zu sich: „Es kam auch so, daß in der ungeheuren Größe der Bergwelt, bei den kristallenen Wundergärten des Eises unter der herbstlich gemilderten Südsonne und im kalten Glanz der Sternennächte die in sieben schweren Notjahren tief hinabgedrückten inneren Sprungfedern sich wieder aufrichteten und mich an der Umwelt teilnehmen ließen."

Nachdem sie der Mutter in einer warmen Novembernacht im Vorgarten des Hauses in Forte einen Scheiterhaufen errichtet hat, um ihren letzten Willen symbolisch zu erfüllen, atmet sie wieder freier und kann klarer denken: „Ich erkannte jetzt an dem allmählichen Wiederwarmen aller Dinge, daß, was ich von je am meisten gefürchtet hatte, die Vereisung des Lebens gar nicht eintreten konnte, weil eine so lange besessene, so allmächtige Mutterliebe auch nach dem Tode nicht aufhören kann, weiterzuwärmen."

16. KAPITEL

Neugeburt

Vom Trotzkopf zum Künstler

Einer von Isoldes Brüdern ist bisher ausgespart worden: der „Augenmensch" Erwin. Er steht etwas außerhalb des mütterlichen Wärmekreises. Sein „heiteres Künstlerblut" hat ihn anscheinend gegen die Kälte der Welt gewappnet. Braucht er die mütterliche Wärme nicht so sehr wie die anderen? Schon als Kind gehört er nicht so richtig dazu: Er mischt sich nicht ein, hält sich aus dem Kampf zwischen den anderen Geschwistern heraus. Wie der Vater?

Erwin, so schildert Isolde den jüngeren Bruder, bringt „niemals Zwist oder Ängste in das Zusammenleben" und legt „Verwicklungen immer zart und schonend bei". Als „Element des Friedens" schätzt sie ihn lebenslang. Er ist ihr „der brüderlichste" der Brüder, weil in seinem Herzen Platz für anderes ist außer sich selbst, weil er „nicht so ausschließlich wie die anderen für sich selber" lebt. Das „treue Blau seiner Augen" bedeutet ihr „Heimat auf der Erde".

Eine Fotografie aus der Schulzeit in Tübingen zeigt Erwin als trotzigen Knaben. Bockig hockt er auf der Balustrade im Studio des Fotografen, baumelt mit den ringelbestrumpften Beinen und ballt die Faust. Mit mir nicht! scheint er zu sagen. Dies stimmt mit dem überein, was Isolde über seine schulischen Leistungen berichtet: Erwin kommt mit der Schule nicht zurecht und besucht das humanistische Gymnasium in Tübingen nur „mit Unlust". Schon als Kind zeigt sich sein künstlerisches Talent, dem die inzwischen verwitwete Mutter schließlich auch nachgibt: Sie schickt den Neunzehnjährigen auf die Akademie der bildenden Künste nach München, wo er in die Malklasse des Genremalers Ludwig von Löfftz einsteigt.

Im Alter von 22 Jahren rückt er der Familie nach und wird in Florenz Schüler von Adolf Hildebrand. Er lebt längere Zeit „wie ein Familienmitglied in seinem Hause", was die Schwester mit Stolz registriert. Die junge Familie – Erwin heiratet 1880 Ottilie Herzfeld – wird in den achtziger Jahren in der Großfamilie in der Villa del Porte nouve aufgenommen und wächst 1881 um den Sohn Otho Orlando und 1889 um die Tochter Irene Grazia.

Erwin und seine Familie kehren 1893 nach München zurück. Dort faßt er nur zögernd Fuß, wie die Schwester berichtet: „Aber dieser von Natur Frohsinnigste war mit den Jahren fast so ernst und schweigsam geworden wie sein Vater. Durch den langen Aufenthalt in Italien von dem deutschen Kunstmarkt abgeschnitten, kostete es ihn schweren Kampf, seinen frühe gegründeten Hausstand durchzubringen."

Bald ist er wieder in „in frisches Fahrwasser" gelangt: 1906 wird er Lehrer an der Akademie der bildenden Künste in München und Leiter der früheren Ruemann-Schule, 1909 „Königlicher Akademieprofessor". 1913 ist er Mitglied der Sezession und hat sein Atelier an der Akademie der bildenden Künste.

Menschenformer

Erwin findet keinen so eigenen künstlerischen Ausdruck wie die Schwester, die jenseits der literarischen Zeitströmungen arbeitet. Die Werke von seiner Hand sind ganz im Stil der Hildebrandschule gehalten. Was er besonders gut beherrscht, sind Porträtbüstenreliefs, von der Familie, von Freunden und von berühmten Zeitgenossen. Berühmt sind die Porträts des Vaters und Paul Heyses. Die Menschen, ihre genaue Beobachtung und Darstellung scheint eine der Familie Kurz eigene Fähigkeit zu sein. Erwin formt nicht in Worten andere Menschen, sondern aus Terrakotta und Stein.

Seine Ausführung der Büste Bismarcks (1908) wird in der Walhalla bei Regensburg aufgestellt. Hat die Mutter, die erklärte Bismarck-Gegnerin, das noch mitbekommen? Erwins Büste wird das Bismarck-Verständnis der Nachgeborenen prägen, denn sie formt die Züge des einstigen Reichskanzlers ins Idealtypische. Ein Vergleich mit dem Meister und anderen Zeitgenossen bestätigt dies. Das Porträtrelief von Adolf Hildebrand aus den neunziger Jahren stellt mehr den Menschen mit seinen individuellen Zügen in den Vordergrund. Andere Bildhauer zeigen Bismarck als Helden mit martialischen Zügen und Helm auf dem Haupt, oder verwaschen ohne klare Konturen und ins Geistige verklärt.

Im Todesjahr der Mutter (1911) hat Erwin den Zenit seiner Laufbahn schon überschritten, die Mehrzahl seiner Meisterwerke in Terrakotta, Stein, Marmor und Bronze bereits geschaffen: Grabdenkmale auf christlichen und jüdischen Friedhöfen unter anderem in München, Weimar, Frankfurt am Main und Freiburg im Breisgau; Denkmale, beispielsweise im Münchner Botanischen Garten für den Botaniker Martius; Brunnenfiguren – die Garbenbinderin für den Waitzfelder-Brunnen, auch Ceresbrunnen genannt, auf dem Thierschplatz in München aus dem Jahr 1905 gilt als eines seiner Hauptwerke; Kolossalfiguren wie die leichtgeschürzte, liegende Dame „Schwaben“ aus Stein auf der heutigen Prinzregentenbrücke in München aus dem Jahr 1903.

Sein weiteres Schaffen ist mit demjenigen seines Sohnes eng verbunden. Otho Orlando, genannt Thole, hat sich als Architekt einen Namen gemacht. 1913 wohnt er, 31 Jahre alt, in München, Leopoldstraße 65/IV. Schon seit längerem arbeiten Sohn und Vater zusammen: Thole, der Architekt und Geschäftsmann, Erwin, der Bildhauer. Die beiden sind ein ideales Team, verstehen sich prächtig und ergänzen einander auf das Treffendste. Thole ist voller Tatendrang und Durchsetzungsfähigkeit, der Vater weich und weltfremd. Ihm fehle es an „praktischem Sinn“, meint die Schwester, wie den anderen ihrer Generation und vor allem den Eltern. Erwin hat keinen Ehrgeiz, sich auf dem Kunstmarkt zu behaupten, seine Ellenbogen zu gebrauchen, sich gegen Konkurrenz durchzusetzen.

Da ist der Sohn ganz anders. Von Kindesbeinen an ist er gewohnt, seinen Willen zu bekommen. Tante Isolde überliefert: „Wenn ihm ein Wunsch abgeschlagen wurde, so warf er sich zu Boden und schrie so lange: Thole vuole! – Thole will! – bis er bekam, was er verlangte. Bei diesem Kinde war kein Aufkommen weder gegen seine Unart noch gegen seine Lie-

Erwin Kurz in seinem Atelier in München, 1928

benswürdigkeit." Seine Willensstärke hilft nun auch dem Vater in geschäftlichen Dingen. Erwin arbeitet bei den Bauwerken des Sohnes mit, indem er die Fassade oder die Innenräume mit plastischem Schmuck oder Figuren ausgestaltet.

Beispiele für diese Zusammenarbeit: das Majolikarelief „Vier Jahreszeiten", ein farbiger Puttenfries, an den Hochmeierbauten in München in der Plinganstraße, die Thole zusammen mit Eduard Herbert entwirft und baut; an der St. Gabrielskirche in München die Verkündigungsgruppe über dem Hauptportal, die Kolossalfigur des Gabriel und die (heute nicht mehr vorhandene) Pietà im Hauptschiff; an der Außenseite der St. Otto-Kirche in Bamberg das Relief der Madonna mit Kind; das Kriegerdenkmal in Wertach.

Der liebenswürdige Tagedieb

Thole ist in Florenz geboren und wächst in der Großfamilie unter den Fittichen der Großmutter und der Tante auf. Vor allem Isolde ist entzückt von diesem Spielkameraden. Von ihm läßt sie sich gerne von der Arbeit abhalten. Thole aber fällt aus dem üblichen Rahmen der Familie Kurz: Er kann sich nicht sprachlich, wohl aber künstlerisch ausdrücken. Alle sind voller Sorge, was aus dem kleinen „Tagedieb" werden soll, wie Isolde berichtet: „Das Kind galt deshalb im Hause für unbegabt, besonders sein Zio [Onkel] Edgar, der gewohnt war, alle Begabung in der Familie zuerst sich auf sprachlich-poetischem Gebiet äußern zu sehen, glaubte diesem kleinen Neffen wenig Glanz für die Zukunft prophezeien zu dürfen. Ich wußte auch nicht, was von den Anlagen meines kleinen Lieblings denken, wenn ich sah, daß es der Nonna [Großmutter] nie gelang, ihm den Trojanischen Krieg, mit dem sie ihre sämtlichen Kinder entzückt hatte, auch nur zu Ende zu erzählen, und daß ich selber seine Aufmerksamkeit ebensowenig durch ein Grimmsches Märchen zu fesseln vermochte. Seine Augen gingen währenddessen rundum spazieren und blieben an allen Gegenständen hängen, nicht mit der Gedankenlosigkeit des unbegabten, sondern mit der Unachtsamkeit eines anderweitig beschäftigten Kindes. Erst als er zu zeichnen anfing, erkannte man, wie genau der Knabe die sichtbaren Dinge in sich aufgenommen hatte und wie bei ihm alle Wahrnehmung durch das Auge ging."

Wie sein Vater haßt Thole die Schule – in diesem Fall die deutsche Schule in Florenz. Er „streunt" lieber herum und „gafft die Häuser an". Daß er dabei auch die großartigen Kunstdenkmäler dieser Stadt in sich aufnimmt, begreift keiner – außer Tante Isolde.

Nach dem Umzug nach München ist ihm die Schule kein Problem mehr. Sein schulischer Ehrgeiz ist erwacht, seine starke Begabung kommt zum Vorschein. In München besucht er das Gymnasium und studiert zunächst Elektrotechnik und schließlich Architektur an den Technischen Hochschulen in Karlsruhe, München und Charlottenburg. Praktische Erfahrungen sammelt er in den Werkstätten von Gabriel von Seidl, Emil von Seidl und Adolf von Hildebrand.

Den ersten Meilenstein für seine Karriere legt er im Alter von 29 Jahren mit einem Gemeinschaftswerk. John Herbert Rosenthal und Thole gewinnen den ersten Preis für einen Entwurf des Rathauses in Mülheim an der Ruhr. Er hat sein Metier gefunden, wie Tante Isolde meint: „Von da an war sein Weg durch viele Jahre – man kann wohl sagen: ein fortgesetzter Siegeslauf."

Seit 1908 ist Thole freier Architekt, zeitweise assoziiert mit Eduard Herbert und John Herbert Rosenthal. Die Liste der Bauwerke von seiner Hand ist lang und umfaßt Wohnhäuser und Siedlungen in München, Villen in München und Prag, eine unterirdische Haltestelle der Straßenbahn in München, ein Kraftwerk in Finsing an der mittleren Isar, das Klosterhotel Ettal, Kriegerdenkmäler, Grabdenkmäler und Kirchen. Außerdem wird er mit zahlreichen Ausstellungsbauten betraut. Bemerkenswert sind das Verwaltungsgebäude der Bayrischen Motorenwerke München, ein schlichter, wuchtiger Bau mit mächtigen Formen und klassizistischem Einschlag und die beiden Münchner Kirchen St. Gabriel und St. Sebastian. Bei der Gabrielskirche glückt den beiden Architekten Kurz und Herbert eine höchst interessante Mischung von Jugendstil und Romanik, die zu einem ganz eigenen Stil gerät. Um die schlichte, fast kahle Sebastianskirche herum hat Thole direkt angrenzende Wohnblöcke gruppiert.

Thole kümmert sich darüber hinaus auch um die Belange der Kollegen und ruft die Vereinigung Münchener Privatarchitekten ins Leben. Übrigens ist sein Schwager Friedrich Becker ebenfalls Architekt. Ausgedehnte Reisen führen ihn nach Ägypten, Nubien, Marokko, Spanien, Portugal, Frankreich, Italien, Schweden, Norwegen, England, Schottland und Island.

Der Lebensgefährte

Nach dem Tod der Mutter löst sich Isolde endgültig von Florenz und läßt sich 1911 in München nieder. Sie wohnt in der eigenen Wohnung (Ainmillerstraße 18/III) im gleichen Haus wie Bruder Erwin. Ein Stockwerk darunter hat sich Ernst Mohl niedergelassen. Die Sommermonate verbringt sie weiterhin in ihrem Ferienhaus in Forte.

Von der Mutter kurz vor ihrem Tod zu Isoldes Beistand herbeigerufen, ist Ernst Mohl nach 40 Jahren aus Rußland zurückgekehrt. Seine Freundschaft mit der Familie Kurz reicht in die Jugendzeit zurück: Der Pfarrerssohn aus Hildrizhausen hatte im Tübinger Gymnasium dieselbe Klasse wie Isoldes Bruder Edgar besucht. Ernst wird in der Familie Kurz aufgenommen wie ein Sohn und glüht vor Verehrung des dreizehnjährigen „leichtfüßigen blonden Mägdleins". Er steht ihr bei in den Kämpfen mit den Tübinger Kleinbürgern, erwirbt sich bei ihr die „Stellung eines Mitbruders" und beschützt Isolde vor den Angriffen der Brüder.

Auch nach dem Bruch der Freundschaft mit Edgar bleibt Ernst der Familie treu. Für Isolde ragt er aus dem Freundeskreis heraus, weil er „stets für die Bedürfnisse meiner Natur das meiste Verständnis" zeigt und sie „durch seinen Glauben" stützt. Nach Ende des Studiums verläßt Ernst die Heimat und geht zunächst ins Baltikum und dann nach Rußland. Er flieht ganz bewußt vor Isolde, die ihm ihr Herz nicht schenken kann. Beide fühlen sich im Recht, wie Isolde schildert: „Dennoch war diese Flucht kein Mißverständnis der Herzen. Das junge Mädchen, dem der eigene Weg zwar nur durch Schleier vorschwebte, wußte doch mit Klarheit, daß dieser Werdende, Anpassungsbedürftige, ihr nur Führer durch die Grammatik, nicht durch das Leben sein konnte, das einen viel weiteren Bogen zu nehmen bestimmt war. Er wußte es auch und floh."

Ernst wird Gymnasiallehrer in Birkenruh bei Wenden und erlebt ein Abenteuer nach dem anderen. Die Geschichten lesen sich wie Erzählungen von Puschkin oder Turgeniew, sind aber von „Ernest Ernestowitsch" tatsächlich erlebt. Nur knapp entgeht er den Verfolgungen eines eifersüchtigen Barons, dessen Gattin er aus der unglücklichen Ehe befreit und deren Sohn er aus der väterlichen Obhut entführt. Ernst landet schließlich als Hauslehrer auf Schloß Jaßnopolze in Rußland. Dort unterrichtet er einen Neffen des Gutsherrn von Stolpen und verfügt sich nach Beendigung der Erziehungsaufgabe nach Petersburg. Dort wird er Lehrer an der Zarischen Rechtsschule und heiratet eine Deutschrussin.

Ernst macht Karriere in Petersburg, wird Staatsrat und geadelt. Seine Verehrung Isoldes hält an. Diese wehrt jedoch ab: Er verehre nicht die Frau Isolde, „sondern ihr jederzeit von ihm geschautes Über-Ich, dem er die Rechenschaft über sein Leben zu schulden glaubte". Briefliche Kontakte mit Ernst hält vor allem Isoldes Mutter. Schürt sie die Überhöhung der Tochter?

Ernsts Gattin versteht diese Liebe zu Isolde („diese erste und ewige Liebe, der seine Seele für immer gehörte") und nimmt großmütig an der Verehrung der Fernen teil, wie Isolde schildert: „Sie behandelte den fernen Gegenstand, den sie nie gesehen hatte, wie ein gemeinsames Kultbild." Dies geht so weit, daß die beiden planen, sich nach Ablauf von Ernsts Dienstzeit in Isoldes Nähe niederzulassen, „damit sie in einem gemeinsamen Haushalt mir die Sorgen des Alltags abnehmen und er sich mit mir in die Pflege der Mutter teilen könne."

Der Hilferuf von Marie Kurz trifft ihn als Witwer. Er macht sofort in Petersburg Schluß, verzichtet auf eine höhere Rente und kommt gerade noch rechtzeitig in ihrer letzten schweren Nacht. Gesprochen hat er sie nicht mehr. Er hält sein Wort und betreut die zunächst unwillige, in Trauer und Leid versunkene Isolde.

Die beiden Sechzigjährigen bilden eine Art Wohn- und Lebensgemeinschaft. Ernst richtet sich die Wohnung unter der ihrigen her, die Isolde als „ein lieber Freundschaftswinkel für die kommenden Weltstürme" gilt. Ernst umsorgt sie „aus zartgefühltem Abstand" und wartet ab, bis er ihr „um ein Kleines mehr sein" darf. Mit der Zeit lernt Isolde die Nähe schätzen und jubelt, endlich habe sie „einen Ausgleich für die Verluste und Enttäuschungen" ihres Lebens gefunden.

Die Anfänge des Zusammenlebens spielen sich nicht ohne Reibungen ab, doch diese sind mehr als zweitrangig, wie Isolde betont: „Jetzt als reife Menschen waren wir des Verbindenden gewiß und konnten über das Fremdbleibende leicht hinwegsehen." Woran liegen die Spannungen? Isolde meint: „Wir waren geistig weit auseinander gekommen, da wir seit den Tübinger Tagen an zwei entgegengesetzen Kulturpolen gelebt hatten. Es bedurfte einiger Zeit, bis sich über die große Spannung Rußland – Italien weg das Verstehen auch meinerseits wiederherstellte."

Dabei scheint er sich mehr auf sie zuzubewegen als sie sich auf ihn – die gemeinsamen Ideale liegen ja in der Antike. Er hilft ihr bei der Arbeit, holt Bücher aus Bibliotheken und teilt ihr neue Erkenntnisse mit, die er aus Fachberatungen mit nach Hause bringt. Nicht nur das. Auch in ganz alltäglichen Dingen steht er ihr bei: „Wenn er mich viel kostbare Zeit durch schwierige Dienstboten verlieren sah und er mir nicht auch da helfen konnte, tröstete der Gute mich schalkhaft durch den Vorschlag, er wolle im nächsten Leben meine Frau werden und bis dahin noch alles gelernt haben: Kochen, Nähen, Flicken und was sonst zum Haushalt gehört, um mich von der Plage des Alltags zu entlasten." Da muß Isolde dann herzlich lachen – Ernst ist nämlich in häuslichen Angelegenheit ebenso unpraktisch wie sie. „Nur vor meinen Fünfuhrgästen pflegte er durch unüberbietbar kunstgerechte Teebereitung im Samowar zu glänzen."

Was Ernst alles vermag! Isolde schildert das erste Jahr mit dem „wiedergefundenen Jugendfreund": „Dieses selige Kindergemüt, in dem sich die oft bis zur Einfältigkeit gehende Einfalt und Menschengläubigkeit des reinen Toren mit der stillen Weisheit eines Erleuchteten verband, legte sich wie Öl auf den hohen Wogengang meines Lebens und verbreitete rings um mich her eine heitere Stille."

Wendet sich nun durch diese Partnerschaft alles zum Guten? Isolde berichtet: „Da war es trostvoll, sich in zwei Augen zu spiegeln, für die man von Kindesbeinen an durch alle Jahrzehnte des Lebens, welche Wege man gehen mochte, ohne Dank noch Verdienst, das Schönste auf Erden gewesen ist. Als ein Mann von stattlicher Erscheinung mit dem Ausdruck unausschöpfbarer Milde und Seelengüte erweckte er noch bis in sein achtzigstes Jahr, bis an den Rand des Grabes, Neigungen in der Frauenwelt."

Isolde, einsam geworden in der Zeit der Pflege der Mutter, hat mit dem Freund gemeinsam in München neu Fuß gefaßt. Andere Menschen braucht sie nun nicht mehr: „Da war es natürlich, daß mir dieser eine, immer bereite Freund eine ganze Schar von Freunden ersetzte, vielmehr die Freundschaft an sich verkörperte und keinen Wunsch nach Erweiterung des Umgangs in mir aufkommen ließ. Ernst Mohl mit seiner Glücksnatur gehörte zu den ganz seltenen Männern, die man nicht zu ‚behandeln' brauchte. Da er keine Nerven hatte, die ihn verlassen konnten, und keine Schwächen, die zu schonen waren, außer einer allzu großen Nachgiebigkeit gegen Gerechte und Ungerechte, die er aber schon selbst verurteilte, war er in jeder Stunde der gleiche; seelenruhig, tiefgründig, in Tun und Reden etwas langsam, aber immer aus dem Inneren lebend und unerschütterlich zuverlässig."

Kassandra

Nach ihrer Rückkehr aus dem Sommerurlaub in Florenz und an der Küste im Winter 1912 überkommen Isolde Vorahnungen eines nahenden Krieges. In Italien ist sie einer ungekannten Feindseligkeit begegnet, einem „bebenden Kriegsfieber" den Deutschen gegenüber, das selbst ihre Freunde erfaßt hat. Sie fürchtet, daß daraus ein Krieg entstehen könnte. Über ihren Abschied aus Florenz schreibt sie:

„Ich schied mit der Gewißheit, daß es zu einer Weltkatastrophe kommen mußte und im Zwange dieses Geschehens auch zu einem Waffengang zwischen den beiden Ländern meiner Liebe."

Bei ihr schrillen die Alarmglocken. Sie spricht mit den Freunden, die sie – auslachen. Sieht diesen Gegensatz zwischen innerdeutscher Atmosphäre und der Meinung des Auslands über die Deutschen denn niemand? Die Deutschen wiegen sich in „tiefster Friedenssicherheit", während man sie im Ausland, beispielsweise in Florenz, „einer Stadt, in der die geistigen Ströme aller Länder" zusammenfließen, für die „eigentlichen Friedensstörer" hält.

In Deutschland ist die Dichterin im Grunde genommen eine Fremde. Zwischen 1877 und 1911 lebte sie, mit Unterbrechungen, im Ausland und bezeichnet sich aus diesem Grund als „Auslandsdeutsche". Was sich innerhalb der letzten fünf Jahre gesellschaftlich und politisch abspielte, hat sie wegen der überlastenden Pflege der Mutter überhaupt nicht mitbekommen. So ist sie nur sehr wenig eingebunden in das Denken und Fühlen der Deutschen. Veränderungen nimmt sie aus einer ganz anderen Perspektive wahr: Sie blickt von außen auf die wilhelminische Gesellschaft.

Andererseits weiß sie genau, was außerhalb Deutschlands über ihre Landsleute gesprochen wird. Diese Äußerungen sind ihr unerträglich. Sie hält den Vorwurf, die Deutschen seien Kriegstreiber, für ein Mißverständnis. Ihre Landsleute, so meint sie, seien unbedarft: „Das Wilhelminische Deutschland hatte keinen Glauben an den Geist, nur an die Macht, in der es sich arglos gesichert glaubte." Krieg wolle doch keiner, und die Drohungen, das „Pochen mit der gepanzerten Faust, das den anderen Völkern so sehr auf die Nerven" gehe, seien ja gar nicht ernst gemeint. Deutschland, so meint sie, wolle „nur seiner Arbeit und seinem Erwerb, wenn auch nicht immer mit dem besten Takt, nachgehen." Es liege im Nationalcharakter begründet, daß die Deutschen, anders als andere Völker, nicht auf Außenwirkungen bedacht seien. Der Fehler der Deutschen sei, daß sie sich in allzu großer Sicherheit wiegten, daß sie in ihrer Überheblichkeit die anderen unterschätzten.

Wie es tatsächlich im Vorkriegseuropa aussieht, nimmt

Isolde nicht wahr, nicht die Machtpolitik und das Wettrüsten der europäischen Staaten, nicht die Kriegsbereitschaft der Deutschen, die einen begrenzten europäischen Krieg für unvermeidbar halten, und auch nicht die Friedensbewegung und die Bemühungen der Opposition, die Lage zu entschärfen. Isolde fühlt sich stark in ihrer Meinung und so sehr im Recht, daß sie politisch aktiv wird: „Aber es ließ mir nicht Rast noch Ruhe, ich überwand meine tiefe Scheu vor der Berührung mit politischen Dingen und klopfte persönlich bei der Presse an, um zur Einsicht in fremde Seelenverfassung, zum Schonung fremder Empfindlichkeiten zu mahnen. Ich fand kein Gehör."

Sie fühlt die Pflicht in sich, die Völker, an denen ihr Herz hängt, einander näherzubringen. Mißverständnisse kann man doch aus dem Weg räumen! Ihr Beitrag zur Völkerverständigung sieht so aus, daß sie die Deutschen darüber aufklären möchte, wie sie auf das Ausland wirken. Genauer: Welche schlechte Figur sie vor fremden Augen abgeben. Das will keiner hören!

Reise nach Griechenland

Ein „Fluchtweg aus der inneren Not" ergibt sich im Frühjahr 1913 mit der Reise nach Griechenland. Zusammen mit Ernst Mohl erfüllt sie sich einen Jugendtraum. In diesen sechs Wochen spüren die beiden der Antike nach, besuchen Athen und Korinth, Olympia und Delphi. Isolde schreibt die Eindrücke in ein „Merkbüchlein", und während der Sommermonate entsteht im Ferienhaus in Forte die Reisebeschreibung „Wandertage in Hellas", die noch im gleichen Jahr erscheint.

Während der Griechenlandreise findet Isolde wieder völlig zu sich selbst. Gleichzeitig vertieft sich ihre Skepsis den Zeiterscheinungen gegenüber. Mit dem Satz „Troja tanzt, und ich heiße Kassandra!" macht sie sich selber Mut. Es scheint, als werde sich die Sechzigjährige zum erstenmal in ihrem Leben bewußt über ihre Lage. Ihr Weltbild ist bestimmt von antiken Idealen, von der „antiken Ganzheit und Geschlossenheit", die sie auf der Reise sucht, findet, wahrnimmt und in sich aufsaugt. Hier findet sie ihre Heimat, nicht in Deutschland, in der „Zerrissenheit und Zusammenhanglosigkeit des modernen Daseins". Daß sie mit den Deutschen nicht zurechtkommt, gesteht sie sich nun ein. Verwunderlich ist, daß sie so tut, als sei dies einmal anders gewesen. Sie kommt sich vor „wie ein Kind unter Erwachsenen", „dessen Ideologien man belächelt". Die Jugend im Vorkriegsdeutschland sei so „namenlos erwachsen", habe „alle die gleiche offizielle, wie an Drähten gezogenen äußere Höflichkeit, die von jeder Herzenshöflichkeit meilenweit entfernt war, und kühle Augen, in denen nichts zu lesen stand als das Wörtchen Ich." Isolde fühlt sich fremd unter ihnen und weiß nicht, wohin sie sich wenden soll, wo weiterhin ihre Zelte aufschlagen.

Der Heimat besseres Kind

Lichtblicke nach ihrer Rückkehr sind zwei Ereignisse in Tübingen: die Hundertjahrfeier für Hermann Kurz und die Verleihung der Ehrendoktorwürde der Universität Tübingen. Fortan ist sie Frau Dr. Kurz.

Jetzt erst kann sie das Leben genießen. Sie konzentriert sich auf ihre Fähigkeiten, schließt sich „immer enger an das Eigene an". Als neue Lebenslosung gilt ihr, was sie gewissermaßen als Orakel auf der antiken Gräberstraße in Athen in sich aufnahm, ein Ratschlag aus sich selbst heraus und aus dem antiken Mythos zugleich:

„Um den Erdkreis wandle dein Geist, so rief's aus den Gräbern,
Aber den Deinen gib liebend und zürnend dein Herz.
Opfre den Göttern des Vätergefilds und werde der Heimat
Besseres Kind, bei ihr suche du Stätte und Ziel.
Fühle der Freiheit Stolz in willig getragenen Banden
Und erhalte dein Herz stark für den künftigen Tag.
Einheit wächst aus der Not – sie kommt euch, geh sie zu teilen
Und im eigenen Grund lernst du zu wurzeln wie wir."

Das ist neu: das Bekenntnis zur Heimat Deutschland, zu den mythischen und geistigen Wurzeln Deutschlands. Und es kommt einer Befreiung gleich, was sie nun erlebt: „Die

Umstellung fiel mit einer völligen Neugeburt zusammen. Die glückliche Federkraft, die grenzenlos gebogene, aber nicht gebrochene, die mein mütterliches Erbteil war, schnellte hoch auf und durchrann mich mit einem unsäglichen Gefühl der Selbsterneuerung, spürbar bis in Fuß- und Fingerspitzen. Alle erlittenen Ängste und bösen Ahnungen drängte ich noch einmal sinnbildhaft in das Kassadragedicht hinein, um sie für immer zu entlassen. Hinter mir welch eine Wüste, fast nur von dem Verzucken des geliebten Lämpchens erhellt, wie viele verlorene Jahre, welch verzehrte Lebenskraft – ich vermaß mich dennoch, alles wieder einbringen zu können."

17. KAPITEL

Im Strom der Zeit

Die Dichterin und die Politik

Die jugendliche Isolde hält sich selbst für unpolitisch und steht dadurch außerhalb der Familie, in der die Politik den Ton angibt. Die Bedeutung der Reichsgründung 1871 kann sie, nach ihren eigenen Worten, nicht erfassen. Dem Vater stimmt sie an einem Punkt zu, in der positiven Einschätzung der Annektion Straßburgs durch die Deutschen. Ansonsten kann sie mit Patriotismus nichts anfangen. Geradezu unheimlich ist ihr die „Bärenhaut des Urteutonentums". „Und gar zu wissen, welches die beste Staatsform sei, konnte ich mir wirklich nicht anmaßen", sagt die Achtzehnjährige. „Hätten nur die Landsleute sich jetzt zu der höheren Kulturform bekehren wollen, nach der meine Seele dürstete."

Der Vorwurf der Mutter, sie sei Anhängerin Bismarcks, empört sie zutiefst. Sie ist weder für noch gegen ihn, sie möchte etwas ganz anderes. Isolde sucht sich ihren Weg und auch ihre politische Meinung jenseits der Vorstellungen der Mutter und jenseits der Vorstellungen der Brüder. Sie lebt gewissermaßen in höheren Luftschichten und empfindet sich als geistige Erbin eines anderen Deutschland: „Die deutsche Kultur war mir die Welt Goethes, ein heilig gehaltenes, nirgends sichtbares Ideal, das ich tief im Herzen trug und in die fernsten Fernen mitnehmen konnte."

Die gesellschaftspolitischen Veränderungen nach der Reichsgründung erleichtern ihr 1877 die Übersiedelung nach Italien. Voller Anerkennung der Verdienste Bismarcks für das geeinte Deutschland heißt sie (im von 1933 bis 1938 geschriebenen Rückblick) auch dessen repressive Maßnahmen gut. Bismarck habe erreicht, daß Deutschland „als große Nation gleichwertig bei den andern großen Nationen" stehe.

Gleichzeitig nimmt sie aber auch die „Kehrseite“ der Reichsgründung wahr: einen „plötzlichen Einbruch des Gründer- und Strebertums“, den „Niedergang aller Hochziele“: „Das Wort Ideal war gar nicht mehr zu brauchen, es trug schon den Stempel des Veralteten, Abgestandenen. Die bewunderte Realpolitik des Großen, wie er sie unbedenklich auf die höchsten Belange der Nation anwandte, wurden von den Kleinen auf ihre kleinen persönlichen Geschäfte übertragen. Ein höheres Streben, das bedeutete jetzt das Streben nach hohen Posten und einträglichen Ämtern, nach Titeln und Orden.“

Macht und Geld gelten im Wilhelminischen Deutschland mehr als der Geist. Sensible Kulturschaffende und Intellektuelle – laut Isolde „die besseren Deutschen“ – spüren dies mit „ahnendem Mißbehagen“ und wenden sich ab vor einer solchen Kultur. Sie fühlen sich, „als hätten sie ihre geistige Heimat verloren“.

Der Erste Weltkrieg

Isolde empfindet wie nahezu alle Deutschen die Kriegserklärungen Anfang August 1914 als eine über das Volk gekommene „Gnade“, die das Volk aus „stumpfer Stofflichkeit und Ichsucht“ erlöse. Sie sieht während der Mobilmachung, dem „reinen Bild des Anfangs“, selbst ergriffen von der Woge der Begeisterung, „den heiligen Ernst in den verwandelten Zügen meines Volkes“. Ihres Volkes! Doch dann kommt sie zu sich und ihr wird „angst und bange vor dem Massenwahn, der augenblicks den ruhigsten Kopf ergreifen konnte“.

Sie befindet sich dennoch mittem im Strom der Zeit und läßt sich treiben. „In den frühen Augusttagen kam Thole, der, weil ungedient, noch nicht einberufen war, und sagte, die deutsche Jugend erwarte von mir ein Lied“, berichtet sie. „Ich schwankte. Unseren Urmüttern, die im Notfall selber in den Kampf eingriffen, stand es an, den ausziehenden Männern das Schwert zu segnen. Aber eine Frau von heute? Doch ehe ich mich's versah, war der Funke übergesprungen und hatte gezündet.“ Das Gedicht „Schwert aus der Scheide!“ entsteht: Ein wortgewaltiges, archaisch anmutendes, aufrüttelndes Werk:

„In der Halle des Hauses da hängt ein Schwert,
Schwert in der Scheide.
In seinem Blitzen vergeht die Erd'.
Wir hüten's und beten Tag und Nacht,
Daß es nicht klirrend von selbst erwacht.
Denn uns ist geschrieben ein heilges Gebot:
Ihr sollt es nur brauchen in letzter Not,
Schwert in der Scheide.

Wir sind geduldig wie Starke sind,
Schwert in der Scheide.
Wir achten's nicht, was der Neid uns spinnt.
Sie haben uns manchen Tort getan,
Wir litten's und hielten den Atem an.
Die Sonne glüht auf der Ernte Gold.
Friede, wie bist du so hold, so hold,
Schwert in der Scheide!

Doch der Neid mißgönnt uns den Platz am Licht,
Schwert in der Scheide!
Feinde umzieh'n uns wie Wolken dicht.
Zehn gegen Einen in Waffenschein!
Wer bleibt uns treu? – Unser Gott allein.
Die Erde zuckt und der Himmel flammt.
Schwert, nun tu dein heiliges Amt!
Schwert aus der Scheide!"

Dieses Gedicht trifft die Zeitstimmung so gut, daß das Publikum überschäumend reagiert. Isolde berichtet: „Das Gedicht mit seinem balladenhaften Charakter verbreitete sich im Fluge. Es wurde von allen Blättern nachgedruckt, unzählige Male vorgetragen, vertont, gesungen, auch – leider Gottes – in Schulen zergliedert, auf Postkarten verkitscht." Eine unglaubliche Wirkung geht von diesen Zeilen aus – selbst heute noch. Die meisten verstehen es, zurecht, als Aufforderung zum Kriege: Jetzt ist der Zeitpunkt gekommen, um zuzuschlagen. Doch die Autorin will es im Nachhinein gar nicht so gemeint haben: „Sah ich aber näher hin, so war es zumeist mißverstanden: sie nahmen es für den Ausdruck des

Kriegswillens und vergaßen über dem endlichen Aufruf an das Schwert die fünfmal vorangegangene Mahnung, in der Scheide zu bleiben."

Wenn Isoldes Absichten und Eindrücke stimmen und nicht später als Rechtfertigung geschrieben sind, dann ist ihre Haltung nur mit einer unglaublichen Naivität zu erklären. Weiß sie nicht, welche Wirkung vom Wort ausgehen kann? Kann sie denn nicht ermessen, wie die Leute in dieser angeheizten Stimmung darauf reagieren? Merkt sie nicht, daß sie selbst auf die simpelste Propaganda („Platz am Licht") hereingefallen ist?

Dieses Gedicht widerspricht in der Grundaussage und in der schließlichen Konsequenz all den Grundsätzen, nach denen sie gelebt hat und unter denen sie aufgewachsen ist. Was hätte der Vater, was hätte die Mutter zu diesem Gedicht gesagt? Sie wären entsetzt gewesen, daß die Tochter so etwas zustande bringt. Ist es ein Zufall, daß das Gedicht entsteht, nachdem die Mutter nicht mehr auf der Erde weilt? Die Korrekturinstanz in politischen Fragen ist verstummt, Isolde geht ganz eigene Wege – im Einklang mit der Mehrheit der Gesellschaft, mit den Herrschenden, mit der Zeitstimmung. Wie sie das genießt! Endlich anerkannt, endlich zu Hause! Spürt sie eine Parallele zum Vater während der Achtundvierziger-Revolution, als dieser mit seinem „Vaterlandslied" eine ähnliche Anerkennung erfuhr? Jetzt hat sie erreicht, was sie immer wollte: ein Teil der Masse zu sein, dazuzugehören. Mitmachen – und nicht mehr ausgeschlossen sein. Sie hat einen Schritt vollbracht, den sie bei Lebzeiten der Mutter nie gewagt hätte und der ihr auch nie in den Sinn gekommen wäre: den Schritt aus dem dichterischen Elfenbeinturm heraus in die Welt.

Doch dann kommt der Katzenjammer: „Als ich den ersten Kriegsverstümmelten sah, dachte ich an das Lied, und ich meinte, in die vorwurfsvollen Augen meiner Mutter zu blicken, die jeden Krieg, auch den gerechtesten, verwarf. Es war ja darum kein Tropfen Blutes mehr geflossen, auch war der Krieg schon Tatsache, als das Lied entstand. Aber es war nun doch eine Stimme weiter in der Welt, die das Schwert verkündete, und ich hatte ja stets dem geformten Wort etwas wie magische Kräfte zugetraut."

Die Stimme der Mutter fährt fort, zu mahnen: „Zuweilen aber war mir, als schaute sie mich vorwurfsvoll an, daß ich bei Kriegsausbruch dem Schwerte das Wort geredet hatte, und ich hörte sie sagen: Da siehst du nun das Schwert, wie es immer weiter rast."

Warum spricht sich eine Isolde Kurz, die von ihrer Erziehung und vom Denken her eng mit Frankreich verbunden ist, die 34 Jahre in Italien lebt, fremde Kulturen kennt und liebt, für einen Krieg gerade gegen diese Nationen aus? Kann sie die Folgen nicht ermessen? Bereut sie anschließend diesen Schritt?

Brief an einen Franzosen

Ein Hinweis darauf wären ihre Bemühungen, zwischen Frankreich und Deutschland zu vermitteln. Im März 1915 erscheint in den „Süddeutschen Monatsheften" ihr offener Brief an den französischen sozialistischen Abgeordneten Dr. Edouard Vaillant. Vaillant, der Jugendfreund, Vaillant, der abgewiesene Bräutigam! Mit dieser Aktion will sie den Haß dämpfen, der zwischen den beiden Völkern tobt. Die antideutschen Gefühle hält sie, wie vor dem Kriege, für ein Mißverständnis. Der unterschiedliche Nationalcharakter verhindere das Verständnis. Wenn man sich darüber austausche, seien die Mißverständnisse aus dem Weg geräumt. Die Dichterin arbeitet in diesem politischen Beitrag die kulturelle Verschiedenartigenkeiten der europäischen Völker heraus und betrachtet deren Auswirkungen auf die aktuelle politische Lage.

Dabei spricht sie ihre Parteilichkeit für Deutschland deutlich aus und argumentiert nicht etwa aus der Position einer Weltbürgerin – wie man angesichts ihrer Erziehung und ihres Lebenslaufs vermuten könnte. Sie bezieht deutlich Stellung für Deutschland, wenngleich sie die Deutschen für das „dümmste aller Völker" hält: „Wir haben sogar die Einfalt zum Rang unserer Nationaltugend erhoben: unsre schönsten Mären singen von dem gläubig vertrauenden und hintergangenen Helden, unsre Idealgestalt ist ‚der reine Tor', der kindlich große Mensch, dessen Auge die fernsten Grenzen des

Denkens absucht und der dabei dem Gewitzteren zum Opfer fällt." Der offene Brief an Vaillant macht Furore – nicht so sehr wie das Gedicht, aber immerhin erscheint er in zahlreichen Zeitungen des In- und Auslandes.

Die deutsche Mutter

Die Schrecken des Krieges angesichts der Kriegsversehrten veranlassen Isolde nicht zu einer Umkehr im Denken. Ihre Skrupel dem Kriegsgeschehen gegenüber halten die Dichterin nicht davon ab, ein zweites, von der Aussage her noch drastischeres Gedicht zu verfassen: „Die deutsche Mutter", eine Auftragsarbeit des „Bunds Deutscher Frauenvereine", ein „unmittelbar von der Stunde gefordertes Lied", ein „aufmunterndes dichterisches Wort an die Frauen des Volkes, die unter den ungewohnten, auf sie herabstürzenden Lasten zu erliegen drohten". Gleich die erste Strophe enthält das Schwerwiegendste:

„Mutter, wann kehrt der Vater nach Haus?
– Wann die Ernte geholt unser Fleiß.
Er zog zum Ernten nach Frankreich hinaus,
Dort sichelt er rot und heiß."

Hemmungen hat sie allerdings schon beim Schreiben: „Dieses Sicheln war mir furchtbar. Ich brachte es beinahe nicht über mich, die Worte stehenzulassen. Aber sie konnten nicht fehlen, sie kamen aus den Dingen selbst und lagen im Zug der Sprache, die sie herantrug. Ich mußte denken, wie leicht der Dichter mit erfundenen Schrecken umgehen kann, die er mit künstlerischer Freude auf- und abschwellen läßt – aber sie lebendig aus dem Leib der zuckenden Wirklichkeit herauszuholen, war das nicht so etwas wie böser Zauber?"

Der Zauber wirkt, wenngleich nicht so stark wie beim ersten Gedicht. Nachhaltiger, meint die Dichterin.

Jenseits des Blutstroms

Der nächste Widerspruch ist im Gedicht „Jenseits des Blutstroms“ zu finden. Im Mai 1915 tritt Italien in den Krieg ein mit seiner Kriegserklärung an Österreich-Ungarn; am 26. August 1916 erfolgt die Kriegserklärung an Deutschland. Nach diesem Kriegseintritt Italiens geschrieben, wendet sich das Gedicht an ihren italienischen Freund Carlo Vanzetti: ein Dank über den Völkerhaß hinweg für die Treue des Freundes, für seine Liebe und seine Fürsorge. So zart, so einfühlsam – während die Völker sich abschlachten und Isolde selbst den Haß noch geschürt hat! Das lange Gedicht erscheint in der Zeitschrift „März“. Eine Freundin schmuggelt es über die Schweiz nach Forte zu Vanzetti.

Als große Ausnahme steht dieses Gedicht für Vanzetti neben den 25 zum Teil kitschigen, kriegsverherrlichenden Gedichten der 1916 erschienenen Sammlung „Schwert aus der Scheide“. Ein kleines, handliches Büchlein, das in jede Westentasche paßt. Den Umschlag mit dunkelblauem Einband ziert in Goldprägung eine Abbildung des heiligen Georgs im Kampf mit dem Drachen. Isolde widmet es ihrem Bruder Erwin.

Der Erfolg ist vorprogrammiert, es erfährt begeisterte Aufnahme in „Schulen und Schützengräben“ und zementiert ihren literarischen Ruhm. Bis heute.

Dichterin des Krieges

Sie bleibt „im Dienst der Nation“, schreibt für die Heereszeitung, lyrische Sammlungen, österreichische Albums: „Da hieß es denn manchesmal die Poesie ‚kommandieren‘, auch wo sie abgeneigt war, aber nach all der lebenslangen Freiheit war es auch einmal schön zu dienen, sich wie ein Kriegsfreiwilliger ohne Wahl auf den vorgeschriebenen Platz zu stellen.“

Isolde Kurz erfährt als Dichterin breite Anerkennung. Das tut ihr gut! Das hat ihr immer gefehlt, dieser direkte Kontakt mit ihren Lesern. Wieviel Heiteres berichtet sie aus dieser Zeit! Für ihre mühsam gehäkelten Pulswärmer, die sie wie viele Frauen an die Front schickt, erntet sie nur Spott. Denn die Soldaten schreiben zurück: Ihre „Sendung habe einen hellen Schrecken erregt, ob denn die Not in Deutschland schon so groß sei, daß sogar die Muse stricken müsse". Dann läßt sie es und schickt lieber Schokolade oder Grüße.

Weil sich der Krieg so fern abspielt, verliert er „die Schrecken der Wirklichkeit" und wird zum „mythischen Kriege", zum Heldenepos: „Es war jetzt eine einzige Riesenschlacht, die rings die Grenzen des Vaterlandes umwogte. Und diese Schlacht stand still, obgleich sie Tausende, Millionen von Leben forderte; sie blieb Jahr für Jahr irgendwie stehen. Die Völker waren ineinander verrannt wie zusammengeprallte Maschinen, die sich aus der Verklammerung nicht mehr retten können. Von Zeit zu Zeit wurde ein großer Sieg gemeldet, Glocken läuteten, Fahnen wehten, Menschen freuten sich."

Novemberrevolution

Seit ihrer Umorientierung 1912/13 – ihrer „Neugeburt" – setzt sich Isolde Kurz für die Verteidigung des geistigen und kulturellen Deutschland ein. Ganz bewußt meint sie jetzt damit auch das wilhelminische Deutschland. Folgerichtig betrachtet sie das Kriegsende als „Niederwerfung Deutschlands" und die Novemberrevolution, die sie in München erlebt, als „hoffnungslosen Niedergang aller kulturellen und geistigen Werte".

Sie erfährt von der Revolution aus der Zeitung und schildert sie in einer Mischung aus Furcht vor dem Pöbel und Verachtung der unteren Klassen. „Umstürzlerische Reden" seien auf den Theresienwiesen gehalten worden, Volkshaufen, „meist Jugendliche mit Kindern und Dienstmädchen vermischt", seien durch die Straßen marschiert: „Von leichterem Anstoß sind niemals Throne gefallen."

Hätte es einen großen Kampfes bedurft, daß Isolde zugestimmt hätte? Hätten Helden, soldatische Helden, sterben müssen? Voller Verehrung schaut sie auf Generalfeldmarschall Hindenburg, der ihr mit seinen 71 Jahren als Greis erscheint (sie selbst ist nur sechs Jahre jünger!): „Nichts blieb von des Reiches Größe aufrecht als der greise Feldherr, der Urzeitrecke, der einfach und phrasenlos wie immer das geschlagene, aber unbesiegte Heer in Gewaltmärschen, doch in voller Zucht und Ordnung über den Rhein zurückführte. Wog ein solcher Rückzug vor der Geschichte nicht mehr als das Halali der nagelneuen blitzblanken amerikanischen Millionenarmeen, die den Krieg entschieden? Wäre noch Ritterlichkeit auf der Welt gewesen, so hätten sich die Fahnen der Feinde vor den Abziehenden gesenkt. Aber schlimmer als alles, was diese vom Gegner erfuhren, war ihr Empfang in der Heimat, wo sie von Meuterern und Aufwieglern überfallen, beschimpft, beschossen, ihrer Ehrenzeichen beraubt, die Offiziere mißhandelt und allen das Symbol, wofür sie gekämpft hatten, die schwarzweißroten Kokarden, abgerissen wurden."

Mit ihrer Verehrung Hindenburgs ist Isolde sehr volkstümlich. Denn auch nach der militärischen Niederlage bleibt die Popularität des „Ersatzkaisers" bestehen. Hängt dies damit zusammen, daß sehr viele Deutsche, wie Isolde, das deutsche Heer zwar als vom Feind geschlagen, aber nicht als besiegt betrachten? Die Sätze der Dichterin erinnern an die Dolchstoßlegende, die seit Herbst 1918 von General Ludendorff und Kaiser Wilhelm II., danach auch vom sozialdemokratischen Reichspräsidenten Friedrich Ebert und von Hindenburg selbst verbreitet wird. Der Erste Weltkrieg sei nicht durch eine militärische Niederlage verloren worden, sondern durch Sabotage und Komplott von Heimat und Etappe; die Revolution habe der Armee den Dolch in den Rücken gestoßen und sei allein schuld am verlorenen Krieg.

Alle Macht den Räten!

Während Anfang des Jahres 1919 in Paris über den Frieden in Europa und in der neugewählten Nationalversammlung in Weimar über die Verfassung in Deutschland verhandelt wird, überschlagen sich in München die Ereignisse. Bei den Landtagswahlen am 12. Januar 1919 verfehlt die regierende USPD (Unabhängige Sozialdemokratische Partei) unter dem Ministerpräsidenten Kurt Eisner die Mehrheit. Die USPD hatte sich 1917 als Fraktion der Kriegsgegner von der SPD abgespalten und wurde rasch eine Massenpartei. Sie bildet in der Nationalversammlung eine kleine, von 7,6 Prozent der Bevölkerung gewählte linke Opposition.

In München ist die Stimmung nach den Landtagswahlen derart aufgeheizt, daß es zu einem folgenreichen Mord kommt: Der rechtsradikale Graf Arco erschießt den Ministerpräsidenten Eisner am 21. Februar 1919 auf dem Weg zum Landtag. Die Unruhe in der Arbeiterschaft wächst, die Arbeiter und Soldaten bewaffnen sich. Am 7. April 1919 entscheiden sich die sozialistischen Parteien und die Gewerkschaften für die Errichtung einer Räterepublik. In der Presseerklärung des Schriftstellers Erich Mühsam, veröffentlicht in der Abendausgabe der Münchner Neusten Nachrichten am 8. April, heißt es: „Der Landtag ist fortgeschickt, das von ihm eingesetzte kleinbürgerlich-sozialistische Ministerium existiert nicht mehr. Ein provisorischer Rat von Volksbeauftragten und ein provisorischer revolutionärer Zentralrat haben die Geschäfte des Landes vorläufig zu besorgen. Aus dem Rätesystem wird die sozialistische Gesellschaft herauswachsen, die keinen arbeitslosen Wohlstand und keine Armut des Fleißigen mehr kennen wird. Im Bunde mit dem revolutionären Rußland und Ungarn wird das neue Baiern die revolutionäre Internationale herstellen und der Weltrevolution die Wege ebnen."

Das Bürgertum zittert: In der bürgerlichen Mittelschicht besitzt die Räterepublik keine Sympathien. Die gestürzte Regierung Hoffmann flüchtet nach Bamberg und versucht von dort aus am 13. April einen Putsch. Die Kommunisten, die der Räteregierung jede Unterstützung verweigern, schlagen nun ihrerseits zu und errichten mit ihrer „Roten Armee" eine zweite Räterepublik. Nach anfänglichen Erfolgen gegen die „Weißen" kommt das Aus für die „Roten" am 1. und 2. Mai 1919. Unterstützt werden die Truppen der Reichsregierung (aus Preußen und Württemberg unter dem Oberbefehl des Generalleutnants Ernst von Oven) von Freiwilligenverbänden (Freikorps) aus Bayern und anderen Ländern. Beteiligt ist unter anderem das „Freikorps Epp", das schon im Februar 1919 in Thüringen aufgestellt worden war. Mitglieder sind Männer, die später führende Positionen in der NSDAP einnehmen werden: Ernst Röhm, Rudolf Heß und Gregor Strasser.

Rot- und Weißgardisten schenken sich nichts. Beim Sturm auf München erschießen die „Weißen" 53 von der Räteregierung freigelassene russische Kriegsgefangene und eine Kolonne Arbeiter-Sanitäter, die sie in Starnberg bei einer Übung überraschen. Als diese Nachricht nach München durchsickert, erschießen die „Roten" im Gegenzug sieben als Geiseln gehaltene Mitglieder einer antisemitischen Vereinigung, die gegen die Räterepublik arbeitete, und zwei preußische Soldaten. Über 500 Menschen kosten diese Kämpfe das Leben, nicht nur Kämpfende, sondern auch Unbeteiligte. 42 Rotarmisten (darunter der Kommunist Eugen Leviné) und 144 Zivilisten werden standrechtlich erschossen. Andere Köpfe der Räterepublik wie Ernst Toller werden verhaftet und zu Gefängnisstrafen verurteilt.

Die Angst der Bürger

Die beiden aufregenden Monate erlebt Isolde Kurz in München, der „Stadt der Gewalt, wo alles bürgerliche Leben unterdrückt war und niemand wußte, was die nächste Stunde bringen konnte. Das Pflaster beherrschte eine schlampige, die Gewehre schlenkernde, jeder Manneszucht absichtlich hohnsprechende Soldateska, neben der sich fast nur noch die Dienstmädchen und die Schulkinder herauswagten. Noch war kein Blut geflossen, aber im Unterbewußtsein lebte die Ahnung der Gefahr."

Ein Weißgardist berichtet: „Die Straßen sind menschenleer, ohne Licht, die Läden verschlossen. Das Glas der zertrümmerten Fensterscheiben liegt fußhoch auf der Straße."

Isolde hat Angst und fürchtet sich, wie die Mehrheit der

Akademiker und Mittelschicht, vor dem Bolschewismus. Revolutionäre wie Gustav Landauer, dessen Auftritt vor Soldaten sie miterlebt, empfindet sie als Fanatiker und schildert ihn als „seltsam asketische Gestalt, lang und hager mit schwarzem hängenden Haar und Bart, die Handgelenke wie aus leeren Ärmeln schauend, der ganze Mensch die Verkörperung des glühenden Fanatismus".

Auf derselben Veranstaltung beobachtet sie „einen jüngeren Offizier, die Brust der Quere nach mit Orden bedeckt", der „kalt beherrscht, aber mit Wolken auf der Stirne, hinter denen sich ein fernes Gewitter zu sammeln schien" auf die Rede Landauers reagiert. Derselbe Mann führt ein Freikorps bei der „Rückeroberung Münchens" an, derselbe Mann wird Mitglied der NSDAP und 1933 Reichsstatthalter in Bayern: Franz Ritter von Epp.

Angst und Unsicherheit beherrschen die Bürger. Isolde faßt zusammen: „Ich habe mich in früheren Jahren oft gewundert, wie es in der Zeit der großen französischen Revolution die Menschen fertigbrachten, neben den Erschütterungen des öffentlichen Lebens ihr kleines tägliches Dasein weiterzuführen. Nachdem ich jene drei aufeinanderfolgenden Umwälzungen in München miterlebt habe, weiß ich, daß man in politisch gespannten Zeiten an einem Stadtende wohnen kann, ohne zu wissen, was am andern vor sich geht. Wer also nicht gerade dazu kam, wie Wohnungen ausgeleert und Geiseln weggeführt wurden, der konnte in der endlosen Stille jener Tage glauben, die Zeit selber stehe still und es geschehe überhaupt nichts. Denn bei der völligen Unterdrükkung der bürgerlichen Presse und der freien Rede erfuhr man nur, was die rote Regierung für gut fand, kundzugeben."

Was ist da anders als in Kriegszeiten? Hat sie da die volle Wahrheit immer erfahren? Es hat sie nicht interessiert, der Kriegsschauplatz war fern. Was direkt vor der Haustüre geschieht, ist ihr wichtiger.

Goethe für die Räte

Sie versucht erneut, sich einzumischen. Die Publizistik ist der als Kriegsverherrlicherin bekannten Dichterin zur Zeit verwehrt. Also sucht sie Kontakt mit dem Mann auf der Straße. Hat sie keine Angst gehabt, den „Rotgardisten“ anzusprechen? Das Gespräch mit diesem Kriegsveteranen ist ihr in mehrfacher Hinsicht eine Lehre. Hier wird ihr bewußt, wie groß die geistigen Unterschiede zwischen ihr und diesem einfachen Mann sind, wie groß dessen Bildungshunger und sein Wunsch, am gesellschaftlichen Leben teilzunehmen: „Das ungeheure Unrecht der Oberschicht an der Unterschicht ging mir auf, das wohl nirgends so groß war wie im Volke der Dichter und Denker, weil sie den Zusammenhang mit dem einfachen Mann hatten abreißen lassen. In meinem Südland hatte es diesen Sprung nicht gegeben, weil die nationale Kultur dort vorzugsweise für das Auge geschaffen hat und ihre Werte allen gehören; der deutsche Geist aber lebte in den Büchern, und der Arbeiter hatte nicht gelernt zu lesen, er hatte für Deutschland gekämpft, dessen geistiges Gesicht er nicht einmal kannte.“

Für Isolde stellt sich hier als zentraler Punkt heraus, daß sie dazu beitragen muß, die Bildung des Volkes zu verbessern. Ihre Lösung: Sie möchte Leseabende für Arbeiter einrichten. Und wird abgewiesen: „Aber sie ließen sich auf nichts Gemeinsames ein, und ich sah auch mit Schrecken, daß ihr Denkapparat seit Jahrzehnten rein parlamentarisch eingeschult war und nur mit Schlagworten, Debatten und Abstimmungen arbeiten konnte, wodurch der Boden bis tief hinab versteint war; wie hätte da ein Gedicht von Goethe Wurzel gefaßt?“

Diese Enttäuschung verbittert sie und nimmt sie noch mehr gegen die Republik ein.

Hunger und Verbitterung

Da sie schwer an ihrer persönlichen, dichterischen Schuld trägt (wegen des Gedichts „Schwert aus der Scheide“), empfindet sie den Hunger der Kriegs- und Nachkriegszeit als Sühne, „daß ich das Ungeheuere mit williger Seele begleitet hatte“. Sie hat nur sehr wenig zu essen, das Heizmaterial ist knapp. So liegt sie, mit Pelzen zugedeckt, auf ihrem Kanapee, „um Kraft zu sparen“.

Ein Mahnbrief schreckt sie aus ihrer Trübsal auf: Sie hat einen „Trauergesang" für gefallene Studenten an der Berliner Universität versprochen und nicht abgeliefert. Inzwischen kann sie vor Hunger und Entkräftung fast nicht laufen. Sie trifft eine Nachbarin auf der Treppe, als sie ausgehen möchte, um Fisch zu kaufen. Diese bemerkt ihren Zustand, fragt – und bereitet ihr ein Essen zu, das ihre Kräfte wieder weckt.

Wiederum stellt sie ihre Feder in den Dienst einer Bewegung. Diesmal arbeitet sie als Journalistin und schildert die Niederschlagung der Münchner Räterepublik, die „Befreiung Münchens" Anfang Mai 1919, aktuell in der „Wiener Neuen Freien Presse". Die Tendenz ist klar: Für die Wiederherstellung der alten Zustände. Die tatsächliche Macht in Bayern hat im Mai 1919 eine fanatische militärische, monarchistisch gesinnte Gegenrevolution, die vor allem in der Mittelschicht starke Sympathien besitzt. So kommentiert Isolde Kurz den Einzug der preußischen Truppen: „Wie schön sind sie unter ihrem Stahlhelm, diese schlanken kriegerischen Gestalten" – „welch ein Gegensatz zu dem Einherschlenkern der Roten Armee".

Gegnerin der Republik

Der Versailler Frieden, der am 28. Juni 1919 unterzeichnet wird, ist für sie ein Desaster: „Die Mächte der Unterwelt hatten am grünen Tisch über Deutschland das Los geworfen." Und wieder arbeitet sie mit dem Begriff des Schwertes, „dessen Spitze jahrelang siebenundzwanzig Feindvölker von unseren Grenzen ferngehalten hatte", das dem „tapfersten Kriegsmann der Weltgeschichte" – damit meint sie Hindenburg – „wie einem Feigling und Verräter" zerbrochen vor die Füße geworfen wird: „Da lag es nun entehrt und zerstückt im Staube." Und die Nachgeborenen, die um die Greuel des Nationalsozialismus wissen, erschauern bei Isoldes nächstem Satz: „Wann würde der junge Siegfried kommen, der die Stücke aufhob als sein Vatererbe und sie neu und stärker zusammenschweißte?"

Geben die Einschätzungen Isoldes ein wahres Bild wieder? Sie berichtet, die Kriegskämpfer werden verachtet und „mußten sehen, wo sie unterkamen". „Denn jetzt kroch der Drückeberger aus seiner Ecke hervor und forderte den leergewordenen Platz des Helden, er war jetzt der Mann des Tages."

Demokratie und Rechtsruck

Die Tochter von Hermann und Marie Kurz steht auf der Seite der Gegner der Republik. In einer inzwischen demokratisch neugeordneten Gesellschaft. Die ersten demokratischen Wahlen, zur Nationalversammlung, haben am 19. Januar 1919 stattgefunden. Die erste demokratische Verfassung Deutschlands wird am 11. August 1919 angenommen. Politisch steht sie den Nationalliberalen nahe und wählt 1920 die Deutsche Volkspartei, die im Dezember 1918 als Zusammenschluß der nach rechts tendierenden Teile der Nationalliberalen und der Fortschrittlichen Partei entstand und sich anfangs als Sammelbecken der Republikgegner versteht. Bei den Reichstagswahlen 1920 wird die DVP von 13,9 Prozent der Stimmberechtigten gewählt.

Innerhalb der Akademiker ist die Ablehnung der Weimarer Republik verbreitet, eine gesellschaftliche Bewegung geworden. Da steht sie nicht allein. Die Opposition (gegen SPD und Zentrum) wendet sich vor allem gegen die Erfüllung des Versailler Vertrages. Und die sprachgewaltige Isolde formuliert: „Während der Feindbund unersättlich Tag um Tag dem deutschen Volk den letzten Blutstropfen auspreßte und unsere eigenen Schieber sich an der rechtzeitig errafften Beute gütlich taten, konnte man Kriegskinder zu Skeletten abgezehrt mit den Hunden sich um die Küchenabfälle balgen sehen."

Wo bleibt die Jugend, die sie bei Kriegsausbruch so gerühmt hat? „Die Allgemeinheit, entblutet und zermürbt, ließ die Dinge gehen und wehrte sich nicht mehr; viele von den Älteren starben ja noch nachträglich an der Entkräftung. Die Jungen, nach der langen Unterdrückung aller natürlichen Triebe, flammten in einer rasenden Lebensgier auf, für sie gab es nur noch Liebeln, Tanzen, Rauchen – das letztere gegen den noch immer nicht gestillten Hunger. [...] So tanzte sich die deutsche Jugend bacchantisch in Deutschlands Schmach- und Todesfrieden hinein."

18. KAPITEL

Im Turmzimmer

Die Wärme der Freundschaft

Die Weimarer Republik etabliert sich. Mit den neuen gesellschaftlichen Werten kommt Isolde Kurz nicht zurecht und zieht sich von der Politik zurück: „Ich hauste wieder wie in meinen einsamen Jungmädchentagen in dem unsichtbaren Turmgemach, wohin ich mich aus der deutschen Not und Ohnmacht und Selbsterniedrigung geflüchtet hatte. Dort schauten zu allen Fenstern die Türme und goldenen Kuppeln eines höheren Deutschland herein, jenes von Geisterhänden hoch in die Lüfte hinaufgebauten Überdeutschlands, das keine Weltkatastrophe erschüttern konnte. Das Buch der Zeitgeschichte schlug ich zu, ich las nach dem Versailler Frieden keine Zeitung mehr."

Die Zusammenarbeit mit Ernst Mohl trägt reiche Früchte. „So viel habe ich die Druckerpresse niemals in Anspruch genommen wie in den Nachkriegsjahren, die noch in der Wärme dieser seltenen Freundschaft blühten", kommentiert sie diese Zeit. Mit seiner Hilfe verfaßt sie ihre ersten Memoiren „Aus meinem Jugendland", die im Sommer 1918 erscheinen. In den zwanziger Jahren befindet sich die inzwischen über Siebzigjährige in einer anhaltend glücklichen Arbeitsphase: „Wenn man das arbeiten nennen kann, was reine Götterfreude ist und schöner als jede andere Form des Lebensgenusses. Durch Jahre wurde mir die Esse nicht mehr kalt. Es gab ja so unendlich viel nachzuholen, die Zeit wurde so unsäglich kostbar."

Der junge Student und spätere Schriftsteller Herbert Günther besucht die fünfundsiebzigjährige „Nestorin der deutschen Literatur" (1928) und schildert in seinen Erinnerungen die Umgebung, in der er sie vorfindet. Sie wohnt „im dritten Stockwerk eines einfachen Mietshauses", unter ihr Freund Mohl. Der junge Student findet es merkwürdig, daß er ohne Anmeldung kommen darf und auch bei Mohl läuten kann, um zu fragen, ob sie da sei. Er überliefert die Atmosphäre, in der Isolde lebt: „Ihr Arbeitszimmer bestand außer vielen Büchern, einigen Büsten, Ledersessel und Stuhl eigentlich nur aus einem großen Tisch, auf dem sich Manuskripte, Korrekturbogen, Belegexemplare und Briefe stapelten. Alles zeugte von stiller Versenkung. Das Schönste an diesem ‚Turmgemach', wie Isolde Kurz es nannte, waren die Bäume des kleines Gartens, der zum Nachbarhause gehörte; einer von ihnen wiegte sich breit ausladend vor ihrem Fenster."

Warum meint sie, sich dafür dem jungen Mann gegenüber rechtfertigen zu müssen? Sie schreibt ihm: „Die Mutter hatte uns gelehrt, daß es eine Ehre für uns war, weniger zu haben als die Kinder der befreundeten Häuser, die keinen deutschen Dichter zum Vater hatten." Lebt denn die große Dichterin zu ärmlich? Ist es ein Makel, kein Wohneigentum zu besitzen? Sie bemerkt dem jungen Mann gegenüber, „daß man sich auch im Leben heimisch fühlen kann ohne eigene Villen". Er ist begeistert von dieser Sonderbarkeit und kommentiert: „Diese Beheimatung im Geistigen gab der schlichten Wohnstätte, in der ich nun öfter einkehren durfte, Würde und eigentümliche Behaglichkeit."

Ein anderer Bericht ist etwas genauer. Er stammt von der Freundin Charlotte Luise Pickert: „Die drei Zimmer, die sie persönlich bewohnte, hatten für mich immer etwas Rührendes. Man kennt die reichen Häuser mit den ‚kompletten' Einrichtungen, die in Möbellagern gekauft werden, mit den goldgerahmten Bildern, den umherstehenden Gegenständen aus Kristall oder kostbarem Porzellan. Davon war hier nichts zu finden: Jedes Stück stand in innerer Beziehung zu seiner Besitzerin, und so waren diese Räume durchtränkt von ihrem Wesen, eine beseelte Schale des reichen Kernes."

Isolde und Ernst erscheinen in dieser wirbelnden Zeit wie Wesen von einer anderen Welt. Der mangelnde Realitätssinn gerinnt bei den über 70jährigen zuweilen in ulkige Formen. Der Historiker Karl Alexander von Müller lernt die verehrte Dichterin im Haus des Ägyptologie-Professors Friedrich Wilhelm von Bissing kennen. Müller ist überrascht von der Vitalität Isoldes, die er um zehn Jahre jünger schätzt als sie tatsächlich ist: „Sie mußte nun auch schon eine Sechzigerin sein, war aber immer noch eine fast zeitlose, hohe Erscheinung, mit einer reichen Fülle blaßblonden Haares und schönen blauen Augen, die über alles Gegenwärtige weit hinwegzusehen schienen."

Es folgt eine Schilderung von Isoldes Eigenheiten: „ ‚Ich habe gar nicht gewußt', sagte sie bei dem schweren türkischen Kaffee, der zu den besonderen Köstlichkeiten jenes Hauses gehörte, ‚daß in München soviel Lotterie gespielt wird wie in Italien.' Alles wunderte sich, denn es gab damals bei uns noch kein öffentliches Glücksspiel. ‚Aber natürlich', erwiderte sie, ‚überall sind doch die Nummern auf den Straßen angeschlagen – gleich hier am Eck in der Leopoldstraße.' Es ergab sich, daß sie, nun schon seit Jahr und Tag in München lebend, vor kurzem zum ersten Mal die Schilder der Straßenbahnhaltestellen und ihre Nummern bemerkt und die letzteren für Lotterieziffern gehalten hatte. Die Aufklärung störte sie nicht im mindesten, und sie wirkte auch ihr gegenüber nicht komisch."

Ach ja, wird sie wohl gedacht haben, mein mangelnder Realitätssinn ist halt das elterliche Erbe. Müller berichtet weiter, wie die Dichterin sich darüber lustig macht: „Sie erzählte selbst unbefangen, wie sie sich in Forte dei Marmi bei Florenz ein kleines Sommerhaus habe bauen lassen: wie ihre Möbel ankamen, konnten sie nicht hineingebracht werden, weil sie viel zu groß dafür waren."

Geradezu liebenswert wirken diese kleinen Eigenheiten. Lebt sie nicht in höheren Regionen, in ihrer eigenen Welt? Müller charakterisiert die Lebensgefährten Isolde Kurz und Ernst Mohl treffend: „Sie hatte in der Tat noch etwas von der Welt-Fremdheit, welche die Witzblätter meiner Kindheit den Künstlern gern zuschrieben. Aber diese war nur wie eine Folie, vor der die edle Menschlichkeit ihres Wesens und die Tiefsicht ihrer Dichtung doppelt hell aufleuchteten. Rührend war die sorgliche Anhänglichkeit eines alten Freundes, der sie sozusagen auf Schritt und Tritt betreute; er wirkte aber kaum weltläufiger als sie. Sie erschienen beide wie ein Geschwisterpaar aus einer uns fremdgewordenen Welt, die das Sittlich-Schöne noch selbstverständlich als den eigentlichen Wohnraum des Lebens empfand. Die Herzen der Menschen, der heutigen so gut wie der vorangegangenen, kannte sie tiefer als die meisten, die sich ihr als Realisten überlegen fühlten."

Ebenso wie Müller ist der junge Student Günther fasziniert von Isoldes Güte, menschlicher Wärme und Offenheit. Er staunt ihre geistige Frische an und bewundert ihre Bildung: „In einem Briefe, den sie mir 1940 87jährig aus dem Nymphenburger Roten-Kreuz-Krankenhaus sandte, bezeichnete Isolde Kurz sich als ‚eine Frau, die den größten Teil ihres Lebens in einer südlichen verfeinerten Kulturwelt zugebracht hat, von der ihr Werk großenteils den Stempel trägt'. Auch ihr Wesen trug ihn. Sie war in ihrer Frühreife und zugleich der Dauer ihrer Lebensleistung ein geistiges Wunder."

Stilvolle Erscheinung

Meisterhaft beherrscht sie die Kunst des Auftritts, wie der Schriftsteller Kasimir Edschmid berichtet, der sie mehrfach in ihrem Ferienhaus in Forte besucht. Sie schreitet dann die „große, steile Treppe in die Diele ihres Landhauses herunter, umweht von einem langen Schleier, der ihr sehr viel Haltung verlieh. Sie war eine durchaus Respekt einflößende Erscheinung und sah genau aus wie Carmen Sylva, die rumänische Königin, deren Gedichte eine Zeitlang in keinem deutschen Haushalt fehlten."

Fragen der Kleidung sind Isolde weiterhin wichtig. Doch auch in dieser Hinsicht bewegt sie sich jenseits der Mode und trägt ihren eigenen, an der antiken Schlichtheit orientierten Stil. Sie erfindet beispielsweise eine Art „Meergewand", das am Strand von Forte dei Marmi bald Nachahmerinnen findet. Es ist einfach und gerade geschnitten, aus billigen weißem Nesseltuch, das besondere Eigenschaften besitzt: „feucht ausgewunden“ ergeben sich „schöngebrochene Falten“ wie an der Gewändern der „antiken Plastik“. Außerdem bauschen sich diese Gewänder „so schön im Seewind“.

Ähnlich wie ihre Mutter trägt sie im Alter gerne einen Schleier auf dem Kopf. Der Schleier der Mutter war schwarz – ihrer ist durchsichtig und weiß. Das Vorbild ist hier natürlich auch wieder die antiken Frauenstatue. Der Schriftsteller Hans Brandenburg berichtet, sie verdanke „dem Alter eine Schönheit, die sie in jungen Jahren nie besessen hatte. Wenn man sie in der Ainmillerstraße besuchte, so stahlte diese geisterfüllte Schönheit unter den weißen Haaren und unter einem weißen Schleier aus dem runden Antlitz einer weltlichen und doch erlauchten Äbtissin.“

Im Herzen der Nation

Bei aller Weltfremdheit weiß die Dichterin sich doch aus Notlagen zu befreien. Sie überwindet die „Mutlosigkeit“ des Winters 1918/19 und nimmt eine Einladung nach Stuttgart an, aus ihren Werken zu lesen. Der Entschluß, die alten Hemmungen abzustreifen, hängt mit ihrer finanziellen Notlage zusammen: Irgendwoher muß sie sich einen Verdienst schaffen. Sie berichtet: „Solchen Aufforderungen war ich bisher immer ausgewichen, ich kannte bei meiner Weltabgeschiedenheit mich selbst zu wenig, um zu wissen, ob meine Nerven dem öffentlichen Sprechen gewachsen waren. Aber etwas Neues mußte jetzt unbedingt begonnen werden als Auftakt zu anderen Lebensmöglichkeiten, und wenn irgendwo, war dieses Neue in der engsten Heimat zu beginnen, wo trotz der langen Entfremdung immer ein Strom des Verstehens hin- und widergehen mußte. Denn die Schwaben sind nun einmal eine besondere Menschenart, die, wo das poetische Gefühl angeregt wird, nicht leicht versagen.“

Mit dieser positiven Einschätzung des Publikums geht sie

Isolde Kurz im Alter von 85 Jahren

nach Stuttgart und tritt auf: „Ich erkannte gleich, wie sehr ich mich lebenslang unterschätzt hatte, denn ich stand ohne alles Lampenfieber, ohne einen einzigen stockenden Pulsschlag vor dem bis auf den letzten Winkel gefüllten Saal, der mich wie eine Heimgekehrte aufs herzlichste empfing, ich war Blut von ihrem Blut, alle wollten mich sehen und grüßen. So war der Zusammenhang von selber da, und ich fühlte mich völlig sicher in meiner eigenen Welt. Was tat's, daß gegen den Schluß vor dem Saal geschossen wurde und auch auf der Straße ein Rennen und Laufen entstand, weshalb ein Teil der Versammlung überstürzt aufbrach, die meisten blieben, ich kam gut zu Ende."

Isolde hat ein neues Arbeitsfeld, eine neue Verdienstmöglichkeit aufgetan. Diese Vortragsreisen stärken die Dichterin, die bisher nie Kontakt zu ihrem Publikum hatte, ungemein: „Nahm die zünftige Literatenwelt seit dem Krieg von meinem Dasein keine Kenntnis mehr, so hielt mir das Schicksal eine Vergütung bereit, die keine Bitterkeit aufkommen ließ. In der Inflationszeit, die für viele schwerer zu ertragen war als die Kriegsjahre selbst, weil Handel und Wandel stockten und die eingenommenen Milliarden in der Hand zerschmolzen, bevor man sie in Waren umsetzen konnte, durfte ich auf langen Vortragsreisen mein Vaterland der Länge und Quere nach durcheilen. Die Herzenswärme des Empfangs, auf die ich in meiner Einsamkeit gar nicht gezählt hatte, volle, meist übervolle Säle, ein reichgeschmücktes Podium, freudige Begrüßungen, Blumen, Ansprachen, Gedichte, Briefe, die mir noch nachfolgten, um mir zu erzählen, daß der Abend einen Trauernden gehoben, einen Leidenden gestärkt habe oder einem jungen Menschenwesen den Weg zu sich selber und zu seiner Laufbahn gezeigt –, das war mehr als die papierenen Lorbeerkronen, die über mein Haupt hinweg verteilt wurden. Ich konnte ja Menschen nicht zwingen, mich zu lieben, die ich auch nicht liebte –, von Ausnahmen abgesehen! Mochten sie mich totsagen, mochten sie künstlichen Staub auf den pochenden Puls meiner Bücher streuen. Was tat's! Ich fühlte mich sicher im Herzen meiner Nation."

Der Schriftsteller Alfred Bock berichtet über eine Lesung Isoldes in Gießen vor geladenem Kreise im Botanischen Institut und ist begeistert: „Man hat sofort bei ihr den Eindruck einer bedeutenden Persönlichkeit. In der Unterhaltung mit ihr wird ihr starkes Selbstgefühl erkennbar. Die siebzig Jahre, die sie kürzlich überschritten hat, haben weder ihren Nacken gebeugt, noch die Frische und Produktionskraft ihres Geistes herabgemindert."

Wie gerne sie vor Publikum liest, merkt der Student Herbert Günther, als er von ihr als Antwort auf seine Einladung erhält: „Wenn die Jugend ruft, muß man immer folgen. Das ist der schönste Ruf, der kommen kann." Und wiederum Bock ist es, der überliefert, wie frisch die Dichterin 1931, mit 79 Jahren, wirkt und „alle Anstrengungen" der Vortragsreise „mit Leichtigkeit" trägt.

Carpe Diem

Ernst Mohl stirbt nach schwerer Krankheit 1926. Wie bei der Mutter stemmt sich Isolde auch bei ihrem Lebensgefährten mit aller Kraft gegen den nahenden Tod. Er ist im Schwabinger Krankenhaus untergebracht, sie besucht ihn jeden Tag für mehrere Stunden. Als sie in ihren Anspannungen nachläßt, stirbt der Freund. Sie schreibt einen Nachruf in einem „großen Münchner Blatt", der eine derartige Resonanz hat, daß sie gebeten wird, seine Biografie zu schreiben. Dieses Werk, „Ein Genie der Liebe", gerät ihr zu einem einzigartigen Liebesbeweis. Als Untertitel fügt sie hinzu: „Dem toten Freunde zur Wohnstatt."

Nach Ernsts Tod schreibt sie mit Verve weiter an ihrem Lebensroman und hastet voran: „Das ‚Carpe diem' war stündlich hinter mir her mit seinem: Spute dich, du lebst nicht ewig."

Der Roman „Vanadis" erscheint 1931 und wird ein sensationeller Erfolg. Sie erzählt die Geschichte einer Frau von der Kindheit bis zum Tode und mischt Selbsterlebtes mit Erfundenem. Die Heldin Vanadis trägt Isoldes Züge, spricht Isoldes Worte, leidet an Isoldes Zweifeln. Wie Isolde durchlebt die junge Frau kein normales, bürgerliches Frauenschicksal, doch weichen Vanadis' Fähigkeiten ab von denjenigen Isoldes. Auf 618 Seiten (der Ausgabe von 1988) wird ein Leben erzählt, das durchtränkt ist mit Leiden und der Suche nach dem Glück, nach dem inneren Frieden. Eine enorme Leistung für die inzwischen Achtundsiebzigjährige!

„Sprechen Sie sie denn auch richtig aus?“ fragt sie den jungen Verehrer Günther in einem Brief. „Es ist eine wahre Plage geworden, daß auch die warmherzigsten Leser über die erste Seite mit dem etymologischen Wink wie der Name entstand und wie er zu sprechen ist (Wanen-Dîs) glatt hinweglesen und doch die zweite Silbe betonen.“

Wahrlich, die Geistesprodukte sind ihr wie Kinder!

Die Pilgerfahrt

Falsche Darstellungen von Leben und Werk in der nationalsozialistischen Presse aus Anlaß ihres 80. Geburtstages im Dezember 1933 veranlassen sie, ihre Memoiren zu schreiben. Die nächsten fünf Jahre verbringt sie mit ihrem umfangreichsten Werk „Die Pilgerfahrt nach dem Unerreichlichen“, das 1938 erscheint. Es wird, laut Günther, auch ihr erfolgreichstes Werk: „Sie widmete mir ein Exemplar mit dem Wort: ‚Kunst ist Glückseligkeit. Ihr Anblick macht die Welt vollkommen.‘ Es könnte scheinen, als drücke sich hierin die Auffassung einer ästhetischen Zeit aus, der noch die Schönheit der Kunst das Höchste war, während man die unsere ohne den Glauben nicht mehr bestehen kann. Isolde Kurz war beseelt von dem Wissen der Griechen: Kunst ist nicht Schmuck. Hätten sonst Hunderttausende nach dem Buche gegriffen, gerade im Zweiten Weltkriege? Mir scheint, in der Epoche der barbarischen Vergötzung des Materiellen, des Material-Kampfes und des Machtwahns war es das Bemühen um die Selbstvollendung und die Vervollkommnung der Welt, was Ungezählte an dem Werke von Isolde Kurz anzog.“

Isolde ist 85 Jahre alt, als noch einmal eine Welle der Anerkennung über sie hereinbricht. Sie hat sich weder an den Erfolg gewöhnt noch an die Verehrung, mit der man ihr begegnet, und begleitet ihre Memoiren mit denselben Ängsten wie eine Erstveröffentlichung, wie Herbert Günther berichtet: „Jene verfeinerte Kultur schloß es auch in sich, daß Isolde Kurz noch zur Zeit ihres höchsten Altersruhmes alles wesenfremd war, was das Wort ‚prominent‘ umfaßt. Anerkennung und Leserschaft hatten nichts daran geändert, daß sie ihr Alterswerk mit den gleichen Gefühlen begleitete wie einen Erstling, für Bestätigung gleich dankbar war.“

Die ewig junge Dichterin schreibt ihrem jungen Freund, dem sie vorab Druckfahnen übergab und der Vorankündigungen machte, als sich der Erfolg abzeichnet: „Unter denen, die mir durch öffentlichen oder persönlichen Gruß am meisten Freude bereitet haben, standen Sie obenan, als Sie die neugeborene ‚Pilgerfahrt‘ mit behutsamen und zarten Händen, wie man Neugeborene anfassen soll, aus der Wiege hoben und der Öffentlichkeit zeigten. Heute, wo die ‚Pilgerfahrt‘ einen Siegeszug wie kein anderes meiner Bücher durch ganz Deutschland hält – denn es geht keine Post vorüber, die nicht aus irgendeinem näheren oder ferneren Gau Deutschlands feurige Zustimmung bringt und zwar gleichermaßen aus allen Ständen und Schichten bis zu den einfachsten herunter, von Männern und von Frauen, von Jungen und von Alten – heute bleibt Ihnen doch das große Anrecht an meinen Dank, daß Sie zuerst den Bann von mir nahmen, der den Autor befällt, wenn er ein so eng mit ihm verbundenes Kind in die Außenwelt stellen muß. Dieser Liebesdienst bleibt Ihnen unvergessen.“

Der Baumeister

Thole ist im Ersten Weltkrieg zunächst Fahrer zwischen Nordfrankreich, Rumänien, Italien und wird schließlich in Italien dem Kunst- und Denkmalschutz zugeteilt. Nach Kriegsende lehrt er an der Technischen Hochschule in München, gibt die Lehrtätigkeit aber bald auf, um, wie Tante Isolde berichte, „ganz der schöpferischen Arbeit zu leben“.

Seine architektonischen Grundsätze hält er in mehreren Schriften fest. Anläßlich der Ausstellung „Heim und Technik“ 1928 in München erscheinen zwei Werke, in denen Grundsätzliches über Haus- und Wohnungsbau zu finden ist. Beachtlich ist dabei seine Orientierung an der Praxis, an den Bedürfnissen derjenigen, die darin wohnen und als Hausfrauen darin arbeiten.

1930 erscheint sein Ratgeber: „Was ein Bauherr wissen muß. Ratschläge für Bauende". Einen kleinen Einblick in seine Fähigkeiten und in sein Denken gibt, was unter „Bauprogramm" zusammengefaßt ist: „Das Losungswort beim Bauen in unserer Zeit lautet: ‚Viel Licht, viel Luft, helle Wände.' Der Grundriß muß wegen der konstruktiven Durchbildung und der sachlichen Benützbarkeit der Räume klar und einfach sein. Bei unserem Klima sollten im Grundriß Schlafräume möglichst nach Osten, Wohnräume nach Süden, Küchen, Nebenräume, Bäder, Klosetts und Treppen nach Norden gelegt werden. Die Form der Zimmer hängt von deren Bestimmung ab, die Möblierung von der Funktion des betreffenden Raumes. Also: Raumgestaltung von innen nach außen, vom kleinen Gegenstand zum großen. Raumgruppierung nach der Art des Wohnens. Die endgültige Gesamtgestaltung wird dann von künstlerischen Gesichtspunkten diktiert. In jedem Haus ergeben sich bestimmte Räume, die zusammengehören und im Grundriß organisch aneinanderzulegen sind, z. B. Schlafzimmer und Bad, Küche und Speise nebst Anrichte usw. Heute werden derartige Nebenräume vom erfahrenen Architekten schon im Projekt mit besonderer Sorgfalt bearbeitet, um der Hausfrau das Wirken und Arbeiten in den einzelnen Räumen soweit wie möglich zu erleichtern. Also muß sich der Architekt mit der Lebensweise des Bauherrn bekanntmachen. Die Repräsentationslust vergangener Jahrzehnte tritt im Gesellschaftsleben immer mehr hinter das Bestreben zurück, das Haus für die Lebensgewohnheiten der Bewohner passend zu gestalten. Nicht Gesims und Ornamente geben heute den ‚Stil' eines Bauwerkes an, sondern das Einfügen in die Landschaft, klare Massengestaltung und richtige Verhältnisse der einzelnen Bauteile zueinander, verbunden mit Materialechtheit und guter Konstruktion."

Inflation, Weltwirtschaftskrise und die Flaute in der Bauwirtschaft treffen Thole hart. Geplante Bauwerke kommen aus Geldmangel nicht zustande. Er hat finanzielle Sorgen, wie die Tante berichtet: „Inzwischen fraß das Büro die Rücklagen auf, und die seither beschäftigten Arbeitermengen drängten um Brot und Arbeit, die er nicht schaffen konnte.

So Jahr um Jahr, bis das ganze Glücksgebäude in Trümmern lag und er selbst wie ein Zerbrochener umherging, denn er hatte es in der weichen Luft seiner Erziehung nicht gelernt, wie die Generation vor ihm, dem Widerwind des Geschicks zu stehen. Kein Trost konnte ihn mehr erreichen."

Überleben

Bruder Erwin zieht sich in den zwanziger Jahren in sein eigenes Haus nach Großhesselohe zurück, „wo er mit der Frau seiner Jugend unter den Bäumen und den selbstgezogenen Blumen seines Gartens ein spätes, friedlich-schönes Idyll genoß". Nach langer, schmerzhafter Krankheit stirbt er am 12. Oktober 1931. Die Schwägerin zieht weg aus München, und Thole weint sich bei Isolde aus. Erwins Grabspruch von der Schwester:

„Ganz und klar bis zum Grund
Ganz im schaffenden Ernst
Ganz in lehrender Liebe
Im lächelnden Leiden ganz."

Als Isolde 1933 von ihrer zweiten Griechenlandreise nach München zurückkehrt, hat sie einen weiteren Toten zu beweinen. Im Mai 1933 ist der Neffe Thole überraschend im Alter von 51 Jahren gestorben. Sie berichtet: „Da griff eine unsichtbare Hand von oben ein und machte durch den unsinnigsten aller Zufälle diesem reichen, bewegten Leben ein jähes Ende."

Thole wird neben dem Vater auf dem Waldfriedhof Grünwald bestattet und bekommt als Denkspruch von der Tante auf sein Grab:

„Aus hellem Stamm als letzter entsprungen
Vom Feuer der Kunst ins Mark durchdrungen
Rastlos zu höheren Zielen reifend
Mit allen Sinnen die Welt umgreifend
Unermüdlich die schaffenden Hände
Menschlichem Denken zu früh das Ende."

Die „neue Zeit“

Nicht nur mit der gesellschaftlichen Entwicklung hin zu Parlamentarismus und Demokratie kommt Isolde nicht zurecht, sondern auch mit der neuen Kunstrichtung der Weimarer Republik, für die sie nur Worte des Abscheus findet: „Der Einzelne war machtlos gegen die Verderbnis. Konnte ja auch Herkules die Ställe des Augias nicht mit eigenen Händen reinigen; er leitete den Strom des Landes hindurch. Jetzt hieß es nur Tür und Fenster schließen gegen die Ausdünstung. Bis unerwartet mit Gewalt ein gänzlich veränderter Zeitstrom hereinbrach und von dem Vaterlandsboden den Unrat wegschwemmte für eine künftig zu erhoffende neue gesunde Saat.“

Von den Nationalsozialisten, die bei den Reichstagswahlen im Juli 1932 mit 37,3 Prozent der Wählerstimmen als stärkste Partei hervorgehen, erhofft sie die „Rettung der deutschen Kultur“. Das Jahr 1933 mit der Machtergreifung Hitlers, der Politik der „Gleichschaltung“, der Ausschaltung des Parlaments, der Auflösung von Parteien und Gewerkschaften erlebt sie als „großen politischen Umschwung“ im positiven Sinn. In der nationalsozialistischen Ideologie findet sie Elemente ihres Denkens wieder: den Bezug auf die germanische Mythologie, in der sie zu Hause ist und die sie neben der antiken liebt; den Körperkult, dem sie seit Italien frönt; die Rassenlehre, der sie anhängt.

Ihre Ansicht über Eugenik hat sie in den 1905 erschienenen Aphorismen „Im Zeichen des Steinbocks“ niedergelegt, über die sie nun schreibt: „Wer heute das kleine Buch, das unlängst bei Rainer Wunderlich in dritter Auflage neu herauskam, stark gekürzt, aber inhaltlich unverändert, zur Hand nimmt, ohne das erste Erscheinungsjahr oder gar die noch früheren Entstehungsjahre zu kennen, der kann leicht auf den Verdacht einer öden Konjunkturhascherei verfallen, wenn er Hinweise und Anschauungen liest, die dem deutschen Weltbild von heute abgelauscht scheinen, ihm aber in Wahrheit um zwanzig Jahre vorangegangen sind. Und wieder einmal muß ich mich verwundern, wie in der kurzen Spanne eines Menschenalters gesellschaftliche und staatliche Wertsetzungen, die für unumstößliche Grundpfeiler gegolten hatten, sich in ihr völliges Gegenteil verkehren können. Was ich als hohes Beispiel an der Stammesethik der Griechen und ihren daraus hervorgehenden eugenetischen [sic!] Maßnahmen pries, das zog mir den empörten Aufschrei des geistigen Philistertums zu. Jener selbe literarische Gönner an der ‚Ulmer Post', der meine ersten Gedichte so warm empfohlen hatte, mit der apologetischen Versicherung, daß ich außer dem Dichten auch das Nähen und Kochen verstünde, sagte mir seine Gunst auf und fand die ausgesprochenen Leitgedanken abstoßend. Heute sind sie zum Teil gesetzgeberische Wahrheiten. Was ich von fernen Jahrhunderten erhoffte, lag von niemand geahnt schon in der Richtung eines unsichtbar näher kommenden Geschehens."

In diesen Aphorismen fordert sie die „Züchtung" von Menschen zum Zwecke der „physischen Veredlung der menschlichen Rasse". Dazu gehört die Zusammenführung von Paaren mit gleichen „edlen Rasseanlagen", die einen „gesunden" Nachwuchs erzeugen sollen. Die „Züchtung" von Menschen setzt sie vor die Erziehung: „Denn edle Rasseanlagen, durch musische und gymnastische Ausbildung gehoben, enthalten den Keim jeder sittlichen Entwicklung als etwas Natürliches und Unvertilgbares in sich, und dieser Keim wächst ganz von selber, wenn ihm der rechte Boden bereitet ist."

Einrichtungen der Menschlichkeit, die sozialen und karitativen Errungenschaft der Neuzeit hält sie für wirkungslos: „Die moderne Gesetzgebung baut Kranken- und Irrenhäuser; sie nimmt Anstalten für Tuberkulöse, für jugendliche Verbrecher, für Krüppel und Trunkenbolde unter ihren Schutz. Lauter nutzlose therapeutische Versuche, wo Macht und Mut zur Prophylaxe fehlen."

Unter Vorsorgemaßnahmen versteht sie den Mord am Neugeborenen: „Im Altertum pflegte man die schwächlich Geborenen auszusetzen. Unsere moderne philantropische Gesellschaft behütet gerade diese wie ihren kostbarsten Schatz und baut sogar Brutkästen für Siebenmonatskinder. Aber den unehelich gezeugten, den einzigen, von denen man mit einiger Wahrscheinlichkeit annehmen kann, daß sie gesunde Ergebnisse einer natürlichen Wahl, also die wahrhaft ‚Wohlgeborenen' sind, gönnt sie keinen Platz, sie zeichnet sie mit einem Schandmal, übergibt sie wohl gar den Engelmacherinnen. Sie zieht das Schwächliche und Unfähige mit Opfern auf und räumt das Starke, Gesunde aus dem Wege."

Die Aussetzung von Kindern war im antiken Griechenland üblich, um die Kinderzahl der Familien auf zwei zu beschränken und somit die Überbevölkerung zu regeln. In Sparta war die Aussetzung eines verkrüppelt geborenen Kindes Staatsgesetz, in Athen entschied darüber der Vater. In der Praxis traf die Aussetzung Neugeborener vor allem Mädchen, die in der griechischen Gesellschaft nichts galten. Als „Prophylaxe" zur Erzeugung „erbgesunden" Nachwuchses war sie nicht gedacht.

Die Titelheldin Vanadis ihres großen Lebensromans bringt die Ansichten der Dichterin auf den Punkt mit einer kleinen Geschichte, die sie der Großmutter erzählt, als Gleichnis, warum sie sich gegen eine Ehe entscheidet: „In einem Haus, wo ich pflegte, befand sich eine wunderschöne Angorakatze, die schönste, die mir je zu Gesicht kam. Sie hatte ehedem in einem gleichrassigen Kater den ebenbürtigen Genossen besessen und hatte die Jungen, die sie von ihm bekam, ein ebenso edles Geschlecht, mit der zärtlichsten Mutterliebe betreut. Der schöne Kater geriet unter einen Wagen, und die Leichtfertige mochte nicht im Witwenstande leben. Sie ließ sich mit gemeinen Katern von der Straße ein und warf seitdem Jahr um Jahr ein Häuflein häßlicher, gemeiner Jungen. Aber sie zog das unedle Geschlecht nicht auf, sondern tötete gleich den ganzen Wurf, bis man ihr aufs neue den rasseechten Gefährten gab. Die Mütterlichkeit, zu der ich mich veranlagt fühle, hat große Ähnlichkeit mit der dieser Angorakatze."

Mit diesen Äußerungen befindet Isolde sich stark in der Nähe der eugenischen Maßnahmen der Nationalsozialisten und deren Einrichtungen des „Lebensborns". In diesen Heimen wird die Fortpflanzung angeblich „Erbgesunder" gefördert, um eine neue „arische Rasse" zu züchten. Gleichzeitig dient diese Lehre von der „Erbhygiene" als Rechtfertigung für den organisierten Massenmord an der jüdischen Bevölkerung, dem nahezu 6 Millionen Juden in Europa zum Opfer fallen. „Unheilbar Kranke" werden nach Kriegsausbruch im

Oktober 1939 unter dem Schlagwort „Vernichtung lebensunwerten Lebens“ im Rahmen des nationalsozialistischen „Euthanasieprogramms“ umgebracht – bis 1941 etwa 70 000 Menschen.

Antisemitismus

In ihren Memoiren grenzt sie sich nicht vom Nationalsozialismus ab, weder vom Führerprinzip noch von der Ideologie des deutschen „Herrenvolks“, weder vom Ruf nach „Verteidigung von Blut und Boden“ noch vom „Völkischen“. Wie steht sie zum Antisemitismus und zur Unterdrückung der freien Meinungsäußerung? Der Zensur ist sie inzwischen selbst unterworfen. Die Lektorin des Rainer Wunderlich Verlages in Tübingen bittet Isolde brieflich darum, in der Neuauflage der „Florentinischen Erinnerungen“ und in ihren Memoiren Namen von jüdischen Freunden zu ändern oder zu streichen. Der Verlag ist von der Reichsschrifttumkammer aufgefordert, in Büchern alle Stellen zu streichen, in denen Juden und „Persönlichkeiten aus der Systemzeit“ vorkommen. Die Lektorin rät zur Vorsicht.

„Ein Wunsch des Verlags, dessen Begründung ich anerkenne“, schreibt daraufhin Isolde recht unvermittelt mitten in ihren Erinnerungen, „veranlaßt mich, dieses wie alle nachfolgenden Kapitel um die Bildnisse der überlebenden Freunde, deren ich an dieser Stelle zu gedenken hätte, zu kürzen oder sie auf die knappste Fassung zu bringen, ohne ihre Namen zu nennen. Mit diesen aus äußeren Rücksichten entsprungenen Maßnahmen kann auch das Stilgefühl einverstanden sein.“

So werden Isoldes gute Freunde Robert und Fili Davidsohn, die ihr viele Jahre in Florenz persönlich sehr nahe gestanden und bei der Betreuung der Mutter geholfen haben, plötzlich namenlos. Sie werden genannt als „Fili, die schöne hochblonde Germanin“ und der „berühmte Historiker“. In der Neuauflage der „Florentinischen Erinnerungen“ ist Ludmilla Assing keine „liberale Jüdin“ mehr und Karl Hillebrand war nicht Heines Sekretär.

Ganz einig ist die hochbetagte Dichterin nicht mit den

Nationalsozialisten. In hohem Alter taktiert Isolde wie niemals zuvor in ihrem Leben. Sie weiß um die Verfolgung der kritischen Intellektuellen, um die Judenpogrome. Dem Kollegen Hans Brandenburg gegenüber äußert sie sich sehr vorsichtig über Hitler und Mussolini, den sie in ihren Memoiren als „großen Staatsmann" bezeichnet.

Ihre Haltung zum Antisemitismus bleibt ambivalent, wie Edschmid berichtet: „Sie war eine gütige Frau, besonderes Mitleid hatte sie mit den damals in Deutschland gequälten Juden. Sie sprach auch diesmal mit mir über sie. Als ich mich verabschiedete, faßte sie meine Hand mir ihren beiden Händen und sagte: ‚Sie werden doch nicht als Mexikaner zurückkehren?' ‚Wer?' ‚Die Juden.' ‚Wieso?' ‚Mit mexikanischen Pässen.' Die Juden taten ihr leid, aber sie wollte nicht, daß sie (mit exotischen Pässen) zurückkehrten. Wer dem Rätsel des deutschen Antisemitismus nachgehen will, muß zuerst dem Rätsel der deutschen Seele nachgehen, die oft das eine will, aber auch das andere."

Obwohl sie den aufbrechenden Judenhaß verurteilt – sie unterschreibt 1930 einen Aufruf des „Vereins zur Abwehr des Antisemitismus" und äußert sich mehrmals brieflich besorgt über die Ausschreitungen –, betrachtet sie die deutschen Juden als Fremdkörper im deutschen „Wirtsland". Hinzu kommen Stereotype vom raffinierten Geschäftemacher bis zum „zersetzenden Einfluß" auf die deutsche Wirtschaft und Kultur. Im Gegensatz zum Antisemitismus der Nationalsozialisten hält sie jedoch nicht den Semiten für den Schuldigen, sondern den Deutschen, der nicht in der Lage sei, die jüdische Kultur in die deutsche zu integrieren. Denn sie schätzt das „Judentum" als „wirtschaftlichen und kulturellen Wert". Ihre Lösung: Assimilation der Juden durch intensiven Austausch mit der deutschen Kultur. Die Deutschen sollen sich, wie sie in einem unveröffentlichten Manuskript niederlegt, das Fremde zu eigen machen und daraus ihren Nutzen ziehen. Das Fremde soll sich dem Deutschen angleichen.

Ihre Haltung zu den Nationalsozialisten ist ebenso widersprüchlich. Sie ist geschmeichelt und bedrückt zugleich, wenn Parteigrößen Grußtelegramme zu ihren Geburtstagen schicken. Gegenüber der Reichsschrifttumkammer fühlt sie sich machtlos. Einem mit Schreibverbot belegten Kollegen,

Kasimir Edschmid, erzählt sie in ihrem inzwischen wiedererlangten Ferienhaus in Forte ihre Sorgen. Dieser schreibt in seinen Erinnerungen: „Sie war in den damals gegründeten nationalsozialistischen Kultursenat gewählt worden. Sie wollte nicht hinein. Aber sie wagte auch nicht zu refüsieren. Sie war ein energischer, aber keineswegs radikaler Typ wie Ricarda Huch."

Drohende Kriegsgefahr

Wiederum spürt Isolde (1938) die nahende Kriegsgefahr, wiederum wählt sie die Metapher des Schwerts für ihre Ängste und Hoffnungen: „Das Schwert des Wälsungen ist wieder heil und hütet die Grenze. Es hat den Schimpf des Wehrlosseins in einer Welt, wo Recht ohne Macht nur Kinderspott ist, von uns genommen. Ohne die Scheide zu verlassen, hat es uns das Rheinland von fremder Einmischung wieder freigemacht. Und wieder wie im Schwertlied flehe ich es an, in der Scheide zu bleiben. Auch die Schlöte der alten Waffenschmiede rauchen wieder, und ich sage wie vor dem Ausbruch des Weltbrands, aber zuversichtlicher als damals – weil die Erinnerung mit heilsamem Schrecken über den Völkern steht –: ‚Gesegnet, schafft ihr eine Wehr dem Frieden.'"

Im März 1936 ist das entmilitarisierte Rheinland von deutschen Truppen besetzt worden. Darauf spielt Isolde an. Der nächste Schritt in der nationalsozialistischen Expansionspolitik ist der „Anschluß" Österreich, den Isolde im NS-Jargon als „Wiederanschluß" bejubelt. Die greise Dame sieht die väterlichen Träume eines geeinten Vaterlands nun verwirklicht: „Österreich, das abgeschnürte, verdorrende Glied, mit einem Male, über Nacht, zum Ganzen zurückgekehrt, sein Blut im Blutkreislauf der großen Mutter wieder mitkreisend. Der Traum der Väter erfüllt, der sie im Jahr 1848 in die Paulskirche nach Frankfurt führte."

Welch unheimlich falsche Interpretation der Ziele der Demokraten von 1848, eine geeinte deutsche Nation zu schaffen!

Rückkehr nach Tübingen

Isoldes letzte Lebensjahre betreut Lisa Betz, die Haushälterin und Sekretärin ihres Bruders Erwin gewesen war. Seit dessen Tod 1931 sorgt sie für die greise Dichterin.

Die Stadt Tübingen stellt ihr zum 80. Geburtstag einen Wunsch frei. Isolde wünscht sich, in Tübingen an der Seite des Vaters begraben zu sein. Nachdem ihre Münchner Wohnung 1943 bei einem Bombenangriff zerstört ist, begibt sich die Neunzigjährige nach Tübingen. Sie verbringt ihr letztes Lebensjahr, krank, im Tropengenesungsheim in Tübingen und stirbt am 5. April 1944. Ihr Grab befindet sich auf dem Tübinger Stadtfriedhof.

Isoldes Schlußwort

„Edgars Führernatur hinterließ keinen männlichen Sprossen, die Kinder Alfreds wurden Italiener, und Erwins Einzigen, unseren Thole, riß auf der Höhe seines Könnens das blinde Ungefähr von hinnen. Mit ihm schließt sich die Reihe, und niemand als die Schreiberin hat mehr den Schlüssel zu dem leergewordenen Hause. Ich habe es noch einmal durchwandert und die still gewordenen Bewohner gegrüßt. Jetzt hallen die Zimmer von Leere. Aber dem Jüngsten von denen, die jetzt schweigen, muß ich auf seine Frage: Warum trugst nicht du selbst das Lämpchen weiter? in die Ewigkeit hinüber antworten: Weil mir das Wählen noch schwerer wurde als dir. Weil an meinem Horizont kein Lebender stand, der groß und stark genug war, daß ich hätte wünschen können, ihn in meinen Söhnen wiederzufinden. Wie hätte ich sie lieben sollen, wenn sie nicht zum mindesten meinen schönen und begabten Brüdern gleichgekommen wären? Trauriger Gedanke, ein so reich begnadetes Geschlecht in den eigenen Nachkommen verarmen zu sehen! Lassen wir es gut sein, beide. Das Lämpchen bringt auch einen Auftrag mit. Hat, wer ihn selber erfüllt, vielleicht weniger getan, als wer ihn einfach dem nächsten Zeitgeschlecht weiterreicht? Und überhaupt, kann denn nur Blut zeugen? Zeugt der Geist nicht auch?

Sind von dem jetzt leergewordenen Hause nicht Samen hinausgeflogen, die anderwärts keimen mögen? Warum kam alles, wie es gekommen ist? In meinen bängsten Lebenstagen war es mir tröstlich, daß ich, wenn das Scheiden kommt, keinem Wesen meines Blutes das Herz zerreißen muß, wie das meine zerrissen wurde. So ist wohl alles gut so, es ist in allem ein Sinn gewesen."

Anhang

Quellen

Prolog: Annäherungen

Isolde Kurz: Hermann Kurz. Ein Beitrag zu seiner Lebensgeschichte, 2. vollständig durchgesehene und erweiterte Auflage, Stuttgart, Berlin, 1919 (abgekürzt als Lebensgeschichte)

Marie Kurz: Autobiographische Aufzeichnungen, in: Ströbele, Werner (Hrsg.): „Ich bin zwischen die Zeiten gefallen." Katalog zur Ausstellung zum 175. Geburtstag von Hermann Kurz, Reutlingen, 1988, S. 143 ff (abgekürzt als Katalog Reutlingen)

Hermann Kurz: Schillers Heimatjahre, Neuauflage, hrsgg. von Jürgen Schweier, Kirchheim/Teck, 1988

Anna Blos: Marie Kurz, in: Anna Blos: Frauen der deutschen Revolution 1848, Zehn Lebensbilder und ein Vorwort, Dresden, 1928, S. 83 ff (enthält Fehler)

1. Kapitel: Vom Freifräulein zur Bürgerin

Lebensgeschichte

Paul Sauer: Der schwäbische Zar, Friedrich, Württembergs erster König, 2. Auflage, Stuttgart, 1986, S. 392 (Dillen)

Holst, Christian von (Hrsg.): Schwäbischer Klassizismus zwischen Ideal und Wirklichkeit, 1770–1830, Ausstellung der Staatsgalerie Stuttgart aus Anlaß ihres 150-jährigen Bestehens, Band 1, Katalog, Stuttgart, 1993, S. 315, S. 340 f., S. 347; Band 2, Aufsätze, Stuttgart, 1993, S. 136 f.

2. Kapitel: Vom Kaufmannssohn zum Stiftler

Lebensgeschichte

Hermann Kurz: Eine reichsstädtische Glockengießerfamilie, in: H. Kurz: Gesammelte kleinere Erzählungen, mit Einleitungen von Hermann Fischer, Leipzig, o.J., Zweiter Teil, S. 5 ff

H. Kurz: Wie der Großvater die Großmutter nahm, in: a.a.O., S. 62 ff

H. Kurz: Das Witwenstüblein, in: a.a.O., S. 81 ff

H. Kurz: Jugenderinnerungen, in: H. Kurz: Sämtliche Werke in zwölf Bänden, hrsgg. von Hermann Fischer, Band 11, Leipzig, o. J.

Hermann Hesse: Unterm Rad, 1906

H. Kurz: Maulbronn, in: H. Kurz: Sämtliche Werke in zwölf Bänden, hrsgg. von Hermann Fischer, Band 1, Gedichte, Leipzig, o. J., S. 23 (abgekürzt als H. Kurz, Gedichte)

H. Kurz: Maulbronner Gedichte, in: Lebensgeschichte, S. 31 f

Wolfgang Schöllkopf: Hermann Kurz im Tübinger Stift, in: Katalog Reutlingen, S. 22 ff

Hermann Josef Dahmen: Hermann Kurzs Beitrag zu Friedrich Silchers Volkslied-Werk, in: Katalog Reutlingen, S. 31 ff

H. Kurz an Johann Gottfried Rau, Tübingen, 28. 5. 1832; in: Katalog Reutlingen, S. 101

H. Kurz an A. Keller, Tübingen, 4. 6. 1835, in: Fischer, Hermann: Hermann Kurz in seinen Jugendjahren, in: Nikolaus Cossmann (Hrsg.): Süddeutsche Monatshefte, 3. Jahrgang, 2. Band, Stuttgart, 1906, S. 56 (abgekürzt als Jugendjahre)

H. Kurz an Kausler und Weigle, Ehningen, 15. 11. 1835, in: Jugendjahre, S. 56

H. Kurz an R. Kausler, Ehningen, 16. 12. 1835, in: Jugendjahre, S. 57

R. Kausler an H. Kurz, Tübingen, 9. 1. 1836, in: Jugendjahre, S. 58

3. Kapitel: Ein unabhängiger Mensch

Lebensgeschichte

H. Kurz an R. Kausler, Stuttgart, April 1838, in: Jugendjahre, S. 393

H. Kurz an A. Keller, Stuttgart, 6. 5. 1838, in: Jugendjahre, S. 394

H. Kurz an R. Kausler, Stuttgart, 10. 5. 1838, in: Jugendjahre, S. 394/395

J. G. Cotta an H. Kurz, Stuttgart, 9. 12. 1842, in: Lebensgeschichte, S. 67 ff (Anmerkungen)

Johannes Scherr: Vom Zürichberg. Skizzenbuch, 2. Auflage, Leipzig, 1881, S. 203

H. Kurz an R. Kausler, Stuttgart, 7.–11. 8. 1844, in: Jugendjahre, S. 632 (Ergänzung vom 11. 8.)

H. Kurz an R. Kausler, Karlsruhe, 30. 12. 1845, in: Katalog Reutlingen, S. 132

Hildegard Müller: Liberale Presse im badischen Vormärz, Die Presse der Kammerliberalen und ihre Zentralfigur Karl Mathy, Heidelberg, 1986

Hans Adler (Hrsg): Literarische Geheimberichte aus dem Vormärz, Protokolle der Metternich-Agenten, Band 1, 1840–1843, mit einem Geleitwort von Walter Jens, Köln, 1977; Band 2, 1844–1848, mit einem Beitrag von Dieter Langewiesche, Köln, 1981, S. 183 ff

Werner Ströbele: Hermann Kurz bei der Oppositionszeitschrift „Der Beobachter“, in: Katalog Reutlingen, S. 54 ff

4. Kapitel: Völkerfrühling

Lebensgeschichte

Werner Boldt: Die württembergischen Volksvereine von 1848–1852, Stuttgart, 1970

Hartwig Brandt: Parlamentarismus in Württemberg 1819–1870, Düsseldorf, 1987

W. Ströbele, a.a.O.

J. Scherr, a.a.O., S. 214 f

H. Adler, Band 2, S. 182 f

M. Kurz : Prolog, Esslinger Schnellpost, 30.12.1848, in: Katalog Reutlingen, S. 154

Alexandra Lotz: „Die Erlösung des weiblichen Geschlechts", Frauen in deutschkatholischen Gemeinden, in: Lipp, Carola (Hrsg.): Schimpfende Weiber und patriotische Jungfrauen, Frauen im Vormärz und in der Revolution 1848/49, Bühl-Moos, 1986, S. 232 ff

Ruth Ellen Boetcher-Joeres: Die Anfänge der deutschen Frauenbewegung: Louise Otto Peters, Frankfurt/M., 1983

Gerlinde Hummel-Haasis (Hrsg.): Schwestern, zerreißt eure Ketten, Zeugnisse zur Geschichte der Frauen in der Revolution von 1848/49, München, 1982

Adolf Bacmeister: Rothes Album, Einzelne Blätter abgedruckt in: Katalog Reutlingen, S. 148 ff

M. Kurz: Autobiographische Aufzeichnungen, in: Katalog Reutlingen, S. 151

Der Beobachter, 28., 29.9.1850, in: Katalog Reutlingen, S. 65

H. Kurz: An Maja, in: H. Kurz, Gedichte, S. 45

5. Kapitel: Die violette Republik

Lebensgeschichte

I. Kurz: Edgar Kurz, in: Florentinische Erinnerungen, München, Leipzig (Georg Müller), 1910, S. 155 ff (abgekürzt als Erinnerungen Edgar)

I. Kurz: Aus meinem Jugendland, Stuttgart, 1918 (abgekürzt als Jugendland)

I. Kurz: Die Pilgerfahrt nach dem Unerreichlichen, Lebensrückschau, Tübingen, 1938 (abgekürzt als Pilgerfahrt)

I. Kurz: Alfred Kurz, in: Florentinische Erinnerungen, 225 ff (abgekürzt als Erinnerungen Alfred)

H. Kurz im „Beobachter", 12. 8. 1854, zit. nach K. Schmidt-Buhl: Schwäbische Volksmänner, Vaihingen/Enz, 1908, S. 82 ff

M. Kurz an Marie Caspart, Stuttgart, 19. 11. 1854, in: Katalog Reutlingen, S. 158

J. Scherr, a.a.O., S. 211 f

H. Brandt, a.a.O.

Sigmund Schott im „Beobachter", 2.1.1855, zit. nach K. Schmidt-Buhl

K. F. Schnitzer im „Beobachter", 2.1. 1855, zit. nach K. Schmidt-Buhl

Carl Mayer: Nachruf H. Kurz, im „Beobachter", zit. nach K. Schmidt-Buhl

6. Kapitel: Dichterlos

Lebensgeschichte

Jugendland

Pilgerfahrt

M. Kurz an Marie Caspart, Oberesslingen, 1860, in: Katalog Reutlingen, S. 166

M. Kurz an Friederike Wilhelmine Mohr, Kirchheim/Teck, in: I. Kurz: Meine Mutter, Tübingen, 1926, S. 12 (abgekürzt als Mutter)

H. Kurz: Kagegagabw, in: H. Kurz, Gedichte, S. 53

H. Kurz: Das Märchen vom Waldfegerlein, Das Märchen vom Gassenfegerlein, in: H. Kurz, Gedichte, S. 91 ff

H. Kurz an R. Kausler, Ehningen, 16. 12. 1835; in: Jugendjahre, S. 58

Erwin Kurz: Porträt von Josephine Peterler, Florenz, 1882, in: Katalog Reutlingen, S. 159

M. Kurz: An Josephine, in: Mutter, S. 39

Edgar Kurz: Oberesslingen, in: Edgar Kurz: Gedichte, Stuttgart, 1904 (abgekürzt als E. Kurz, Gedichte)

I. Kurz: Aus der Kindheit, in: I. Kurz: Gedichte, 4. und 5. Auflage, Stuttgart, Berlin, S. 120 ff (abgekürzt als I. Kurz, Gedichte)

H. Kurz: Der Fremdling, in: H. Kurz, Gedichte, S. 55

H. Kurz an R. Kausler, Spätherbst 1859, in: Lebensgeschichte, S. 199

H. Kurz an P. Heyse, Oberesslingen, 26. 8. 1858, in: Katalog Reutlingen, S.162

H. Kurz an P. Heyse, 31. 12. 1858, in: Katalog Reutlingen, S. 162

H. Kurz an P. Heyse, 4. 3. 1860; in: Katalog Reutlingen, S. 164

H. Kurz, M. Kurz: Nachrufe auf Ludwig Uhland, Gradaus, 23. 11. 1862, in: Katalog Reutlingen, S. 172

Ludwig Pfau: Auserwählt zum Bücherschreiben, in: Lebensgeschichte, S. 217

7. Kapitel: Wachsen und Werden

Jugendland

Rosalie Braun-Artaria: Von berühmten Zeitgenossen. Lebenserinnerungen einer Siebzigerin, 3. Auflage, München, 1918

Erinnerungen Edgar

Pilgerfahrt

I. Kurz: Das Maienfest, in: I. Kurz: Neue Gedichte, Stuttgart, Berlin, 1905, S. 6 f (abgekürzt als I. Kurz, Neue Gedichte) Lebensgeschichte

Erinnerungen Alfred

H. Kurz an Johann Georg Fischer, Tübingen, 1.9.1864, in: Katalog Reutlingen, S. 175

H. Kurz an Pfeiffer, Tübingen, September 1864, in: Lebensgeschichte, S. 223

H. Kurz an P. Heyse, 21. 2. 1866, in: Katalog Reutlingen, S. 178

H. Kurz: Hegemonie, Dualismus und Trias, Eine Begriffserörterung vor, in oder nach dem Sturme, Beilage zur „Allgemeinen Zeitung" Nr. 109–112, 19.–22. 4. 1866, in: Katalog Reutlingen, S. 178 (nur Hinweis, nicht zit.)

M. Kurz: Ferdinand Blind, in: Gradaus Nr. 20, 19. 5. 1866, in: Katalog Reutlingen, S. 176

H. Kurz an P. Heyse, Oberesslingen, März 1860, in: Katalog Reutlingen, 164/165

M. Kurz: Märchen, Stuttgart, 1867, teilweise abgedruckt in: Mutter, S. 65 ff

George Sand: Sie sind ja eine Fee, Madame! Märchen aus Schloß Nohant, 3. Auflage, München, 1991

Gisela und Bettine von Arnim: Das Leben der Hochgräfin Gritta von Rattenzuhausbeiuns, Frankfurt/M., 1986

8. Kapitel: Außenseiter oder Avantgarde?

Jugendland

Pilgerfahrt

Lebensgeschichte

Sabine Kienitz: „Aecht deutsche Weiblichkeit", Mode und Konsum als bürgerliche Frauenpolitik 1848, in: Lipp, a.a.O., S. 310 ff

Ströbele, Einleitung; in: Katalog Reutlingen, S. 9 ff

Erinnerungen Edgar

Edgar Kurz: Sturm, in: E. Kurz, Gedichte

Wolfgang Schmierer: Von der Arbeiterbildung zur Arbeiterpolitik, Die Anfänge der Arbeiterbewegung in Württemberg 1862/63 – 1878, Hannover, 1970

M. Kurz an Marie Caspart, 8. 7. 1864; in: Katalog Reutlingen, S. 175 f

M. Kurz an Marie Caspart, 24. 12. 1864; in: Katalog Reutlingen, S. 178

M. Kurz an Marie Caspart, 25. 6. 1865; in: Katalog Reutlingen, S. 179

Foto H. Kurz um 1865, in: Katalog Reutlingen, S. 38

M. Kurz an Marie Caspart, 9. 11. 1866; in: Katalog Reutlingen, S. 180

M. Kurz an Marie Caspart, Tübingen, 12. 5. 1869; in: Katalog Reutlingen, S. 182

P. Heyse an seine Mutter, Weinheim, 21. 7. 1869; in: Katalog Reutlingen, S. 183

M. Kurz an Marie Caspart, Tübingen, 29. 5. 1870; in: Katalog Reutlingen, S. 184

M. Kurz an Marie Caspart, Tübingen, Sommer 1871; in: Katalog Reutlingen, S. 185

M. Kurz an Marie Schiler, Tochter von Franz Hopf, 1. und 3. 12. 1872; in: Katalog Reutlingen, S. 186

Martin Kazmaier, Tübinger Spaziergänge, 2. Auflage, Pfullingen, 1979, zit. nach Katalog Reutlingen, S. 187

Fotos H. Kurz, 1873, in: Katalog Reutlingen, S. 186 f

M. Kurz an Marie Caspart, Tübingen, 21. 10. 1873; in: Katalog Reutlingen, S. 188 f

I. Kurz: Ein Grab im Winter, in: Jugendland, S. 216, veränderte Fassung in: I. Kurz, Gedichte, S. 206

M. Kurz: Der Winter im Herzen, in: Mutter, S. 23

M. Kurz: Resignation, in: Mutter, S. 25

M. Kurz: In der glühend heißen Mittagssonne, in: Mutter, S. 18 ff

9. Kapitel: Muse und Freiheit

Jugendland

Pilgerfahrt

Edith Glaser, Susanne Stiefel: Zwischen Waschzuber und Wohltätigkeit, Tübinger Frauengeschichte(n) im 19. und frühen 20. Jahrhundert, 2. Auflage, Tübingen, 1991, S. 16 ff

Edgar Kurz: Ein Fall von Placenta praevia centralia, Diss. J. Säxinger, 1874

Erinnerungen Edgar

Franz Schiler: Edgar Kurz 1853–1904, in: Südwestdeutsches Ärzteblatt 5, 1950, S.102 ff

I. Kurz: An meine Mutter, Widmung der ersten Auflage, in: I. Kurz, Gedichte

10. Kapitel: Heimat in der Fremde

Pilgerfahrt

Erinnerungen Edgar

Jugendland

Lebensgeschichte

Erinnerungen Alfred

Alfred Bock: Tagebücher, Heidelberg, Darmstadt, 1959, S. 120 f

Thieme-Becker

I. Kurz: Der Meister von San Francesco. Ein Buch der Freundschaft. Tübingen, 1931. Darin: Vortrag „Die Deutsch-Florentiner von ehedem", gehalten am 26.3.1927 in Florenz vor den „Freunden der Deutschen Akademie"

11. Kapitel: Helfende Hände

Erinnerungen Edgar

F. Schiler, a.a.O.

Der Gesundheits-Brockhaus, 3. völlig neu bearbeitete Auflage, Wiesbaden, 1984

E. Kurz: Auf einem Berufsgang, in: E. Kurz, Gedichte

E. Kurz: Stille, in: E. Kurz, Gedichte

I. Kurz: Vanadis, der Schicksalsweg einer Frau, Neuauflage, Stuttgart, 1988 (491.–492. Tausend aller Ausgaben)

E. Kurz: Heimat, in: E. Kurz, Gedichte

E. Kurz: Weißt du, warum?, in: E. Kurz, Gedichte

E. Kurz: Ich liebte einst, wie man in Deutschland liebt, in: E. Kurz, Gedichte

E. Kurz: Ein Morgen, in: E. Kurz, Gedichte

E. Kurz: Genug, in: E. Kurz, Gedichte

E. Kurz: Ringelreihen, Zu einem von seinem Töchterchen gemalten Bilde, in: E. Kurz, Gedichte

I. Kurz: Edgar Kurz, in: Süddeutsche Monatshefte, 1904, S. 782 ff

Mutter

Volkslieder aus der Toscana, In deutscher Uebertragung von Edgar Kurz, Tübingen, Verlag der Buchdruckerei von H. Laupp jr, 1904

I. Kurz: Vorwort, in: E. Kurz, Gedichte, S. XIII

E. Kurz: Graue Haare, in: E. Kurz, Gedichte

E. Kurz: Nel mezzo del cammin di nostra vita, in: E. Kurz, Gedichte

E. Kurz: Heimkehr, in: E. Kurz, Gedichte

Adolf Hildebrand: Edgar Kurz, Nachruf, in: Adolf Hildebrand: Gesammelte Aufsätze, Straßburg, 1909 (erstveröffentlicht in: Beilage zur Allgemeinen Zeitung, Nr. 102, 1904)

Lebensgeschichte

I. Kurz: Edgar, in: Neue Gedichte, S. 165 f

12. Kapitel: Übermut und Lebensfreude

Pilgerfahrt

Erinnerungen Alfred

13. Kapitel: Die Erfolgsautorin

Pilgerfahrt

I. Kurz: Tatjana, in: I. Kurz, Gedichte, S. 83
I. Kurz: Ich fand dich, Lieb, in: I. Kurz, Gedichte, S. 178 f
Bock, a.a.O.

14. Kapitel: Eros und Genius

Pilgerfahrt

I. Kurz: Immer zu Zweien, in: I. Kurz, Gedichte, S. 129 ff
I. Kurz: Weltgericht, in: I. Kurz, Gedichte, S. 162 ff

Jugendland

I. Kurz: Die Kinder der Lilith, Ein Gedicht, Stuttgart, Berlin, 1908

Mary Daly: Gyn/Ökologie, eine Meta-Ethik des radikalen Feminismus, München, 1981, 108 (Lilith)

Die Bibel oder die ganze Heilige Schrift des Alten und Neuen Testaments, nach der deutschen Übersetzung Martin Luthers, Stuttgart, 1967: Jesaja 34, 14 (Strafgericht über Edom, darin ist die Rede vom Nachtgespenst in der Wüste, als das Lilith gilt); Genesis, 1, 27 (Erschaffung von Mann und Frau)

Encyclopaedica judaica, Das Judentum in Geschichte und Gegenwart, 10. Band, Berlin, 1934 (Lilith)

I. Kurz: Ob du gut seist oder böse, in: I. Kurz, Gedichte, S. 36

I. Kurz: Mein Lebensweg war eine Gräberstraße, in: I. Kurz, Gedichte, S. 190

I. Kurz: Frühlingslied, in: I. Kurz, Gedichte, S. 20
I. Kurz: Das Lämpchen, in: I. Kurz, Neue Gedichte, S. 22

15. Kapitel: Die Nonna

Pilgerfahrt

Mutter

Foto M. Kurz, um 1873, in: Katalog Reutlingen, S. 163
Foto M. Kurz, um 1873, in: Katalog Reutlingen, S. 176
Foto M. Kurz, um 1885, in: Katalog Reutlingen, S. 191
M. Kurz: Der schlechtste Maler auf der Welt, Mutter, S. 44
M. Kurz: Alter kam herangekeucht, Mutter, S. 42

Jugendland

I. Kurz: Wo du auch gehst, Widmung der zweiten Auflage, La Tour de Peilz, November 1890, in: I. Kurz, Gedichte, S. X f

M. Kurz: Wir sind Gedanken Gottes, Mutter, S. 16
M. Kurz: Laß die unlösbare Frage, Mutter, S. 17
M. Kurz: Du bist nicht tot, Mutter, S. 27
M. Kurz: Auf San Miniatio, Mutter, S. 37
E. Kurz: Aufs Meer, in: E. Kurz, Gedichte
M. Kurz: Leise kommt der Tod an mich heran, Mutter, S. 59
M. Kurz: Hochsommer war's , Mutter, S. 46
M. Kurz: Sind das dieselben Stege, Mutter, S. 47

M. Kurz: Du Vögelein in meiner Brust, Mutter, S. 48
M. Kurz: Ich bin bei dir, Mutter, S. 62 f

16. Kapitel: Neugeburt

Pilgerfahrt

Foto Erwin Kurz, in: Katalog Reutlingen, S. 165

Lebensgeschichte

Erinnerungen Alfred

W. Zils (Hrsg): Geistiges und künstlerisches München in Selbstbiographien, München, 1913, S. 212 ff

Erwin Kurz, in: Thieme-Becker, 22, 1928, S. 134

Erwin Kurz: Porträtbüsten von Hermann Kurz und Paul Heyse, in: Die Plastik, 1911, 3, Tafel 75, T. 77

Erwin Kurz, Adolf von Hildebrand, u.a.: Bismarckbüsten, in: Die Plastik, 1911, 5, Tafel 50 ff

Erwin Kurz: Kolossalfigur Schwaben auf Luitpoldbrücke in München, in: Die Plastik, 1911, 4, Tafel 37

Erwin Kurz: Majolikarelief „Vier Jahreszeiten" an den Hochmeierbauten von O.O. Kurz und E. Herbert in München in der Plinganstraße, in: Die Plastik, 1911, 3, Tafel 1

Otho Orlando Kurz in: Thieme-Becker, 22, 137

O. O. Kurz: Entwürfe von Kriegerdenkmalen, in: Die Plastik 5, 1915, Tafel 22, 24, 27, 32, 39, 47/50, 53, 54/58

O.O. Kurz, E. Herbert: Pfarrkirche St. Georg, München-Milbertshofen, in: Reclams Kunstführer, Band I, 1, Bayern Süd, 9. Auflage, 1983, S. 409

O. O. Kurz: Pfarrkirche St. Sebastian, München-Schwabing,
a.a.O., S. 424; Wasmuths Monatshefte für Baukunst, 14, 1930, S. 501 ff

O. O. Kurz, E. Herbert: Stadtpfarrkirche St. Gabriel, München-Bogenhausen, Reclams Kunstführer, Band I, 1, S. 404; Wasmuths Monatshefte für Baukunst, 11, 1927, S. 145 ff

Christine Goetz: St. Gabriel, München; Schnell, Kunstführer, Nr. 44, 2. völlig neu bearbeitete Auflage, München, Zürich, 1990

O. O. Kurz: St. Ottokirche, Bamberg, Reclams Kunstführer Deutschland, Band I, 2, Bayern Nord, 9. Auflage, 1983, S. 93

O. O. Kurz, E. Herbert: Stadtpfarrkirche Herz Jesu, Weiden/Oberpfalz, a.a.O., S. 490

O. O. Kurz: Hauptgebäude im Komplex der Bayerischen Motorenwerke München, in: Wasmuths Monatshefte für Baukunst, 6, 1921/22, S. 33 ff

Jugendland

I. Kurz: Ein Genie der Liebe, Dem toten Freunde zur Wohnstatt, Tübingen, 1929

I. Kurz: Wandertage in Hellas, München, 1913

17. Kapitel: Im Strom der Zeit
Pilgerfahrt
Jugendland
I. Kurz: Schwert aus der Scheide, Heilbronn, 1916
I. Kurz: Brief an einen Franzosen, in: Süddeutsche Monatshefte, Sonderheft Frankreich, München, März 1915, S. 837 ff
Marion Onodi: Isolde Kurz, Leben und Prosawerk als Ausdruck zeitgenössischer und menschlich-individueller Situation von der Mitte des 19. bis zur Mitte des 20. Jahrhunderts, in: Anneliese Kuchinke-Bach (Hrsg.): Würzburger Hochschulschriften zur Neueren deutschen Literaturgeschichte, Band 11, Frankfurt/M., 1988
dtv Lexikon zur Geschichte und Politik im 20. Jahrhundert, durchgesehene und neubearbeitete Auflage, München, 1974
Arthur Rosenberg: Geschichte der Weimarer Republik, hrsgg. von Kurt Kersten, 17. Auflage, Frankfurt/M., 1975
I. Kurz: Zur Trauerfeier für die Gefallenen der Universität Berlin, in: Süddeutsche Monatshefte, Jahrgang 16, 1918/19, S. 323 ff
I. Kurz: Kampf um München (Berichte über Niederschlagung der Münchner Räterepublik, gedruckt in Neue Freie Presse, Wien), in: Pilgerfahrt, S. 620 ff
I. Kurz: Der Prozeß Toller, in: Neue Freie Presse, Wien, 3.8.1919
I. Kurz, Brief an Gertrud Abels vom 1. Juni 1920, Nachlaß G. Ruf, Staatsbibliothek München, zit. nach Onodi, S. 31

18. Kapitel: Im Turmzimmer
Pilgerfahrt
Herbert Günther: Drehbühne der Zeit, Freundschaften, Begegnungen, Schicksale, Hamburg, 1957, S. 76 ff
Charlotte Luise Pickert: Erinnerungen an Isolde Kurz, in: Reutlinger Nachrichten, 24.12. 1960, Nr. 297
Karl Alexander von Müller: Mars und Venus, Erinnerungen, 1914–1919, Stuttgart, 1954
Kasimir Edschmid: Tagebuch 1958–1960, Wien, München, Basel, 1960, S.115 f
Hans Brandenburg: Im Feuer unserer Liebe, Erlebtes Schicksal einer Stadt, München, 1956
A. Bock, a.a.O., S. 90
O. O. Kurz: Die kleine Wohnung, zur Ausstellung „Heim und Technik", München, 1928. 21 Wohnungen in Grundrissen, Vogelschaubildern und Erläuterungen. Mit einer Einführung von Prof. O. O. Kurz: Das ideale Heim, München, 1928
O. O. Kurz: Was wir wollen, Anregungen, Wünsche von Architekten, Hausfrauen, Technikern für den Wohnungsbau, zusammengestellt von Prof. O. O. Kurz zur Ausstellung „Heim und Technik", München, 1928

O.O. Kurz: Was ein Bauherr wissen muß, Ratschläge für Bauende, Bauplatz, Bauprogramm, Baudurchführung, Baukosten, Anwesenunterhaltung, zweite, völlig neubearbeitete Auflage von Landesbaurat Eduard Herbert, München, 1938 (1. Auflage, München, 1930)

I. Kurz: Im Zeichen des Steinbocks, in: I. Kurz: Gesammelte Werke, Band 4, München, 1925, S. 419 ff

I. Kurz: Vanadis, a.a.O.

Elisabeth Witzel an I. Kurz, 4.1. 1937, Nachlaß Isolde Kurz, Verlagskorrespondenz Rainer Wunderlich Verlag, Deutsches Literaturarchiv, Marbach/N, zit. nach Onodi, S. 32

Simone der Beauvoir: Das andere Geschlecht, Sitte und Sexus der Frau, Reinbek bei Hamburg, 1975, S. 87

Ernest Borneman: Das Patriarchat, Ursprung und Zukunft unseres Gesellschaftssystems, Frankfurt/M., 1976, S. 360

Erich Bayer: Griechische Geschichte, Stuttgart, 1968, S. 46

I. Kurz: Juden, handschriftliches Manuskript, Nachlaß Isolde Kurz, Deutsches Literaturarchiv, Marbach/N, zit. nach Onodi

Werke

Edgar Kurz

Ein Fall von Placenta praevia centralia. Diss. J. Säxinger, 1874

Gedichte, herausgegeben und mit einem biographischen Vorwort versehen von Isolde Kurz, Stuttgart, Berlin, 1904

Volkslieder aus der Toscana, In deutscher Uebertragung von Edgar Kurz, Tübingen, 1904

Erwin Kurz

Porträtbüstenreliefs:

König Karl von Württemberg; Prinz Ernst von Sachsen-Meiningen; Wilhelm Jensen und Gattin und Tochter (Freifrau Katharina von Saalfeld); Hermann Levi; Richard Weltrich; Gisela Grimm geb. v. Arnim; Emil Lugo; Bernhard Blecker; Josef Floßmann; Hermann, Maria (Bronzerelief, 1927 für Staatsgalerie angekauft), Otho Orlando, Irene Grazia Kurz; Hermann Kurz für Denkmäler in Reutlingen 1889 und Tübingen; Gedenktafel mit Porträt des Dombaumeisters Fr. Jos. Denzinger für Regensburger Dom, 1911; Paul Heyse für Grabmal (von O.O.Kurz.) auf Münchener Waldfriedhof, 1915 (2. Ex. bei Schillerstiftung Weimar); Heinrich Brunns für Grabmal auf Nördl. Friedhof in München 1894 (nach Thieme-Becker)

Grabdenkmale:

Emil Lugo, Frauenchiemsee; Fr. H. Eller, israel. Friedhof, München; C.v. Buttler, Weimar; Hermann, Frankfurt/M; Geiger Schauenburg,

Lahr; Prof. Bezold, Waldfriedhof, München; Frau v. Botteck, Freiburg/Br. u.a.m (nach Zills)

Denkmale:

1904: Denkmal für Botaniker Martius im Münchner Botanischen Garten (Zills schreibt „Martinsdenkmal")

Brunnen- und Kolossalfiguren:

Figur Schwaben auf der Luitpoldbrücke

1906: zwei große Figuren (Pfalz und Westrich) und Reliefporträt des Prinzregenten Luitpold für den von Josef Floßmann erstellten Wittelsbacher Brunnen in Zweibrücken (Hauptwerk)

Zusammenarbeit mit O.O. Kurz:

Majolikarelief „Vier Jahreszeiten", ein farbiger Puttenfries, an den Hochmeierbauten in München in der Plinganstraße, von O. O. Kurz und Eduard Herbert

St. Gabrielskirche in München: die Verkündigungsgruppe über dem Hauptportal, die Kolossalfigur des Gabriel und die Pietà im Hauptschiff

an der Außenseite der St. Otto-Kirche in Bamberg das Relief der Madonna mit Kind

Kriegerdenkmal in Wertach

Hermann Kurz

Fausts Mantelfahrt, Eine kleine Sammlung von Epigrammen, nebst einem Anhang alter Epigramme des Owenius, (H. Kurz und Gottfried Weigle), Tübingen, 1834

Ausgewählte Poesien von Lord Byron, Thomas Moore, Walter Scott und anderen in teutschen Übertragungen (Übersetzt von H. Kurz, Eduard Zellter, Edmund Bilhuber), Reutlingen, 1834

Die vorgebliche Tante, Nachgelassene Studenten-Novelle von Cervantes, Stuttgart, 1836 (Übersetzung, spanisch)

D'Israeli, Geist des Judentums, Stuttgart, 1836 (Übersetzung, englisch)

Gedichte, Stuttgart, 1836

Genzianen, Ein Novellenstraußt, Stuttgart, 1837

Dichtungen, Pforzheim, 1839

Ariost's rasender Roland, Band 1 und 2, Stuttgart, 1840; Band 3, Pforzheim, 1841 (Übersetzung, italienisch)

Kapitän Marryat, Japhet, der einen Vater sucht, Stuttgart, 1843 (Übersetzung, englisch)

Schiller's Heimatjahre, Vaterländischer Roman, Stuttgart, 1843 (Neuauflage, hrsgg. von Jürgen Schweier, Kirchheim/Teck, 1988)

Thomas Moore's Paradies und die Peri, mit einem Anhang Byron'scher Lieder, für Freunde der Poesie, Stuttgart, 1844 (Übersetzung, englisch)

Tristan und Isolde, Gedicht von Gottfried von Straßburg, Stuttgart, 1844 (Übersetzung, mittelhochdeutsch, und freie Fortsetzung)

Chateaubriands Ausgewählte Werke, 12 Bände, Ulm, 1844–1846 (Übersetzung, französisch)

Chateaubriand, Geist des Christenthums, Ulm, 1844 (Übersetzung, französisch)

Die Fragen der Gegenwart und das freye Wort, Abstimmung eines Poeten in politischen Angelegenheiten, Ulm, 1845

Der Sonnenwirth, Schwäbische Volksgeschichte aus dem vorigen Jahrhundert, Frankfurt/M., 1855 (Neuauflage mit einem Vorwort von Peter Härtling, Kirchheim/Teck, 1980)

Der Weihnachtsfund, Ein Seelenbild aus dem schwäbischen Volksleben, Frankfurt/M., 1856

Erzählungen, Band 1, Stuttgart, 1858; Band 2, Stuttgart, 1859; Band 3, Stuttgart, 1861

Geschichtliche und künstlerische Erläuterungen zu L. Weißer's Bilder-Atlas zur Weltgeschichte, 1. Band, 2. Abt., Stuttgart, 1864

William Shakespeare, Die lustigen Weiber von Windsor, in: William Shakespeare's Dramatische Werke, hrsgg. von Friedrich Bodenstedt, Leipzig, 1867 (Übersetzung, englisch)

Zu Shakespeare's Leben und Schaffen, Altes und Neues, München, 1868

Cervantes' Neun Zwischenspiele, in: Bibliothek ausländischer Klassiker in deutschter Übertragung, Band 71, Spanisches Theater, hrsgg. von Moriz Rapp, Band 2, Hildburghausen, 1868

Deutscher Novellenschatz (Hrsg. H. Kurz und Paul Heyse), Band 1–18, München, 1870 ff

Aus den Tagen der Schmach, Geschichtsbilder aus der Melacszeit, Stuttgart, 1871

Falstaff und seine Gesellen (Illustrationen von Paul Konewka), Straßburg, 1871

Novellenschatz des Auslandes (Hrsg. H. Kurz und Paul Heyse), Band 1–10, München, 1872 ff

Gesammelte Werke, Mit einer Biographie des Dichters, hrsgg. von Paul Heyse, Band 1–10 Bände, Stuttgart, 1874

Sämtliche Werke in 12 Bänden, hrsgg. und eingel. von Hermann Fischer, Leipzig, 1904

Isolde Kurz

Gedichte, 1. Auflage, Frauenfeld, 1888; 2. Auflage, Stuttgart, Berlin, 1890

Phantasien und Märchen, Stuttgart, Berlin, 1890

Florentiner Novellen, Stuttgart, Berlin, 1890 (Neuauflage Essen, 1984)

Italienische Erzählungen, Stuttgart, Berlin, 1895 (Neuauflage Essen, 1985)

Von dazumal, Berlin, 1900 (Erzählungen)

Unsere Carlotta, Berlin, 1900 (Erzählung)

Genesung, Sein Todfeind, Gedankenschuld, 1901 (Erzählungen)
Zenobia, Berlin, 1901 (Erzählung)
Frutti di Mare, Leipzig, 1902 (Erzählungen)
Die Stadt des Lebens, Schilderungen aus der Florentinischen Renaissance, Leipzig, 1902 (Neuauflage Essen, 1986)
Agli Allori, Berlin, 1904
Neue Gedichte, Stuttgart, Berlin, 1905
Im Zeichen des Steinbocks, München, Leipzig, 1905 (Aphorismen)
Das Leben meines Vaters, München, Leipzig, 1906; weitergeführt unter dem Titel: Hermann Kurz, Stuttgart, 1919
Lebensfluten, Stuttgart, Berlin, 1907 (Novellen)
Die Kinder der Lilith, Ein Gedicht, Stuttgart, Berlin, 1908
Florentinische Erinnerungen, München, Leipzig, 1910
Wandertage in Hellas, München, 1913 (Reisebericht)
Cora und andere Erzählungen, München, 1915
Schwert aus der Scheide, Heilbronn, 1916 (Gedichte)
Aus meinem Jugendland, Stuttgart, 1918 (Jugenderinnerungen)
Deutsche und Italiener, Stuttgart, 1919 (Vortrag)
Traumland, Stuttgart, Berlin, 1919
Legenden, Stuttgart, Berlin, 1920
Die Gnadeninsel, Legenden, Stuttgart, Heilbronn, 1921
Nächte von Fondi, Eine Geschichte aus dem Cinquecento, München, 1922
Lebensfluten, Stuttgart, Berlin, 1923 (Novellen)
Der Despot, München, 1925 (Roman)
Vom Strande, Heilbronn, 1924
Die Liebenden und der Narr, 1925 (Tübingen, 1935)
Gesamtausgabe der Werke, 6 Bände, München, 1925
Gedichte 1.–3. Folge, 1925
Leuke, Ein Geisterspiel, München, 1926
Der Caliban, Nürnberg, 1925 (Roman)
Meine Mutter, Tübingen, 1926 (Neuauflage 1986)
Die Stunde des Unsichtbaren, Seltsame Geschichten, Leipzig, Zürich, 1927
Aus frühen Tagen, Berlin, 1928
Der Ruf des Pan, Tübingen, 1928
Ein Genie der Liebe, Dem toten Freunde zur Wohnstatt, Tübingen, 1929 (Biografie von Ernst Mohl)
Vanadis, Tübingen, 1931 (Roman, Neuauflage Stuttgart, 1988)
Der Meister von San Francesco, Buch der Freundschaft, Tübingen, 1931 (Biografie von Adolf von Hildebrand)
Die Nacht im Teppichsaal, Erlebnisse eines Wanderers, Tübingen, 1933
Solleone, Eine Geschichte von Liebe und Tod, Leipzig, 1933
Gedichte, Aus dem Reigen des Lebens, Tübingen, 1933

Die Pilgerfahrt nach dem Unerreichlichen, Lebensrückschau, Tübingen, 1938
Das Haus des Atreus, Tübingen, 1939
Werke, Auswahl, Bielefeld, 1941
Singende Flamme, Gedichte, Tübingen, Stuttgart, 1948

Marie Kurz

Märchen, Stuttgart, 1867 (teilweise abgedruckt in: Isolde Kurz: Meine Mutter, Tübingen, 1926)

Otho Orlando Kurz

Öffentliche Konkurrenzen:

1910: 1. Preis für einen gemeinsamen Entwurf mit John H. Rosenthal für das Rathaus in Mühlheim an der Ruhr

Bismarck-Denkmal bei Bingen, 1911

Synagoge in Augsburg, gemeinsam mit John H. Rosenthal (wird 1914–1917 von anderen Münchner Architekten, Heinrich Lömpel und Fritz Landauer gebaut)

Wohnhäuser:

(nach Thieme-Becker, 22, S.137) Siedlung der Allgemeinen Münchner Straßenbahn-Genossenschaft; Wohnhausgruppe Moll, Meindlstraße 1926 und Ganghoferstr. 1927, München; Wohnbauten der Münchner Wohnungsbau AG in München, 1925/27.

Villen:

Villensiedlung in Freimann bei München; Villen: Vollnhals in München, Müller in Fürstenfeldbruck, Brock in Prag-Bubenc 1923/24 (dekorative Plastik von Erwin Kurz); und Fasola in Forte dei Marmi bei Carrara.

weitere Bauwerke:

Städtische Unterstation Seidlstraße München, 1926

künstlerische Gestaltung des Kraftwerks Finsing an den mittleren Isar 1924

Klosterhotel Ettal

Hauptgebäude im Komplex der Bayerischen Motorenwerke München, 1918/27 (Hauptwerk)

Grabmale:

Heyse, Dinkel, Seiling, Pringsheim, von Steinling u.a. auf dem Münchner Waldfriedhof

Kirchen:

Pfarrkirche St. Georg, Milbertshofener Platz, München-Milbertshofen, 1910–1912 (gemeinsam mit Eduard Herbert)

St. Ottokirche Bamberg, 1912–1914

Stadtpfarrkirche St. Gabriel, Prinzregentenstraße, München-Bogenhausen, 1925/26 (gemeinsam mit Eduard Herbert)

Pfarrkirche St. Sebastian, Karl-Theodor-Straße, am Rand des 1911 geschaffenen Luitpoldparkes, München-Schwabing, 1928/29

Stadtpfarrkirche Herz Jesu in Weiden in der Oberpfalz, 1933/34 (gemeinsam mit Eduard Herbert)

Ausstellungen:

Ausstellung München 1908: Bierwirtschaft (mit Friedrich Zell und O. Dietrich); Repräsentationsraum der Stadt München; Kinematographentheater.

Münchner Halle auf der Internationalen Ausstellung für Buchgewerbe und Graphik in Leipzig, 1914 (Goldene Medaille);

Halle für Kraftfahrwesen und Rundfunksender an der Deutschen Verkehrsausstellung München, 1925.

Texte:

O. O. Kurz: Die kleine Wohnung, zur Ausstellung „Heim und Technik", München, 1928. 21 Wohnungen in Grundrissen, Vogelschaubildern und Erläuterungen. Mit einer Einführung von Prof. O. O. Kurz: Das ideale Heim, München, 1928

O. O. Kurz: Was wir wollen, Anregungen, Wünsche von Architekten, Hausfrauen, Technikern für den Wohnungsbau, zusammengestellt von Prof. O. O. Kurz zur Ausstellung „Heim und Technik", München, 1928

O.O. Kurz: Was ein Bauherr wissen muß, Ratschläge für Bauende, Bauplatz, Bauprogramm, Baudurchführung, Baukosten, Anwesenunterhaltung, zweite, völlig neubearbeitete Auflage von Landesbaurat Eduard Herbert, München, 1938 (1. Auflage, München, 1930)

Personen

Auerbach, Berthold (1812–1882), urspr. Moyses Baruch, Schriftsteller. 1824 Talmudschule Hechingen, 1827 Rabbinerschule Karlsruhe, 1830 Gymnasium Stuttgart, studiert ab 1832 Jura, dann Philosophie (D.F. Strauß) in Tübingen, 1833 in München, dort als Burschenschafter relegiert, 1837 zwei Monate Hohenasperg; schließt Studium in Heidelberg ab, wird aus Not – der populärste deutsche Schriftsteller seiner Zeit; gilt als „Klassiker der Dorfgeschichte"; lit. Einfluß auf Gottfried Keller und Tolstoi, der ihn besucht.

Bacmeister, Adolf (1827–1873), Philologe, Übersetzer, Journalist. Stammt aus Esslingen, studiert im Tübinger Stift, flieht im März 1848 und schließt sich den Freischärlern Georg Herweghs an, deswegen Haft auf dem Hohenasperg. Wird 1857 Lehrer in Reutlingen, bewirbt sich gleichzeitig mit Hermann Kurz um die Stelle an der Universitätsbibliothek Tübingen, zieht zu dessen Gunsten seine Bewerbung zurück, arbeitet dann als Journalist. Enger Jugendfreund von Marie Kurz. Verfasser des ihr gewidmeten „Rothen Albums".

Becher, August (1816–1890), Jurist und Politiker. Rechtsconsulent in Ravensburg, Landtagsabgeordneter ab 1847, Mitglied der Reichsregentschaft, flieht 1849, Rückkehr und Anklage wegen Hochverrat, Freispruch 1855, bewirbt sich um Landtagsmandat und wird 1862 in Künzelsau gewählt bis 1870; 1868 Abgeordneter des Zollparlaments, 1877–1890 Landtagsabgeordneter für Oberamt Besigheim. Laut Isolde Kurz verbindet die beiden gleichzeitig gegründeten Familien Becher und Kurz eine lebenslange Freundschaft.

Bekk, Johann Baptist (1797–1855), 1842 Präsident des badischen Landtags, gemäßigter Liberaler. Schüler von Karl von Rotteck (s.d.).

Bergmann, Ernst von (1836–1907), Chirurg. Stammt aus Riga, Prof. in Dorpat, Würzburg, ab 1882 in Berlin. Führt die Asepsis bei der Chirurgie ein.

Bilhuber, Edmund, Sohn des Apothekers aus Vaihingen an der Enz, wie Hermann Kurz im Seminar in Maulbronn, Freund und Bettnachbar. Dessen Schwester Luise ist der Jugendschwarm von Hermann Kurz (Liebesgedichte). „Nach einigen Jahren gemeinsamen poetischen Schwärmens" (Isolde Kurz) verlobt sich Luise Bilhuber anderweitig und stirbt 1836 nach kurzer Ehe.

Billroth, Theodor (1829–1894), Chirurg. 1859 Prof. in Zürich, 1867 in Wien, erfindet Neuerungen bei der Operationstechnik von Magen und Kehlkopf. Gast in der Poliambulanz von Edgar Kurz in Florenz.

Bissing, Friedrich Wilhelm Freiherr von (1873–1956), Ägyptologe, Prof. in München und Utrecht. In seinem Haus in München verkehrt Isolde Kurz in den zwanziger Jahren.

Bock, Alfred (1859–1932), Schriftsteller. Schrieb Komödien und hessische Heimaterzählungen.

Böcklin, Arnold (1827–1901), Maler. Lebt in San Domenico bei Fiesole in der Nähe von Florenz und gehört zum dortigen Künstlerkreis.

Brandenburg, Hans (1885–1968), Schriftsteller. Studiert in München, Kriegsfreiwilliger 1914–1916, freier Schriftsteller in München.

Braun, Rosalie (1840 Mannheim –1918 Schlederloh / Isartal), geb. Artaria, Schriftstellerin, Redakteurin, Pseudonym Rosalie Artaria. Vater Kunsthändler Stephan Artaria aus Mannheim, gehört zur Musikverlegerfamilie Artaria. Heiratet 1860 den Archäologen Julius Braun (1825 Karlsruhe –1869 München). Das junge Paar lebt von 1860 bis 1861 in Tübingen, anschließend in München. Schreibt Novellen und Essays, hält historische Vorträge für ein größeres weibliches Publikum. Seit 1886 ist sie ständige Mitarbeiterin der „Gartenlaube". Verliert das Gehör und wird beim Spazierengehen von einem Zug überfahren.

Brunnow, August Anton Freiherr von (1781–1850), besucht Kadettenanstalt in Berlin, kommt als junger Leutnant nach Württemberg in die königliche Garde, Rußland-Feldzug, heiratet 1815 **Friederike Wilhelmine geb. von Oetinger** (1802–1842), Tochter von Oberstleutnant von Oetinger (* 1770) und Christiane Friederike

Henriette von Dillen (1774–1816), Schwester von Dillen (s.d.), 2. Kind (Sohn) wird Soldat und stirbt beim Rückzug aus Rußland auf der Beresinabrücke. Sechs Kinder: vier Söhne im Säuglingsalter gestorben, Marie verh. Kurz (s.d.), Ottilie (* nach 1826, † im Alter von 11 Jahren).

Cotta, Johann Georg Freiherr von Cottendorf (1796–1863), Verleger.

Davidsohn, Robert (1853 Danzig – 1937 Florenz), Historiker. Beginnt als Kaufmann, sattelt um auf Journalist, gründet 1876 den „Berliner Börsencourier“, lebt ab 1889 als Geschichtsforscher in Florenz, führt dort mit seiner Frau Fili ein gastliches Haus.

Dillen, Karl Ludwig Immanuel (seit 1801) Freiherr, (seit 1811) Graf von (1777–1841), Generaladjutant, Obersthofmeister, Generaloberintendant, Oberschloßhauptmann. Günstling von König Friedrich von Württemberg, von diesem beschenkt mit Schloßgut Dätzingen (1810), Gut Rübgarten bei Tübingen (1815). Heiratet 1806 Luise Henriette (* 1782), Tochter von Johann Siegmund Freiherr Schott von Schottenstein (1747–1799), Oberjägermeister des Fürsten von Oettingen-Wallerstein. Kinder: Friedrich (* 1807). Großonkel von Marie Kurz.

Dulk, Dr. Albert (1819–1884) Philologe, Schriftsteller. Stammt aus einer Königsberger Professorenfamilie, schließt sich im Vormärz der Studentenbewegung an, wird wegen politischer Aktivitäten aus Sachsen ausgewiesen und erhält Berufsverbot, wird freier Schriftsteller, reist 1849 nach Ägypten, kehrt 1850 zurück, lebt in der Schweiz in Polygamie (mit drei Ehefrauen). Siedelt 1858 nacht Stuttgart über, Kontakte mit Hermann und Marie Kurz in Sachen Literatur und Politik. Seine Tochter Anna ist eine Freundin von Isolde Kurz. Schließt sich 1875 der Stuttgarter Sozialdemokratie an und 1882 einer von ihm mitgegründeten Freidenkergemeinde.

Edschmid, Kasimir (1890–1966), Schriftsteller. Studiert Romanistik in München, Genf, Gießen, Paris, Straßburg, seit 1913 lit. Referent der „Frankfurter Zeitung“, arbeitet für franz., belg. und ital. Zeitungen, freier Schriftsteller in Darmstadt, 1918–22 Hrsg. der „Tribüne für Kunst und Zeit“; verfaßt Reisebücher. 1933 Rede- und Rundfunkverbot, 1941–45 Schreibverbot, seit 1933 meist in Italien, Südtirol. Lit. Wortführer, Programmatiker und Vorkämpfer des dt. Expressionismus, später gedämpfter Realismus.

Fetzer, Carl August (1809–1885), Jurist und Politiker. Rechtsconsulent in Stuttgart, Landtagsabgeordneter ab 1845 für Maulbronn, Mitglied der Nationalversammlung für Leonberg.

Fiedler, Adolph Konrad (1841–1895), Kunsttheoretiker, Mäzen. Heiratet 1880 Marie geb. Meyer, einzige Tochter des bekannten Kunstschriftstellers und Direktors des alten Museums in Berlin. Das Ehepaar läßt sich 1880 in München nieder, verbringt mehrere Monate im Jahr in Florenz. Unterstützt Hildebrand (s.d.) und Marées (s.d.).

Fischer, Johann Georg (1816–1897), Lehrer in Stuttgart, Dichter.

Gervinus, Georg Gottfried (1805–1871), Geschichtsforscher, Literarhistoriker und Politiker, seit 1835 Prof. in Heidelberg, 1836 in Göttingen, dort 1837 als einer der Göttinger Sieben (Professoren warfen König Ernst August von Hannover Verfassungsbruch vor) amtsenthoben. 1844 wieder Prof. in Heidelberg, 1848 Mitglied der Nationalversammlung, vorübergehend, 1853 wegen demokratischer Ideen erneut entlassen, seither als Privaltgelehrter in Opposition auch mit den späteren politischen Entwicklungen in Deutschland. Stellt als Literarhistoriker zum ersten Mal Dichtung in einen Zusammenhang mit der geschichtlichen Entwicklung.

Haußmann, Julius (27.7.1816–29.7.1881), Jurist und Politiker. Sohn (viertes Kind von sieben) des Hofapothekers Friedrich Haussmann in Ludwigburg, eines Hugenottenabkömmlings, und seiner Frau Karoline, geb. Kausler, Oberamtmannstochter von Marbach. Im gastlichen Elternhaus verkehren Hardegg, Uhland, Albert Schott, Klüpfel, Rödinger, Schwab, Paul Pfitzer, Friedrich List, Prälat Denzel; nicht nur der Vater, auch die Mutter ist politisch interessiert. Besucht Stuttgarter Obergymnasium, wohnt bei Prof. Schmid (liberaler Landtagsabgeordneter); studiert mit 18 Jahren Jura in Tübingen, bricht Studium ab, weil Vater Unterstützung wünscht, übernimmt dessen Tapetenfabrik in Neuhausen/F. mit 21 Jahren, bis der Vater das Unternehmen verkauft (1840), übersiedelt nach Blaubeuren, dort besitzt der Vater eine Bleiche. Tätig als Rechtskonsulent in Blaubeuren, erstes politisches Engagement bei Landtagswahl 1846 für Freund Rechtsanwalt August Becher in Ravensburg, der in Blaubeuren gegen den dortigen Stadtschultheißen antritt und haushoch gewinnt. Zieht den Haß der politischen Gegner auf sich, die ihm auflauern, aber dem Falschen die rechte Hand durchstechen. Bleibt im Dienst der Volksbewegung, politischer Weitblick, wehrt sich gegen zaudernde Haltung der Altliberalen, setzt sich für industrielle Freiheit und Schaffung einer Zentralstelle für Gewerbe und Handel ein, Gedicht anläßlich der Gewährung der Pressefreiheit durch den württembergischen König 1848: „Ihr gebt uns gnädigst unsre Menschenrechte;/ Auf den Befehl des Königs sind wir frei./ In freie Bürger wandelt feige Knechte/ Die zauberische Macht der Polizei.// Ihr gebt uns Waffen; Waffen sind für Männer;/ Ihr habt zu Kindern uns gemacht./ Wohlan versucht's, ihr wackern Menschenkenner/Und zieht mit Kindern in die Schlacht." Organisiert Volksvereine, mißtraut den Abgeordneten und der „Redeseligkeit der Frankfurter Volksvertreter": „Fünfundsiebzig Professoren,/Vaterland, du bist verloren!" Die „Resolution Haußmann", gestellt auf einer Versammlung in Esslingen, wird „die Grenzscheide zwischen der Altliberalen und den Demokraten": Die Verwirklichung der Freiheit ist nur durch eine aus dem Volk hervorgegangene deutsche Zentralgewelt zu garantieren, also durch eine Republik. Verhindert einen bewaffneten Aufstand auf der Reutlinger Versammlung (1849), hat aber Organisationsfäden so straff gespannt, daß im Fall aussichtsreichen Kampfes (auch in anderen Ländern) eine Volkserhebung hätte stattfinden können. Flieht 1849 in die Schweiz, zuerst nach Zürich, wo er sich mit anderen trifft, dann nach Arbon am Bodensee, findet er im Sommer 1850 beim Engelwirt Stoffel Zuflucht und verlobt sich mit Josephine, dessen ältester Tochter. Als sein Vater schwer krank wird, kehrt er zurück und stellt sich in Friedrichshafen dem Gericht, in Untersuchungshaft in der Hofküche des Ludwigsburger Schlosses ab Herbst 1851. Hauptpunkt der Anklage: Teilnahme an Reutlinger Versammlung. Verhandlung Frühjahr 1852 vor Schwurgericht in Esslingen, verurteilt zu 2 1/2 Jahren Festung, schreibt an Braut: „Mein Schatz,/ Mich hat's./ Laß mich wandern,/ Nimm einen andern." Durch Amnestie im Frühjahr 1854 freigelassen (inzwischen ist der Vater einem Schlaganfall erlegen und die Schwester ist schwermütig geworden). Neubeginn: nach anderthalb Jahren ist er kaufmännischer Mitarbeiter der Maschinenfabrik Schäffer und Buddenberg in Magdeburg, heiratet am 31.12.1855, Familie lebt in Stuttgart, im Feb. 1857 Zwillinge Friedrich und Conrad geboren, Mutter stirbt 9.4.1857. Zweite Ehe mit Anna Leisler aus Mainz 1862, die 1863 stirbt. Mit Ludwig Pfau (s.d.) nach 1864 Mitarbeiter des „Beobachters". Begründet mit Pfau und Carl Mayer die Volkspartei; ausgezeichneter Redner, Flugblatt- und Programmschreiber; betrachtet die politischen Kämpfe als Mittel der Bürgererziehung zu eigenem Nachdenken. Kein Parlamentarier: „Ich bin von Natur nicht der Mann der Vereinbarung. Ich passe nicht in Parlamente, in Klubs, wie sie gegenwärtig da sind. Ein weiterer Grundsatz ist der, daß es ganz gut ist, wenn einer haußen bleibt aus der regierenden Kammer, während die andern alle drinnen sind. Es liegt da wie auf dem Eis: wenn sich einer zu weit in die Mitte wagt und einbricht, so macht man eine Kette und einer bleibt am Lande, an dem die andern sich halten können, und zu einem solchen Posten und Pfosten werd' ich immer noch zu brauchen sein." Söhne gehen ebenfalls in die Politik.

Hecker, Friedrich (1811–1881), Rechtsanwalt, seit 1842 Mitglied der zweiten Kammer in Baden, mit Struve Führer der radikalen Linken. Flieht nach dem niedergeschlagenen Aufstand in Baden 1848 in die Schweiz, dann USA. Oberst der Unionstruppen im Sezessionskrieg, stirbt in St. Louis.

Heyse, Dr. Paul (1830–1914), 1910 geadelt, Philologe und Schriftsteller. Stammt aus Berlin, Vater Dr. Karl Wilhelm Ludwig Heyse, Sprachforscher und Prof. an der Univ. Berlin, Hauslehrer im Hause Mendelssohn (u.a. von Fanny und Felix Mendelssohn-Bartholdy); Großvaters bekanntestes Werk ist ein viel benutztes Fremdwörterbuch; Mutter ist Tochter des Hofjuweliers Salomon, mit Mendelssohns nahe verwandt. Besucht Gymnasium in Berlin, studiert mit 17 Jahren klassische, dann romanische Philologie in Berlin und Bonn, erfährt vom Dichter Emmanuel Geibel (1815–1884) große Unterstützung, der ihn im Hause des Kunsthistorikers Franz Kugler einführt. Verlobt sich 1852 mit Kuglers Tochter Margarete, geht dann für ein Jahr nach Italien. Auf Fürsprache Geibels bekommt er 1854 einen Ruf nach München von König Max II. mit einem Ehrengehalt von 1500 Gulden. Heirat, gastliches Haus, das zum Zentrum des deutschen literarischen Lebens wird (Literaten und bildende Künstler: Geibel, Riehl, Wilhelm Hertz, Genelli, Lenbach). Als Geibel 1868 sein bayrisches Ehrengehalt verliert (wegen eines Gedichts auf König von Preußen), verzichtet Heyse ebenfalls. Seinen großen literarischen Erfolg begründet die Novelle „L'Arrabiata", 1855. Margarete stirbt 1862, er geht 1867 die zweite Ehe ein, baut sich ein Haus bei der Glyptothek neben dem Lenbachschen, schreibt Novellen (mehr als 170), Dramen (fast 70), Romane; ist gefragt bis zum Aufkommen des Naturalismus Mitte der achtziger Jahre, dann bis 1900 heftig bekämpft. Nobelpreis 1910 als erster deutscher Dichter.

Hildebrand, Adolf von (1847–1921), bayrischer Personadel 1903, erblicher Adel 1913, Bildhauer. Stammt aus Marburg/Lahn, Vater Bruno (1812–1878) war Nationalökonom, Bruder Otto (1858–1927) Prof. der Chirurgie in Berlin. Adolf Hildebrand besucht das Gymnasium in Bern und Jena, 1864–66 die Kunstschule in Nürnberg. Während Ferienaufenthalten in München lernt er im Haus von Bildhauer Karl Zumbusch den Mäzen Konrad Fiedler (s.d.) und den Maler Hans von Marées kennen. Erste Italienfahrt mit Zumbusch 1866/67 nach Verona, Florenz, Rom. Lebt seit 1872 in Italien, seit 1874 im umgebauten Kloster San Francesco in Florenz auf Anregung Fiedlers. Eine Ausstellung in Berlin 1884 erregt Aufsehen und macht ihn berühmt. Er gewinnt 1889 den ersten Preis beim Wettbewerb um das Nationaldenkmal Kaiser Wilhelms I., dessen Realisierung am Einspruch Kaiser Wilhelms II. scheitert. Der erste Großauftrag ist der Wittelsbacher Brunnen in München 1891, dem weitere folgen: Denkmäler, Brunnen, Porträtbüsten. Nach eigenen Entwürfen entsteht 1897 sein Haus in München. Bis 1914 pendelt er zwischen Florenz und München. Er ist der bedeutendste Bildhauer des wilhelminischen Deutschland und orientiert sich an der Antike und der italienischen Renaissance. Heiratet in Florenz 1877 Irene (1846–1921), geschiedene Kobell, Tochter des Industriellen Gustav Schäuffelen in Heilbronn und Auguste Syffer. Sechs Kinder und ein adoptierter Stiefsohn, u.a. Dietrich (geb. 1889), Prof. der Philosophie an der Columbia University New York; Eva heiratet Carl Sattler (1877–1966), Architekt, Prof., Präs. der Bayer. Akademie der Bildenden Künste in München, Sohn Dieter (1906–1968) dt. Botschafter beim Hl. Stuhl; Irene (geb. 1880) heiratet Theodor Georgii (1883–1963), Bildhauer; Bertha heiratet Walter Braunfels (1882–1954), Komponist, Pianist, Direktor der Musikhochschule Köln. Kontakte zwischen Familie Kurz und Familie Hildebrand vermittelt Adolf Kröner, der Irene aus ihrer ersten Ehe kannte.

Hillebrand, Karl (1829–1884), Historiker, Publizist. Stammt aus Gießen, Vater Joseph (1788–1871) war Prof. der Philosophie und Literarhistoriker in Gießen, Mutter Caroline (1806–1847) Tochter des Pädagogen Georg Wilhelm Hoffmann. Studiert Jura in Gießen, wird Korpsstudent und Revolutionär, nimmt an den Kämpfen in Frankfurt/Main im September 1848 und am Aufstand in Baden 1849 teil, wird gefangen und flieht aus der Festung Rastatt über Straßburg nach Paris. Dort arbeitet er 1850 als Sekretär und Vorleser Heinrich Heines, wird dann von Freunden des Vaters in Bordeaux aufgenommen, wird dort Deutschlehrer. Beginnt 1854 mit dem Studium der Philologie, Geschichte und Literatur in Bordeaux, wird 1857 französischer Staatsbürger, 1863 Prof. für ausländische Literatur in Dounai, wohnt ab 1866 in Paris. Während des Krieges 1870 verläßt er Frankreich und läßt sich 1871 als freier Schriftsteller in Florenz nieder. Berufungen an deutsche Universitäten lehnt er ab. Mit Bildhauer Hildebrand bildet er den Mittelpunkt des geistigen Lebens der Künstlerkolonie. Er veröffentlicht (anonym) die Kunstgespräche jener Jahre „Zwölf Briefe eines ästhetischen Ketzers" 1873. Heiratet 1879 Jessie Laussot-Taylor, Engländerin, Witwe eines Südfranzosen, seine langjährige Lebensgefährtin.

Hopf, Franz (4.7.1807 – 27.5.1887), Pfarrer, Politiker. Sohn (drittes Kind) des Pfarrers Friedrich Hopf in Winterlingen bei Balingen, Mutter stirbt nach Geburt des vierten Kindes (1811), Vater stirbt 1813, als Franz sechs Jahre alt ist. Lebt bei Tante (Schwester der Mutter), Amtmannsfamilie in Beilstein. Sein Lehrer wird der freiheitsliebende Präzeptor Hoch (der wegen Konflikten mit Herzog Friedrich verbannt wird); mit 13 Jahren Seminarist in Schöntal (hochbegabt), mit 17 Stift in Tübingen, Mitglied in Burschenschaft, 1826 deshalb aus dem Stift entlassen. Vollendet Studium mit der finanziellen Unterstützung von anderen. Vikar in Hohenhaslach (bei Vaihingen/Enz), vier Jahre Hofmeister in St. Gallen, Pfarrverweser in Steinenbronn, Vikar in Kleinaspach (Oberamt Marbach), Pfarrverweser in Bösingen (Oberamt Nagold); Frühjahr 1837 Helfer in Murrhardt, lernt dort Schlosser (und politischen Aktivisten) Nägele kennen. Heirat mit Sophie, Tochter des Oberjustizrats Mutschler in Esslingen. Anfeindungen wegen Freundschaft mit Nägele, läßt sich versetzen in die Pfarrei Wurmberg bei Maulbronn. Sophie stirbt anderthalb Jahre nach der Geburt der zweiten Tochter, vier Wochen danach stirbt der neugeborene Sohn; läßt sich versetzen nach Hohenhaslach 1844, steht (außergewöhnlich damals) seinen Gemeindemitgliedern nicht nur als geistlicher Berater zu Seite, sondern auch in praktischen Dingen, unterstützt vom Ortsvorsteher. Bei Wahlen zur Nationalversammlung unterliegt er dem Regierungsrat Schoder in Besigheim, wird im Vaihinger Bezirk 1849 zur württembergischen Landesversammlung gewählt. Er kümmert sich um gefangene Mitstreiter der Achtundvierziger Bewegung auf dem nachgelegenen Hohenasperg, wie seinen Freund Dr. Friedrich

Rösler von Brackenheim und Dr. jur. Ad. Rösler von Oels, eines der radikaleren Mitglieder der Paulskirche. Deren Frauen leben bei Hopf im Pfarrhaus. Da Rösler Abschiebung nach Preußen und Todesstrafe droht, plant Hopf die erfolgreiche Flucht. Hopf wird 1850 strafversetzt nach Endingen bei Balingen, betätigt dort „sein praktisches Christentum", richtet Armenküche in der Waschküche des Pfarrhauses ein, läßt Mädchen in Handarbeiten unterrichten für eigenen Verdienst; berühmt und berüchtigt sind auch seine Predigten vor Scharen von Zuhörern aus der weiteren Umgebung. Hilft Freund Rösler bei der Flucht, wird wegen „Ungehorsams gegen die vorgesetzte Behörde" 1853 seiner Pfarrei enthoben. Aus Stuttgart ausgewiesen „wegen seines politischen Verhaltens in den letzten Jahren". Zum Stadtschultheißen von Vaihingen gewählt, aber nicht bestätigt. Erwirbt in Bieselsberg bei Liebenzell im Schwarzwald ein Bauerngut und wird dort Bürger und Bauer. Vaihinger schicken ihm einen Wagen voll Saatkorn, wählen ihn 1856 in den Landtag. Verkauft wegen eines Magenleidens sein Bauerngut, siedelt um nach Oberesslingen, dann nach Stuttgart, führt mehrere Jahre die Redaktion des „Beobachters", gründet nach der Niederlegung des Amtes im Juli 1862 das Wochenblatt „Gradaus", das er bis 1867 „in entschieden demokratischem Geiste" fortgeführt; letzte Seite der letzten Nummer: „Eher brechen als biegen". Folgt der mit einem Arzt verheirateten Tochter Marie Schiler nach Pfalzgrafenweiler und Calw. Bleibt Abgeordneter für Vaihingen bis zum Rücktritt 1877; radikaler Demokrat, scharfer Gegner Preußens („Der König von Preußen ist ein privilegierter Menschenmörder"), verweigert als einziges Landtagsmitglied die Mittel zur Beteiligung am Krieg 1870; grundsätzlich bestrebt, mit den Zielen auch die Mittel der Politik zu verändern, sie zu öffnen und Verstellung und Taktik zu vertreiben.

Itzstein, Johann Adam von (1775–1855), führender Kopf der badischen Liberalen nach Rottecks Tod 1840, veranstaltet Sommerzusammenkünfte für Liberale aus Baden und Nachbarländern in seinem Weingut Hallgarten am Rheingau.

Kausler, Rudolf (1811–1874), enger Freund von Hermann Kurz seit der Stiftszeit, als Kausler Kopf des Freundeskreises ist. Nach einer fehlgeschlagenen Habilitation übernimmt er nach verschiedenen Vikariaten eine Pfarrstelle in Stötten. Isolde Kurz bezeichnet ihn als „Spätestromantiker". Er veröffentlicht Aufsätze, Rezensionen, ein schmales Bändchen „Erzählungen", Stuttgart, Krabbe, 1851 unter Pseudonym K. Rudolf. Zum Freundeskreis gehören Eduard Zeller, Gottlieb Fink, genannt Ostjäk, Hermann Mögling, Hermann Günzler, Gottfried Weigle, Ludwig Seeger, Adelbert Keller, Berthold Auerbach.

Keller, Adelbert (1812–1883), Germanist, Prof. der neueren Sprachen und Literaturen in Tübingen, mehrere Jahre auch Oberbibliothekar an der Tübinger Universitätsbibliothek; bedeutender Germanist. Freund von Hermann Kurz.

Kenngott, Clara Margarete geb. Kurtz (1766–1834), verheiratet in zweiter Ehe Georg David Kenngott († 1811), Pfarrer in Betzingen. Patentante von Hermann Kurz.

Klüpfel, Karl (1810–1894), Universitätsbibliothekar in Tübingen, verfaßt Biographie seines Schwiegervaters Gustav Schwab und Beiträge zur schwäbischen und deutschen Geschichte.

Kröner, Adolf (1836–1911), Verlagsbuchhändler, gründet einen Verlag in Stuttgart, der 1890 in der „Union Deutsche Verlagsgesellschaft" aufgeht, übernimmt 1888 zusammen mit seinem Bruder Paul die J.G. Cottasche Buchhandlung in Stuttgart. Isolde Kurz hält ihn für den „bedeutendsten Verleger im deutschen Buchhandel". Er ist 1. Vorsteher des Börsenvereins der Deutschen Buchhändler 1882–87 und 1889–91. Sein Sohn Alfred (1861–1922) gründet 1897 den Alfred Kröner Verlag in Stuttgart, zieht 1907 nach Leipzig, 1938 wieder nach Stuttgart. Die „Gartenlaube", Wochenschrift, erscheint in Berlin, eine illustrierte Familienzeitschrift, 1853 von Ernst Keil in Leipzig gegründet, 1884 von Adolf Kröner erworben. 1903 von August Scherl. 1918 mit den Zeitschriften „Die weite Welt" und „Vom Fels zum Meer" vereinigt, seit 1933 „Die neue Gartenlaube", 1943 eingestellt. Kröner betraut 1886 Rosalie Braun-Artaria mit der Redaktion.

Kurtz, Gottlieb David (3.9. 1783– 13.4. 1826 Reutlingen), Kaufmann. Vater Johannes (2.12.1737–8.1.1824), Glockengießer, Feuerspritzenhersteller, Stadtrichter im reichsstädtischen Senat, Spend- und Heiligenpfleger, Mutter Maria Salome (16.2.1744–23.3.1807). Heiratet 7.7.1810 **Christiane Barbara geb. Schramm** († 16.2. 1830 Reutlingen), Tochter des Akademischen Buchdruckerherrn Wilhelm Heinrich Schramm und seiner Frau Johanna Friederike Luise geb. Stein in Tübingen. Kinder: Johann Wilhelm (14.–28.12.1812), Hermann (s.d.), Bertha (5.4. – 5.8.1815), Ernst (s.d.), Maria Thekla (8.11.1818–25.8.1819), Rudolph (7.1.1823–6.1.1825)

Kurz, Ernst (7.10.1816 Reutlingen – 30.12.1879 Untertürkheim), Jurist, Notar. Bruder von Hermann Kurz.

Lister, Joseph (1827–1912), engl. Chirurg. Prof. in Glasgow und am King's College in London, führt 1867 die Antisepsis bei der Wundbehandlung ein.

Löfftz, Ludwig von (1845–1910), Genre- und Landschaftsmaler, Radierer, erster Lehrer an der Münchner Akademie von Erwin Kurz

Marées, Hans von (1837–1887), Maler. Sein Hauptwerk ist die Freskenfolge im Saal der Zoologischen Station in Neapel, 1873; sie gehört zu den wichtigsten Zyklen der deutschen Malerei des 19. Jahrhunderts. Obwohl ihn die Berühmtheiten an seiner Seite unterstützen (u.a. Hildebrand, Mäzen Fiedler), bleibt er zunächst verkannt und gewinnt erst posthum Anerkennung.

Mathy, Karl (1806–1868), Verwaltungsjurist, als Emigrant Lehrer in der Schweiz, seit 1840 Journalist in Konstanz und Mannheim. Herausgeber der „Landtagszeitung" 1842 ff, ein liberales Parteiblatt mit Berichten über die Verhandlungen des badischen Landtags, der

„Rundschau" 1846 ff., ein Wochenblatt, das sich im Zuge der Auseinandersetzungen innerhalb der badischen Demokraten vom liberalen Kampfblatt zum konstitutionellen Parteiblatt entwickelt. Schließlich ist er mit Mittermeier, Gervinus und Häusser 1847 ff. an der Erstellung der „Deutschen Zeitung" beteiligt, dem Organ der gemäßigten Liberalen, das nicht als badisches Oppositionsblatt konzipiert ist, sondern als liberales Forum für Deutschland. Den Radikalen Struve, Hecker und Fickler, mit denen er zunächst befreundet ist und zusammenarbeitet, gilt Mathy als Reaktionär. Er ist es, der Joseph Fickler, den radikalen Chefredakteur der „Seeblätter" in Konstanz, im April 1848 in Karlsruhe vom Bahnsteig weg verhaften läßt. Eine Kampfansage für Hecker und Struve und Auslöser des Heckerzugs!

Mayer, Carl (1819–1889), Jurist und Politiker. Carl Mayers Vater – er trägt denselben Vornamen – war Advokat, Justizrat und als Dichter Mitglied der „schwäbischen Dichterschule". Der Freund des Vaters, Ludwig Uhland, wird dem Sohn zum Vorbild. Carl studiert in Tübingen Jura und schließt sich der Burschenschaft an. Nach glänzend bestandenem Examen wird er als Aktuar in die alte Heimatstadt Esslingen und dann nach Ulm versetzt. Da ihm die Karriere als Staatsjurist zuwider ist, sattelt er um und wird Teilhaber der blühenden Deffnerschen Fabrik in Esslingen. Die neue Freiheit, alles äußern zu können, was er denkt, nutzt er in der liberalen Bewegung in Esslingen. Er wird 1848 als Ersatzmann in die Nationalversammlung gewählt. Nach der Sprengung der Rumpfparlaments geht er 1849 ins Exil und wird in Abwesenheit zu 20 Jahren Zuchthaus verurteilt. Er hält den Sieg der Reaktion zunächst für eine Episode, die Bemühungen der Stuttgarter Demokraten, sich im restaurierten Landtag wieder zur Geltung zu bringen, für Verrat an der Revolution, jeden Brückenschlag zu den Liberalen für eine Preisgabe der Grundsätze der Partei. Der Zwiespalt ist grundsätzlich: Sind parlamentarische Vertretungen überhaupt von Nutzen? Als seine Kritik ungehört verhallt, zieht er sich aus der Partei zurück. Er lebt in Neuchâtel und kehrt erst nach 15 Jahren, nach der Amnestie nach dem Tod König Wilhelms, wieder zurück. Im November 1864, nachdem ihm die Haftstrafe erlassen ist, kehrt er zurück und schreibt für den „Beobachter", erwirbt von Tafel ein Viertel der Anteile und übernimmt die Chefredaktion, büßt unerschrockene Artikel mehrmals auf dem Hohenasperg. Hauptorganisator der Volkspartei, Parlamentarismus mit festgezogenen Grenzen ist ihm allerdings zu eng. 1868 Landtagsabgeordneter für Besigheim, 1877 für Esslingen, 1882 bis 1887 Reichstagsabgeordneter.

Mögling, Hermann (1811–1881) Sprachforscher und Missionar in Indien. Macht sich um die neuindische Philologie verdient. Gehört zum Freundeskreis um Hermann Kurz während der Tübinger Stiftsjahre.

Mohl, Ernst (1849–1926) Philologe. Pfarrerssohn aus Hildrizhausen. Der Vater war dreimal verwitwet und viermal verheiratet. Die

Dienerin Babe zieht Ernst auf. Er besucht die Dorfschule in Hildrizhausen, wird im Alter von zehn Jahren zu einem Präzeptor nach Sindelfingen in Schule und Kost gegeben, macht dort eine harte Schulzeit durch. Der Vater nimmt ihn von der Schule, weil der Präzeptor nichts taugt, schickt ihn in die Lehre zu einem Kolonialwarenhändler nach Tübingen und gibt schließlich die Erlaubnis für eine höhere Bildung. Ernst Mohl kommt dann als verspäteter Obergymnasiast in dieselbe Schulklasse in Tübingen wie Edgar Kurz. Wird in die Familie Kurz aufgenommen wie ein Sohn, verliebt sich in Isolde, die seine Neigung nicht erwidert. Wandert aus nach Ende des Studiums, wird Gymnasiallehrer in Birkenruh bei Wenden (Baltikum), Hauslehrer auf Schloß Jaßnopolze in Rußland, Lehrer an der Zarischen Rechtsschule in St. Petersburg, wird Staatsrat und geadelt, heiratet eine Deutschrussin. Kehrt 1911, herbeigerufen durch die todkranke Marie Kurz, nach München zurück und wird Isoldes Lebensgefährte. Er verdient seinen Lebensunterhalt mit Unterricht.

Mohr, Heinrich August Gottlieb (1780–1861), Pfarrer in Ehningen, heiratet **Friederike Wilhelmine geb. Schramm** (1787–1864), Tante von Hermann Kurz.

Mülberger, Artur, Arzt und Sozialist. Gehört zum sozialistischen Studentenzirkel in Tübingen, der sich um Edouard Vaillant (s.d.) gruppiert und im Hause Kurz trifft. Studiert Medizin, promoviert 1872, wird Oberamtsarzt in Crailsheim und Herrenalb. Bleibt bis weit in die neunziger Jahre Sozialist und Anhänger Proudhons, gehört aber nicht zur sozialistischen Partei (SDAP). Führt 1878 eine Auseinandersetzung mit August Bebel über die Taktik der Sozialisten gegenüber der Landbevölkerung.

Müller, Karl Alexander von (1882–1964), Historiker, 1917–45 Prof. in München, gab 1935–45 die „Historische Zeitschrift" heraus.

Murschel, Wilhelm (1795–1869), Rechtsconsulent in Stuttgart, Landtagsabgeordneter ab 1847 und Mitglied der Nationalversammlung für Balingen.

Peterler, Josephine († 26.11.1883 Florenz), Haushälterin der Familien Brunnow und Kurz.

Pfau, Ludwig (1821–1894), Schriftsteller. Vater Gärtner Philipp Pfau aus Heilbronn, Mutter Franziska geb. Buxbaum. Nach Gärtnerlehre Volontär in einer Handelsgärtnerei bei Paris (1839), beginnt 1840 Studium der Ästhetik und Philosophie, wird entschiedener Demokrat, kehrt 1841 nach Heilbronn zurück und arbeitet im elterlichen Betrieb; 1842 erscheinen „Gedichte"; studiert Philosophie in Heidelberg und Tübingen bei Friedrich Theodor Vischer (1844–45); lebt 1847 in Karlsruhe, arbeitet als Redakteur beim Verlag C.F. Müller wie Hermann Kurz; gründet im Dezember 1847 die politisch-satirische Zeitschrift „Eulenspiegel"; politische Gedichte, z.B. „Badisches Wiegenlied", „Lied von Robert Blum", „Lied von einem deutschen König", auf den Barrikadenaufstand vom 18. März 1848: „Vor dem

Berliner Schlosse/ Ertönt ein Trauerlied:/ Da liegen viel hundert Tote,/ Sie liegen in Reih und Glied. / Und Leich'um Leiche tragen / Die Bürger stumm heran, / Als wollten sie sagen: König!/ Da sieh, was du getan! // Da liegen sie, Mann und Knabe, / Starr, mit zerfetzem Leib; / Da kommen sie weinend und klagend, / Braut, Schwester, Bruder, Weib. / Da schauen Väter und Mütter / Die toten Söhne an: / Herrgott! Und das hat ein König, / Ein deutscher König getan! // Viel tausend Stimmen drohen: / Der König muß herab; / Er salutiert die Toten / Und nimmt die Mütze ab. / Da bluten sie all aufs neue / Bei ihres Mörders Nahn, / Als sprächen sie: das hat ein König, / Ein deutscher König getan! // Und viele werden's sprechen, / Viel tausend fern und nah; / Die Völker werden rächen / Den Frevel, der geschah. / Auf Sturmesflügeln bricht sich / Durch Land und Länder Bahn / der Zornschrei: Das hat ein König, / Ein deutscher König getan! // Weh! Volk, vom eignen Blut / Sind deine Hände rot; / Der Bruder schlug den Bruder, / Weil es ein Fürst gebot. / Ein großes Grab soll alle / In seinem Schoß empfahn; / Drauf schreibt: Das hat ein König, / Ein deutscher König getan! // Dies Grab, es wird zum Grabe / Der königlichen Macht; / Die Blut gesäet haben, Die ernten eine Schlacht. / Im Blute wird ersticken / Der alte Treue Wahn: Gottlob! und das hat ein König, / Ein deutscher König getan!" Mitarbeit in den Volksvereinen, 1849 in den Landesausschuß der württembergischen Volksvereine gewählt, an der Reutlinger Pfingstversammlung der Volksvereine teilgenommen und in Umsturzpläne verwickelt, flieht nach Baden, ab 11. Juli in die Schweiz. Seine geliebte Braut wandert aus nach dem Scheitern der Revolution; „1849": „Das Recht erlag, der Freiheitskampf ist aus,/ Die Sonn' erlosch, die unserm Bund geschienen;/ Das Wetter schlug in unsrer Liebe Haus./ Und unser Glück liegt unter den Ruinen.// Ein Flüchtling bin ich ohne Dach und Land,/ Zum fernen Westen ziehst du mit den Deinen;/ Weit übers Weltmeer reich' ich dir die Hand –/ Wird eine Heimat je uns wieder einen?" 1852 in Abwesenheit zu 21 Jahren Zuchthaus verurteilt; lebt in Paris, London, Brüssel, Antwerpen, kurze Zeit illegal in Württemberg bei Familie Kurz in Stuttgart; arbeitet als Gärtner, Fabrikarbeiter, Übersetzer; beschäftigt sich mit Kunst. Kehrt nach Amnestie 1864 nach Stuttgart zurück, gründet mit Mayer und Haussmann die Volkspartei, arbeitet im „Beobachter" mit, ab 1869 in der „Frankfurter Zeitung"; Kunstkritiker, der sich u.a. mit der neuen Technik der Fotografie beschäftigt; Essays, politische Artikel; scharfer Preußengegner (Mai 1864: „Die preußische Hegemonie heißt Erschöpfung der Volkskraft zur Herstellung einer alles verschlingenden hinaufgeschraubten Militärmacht."). Zwei Verurteilungen (1877 drei Monate, 1884 zwei Wochen). 1877 ist es Beleidigungsklage der preußischen Regierung; er hatte in einem Aritkel über die Münchner Kunstgewerbeausstellung vom „kulturschädlichen preußischen Regiment" geschrieben, das Deutschland „ökonomisch, moralisch und intellektuell zugrunde" richte: „Aber freilich, die Zeiten sind schlecht, und die Kaserne hat eine große Krippe; wo man den Generälen Paläste baut, bleibt für den Kunstfleiß nur die Bretterbude."

Pfeiffer, Franz (1815–1868), Germanist, gebürtiger Schweizer, 1846–1857 Bibliothekar an der öffentlichen Bibliothek in Stuttgart.

Pfizer, Paul (1801–1867), Jurist, wegen eines preußenkritischen Buches, „Briefwechsel zweier Deutscher", 1831 erschienen, vom Staatsdienst entlassen, 1831 in den württ. Landtag für Tübingen gewählt, Führer der Opposition im 1833er Landtag, 1848 Kultusminister, Mitglied der Nationalversammlung

Rau, Johann Gottfried (1804–1862), Pfarrer. Besucht mit Eduard Mörike ab 1818 das Seminar in Urach, ab 1822 das Tübinger Stift. Wird 1829 Repetent in Maulbronn und dort Lehrer von Hermann Kurz. Wird 1834 Pfarrer in Wittendorf/Freudenstadt und 1846 in Rietenau/Backnang.

Rödinger, Dr. Friedrich (1800–1868), Rechtsconsulent in Stuttgart, Landtagsabgeordneter ab 1849 und Mitglied der Nationalversammlung für Öhringen, 1825 als Tübinger Burschenschafter mit Gottlob Tafel zu Festungshaft verurteilt, deswegen beider Landtagsmandate nicht bestätigt, beide ab 1831 Herausgeber des „Hochwächters" und Nachfolgers „Der Beobachter".

Römer, Friedrich (1794–1859), Stuttgarter Rechtsanwalt, Chef des Departements der Justiz im Märzministerium und Regierungschef.

Römer, Georg (1868–1922), Bildhauer, Medailleur. Studiert in Dresden, Berlin, Paris und Florenz bei Hildebrand.

Rosenthal, John Herbert (* 3.5.1881), Architekt, Regierungsbaumeister in München. Stammt aus München, Vater Toby Edward Rosenthal (1848–1917), deutsch-amerikanischer Genre- und Bildnismaler, Sohn eines aus Strasburg in Westpreußen nach USA ausgewanderten Deutschen, Schüler von Henry Bacon und des Spaniers Fortunato Ariola in San Francisco, lebt seit 1865 in München, studiert bei Raupp und ab 1867 an der Piloty-Schule, anschließend Studienreisen, Aufenthalt in San Francisco. Studiert an der TH München (bei Thiersch, Schmidt), bei Pützer und Paul Meissner in Darmstadt. Werke: Militärbauten, Munitionsfabriken, Arbeiterspeisehäuser, darunter zehn Speisehallen in Brendlorenzen bei München, von besonders eigenartigem Bautypus. Seine Fabrikgebäude (z.B. Bayernwerk AG, Umspannwerke Nürnberg und Würzburg) sind „vorbildliche Lösungen moderner Fabrikgebäude" (Thieme-Becker, Band 29, S.21). Seine Wohnhäuser (Villen, Beamtensiedlungen) zeichnen sich durch „klare, einfacher Grundrißlösungen" aus. Weitere besondere Werke: Urnenhalle in Selb, Kriegerdenkmal in Seeshaupt, Schloß Militsch, Rathausbau in Mülheim, Entwurf zum Mozarteum in Salzburg. Zusammenarbeit mit O.O. Kurz.

Rotteck, Karl von (1775–1840), Historiker, Jurist, Politiker, seit 1798 Prof. für Weltgeschichte und ab 1818 für Staatsrecht in Freiburg. Rotteck und sein Kollege **Karl Theodor Welcker** (1790–1869), Staatsrechtslehrer und Politiker, Prof. in Kiel, Heidelberg und Freiburg, sind die Vordenker der liberalen Bewegung und schaffen mit ihrem „Staatslexikon" eine publizistische Plattform.

Schack, Adolf Friedrich Graf von (1815 Brüsewitz bei Schwerin – 1894 Rom), Lyriker, Dramatiker, Übersetzer, Münchner Dichterkreis. Er stellt im Lauf der Jahre eine berühmte Gemäldesammlung zusammen mit Werken u.a. von Böcklin, Feuerbach, Schwind, Spitzweg. Ausgestellt ist sie in seinem Palais an der Brienner Straße in München. Kurioserweise vermacht er sie Kaiser Wilhelm II., der sie im 1907–09 errichteten Palais in der Prinzregentenstraße unterbringt, in der auch die preußische Gesandschaft residiert. Das Gebäude heißt heute Schack-Galerie und ist seit 1938/39 Bestandteil der Bayrischen Staatsgemäldesammlungen.

Scherr, Dr. Johannes (1817–1886), Lehrer, Kultur- und Literaturhistoriker. Stammt aus Rechberg bei Schwäbisch Gmünd, ist das zehnte Kind eines katholischen Schullehrers. Sein Bruder Thomas, ein bedeutender Schweizer Pädagoge, ermöglicht ihm das Studium der Philologie und Geschichte ab 1837 in Tübingen und nimmt ihn 1840 an seiner Privatschule in Winterthur als Lehrer für Literatur und Geschichte auf. 1843 übersiedelt er nach Stuttgart und erregt Aufsehen mit einer politischen Schrift „Württemberg im Jahre 1844". Mai 1848 Landtagsabgeordneter, Mandat bestätigt, obwohl er nach § 135 der Verfassung als Deutsch-Katholik nicht Abgeordneter sein durfte. Agiert in den Volksvereinen, wird wegen der Teilnahme an der Reutlinger Pfingstversammlung 1849 gesucht und flieht in die Schweiz, wird in Abwesenheit zu 15 Jahren Zuchthaus verurteilt. Wird 1860 Professor für Geschichte am eidgenössischen Polytechnikum Zürich und nach Vischers Ausscheiden auch für Literaturgeschichte. Heiratet 1845 Susanne geb. Kübler aus Winterthur († 1873), bekannte Schriftstellerin im Bereich Hauswirtschaftskunde. Zweite Ehe. Scherr verfaßte zahlreiche wissenschaftliche Werke, u.a. eine „Geschichte der deutschen Frauenwelt", 1860, ein Standardwerk.

Schiler, Franz (*1868) Arzt in Esslingen, Enkel von Franz Hopf.

Schnitzer, Karl Friedrich (1805–1874), Theologe, Lehrer und (seit 1842) Rektor des Lyceums in Reutlingen, wegen Teilnahme an Revolution amtsenthoben, angeklagt, Haft Hohenasperg, seit 1850 Redakteur des „Beobachters" und 1855 Nachfolger von H. Kurz.

Schott, Albert (1782–1861) Sohn des Oberamtsmannes in Tübingen, Jurist, kaiserlicher Notar, ab 1805 Rechtsanwalt in Stuttgart, steht 1815 auf der Seite des „alten Rechts", kann aber erst 1819 Mitglied der Ständeversammlung werden, da bis dahin sein Vater Abgeordneter war, seitdem führend in der liberalen Opposition, 1820 Leiter des „Griechenvereins" in Stuttgart, 1848 Abgeordneter der Nationalversammlung, Mitbegründer des Centralmärzvereins, Mitglied des Wahlausschusses der Volkspartei in Württemberg und der drei verfassungsrevidierenden Landesversammlungen, zieht sich nach Auflösung der letzten Landesversammlung aus der Politik zurück.

Schott, Sigmund (1818–1895), Sohn von Albert Schott (s.d.), Schwager von Friedrich Römer, Rechtsconsulent in Stuttgart, Landtagsabgeordneter ab 1850.

Seefried, Philipp (1814–1881), Rechtsconsulent in Göppingen, Landtagsabgeordneter dieses Bezirks ab 1847, Ersatzmann für die Nationalversammlung.

Seeger, Adolf (1815–1865), Jurist, Bruder von Ludwig Seeger, ist während des Märzministeriums Stadtdirektor von Stuttgart, gehört in den vierziger Jahren zu Schlayers „jungen Leuten". Verläßt 1850 Staatsdienst, wird Anwalt und Rechtsrat bei der Lebensversicherungs- und Ersparnisbank, die er mitbegründet. Politische Ansichten orientieren sich an Schoder, tritt mit Hölder und Fetzer auf die preußische Seite in der nationalen Frage. Abgeordneter 1848/49 Oberamt Neuenbürg, 1851 Ulm, dort 1855 nicht gewählt, 1862 für Freudenstadt. Er bringt Hermann Kurz die ersten Verwicklungen mit der Politik. Seeger war in der Schweiz gewesen und wird 1843 verdächtigt, Kontakte mit dem „Bund der Geächteten" zu pflegen. Der Schneidergeselle Wilhelm Weitling gründete 1834 diesen kommunistischen Geheimbund und verfaßte 1838 eine Schrift „Die Menschheit, wie sie ist und wie sie sein sollte", die zum Programm des Bundes wird. Weitling lebte bis Mai 1841 in Paris, dann in der Schweiz. Der Bund war bis 1846 aktiv und hatte eine Filiale in London. Mitglieder sind v.a. Handwerker, die auf ihren Wanderungen ein übernationales Kommunikationsnetz ausbauen. Hermann Kurz berichtet Keller (Stuttgart, 3. Jan. 1844): „Die Geschichte mit A. Seeger ist nicht nur wahr, sondern hat mir auch den ersten Eid in meinem Leben ausgepreßt: ich mußte als Entlastungszeuge für ihn auftreten. Man scheint die Dummheit jetzt einzusehen und die Sache ging schlafen." (Jugendjahre, S. 630)

Seeger, Ludwig (1810–1864), Theologe, Sprachlehrer, Lyriker, Übersetzer von Shakespeare und Aristophanes, Redakteur, Publizist, arbeitet für „Ulmer Chronik" und „Eulenspiegel". Abgeordneter während der Revolutionsjahre und 1862–1864 für Oberamt Ulm, 1851–1855 für Wahlkreis Waldsee.

Silcher, Friedrich (1789–1860), Musiker und Komponist.

Stauffer-Bern, Karl (1857–24.1.1891) Maler, Radierer, Bildhauer, Dichter. Stammt aus Trubschachen (Emmental/Schweiz), tritt 1876 in die Münchner Akademie ein, bei Raab, dann Malklasse W. Diez, ab 1879 Löfftz; lernt dort Erwin Kurz kennen; große Erfolge mit Porträts v.a. in Berlin; geht 1888 nach Rom und Florenz. 1889 beginnt sein Verhältnis mit Lydia Welti-Escher, der Frau seines Schulkameraden Welti, deren Landsitz am Züricher See, Belvoir, er zuvor als „Sommerfreistatt" jahrelang aufgesucht hatte. Er verlobt sich mit Lydia in Florenz bei Abwesenheit des Gatten, beide fliehen nach Rom, werden entdeckt, Lydia wird in Heilanstalt verbracht, Stauffer wird inhaftiert, Anklage wegen „Vergewaltigung einer Geisteskranken", wird nach Florenz überführt. Adolf Hildebrand (s.d.) setzt sich für ihn ein, durch Vermittlung von Edgar Kurz wird Stauffer-Bern am 5.1.1890 freigelassen gegen Kaution von 300 Lire, reist zurück nach Bern zu seiner Mutter, unternimmt Selbstmordversuch, überlebt. Hildebrand holt ihn zurück nach Florenz, dort bildhauert er wieder: Modell für Bubenberg-Denkmal in Berlin (hochgelobt, gilt als hervorragende Symbolik für das mittelalterliche Rittertum), Preisgericht zieht eine andere Arbeit vor, Stauffer-Bern versinkt in Depression, wird betreut vom Studienkollegen Erwin Kurz, der am Vorabend seines Todes das Schlafzimmerfenster zunagelt, weil er einen Selbstmord fürchtet; Stauffer-Bern stirbt an den Folgen eines übermäßigen Chloralgenusses (Schlafmittel) in derselben Nacht.

Strauß, David Friedrich (1808–1874), Philosoph, Theologe. Prof. in Tübingen; sein Werk „Das Leben Jesu" (1835/36) stellt die Jesusforschung auf ein historisch-kritisches Fundament und kostet ihn seinen Lehrstuhl; Gymnasialprofessor in Ludwigsburg; 1848 in württembergischen Landtag gewählt als Liberaler.

Struve, Gustav von (1803–1869), Rechtsanwalt. Flieht 1849 nach London und 1850 in die USA, beteiligt sich Anfang der sechziger Jahre am Sezessionskrieg, kehrt nach einer Amnestie nach Deutschland zurück, stirbt in Wien.

Tafel, Gottlob (1801–1874), Rechtsconsulent in Stuttgart, Landtagsabgeordneter ab 1849, Mitglied der Nationalversammlung für Welzheim.

Uhland, Ludwig (1787–1862), Rechtsanwalt, Politiker, Dichter. Stammt aus einer Tübinger Juristenfamilie, studiert Jura in Tübingen, 1810–14 Sekretär in Justizministerium, dann Rechtsanwalt in Stuttgart; keine Beamtenkarriere, weil er König Wilhelm den Eid verweigert (wegen widerrechtlicher Auflösung des Landtags). Vereint Poesie und Politik in „Vaterländische Gedichte" (1817), streitet innerhalb der bürgerlich-liberalen Opposition gegen die Übergriffe des Monarchen auf althergebrachte Rechte der Landstände, gegen den Bruch der Verfassung des württembergischen Königs.1820–26 Landtagsabgeordneter für Tübingen, 1829 Prof. für Deutsche Sprache und Literatur in Tübingen; legt 1833 Professur nieder, als der König ihm den Urlaub verweigert, den er zur Ausübung eines erneuten Landtagsmandats beantragt hatte; ungewöhnliche Reden im parlamentarischen Rahmen, z.B. Beitrag zur großen Zensurdebatte vom 5. Nov. 1833 beginnt mit den Worten: „So oft auch diese Frage in Erinnerung gebracht wurde, war es immer, als ob ein Gespenst durch den Saal schritte, etwa der Geist eines Erschlagenen." Zieht sich 1838–48 von der Politik zurück; 1848 Mitglied der Nationalversammlung, ist Mitglied des vom Militär gesprengten Stuttgarter Rumpfparlaments.

Vaillant, Dr. Edouard promovierter Mediziner, vertieft sein medizinisches Wissen in Tübingen (1867/68, 1869/70). Eine Empfehlung von Ludwig Pfau verschafft ihm Zutritt zum Hause Kurz, wo er sich schnell die Freundschaft der Mutter erwirbt. Der siebenundzwanzigjährige Franzose gehört zu den Anhängern des Kommunisten Louis Auguste Blanquis, ist einer der Mitbegründer der Ersten Internationale (1864) und wird nach diesem schwäbischen Intermezzo 1871 Minister der Pariser Kommune. Mit seinem Freund, Studien- und Gesinnungsgenossen Artur Mülberger frequentiert er das gastliche Haus der Familie Kurz. 1869 kommt er zum zweitenmal nach Tübingen. Er versteht es, den geselligen Freundeskreis zum sozialistischen Studentenzirkel umzumodeln.

Weigle, Gottfried (1816–1855), Dichter, Missionar in Mangalur in Ostindien. Sprachkenner, verfaßt das von Silcher vertonte Lied „Drunten im Unterland".

Weisser, Adolph (1815–1863), wechselt von der Theologie zur Journalistik, Redakteur des „Beobachters" 1843–1849. Flieht 1849 in die Schweiz, verfaßt Romane mit Themen aus der Züricher und württembergischen Geschichte. Kehrt als gebrochener Mann zurück und stirbt in einer Göppinger Heilanstalt.

Weisser, Karl Ludwig (1823–1879), Bruder von Adolph Weisser (s.d.), Kunsthistoriker, Lithograph. Freund von Hermann Kurz und Ludwig Pfau, dessen Nachfolger als Redakteur des „Eulenspiegels", bis er wegen Majestätsbeleidigung 1849 verurteilt wird und seine politische Tätigkeit einstellt. Wird Inspektor des Kupferstichkabinetts und Prof. an der Kunstschule Stuttgart, verfaßt einen bekannten „Bilderatlas zum Studium der Weltgeschichte", bei dem Hermann Kurz mitarbeitet.

Wilhelmi, Hedwig: Freundin von Marie und Hermann Kurz, lebt in Granada; radikale Demokratin. Beschreibung von Isolde Kurz (Jugendland): „Sie war eine blendende, geistig angeregte Persönlichkeit von sehr freiem und rauschendem Auftreten, leidenschaftlich der materialistischen Richtung eines Vogt und Büchner ergeben, daneben auch literarisch angehaucht, kurz, nach ihrem ganzen Wesen eine in der damaligen Frauenwelt unerhörte Ausnahme. [...] Ich kann sie mir gar nicht anders vorstellen als in einem Kreise von Herren sitzend, deren sie immer eine Anzahl um sich haben mußte, rauchend, trinkend, disputierend. [...] In ihren späteren Lebensjahren machte sie sich in Deutschland und Amerika durch sozialistische Propaganda bekannt, stieß mit den Ausnahmegesetzen zusammen und erlitt Gefängnis, Verfolgung und Ungemach aller Art, wodurch ihr Wesen herber und ihre Haltung schroffer wurde."

Zeller, Eduard (1814–1908), Philosoph. Hermann Kurz dichtet über den Kameraden in Maulbronn: „Zeller, lieber Zeller sage,/ Was ich in dem Herzen trage,/ Denn die Philosophen können/ Alles, was es gibt, benennen." (Lebensgeschichte, 22) . Schüler und Schwiegersohn des Theologen Ferdinand Baur, Freund von David Friedrich Strauß. Prof. für Philosophie in Berlin, verfaßt zahlreiche Werke zur Geschichte der Philosophie.

Bildnachweis

Deutsches Literaturarchiv, Marbach am Neckar (Nr. 1, 2, 6)
Heimatmuseum Reutlingen (Titel, Nr. 3, 4, 5, 7, 8, 9)